新编21世纪新闻传播学系列教材

• 传播学系列 •

大众传播学研究方法导论

第二版

An Introduction to Communication Research Methods

陈 阳 著

中国人民大学出版社
· 北京 ·

作者简介

陈阳　香港中文大学新闻与传播学院哲学博士，中国人民大学新闻学院副教授，中国人民大学新闻与社会发展研究基地研究员。《国际新闻界》月刊栏目主持，美国宾夕法尼亚大学安娜堡传播学院访问学者（2010—2011）。为本科生开设“传播理论”、“传播学研究方法”课程；为硕士研究生讲授“传播理论研究”、“新闻传播学研究方法”、“全球化与大众传播”课程；为博士研究生开设“传播学主文献研究”等课程。

内容简介

本书分四部分系统讲解大众传播学研究方法，即大众传播研究的原理与过程、量化研究方法与大众传播研究、质化研究方法与大众传播研究、大众传播研究的其他问题。具体而言，从测量、抽样、调查法、实验法、内容分析法、田野研究、文本分析法一直讲到对现存资料的分析、研究报告的写作。

第二版主要修改之处包括：

全书用“量化”和“质化”的表述分别取代第一版里“定量”和“定性”的表述。原因在于，中文世界里“定性”很容易产生歧义，当前我国新闻传播学界对于研究方法的接受度已经普遍提高，大家都了解英文里的“qualitative”不等同于中文里的“定性”。故而改后更能突出术语的学术含义。

第八章的改动最多，增加了“内容分析法的研究设计”的说明和“内容分析单位是特定词组”的案例，这两部分内容在国内尚属首次介绍。此外，还介绍了编码员间信度的几种计算方法。

第七章增加了“实验法与因果关系”的解释。

第十一章重新强调了框架分析与内容分析容易混淆的地方和二者的区别。

总　　序

中国人民大学出版社策划出版的“新编21世纪新闻传播学系列教材”，是一套在新闻传播学领域内，密切联系新闻传播工作的实际，广泛吸收新闻传播学的最新研究成果，高把遐揽，取精用宏，供新世纪的高等院校新闻传播院系教学使用的系列教材。

20世纪初以来的100年，是世界新闻传播事业飞速发展的100年。这100年来，随着科学技术的不断发展，继报纸、期刊、通讯社之后，广播、电视、网络和多种新媒体相继问世，新闻传播的媒介日趋多元化，新闻传播的手段日趋现代化，“地球村”变得越来越小，新闻传播事业对世界政治、经济和文化的影响则变得越来越大。

这100年，也是中国新闻事业飞速发展的100年。其中最近的30年，即中国改革开放以来的30年，发展得尤为迅猛。

进入新世纪以后，中国新闻事业发展的势头更为迅猛。报纸、期刊、通讯社、广播电台、电视台的数量在宏观调控下，虽无大变化，但软硬件的实力都有了很大的提高。据2011年12月出版的《中国新闻年鉴》的最新统计数字，2010年全国共出版报纸1 939种，平均期印数2.14亿份。共出版期刊9 884种，平均期印数1.63亿份。全国共有广播电台227座，电视台247家，广播电视台2 130家，教育电视台44家。广播综合人口覆盖率为96.78%，电视综合人口覆盖率为97.62%。

另外2012年1月中国互联网络信息中心（CNNIC）发布的《第29次中国互联网络发展状况统计报告》显示，截至2011年12月底，中国网民规模已达到5.13亿，互联网普及率达到38.3%。其中，手机用户数量为3.56亿，博客和个人空间用户数量为3.19亿，微博用户数量为2.5亿，社交网站用户数量为2.44亿，网络视频用户数量为3.25亿。中国居民中具备上网条件和技能的人已经基本转化为网民，大专及以上学历人群中互联网使用率已达96.1%。中国网站总数为230万个，网页数量为866亿个。

这样大的发展规模，这样快的发展速度，在世界和中国新闻事业史上都是空前的。回顾既往，盱衡未来，新闻传播事业在21世纪还将会保持旺盛的发展势头。新闻传播，作为上层建筑中意识形态的一个重要组成部分，在全面准确地宣传党的基本理论、基本路线和基本方针以及各项决策，反映人民群众的伟大业绩和精神风貌，以及推动改革开放和社会主义现代化建设等方面，必将继续发挥重要的作用。

与新闻传播事业的发展相配合，这100年来，为中国的新闻战线培养和输送人才的中国新闻教育，也有了相应的发展。中国的新闻教育起始于20世纪初，迄今有近百年的历史。新中国成立前的30年，虽然先后在个别院校中设立了新闻系或新闻专科，但规模都不大，设备也不够完善，在校学生人数，最多的时候不超过400人，30年间累计培养出来的毕业生还不到

3 000 人。新中国成立后，为了给新中国的新闻事业培养人才，新闻教育有了新的发展，但到20世纪60年代中期为止，全国的新闻教育机构也还只有14家。当时全国只有343家报社、78座广播电台和13家电视台，革命老区来的新闻工作骨干正当盛年，足以支撑大局，新闻系和新闻专业的学生统招统分，基本上能够满足中央和省市以上新闻单位梯队建设方面的需要。“文化大革命”爆发后，新闻事业进入低谷，新闻人才的培养也被迫中辍。拨乱反正之后，新闻事业有了飞速的发展，但新闻工作的人才却出现了断层，明显供不应求，因而极大地推动了新闻教育的发展。中国的新闻教育得以重振旗鼓并得到空前迅猛的发展，主要是改革开放以来的这30多年的事情。30多年来，中国新闻教育和中国新闻事业同步发展。截至2011年，全国设有新闻传播学类院、系、专业的高校已由改革开放之初的两三所增加到800所以上，各种类型和层次的专业教学点已不下1 000个。新闻专业的教学已从单一的大学本科教育，发展到博士生、硕士生、本科生、大专生、成人教育、函授教育等多层次的格局，不少院系还设置了新闻传播学方向的博士后流动站。改革开放之初，全国在校新闻系科学生总共只有500来人，现在仅在校本科生就有16万人左右，硕士和博士研究生3万人左右，办学层次、办学规模、办学水平都有了很大的提高。进入新世纪以后，随着新闻传播事业的加速发展和新闻战线人才需求的不断增加，中国的新闻教育还将会有更大幅度的发展。

一般说来，新闻教育质量的高低，起决定作用的主要是两个因素：一个是师资，一个是教材。两者之间，教材的作用更大。这是因为，师资的多少和良窳，往往受办学主客观条件的限制，而教材一旦完成，就可以直接嘉惠于学子，风行四海，无远弗届。进一步说，一部好的教材，不仅可以满足教学的需要，培养出一大批人才，而且还可以同时拥有一定的学术含量，推动新闻传播学研究的发展。1919年出版的徐宝璜的《新闻学》，1927年出版的戈公振的《中国报学史》，就是这方面的很好的例子。这两本书都是作者在高等学校从事新闻学理论和新闻史教学时作为教材编写出来的，出版之后，立即引起世人的关注和推崇，一再重版，历久不衰，至今仍然是公认的新闻学理论和新闻史方面的传世之作和经典之作。正因为这样，新闻教育的前辈们，历来十分重视教材的建设。新中国成立初期的十来年，坊间出版的新闻学方面的书籍，绝大部分都是教材。改革开放以后，新闻传播学研究空前繁荣，新闻学方面的书籍大量问世，但教材仍然在其中占了很大的比重。这些教材，覆盖了新闻传播学的方方面面，经过出版家和众多作者们的长期努力，门类和品种基本配套齐全，曾经为同时期的新闻教学做出过重要的贡献。但是，随着时间的推移和新闻工作实际的飞速发展，这些教材的体例日显陈旧，观点和内容也亟待调整和更新。一些属于学科前沿和科技含量较高的新开课程的教材尚付阙如，使现有的教材出现了不少缺口。在新世纪已经到来之际，集聚力量，重新编写出一套体系完整，门类齐全，能够为新世纪的新闻教育和新闻人才培养服务的新闻传播学的系列教材，已经成为人们的共识和新闻业界与新闻教育界的迫切需求。

呈现在读者面前的，就是应这样的需求产生的一套系列教材，它将涵盖新闻学、传播学两个二级学科的方方面面内容，满足新闻、广播、电视、广告、媒体经济、新媒体等多个专业的教学需要。负责这些教材编写工作的，是中国人民大学、复旦大学、北京大学、清华大学、中国传媒大学、中国青年政治学院等多所著名院校长期从事新闻传播学方面教学与研究工作的专家学者，其中有相当大的一部分编写者都是相关学科的国家级的学术带头人，堪称一时之选。收入本系列的教材中，既有国家级重点教材，也有部级重点教材，其他的也都是经过严格筛选的精品，所以，本套系列教材的质量是有保证的，其权威性也将会得到社会的认同。

21世纪是一个高度信息化的时代，是信息经济和知识经济占主导地位的时代。信息经济和知识经济有两大支柱，一是以高科技为代表的传播技术产业，二是从事新闻和信息产品生产的媒体产业。新闻传播学作为将这两大领域有机联结的桥梁，在今后的国家建设和社会发展中必将发挥越来越重要的作用。中国人民大学出版社经过精心策划，隆重推出这套系列教材，是具有高度的前瞻性和战略眼光的。在这里，我谨代表编委会和全体作者向中国人民大学出版社表示由衷的感谢。

这套系列教材开始策划于20世纪的最后一年，21世纪初起陆续问世，迄今已编写出版了50余种。在体例和内容的创新和开拓等方面，远远超过同时期出版的同类教材。其中的有些教材，还根据整个新闻传播理论与实践的发展和新闻传播学教学与研究的发展，陆续作了必要的补充和修订，重新出版，实现了内容的与时俱进。

这批教材的问世，将会为新闻传播事业和新闻教育事业的发展和繁荣、为新世纪新闻传播人才的培养做出它应有的贡献。这是出版者和全体作者共同的一点希望。是为序。

方汉奇

2012年3月

于中国人民大学宜园

序　　言

如果把1982年北京第一次传播学研讨会看成是传播学正式引进中国的话，到2007年正好25年。如果把1997年传播学和新闻学一起被教育部列为国家一级学科看成是传播学的重要性被正式承认的标志的话，到2007年正好是10年。在很短的时间里，传播学在中国从无到有，由弱到强，成为国内近年来发展相当快的学科。在这样一个历史时刻，正是我们盘点和思考中国传播学发展的良机。

从教材建设方面看，传播学的引进，有赖国外（主要是美国）教材的移译。大量具有一定学术品牌的外国传播学教材的译介对促进中国传播学教学和研究功不可没，可是另一方面，中国传播学研究和教学面临的问题和环境有一定特殊性，国外成果的引进不能代替我们自己的课程和教学体系的建设。20世纪80年代初传播学重新引进到2007年的这20多年中，国内的传播学教材出版从无到有，从1983年一本薄薄的《传播学（简介）》到现在书店里满满几书架的传播学教材，在教材建设上取得了巨大的进步。但是我们也要清醒地看到，在传播学教材建设的表面繁荣之下，也存在着一些泡沫的成分。国内不少传播学教材存在内容重复，观点陈旧，结构体例单一，缺乏系统性等问题。因此在经过了自发的、初级的引介和吸收阶段之后，我们有理由期待中国的传播学更上一层楼，进入一个系统深化的研究与创新阶段。

中国人民大学出版社现在出版的“新编21世纪新闻传播学系列教材·传播学系列”，就是力图在有中国特色的传播学课程和教材体系建设上做一些尝试。本系列第一批书目包括《传播学纲要》、《传播研究方法》、《大众传播理论》、《组织传播》、《人际传播》、《跨文化传播》、《网络传播》、《视觉传播》等。今后本系列还将继续加入其他具有前沿性的、具有现实意义的传播学课程的教材，将涉及政治传播、宣传传播、广告传播、公关传播、影像传播、全球传播、文化研究、修辞与演讲、女性与传播等更具有专业性、前沿性的题目。

担任本系列第一批教材写作的，主要是中国人民大学新闻学院长期从事以上课程教学和科研的中青年教师，同时我们也期待着其他新闻传播院系和研究机构的学者加入到本系列教材的编撰工作之中。

本系列教材的编撰，主要有以下几个目标：

一是扩大目前传播学教学的视野，除了传统的大众传播理论外，增加研究方法、人际传播、组织传播、跨文化传播、网络传播、视觉传播等分册，力求使传播学专业的学生能够适应多样的社会需求。

二是拉开本科和研究生教学的层次。本系列教材中既有针对大一新生的《传播学纲要》，也有针对本科高年级或研究生阶段的研究方法和各个不同领域的传播理论。每个领域独立成书，使得教学的内容更加充实，同时深度上也有明显增加，力求培养学生的独立思考与科研能力，适应目前不断发展的传播学研究生培养阶段的教学要求。

三是更强调系统性。目前的本科阶段，许多学校仅开设传播理论概论一门传播学课程，研究生阶段的课程也不系统。本系列教材既可作为本科高年级的课外阅读或选修教材，也可作为研究生低年级的必修教材，帮助学生系统地掌握传播学各领域的主要内容。

四是突出研究能力的培养。目前的传播学教材比较简略，多停留在知识传授上。本系列教材力求在介绍理论的同时，突出研究方法的讨论，同时对许多前沿问题和有争议的问题也力求能够做全面客观的介绍，让学生及时抓住学科发展的脉络，引导他们对前沿问题展开自己的思考。

本系列丛书虽然以教材的形式出现，但是由于国内可以参照的现成教材不多，所以写作者基本都是把它当成专著来创作的。他们不仅对国内外有关领域的文献进行了整理，而且结合教学和实际中的问题，有针对性地对那些与我国当前实际最贴近的理论问题进行介绍和讨论，在表述上也更贴近中国使用者的习惯，这一优势是国外翻译的教材所不具有的。

我们是第一次编撰这样大型的传播学系列教材，在选题和具体内容上肯定还存在着不足，希望社会各界在使用过程中，及时地提出批评意见，以便我们将来修订时进行改正。本系列教材在撰写过程中得到了中国人民大学新闻学院“985”项目的资助和中国人民大学出版社的支持，特此表示感谢！

希望“新编21世纪新闻传播学系列教材·传播学系列”的出版，能够为我国21世纪传播学的学科建设添砖加瓦！

郭庆光

初稿于2007年6月

二稿于2015年8月

目　　录

第一部分　大众传播研究的原理与过程

第二部分 量化研究方法与大众传播研究

第四部分　大众传播研究的其他问题

第一部分

大众传播研究的原理与过程

第一章
导　论

任何一门学科的发展，都离不开研究方法的支持，传播学也是如此。在学习一门新课程之前，我们需要了解它的意义：学习传播学研究方法究竟有什么用处？研究方法的基本内容都有哪些？经历了哪些发展？怎样才能学好研究方法？本章的主要目的就是回答这些问题，同时作为全书的导论，将介绍全书结构并提示本书后面章节的内容。

第一节　为什么要学习研究方法

研究方法是获得知识的途径，是进行研究时所用到的工具、策略和手段，也是架通理论和现实之间的桥梁。研究方法是传播学专业的一门重要基础课程，为验证传播理论的成立提供经验证据。它不仅是传播学研究人员所必须掌握的基本功课，同时在政府部门政策研究、媒体单位实务研究、商业调查组织的实用研究中也得到了越来越广泛的应用。学习和掌握传播学研究方法，将有助于我们深入理解传播学理论的基本内容及意义，同时也有助于我们解答复杂的传播现象和传播问题。

对于学生而言，研究方法课是在校时的必修课，只有获得这门课的学分才能顺利毕业，因此学习研究方法是一个很现实的任务。但是，研究方法的意义不止于此，在传播实务界，懂得研究方法将有利于提高工作效率、获得工作成就。比如，报社社长想提高报纸发行量、制片人想提高节目的收视率、广告主想提高广告的到达率和说服力、电影导演想提高影片的票房，为了实现这些实用性目标，我们需要掌握科学的研究方法，借此来提供科学的答案。适当的研究方法将告诉我们：影响报纸发行量的因素有哪些、哪些环节出了问题才导致发行量停滞、高发行量报纸都有哪些共同因素、我们应该怎样改进报纸内容和发行手段，等等。因此，掌握研究方法有助于获得商业上的成功。

对大多数普通人来说，研究方法可以帮助我们理解传播现象，提高自己的生活质量。日常生活中我们每个人无时无刻不在进行着传播活动。我们需要多快好省地传递信息，接收更多的有用信息；需要更好地与他人沟通，减少人际摩擦；需要通过媒体来促进自己所在单位和社区的整合；需要通过传播渠道来促进整个社会的进步和发展。比如，电视节目中的暴力内容对我们的危害究竟有多大？做父母的应该在何种程度上限制自己的孩子接触某些负面的信息？我们怎样才能理解广告的隐含意义？我们怎样才能认识媒体背后的控制权力和机制？当我们在BBS和博客上发言时，我们的语言风格和传播活动发生了哪些变化？理解这些问题都需要掌握研究方法。

有时候，面对媒体或其他公共渠道发布的信息，不能盲目迷信，掌握了研究方法，我们也能做出独立而适当的判断。例如，青少年上网成瘾现象成为媒体报道的热门话题，有些机构和学者发布《中国青少年网瘾报告》，认为“北京九成青少年犯罪与网瘾有关”①。根据这个报告，青少年上网不仅导致学习成绩下降，还导致违法犯罪活动。如果相信这份报告的结论，那么就应当限制青少年接触互联网的机会。但是实际情况又如何呢？学习了研究方法，我们就可以判断这份研究报告的方法是否科学，其结论是否成立。只需将互联网出现之前和之后的情况做一个简单对比，就可以看出这份报告的问题所在：在互联网出现之前就已经存在着青少年犯罪现象，那时引起犯罪的原因可能是家庭和社会因素造成的。在互联网兴起之后，这些旧原因怎么一下子都消失了？为什么印刷媒体和电子媒体的兴起都没有导致这些原因消失？难道限制青少年上网就可以减少犯罪事件的发生吗？

对于传播学学科来说，理论和研究方法是两门最基础的课程，就好像是一个人的两条腿，相互联系，缺一不可。如果只掌握了传播理论而不知道它是如何被推导出来、证明出来的，那么对理论的掌握其实并不全面，很多理论的缺陷和不足都跟验证理论时所使用的方法有关。以“议程设置”理论为例，该理论是众多传播理论中为数很少的、由传播学院的学者提出来的理论，在传播效果研究方面具有重大意义。在该理论的发展历史中，两位提出者的第一篇论文曾因严格的刊物匿名评审没通过而被退回来，主要原因就在于他们只能证明媒体议程和受众议程之间存在着相关关系，这个结论并不足以说明大众媒体对于受众就一定产生了影响，只有证明了二者间存在因果关系，该理论才能得到证明。为了证明存在着因果关系，两位提出者修正了研究设计。

更形象地说，研究者是侦探，而研究方法就是他们的工具。传播学研究者尝试着了解那些自己不熟悉或不知道的传播现象和关系，而研究方法就是用来解决疑惑、搜集证据、建立解释的工具。

第二节　大众传播研究的历史发展

一、传播研究中的分歧

1941 年，拉扎斯菲尔德在《评行政和批判传播研究》一文中提出了传播学“行政研究”（administrative research）和“批判研究”（critical research）的划分。② 行政研究指受到商业公司和公共机构赞助所进行的经验性研究，其目的在于解决一些实际问题；而批判研究则对现代资本主义社会持批判态度，认为大众媒体强化了现存社会制度，是为统治阶级服务的意识形态工具。批判研究致力于对社会整体进行研究，并且将行政研究最关注的媒介效果问题置于历史道德问题之中；而行政研究认同和肯定现存社会制度，强调研究者的客观和中立，不寻求变革，只试图解决更具体、更实用的研究问题，例如，它对媒介效果的考察往往关注媒介到底有没有产生效果。作为行政研究的代表性学者，拉扎斯菲尔德看到了这两类研究的差异，认识到了批判研究能够提升经验性研究工作的成果，他尝试着建立架通两类研究的学术桥梁，希望它们能够被一起统合在美国传播研究之中。

---

① 《中国青少年网瘾报告》，全文参见 http：//game.people.com.cn/GB/48644/48662/3885549.html；相关媒体报道参见《北京九成青少年犯罪与网瘾有关》，载《北京晚报》，2005－11－22。

② See Lazarsfeld，Paul F.，“Remarks on Administrative and Critical Communications Research，” *Studies in Philosophy and Social Science*，9（1），1941.

可惜他的尝试后来被证明失败了。这两类研究以后发展成为不同的学派，简单地说，即经验学派（行政学派）和批判学派。1977年，英国学者库瑞（James Curran）在《大众传播和社会》一书中正式提出，经验学派和批判学派分别根植于多元主义和马克思主义社会观，它们在方法论、认识论、本体论和价值论这些传播“元理论”上尖锐对立，几乎是不兼容的。其差异性主要体现在：

（1）从方法论上来说，经验学派倾向于使用量化方法测量短期的、个人的、可测量的变量；而批判学派则更多地使用哲学式思辨和论证，对准确的数值缺乏兴趣。

（2）就认识论来看，经验学派认为客观世界等着训练有素的学者去认识，总有一些“可靠的”经验能够帮助我们认识传播现实，研究目的在于准确描述传播现实和通过经验来揭示普遍性的传播规律；而批判学派则强调从个人主观因素来理解和把握传播现象，社会情境在生产知识的过程里起到了很重要的作用，因而研究者要认识到谁在进行传播控制、控制维护了谁的利益，等等。

（3）从本体论来看，经验学派认为个体的行为基本上可以通过环境因素和生理特征来了解，因此个体行为是稳定的、能够运用经验性方法来准确预测的，它对历史条件无动于衷；而批判学派则认为对个体的理解要置于更广泛的社会文化历史情境之中，个体行为的复杂意义不能简化为可测量的数值。

（4）就价值论而言，经验学派主张研究者应当客观中立、研究过程中不应当包含价值判断；而批判学派则认为研究应该促进社会变革、挑战现存统治秩序，研究者是传播现实的参与者和推动者，而非仅仅是观察者或中立者。

这也是在欧美至今有学者争辩“是否能够发展出统一的传播学”的原因①，关于传播学的学科性质和研究范式，不同学派各有各的看法，传播研究好像是一把大伞，各种性质不同的研究在此交汇，因此传播学是多学科的研究领域，与其他学科的分界线是模糊混杂的。因此，编写一本传播学研究方法的书需要考虑不同理论范式的研究方法，这也是关于传播学研究方法的书籍很难给人以整体、统一印象的原因。比如，对于媒体组织的研究，既可以使用量化的调查法，也可以使用质化的田野研究和参与观察，两类方法都产生了大量出色的研究成果，要在一本书里条理清晰地梳理这些研究范式完全不同的研究方法，实在是很有挑战性的工作。

二、美国传播研究的方法史

韦弗和格雷将美国大众传播研究的历史大致分为三个时期：发展时期（19世纪初至20世纪30年代）、过渡时期（20世纪30年代至50年代）、现代时期（20世纪50年代至今）。② 从研究方法的发展历程来看，这三个时期也各有特色。

第一个时期的主要研究成果在于描述印刷出版物的历史和重要媒介人物的生平传记，以质

---

① 参见1983年美国《传播季刊》（*Journal of Communication*）第3期的“发酵中的领域”（Ferment in the Field）专集和1993年第3、4期的“领域的未来：在碎片和整合之间”（The Future of the Field: Between Fragmentation and Cohesion）专集；1995年美国《传播理论》（*Communication Theory*）第2期的“没有回应？传播的学科性和媒介研究”（No Response? The Disciplinarity and Media Studies in Communication）专题讨论。

② See Weaver, David H. and Gray, Richard G., *Journalism and Mass Communication Research in the United States: Past, Present and Future*, Bloomington: School of Journalism, Indiana University, 1979. 转引自［美］迈克尔·辛格尔特里：《大众传播研究：现代方法与应用》，18页，北京，华夏出版社，2000。

化分析和个案研究为主，缺少量化研究方法。早在 1922 年，记者出身的芝加哥学派学者帕克就采用田野研究法和文本分析法研究过报纸与城市新移民的关系。受到心理学的启发，李普曼在《舆论学》（1922）一书中使用了个案分析和文本分析，对“刻板成见”（stereotype）、“拟态环境”（pseudo environment）、新闻审查和报纸的功能进行了分析。这一时期，也有少量学者使用量化方法来研究媒体，具有代表性的就是拉斯韦尔在《世界大战中的宣传技巧》（1927）一书中使用了内容分析法。

拉斯韦尔被施拉姆奉为传播学的四大奠基人[①]之一，1926 年在芝加哥大学获得政治学博士学位。1929—1932 年，佩恩基金会资助的儿童与电影研究主要由芝加哥大学的学者主持，帕克也参与了其中一项研究，但是这一系列研究所使用的方法主要是量化的统计分析。从芝加哥大学学者的研究轨迹中，也许能够看出传播研究方法正在从质化转向量化分析。事实上，在美国社会科学领域内，20 世纪 30 年代之后，芝加哥学派所代表的解释性社会学传统以及它们所使用的参与观察和田野研究等质化研究方法被渐渐忽视。学者们普遍认为，以经验主义为特征的自然科学研究方法也能够应用于社会科学领域。因此，在传播研究方法的发展史中，过渡时期的重点是媒介效果研究，研究方法主要是量化研究和统计分析。

在 20 世纪 30 年代和 40 年代，四位传播学奠基人都在各自的领域内发展了传播研究，他们所使用的方法几乎都是量化的。拉斯韦尔研究宣传，提出“5W”模式和传播的“三功能说”，将传播过程划分为可以清晰考察的领域，同时还涉及了大众传播研究的大部分变量；拉扎斯菲尔德研究广播听众和媒介效果，主持哥伦比亚大学应用社会局（前身为广播研究所），发展了量化的调查法和质化的焦点群体访谈法，1940 年的伊里调查和 1945 年的笛卡图调查直接开启了“有限效果论”时期；作为心理学家，卢因致力于研究小群体内部的人际影响，运用实验法，提出了“把关”等重要概念；霍夫兰在第二次世界大战期间和战后通过实验法和调查法积极进行说服研究，其核心研究问题是个体态度的变化，侧重于媒介效果。在他们那个时代，这些学者都是各自领域内第一流的学者，他们发展了细致的研究设计和分析技术，贡献了一系列经典的研究成果。

除了理论研究，应用研究也开始重视量化方法。1936 年，艾奥瓦大学新闻系教师乔治·盖洛普由于成功预测了美国总统大选结果而声名大振，后来他成立盖洛普公司，专门进行民意测验和商业调查，在收视率和发行量调查方面积累了丰富经验。

在 20 世纪 40 年代，跟效果研究的角度不同，也有一些学者从受众的角度进行“使用与满足”研究，包括赫卓格对广播节目的研究（1944）、贝雷尔森对印刷媒介的研究（1949）等，这些学者使用了深入访谈法。但是，跟以后的发展比起来，这一时期的“使用与满足”研究是探索性的，其方法显得粗糙，结论缺乏深度。

总体来看，过渡时期大众传播的研究方法向量化分析发展，研究方法成为需要专门学习的一项技巧，传播研究也越来越多地强调使用客观的、量化的、系统的研究方法。由于施拉姆本人的倾向，传播学成为一门以量化分析为主的、关注媒介效果的学科。[②]

---

① 关于这四大奠基人的说法曾经受到过挑战，反对者认为，由于这四位学者成功地发展了复杂的量化研究方法而受到了过分重视，李普曼和芝加哥学派对质化方法在传播研究中的应用也作出了不可忽视的贡献，因此，追寻大众传播研究的起点时我们应该尊重这四位学者之前或同时代的研究成果（参见［美］E. M. 罗杰斯：《传播学史：一种传记式的方法》，203～205 页，上海，上海译文出版社，2002）。

② 参见［美］E. M. 罗杰斯：《传播学史：一种传记式的方法》，517 页。

20 世纪 50 年代以后，媒介效果仍旧是美国大众传播研究的重点；同时，关于媒体组织、媒体和社会文化的研究也得到了发展。随着计算机的普及和现代统计学的发展，传播研究更多地依赖于对数据的统计分析，量化方法成为传播研究里的主流方法，研究设计都力图包含“更多、更大”的样本，只有这样，才能发展出“更好”的研究结论。比如格伯纳主持的“培养分析”研究对全年黄金时间段电视节目进行内容分析，耗资数百万美元。许多研究者开始醉心于构建数学模型，试图将传播过程定量化和确定化。①

但是，动荡的 20 世纪 60 年代是西方世界思想分化的时代，跟第二次世界大战后相比，美国社会研究的政治、经济和思想背景都发生了极大变化。70 年代以后，整个社会科学开始反思经验主义的研究传统，质化研究方法重新受到重视，出现了大量关于新闻生产和媒体组织的经典研究成果，如塔奇曼（Gaye Tuchman，1978）的《制作新闻》、甘斯（Herbert Gans，1979）的《决定什么是新闻》、吉特林（Todd Gitlin，1979）的《全世界都在看》等。这些著作都采用了参与观察、深度访谈、文本分析和内容分析相结合的研究方法，生动地描述了传播活动的过程和传播事件的发展，关注个人（新闻记者、受众和权力掌握者）在新闻生产活动中的作用，不寻求抽象的、宏观的媒介特性和受众特征，而是将媒体置于所处的微观互动情境和社会结构背景之中，考察权力体制对媒体的影响。它们的方法也许是经验性的，但是它们对媒体和社会的态度却是批判性的。

在一直受到关注的受众研究领域，除了量化方法，学者们也开始使用质化方法，如拉德威（Janice Radway，1983）的《阅读罗曼小说》、费斯克（John Fiske，1987）的《理解通俗文化》、加姆森（Williams A. Gamson，1992）的《谈论政治》等。这些研究多选取个案进行深入访谈和参与观察，突破了“天真的经验主义”研究范式，见微知著，深入揭示受众对媒介内容的阐释和理解。

实际上，美国大众传播研究史是以其研究方法的转变为特征的：从历史方法转为量化方法，从人文方法转为社会科学方法。② 量化方法仍旧是美国大众传播研究的主流方法，但是近年来质化方法受到越来越多的关注，对经验主义的反思也越来越多，学者们批评经验学派的研究跟社会现实脱节，只关注琐碎的技术问题，既无法解决实际困惑也无法取得更大的理论进展。③ 因此，他们呼吁突破传统的经验学派和批判学派之间的界限，尝试综合不同的研究方法。

三、欧洲传播研究的方法史

作为社会科学研究的一部分，传播研究不可避免地受到了整个社会科学重心转移的影响。20 世纪早期，社会科学研究的重镇在欧洲，19 世纪的三大重要社会理论——进化论、精神分析论和马克思主义，都是欧洲思想家所贡献的，韦伯、涂尔干、齐美尔等出色的社会理论家都来自欧洲。两次世界大战给欧洲学术界带来了不可估量的损失，许多学者被迫中止了研究工作，另一些人则来到美国，继续学术活动，并且在战争结束后依然留在美国。第二次世

---

① 参见［美］丹尼斯·麦奎尔、斯文·温德尔：《大众传播模式论》，142 页，上海，上海译文出版社，1987。

② 参见［美］迈克尔·辛格尔特里：《大众传播研究：现代方法与应用》，北京，华夏出版社，2000。

③ See Carey，James，*Communication as Culture*，New York：Routledge，1992；Hadrt，Hanno，*Critical Communication Studies*，New York：Routledge，1992.

界大战结束后，欧洲社会科学亟须从战争创伤中恢复，而与此同时，帕森斯在美国创立了结构功能主义，主导社会科学界达20年之久，社会科学的重心也转移到美国，直至20世纪60年代，结构功能主义受到其他流派的挑战，欧洲学者的活动重新活跃，社会理论的重镇又转入欧洲。回想一下，现在我们能想到的当代著名社会科学学者的研究活动也大致与这个时期吻合。

在20世纪早期，欧洲学术界为美国媒体研究提供了理论资源和研究人才。塔尔德的模仿论是传播研究里创新扩散理论、意见领袖理论、社会学习理论的思想资源；齐美尔是帕克的老师，他对人际互动的看法直接影响了日后芝加哥学派的领袖；拉扎斯菲尔德在奥地利学到了量化方法，从事市场调查，后来移民美国；卢因在德国就已经是著名的心理学教授，移民美国后又提出了社会心理学中的群体动力学理论。

从第二次世界大战至20世纪60年代，欧洲的传播研究都没有美国那么繁荣。法兰克福学派在战争期间流亡美国，40年代就提出了"文化工业"概念，对当代资本主义媒体进行批评，但是，这些精辟犀利的思想没能够发展出重要的实证研究成果。60年代起，欧洲思想界重新活跃，新马克思主义、符号学、结构主义、文化研究、后现代主义等社会思潮此起彼伏，使得欧洲的传播研究呈现出与美国不同的景象。美国的传播研究主题分散，而欧洲的传播研究则有一些共同关注的重点问题，如权力、受众主体性、政治等。英国学者布鲁默认为，欧洲的研究有三个特点：第一，重视媒体与政治的关系，"权力"成为分析的焦点。一方面，媒体要保持中立和独立；另一方面，媒体又跟主导性的政治结构、价值观和利益保持着联系。第二，欧洲曾经长期有过批判的意识形态，因此学者往往对媒体与既有社会结构之间的关系保持自觉的警惕。第三，从社会功能上看，媒体被视为统治阶级进行社会控制的工具，妨碍了激进的社会变革。①

布鲁默认为，欧洲的大众传播实证研究开始于20世纪60年代中期，即克拉帕发表了《大众传播的效果》（1960）之后。欧洲学者大都对美国学者所发展的量化分析、受众调查、实验设计和效果研究不感兴趣，除了一些选举研究、"使用与满足"研究和接收分析之外，欧洲学者很少进行大规模的受众调查。他们认为，大众传播研究应当被置于社会秩序之中，因而研究是整体式的，包括了社会和文化背景，不追求可量化的变量的精确化和数字化。研究方法的界线被打破，质化方法在欧洲受到了比在美国更多的重视，研究者经常使用多种研究方法，如诺尔-纽曼就综合使用了内容分析、固定样本调查和横向研究。

在研究方法上，欧洲的传播研究体现出多样化的特征。20世纪60年代法国学者罗兰·巴尔特应用符号学方法分析媒介文本，如期刊、电影、文学作品等，开创了将符号学分析与媒介内容研究相结合的新思路。70年代，《银幕》（*Screen*）杂志刊登了大量从精神分析角度分析电影的女性主义的媒介批评论文。同一时期也有不少运用量化方法产生的研究成果，如格拉斯哥大学媒介小组用内容分析法研究BBC的新闻节目，麦奎尔等人运用调查法在北欧国家研究"使用与满足"理论，詹森等人结合内容分析和深度访谈在瑞典进行"接收分析"研究，诺尔-纽曼在德国进行"沉默的螺旋"和舆论研究。

20世纪60年代，文化研究在英国兴起，这促进了对经验学派的挑战和反思。1985年，文

① See Blumer, Jay G., "Mass Communication Research in Europe: Some Origins and Prospects," Boyd-Barret, Oliver and Newbold, Chris (eds.), *Approaches to Media: A Reader*, New York: Arnold, 1995, pp. 43 - 53.

化研究的第二代学术领袖霍尔受邀参加美国“国际传播研究协会”① 年会，他对美国过去40年的传播研究提出挑战，认为：整个研究范式有缺陷，导致理论创新止步不前，将传播研究简化为媒介效果研究，忽视了受众的抵抗力量。由此，“文化研究”正式登陆美国。文化研究流派理论资源复杂，马克思、福柯、布迪厄、詹明信等人都是他们的思想资源。从方法上来说，文化研究几乎无一例外都使用质化研究方法，研究主题包括阶级、种族、性别、身份认同、主体性、时间、空间、视觉性、亚文化、全球化等。但是近年来，也有人批评文化研究“走火入魔”、“文字越来越晦涩难懂，研究主题越来越脱离社会实际”。

在方法上，欧洲研究重视哲学思辨性、批判性、个案分析和质化研究，而美国仍以量化研究和统计分析为主。近年来，学派之间逐渐出现了融合的趋势，欧洲学者开始承认自己以前对媒介效果重视不够，要重新审视媒体在社会中所发挥的功能和作用，美国学者也承认自己的研究缺乏应有的社会责任感和公共意识，开始重视批判性研究。每一个学派或国家的研究都有不完善之处，相互学习、取长补短，才能促进整个传播研究理论和方法的发展。

四、传播学研究方法在中国的发展

传播学最早在20世纪50年代就引起了我国学者的注意，1957年，复旦大学新闻系主持的《新闻学译丛》里就介绍了 mass communication，当时译为“群众思想交通”，中国人民大学新闻系张隆栋教授在60年代也翻译过施拉姆等人合著的《报刊的四种理论》。但是，囿于当时的政治氛围、媒介环境和学科背景，直到70年代末传播学理论和研究方法才开始大规模地进入我国。

在改革开放的新时期，我国学者及时关注国外理论动态，积极进行介绍。1978年，复旦大学新闻系郑北渭教授在校内出版物《外国新闻事业资料》上发表《公共传播学的研究》、《美国资产阶级新闻学：公共传播学》等文章。1979年，张隆栋教授在《国际新闻界》上发表了《公开通讯的过程、制度和效果》一文。1982年传播学奠基人施拉姆来华访问，极大地激发了我国学术界对传播学的兴趣，同年，社科院新闻研究所组织召开了第一次全国传播学研讨会，针对西方传播学提出了“系统了解，认真研究，批判吸收，自主创造”的十六字方针。

20世纪80年代，舆论研究和受众调查逐渐兴盛。1983—1998年间，《中国新闻年鉴》共统计了131项受众调查，实际进行的受众研究从数量上远远超出这个数字。1982年，北京新闻学会对北京2 629名居民的收视习惯进行了调查，这是我国学者首次运用量化研究的方法研究媒体受众，其成果被总结成《北京读者、听众、观众调查》（工人出版社，1984）出版，这也是我国第一本使用了科学方法的受众研究著作。整个20世纪80年代期间，规模较大的受众调查还有：七届人大和政协委员调查（1984）、《人民日报》读者调查（1986）、全国电视观众调查（1987）、中央人民广播电台听众调查（1988）等。除此之外，关于新闻从业人员的调查也逐渐增多，比如中国女新闻工作者调查（1995）。

相应的调查研究机构应运而生。1986年，中国人民大学舆论研究所成立，这是我国第一个非官方的受众调查机构。同时，许多商业性调查公司纷纷进入媒介研究领域，如AC尼尔森

---

① 即 International Communication Association（ICA），美国最大的传播学学术组织，其年会也为美国最大规模的传播学学术会议。

1984 年进入我国、盖洛普调查咨询公司 1993 年进入我国、TN 索福瑞公司与中央电视台合作于 1997 年成立央视—索福瑞媒介研究有限公司等。这些调查公司和舆论研究机构主要应用调查法进行了大量受众研究，包括电视收视率调查和互联网用户调查。

目前，我国研究者在使用实证研究方法方面有以下几个特点。

(1) 偏重于抽样调查方法，涌现了一大批有代表性的研究成果，并且开始运用统计手段建立传播模型。

(2) 已经能够熟练运用内容分析法，但是偏重对媒介内容的描述，很少讨论变量间关系。

(3) 开始重视实验法，尝试研究传播心理学。

(4) 忽视了观察、访谈等质化方法，在很多研究中，这些方法仅仅被当作调查的辅助手段来验证调查结果，它们更为重要的功能——建构理论，还未被发掘。

有学者总结了 1981—2003 年我国主要学术期刊上的传播学研究，发现理论介绍多、实证研究少，而且实证研究的方法也大多粗糙，研究的力度和系统化都远远不够。[①] 造成这种现象的原因如下：一方面，跟我国传统的学科设置有关，许多现有新闻传播学院从中文系中分离出来，受人文学科影响较深，习惯用思辨研究来代替实证研究，没有认识到传播学是一门社会科学，缺少系统严格的研究方法训练；另一方面，跟新闻界长期流行的“新闻无学”观念有关，“新闻无学”使人们通常不重视对新闻传播规律的总结，因此也就忽视了科学的研究方法。

1997 年，国务院学位委员会正式将新闻传播学列为一级学科，下设新闻学和传播学两个二级学科，这标志着传播学作为一门独立学科被国家正式承认。新世纪以来，许多大学的新闻传播学院开始设置研究方法课程，出版了一些关于研究方法的著作。目前能见到的传播学研究方法教材分成两类：国内学者编著的教材和翻译的英文教材。国内学者编著的教材又分成两种，一种是对传播学方法进行介绍，另一种是介绍应用统计手段来研究传播现象，侧重于统计知识和统计方法。这些教材各有特色。我国学者的教材主要以介绍研究方法的基本概念和基本操作程序为主，语言通俗易懂；统计知识的教材也能够深入浅出，把复杂的统计原理用浅显的文字讲述出来。英文教材的选择考虑到了本科生和研究生不同层面的需要，介绍了国外研究方法的最新进展，能够跟媒介研究的实际问题联系起来，教材的内容也能够做到系统化、标准化。

第三节　大众传播研究中的困难

一、传播现象的复杂性

传播研究的对象是人的心理活动、社会行为以及人所组成的社会关系。人具有自我意识和主观意识，而且人的活动受到客观社会环境的限制，理解传播现象时也要注意它发生的时间和地点，所以，对传播现象的描述、解释和预测往往达不到自然科学那样的准确度。比如，造成受众接触媒体行为的动机有很多，质化方法往往只能描述和解释这些动机跟受众行为的关系，却不能提供准确的答案：媒体信息可读性高（或者说媒体信息容易被受众理解）一定会引起受

① 参见黄旦、韩国飚：《1981—1996：我国传播学研究的历史和现状——对几种新闻学术期刊的简略考察》，载《新闻大学》，1997 (1)；魏文欢：《1997 年来我国对西方传播学理论的研究趋势分析——对 1997—2003 年三种新闻传播类学术期刊译介文章考察》，见 http：//academic. mediachina. net/xsjd _ view. jsp？ id=1926。

众更多地接触媒体吗？在实际生活中，有可能发生媒体信息可读性高而受众不愿意接触的情况，如媒体发行工作不深入、媒体信息不符合受众口味、媒体营销手段不到位等。因此，我们需要使用量化方法和统计手段来了解这些情况出现的概率有多大，但是这些概率只有统计上的意义，不能将之等同于实际生活。

因果关系是许多传播研究都力图证实的，但是传播关系里的因果关系更像一条“因果链”，它不像自然科学那样分明，很少存在单一的变量关系（即引起某个结果的原因只有一个，或者某些原因只能引起一种结果），某个研究中的原因可能是另一个研究的结果。比如，到底是因为媒体信息更具有可读性，从而受众更多地接触媒体呢，还是因为受众更多地接触媒体，所以我们才认为该信息具有更高可读性？究竟是报纸降低售价从而吸引了更多读者，还是更多读者购买报纸从而引起报纸成本和售价降低？对这些因果关系的判断要看具体的研究目的和问题是什么，当我们想研究媒体信息可读性和报纸价格的影响时，可以认为前两者是原因；当我们想了解受众对媒体信息的解释和读者对报纸的态度时，可以认为后两者才是原因。

作为传播主体，人具有情感和思维，传播研究无法限制这些，如果将人的思维情感抽象和简化，那么人的世界跟石头的世界有什么区别？因此，“客观性”是研究者应该特别重视的问题。传播研究不能跟自然科学那样，以客观性为评价研究的标准，由于传播研究是主体（研究者和研究对象）不断涉入、相互作用的过程，因此，想要实现绝对的、完全的客观立场或客观角度是不可能的。但是这并不等于说传播研究就可以是一个研究者任意行动的过程，不强调客观性不等于没有研究所遵循的标准和准则。事实上，在研究过程中，研究者应该不断地反思自己的立场，注意传播主体的主观意识和行为对研究结果的影响，尊重研究对象的观点和立场，并且在写作研究报告时遵循一定的程序，以方便跟其他研究者的交流。

二、传播研究受到特定因素的制约

传播研究往往受到特定社会条件下的制度、经济发展、文化心理、传统观念、伦理道德等因素的影响。传播研究的发展跟社会经济发展密切相关，只有互联网、智能手机、IPTV 等成为普遍现象之后，才能进行研究，所以，以上这些现象的研究在 20 世纪末 21 世纪初才兴起，不可能超前于社会生活。在经济后发展地区和先发展地区里，所关注的传播现象和研究问题都不一样，当先发展地区关注新媒体的使用时，后发展地区可能在关注传统媒体和非大众媒体（比如乡村广播、黑板报和民间传说，等等）。

传播研究经常需要考虑研究的伦理道德问题。比如，研究媒体暴力内容对儿童的影响具有理论和实践意义，但是如果采用实验法让儿童观看媒体暴力内容，然后测量他们前后的态度和攻击性倾向，那么就面临道德的谴责，家长们会责问研究者“这样的研究会不会教坏孩子”，“本来我的孩子不知道怎样才能杀人或自杀，现在他们都知道了”。为了保护孩子，家长有权利拒绝自己的孩子参与这样的研究。但是，如果所有的家长都拒绝这样的研究，那么我们还怎么了解媒体暴力内容的传播效果？还怎么为制定媒体政策和发展媒体产业提供理论支持？研究者面临两难境地。

社会生活是连续进行的，某个时间点上所进行的传播研究只是对整个社会生活里的一小部分进行观察，研究者很难排除其他因素的“干扰”。传播活动所发生的社会环境也不能跟自然科学研究里使用的实验室相提并论。比如，研究者怎么才能断定儿童的暴力倾向是因为参与了实验而受到了影响，而不是儿童在实验之前就已经有的倾向？对媒体可读性的调查也是一样，受众判断媒体内容是否具有可读性，依据的正是他们在研究进行的某个时间点之前就已经具备的社会经验和知识，那么，研究者怎么才能断定受众更多地接触媒体是因为媒体提高了内容可读性，而不是其他原因造成了受众行为产生变化？

很多研究会“打扰”观察对象，尤其是媒体效果研究和媒体组织研究。当研究者表明自己的目的后，观察对象往往会做出跟平常不一样的表现，从而影响研究结果，比如平时很喜欢看恐怖片的受众担心被别人嘲笑或轻视，不好意思说出自己的看法，没有理解媒体信息的受众出于好面子而夸大了自己对媒体信息的理解程度，等等。研究者总是希望获得最“自然”的反应，这才符合社会生活的常态，因此需要判断受众的“表演行为”对研究结果的影响。

三、传播研究结果具有或然性

传播研究的结果往往只在一定范围、一定领域内适用，超过这个范围就可能不正确，出现“过度概括”的问题。比如对于“大众媒体对受众有无效果”这个问题，自传播学创立以来一直受学者关注，但是各种媒体效果理论都有自己的适用范围，或者说有一定的限定条件。根据一定时空条件下的传播现象而得出的研究结果，能否解释和预测另一时空条件下的传播现象，需要被重新验证。所以，传播研究的结果是或然性的，很有可能出现特例而将目前得出的结论推翻。量化方法应用统计手段，可以说明某种结果出现的可能性从统计学上来说具有多大的概率。质化方法无法用数字精确，因此它的结论往往具有含糊性。

人们对传播研究结果的态度是不一样的，这跟研究者所处的立场有关。比如，面对“美国电影的成功因素”这个研究结果，作为文化输出国的美国学者关心怎样提高美国电影的全球票房、保持竞争力，而中国学者可能更关心在美国电影高票房收入的背景下怎样保持本土文化的独立性和独特性。面对电影《英雄》的商业成功，美国学者认为这是美国电影生产策略的成功，而中国学者可能认为这是本土文化应对全球化挑战的成功，两国学者截然相反的态度使得对研究结果的理解并非一成不变。所以，我们不能说，某个研究结果肯定会发生或某个传播现象一定就是如此的结果，而要考虑不同的研究背景和社会环境。

第四节　思辨研究、规范研究和实证研究

有一些研究问题只适合用哲学思辨的方式来获得答案，比如“新闻的本质是什么”、“怎样认识媒介真实”等，对这类问题的研究就是思辨研究。思辨研究抽象程度高，其研究对象往往属于“新闻哲学”范畴，是一些不能够直接观察或直接体验的概念，对它们的回答只能依靠研究者个人阐述自己的观点、议论和建议。用这类方法写成的文章，行文中强调对基础概念的逻辑关系进行严密论证，通过概念推导来回答研究问题，文字更加概括和抽象。

另一些研究涉及了“新闻（或媒体）应该是什么样的”这类问题，比如“面对火灾，记者应该去救人，还是应该坚持采访和记录火灾的全过程”，“哪一种新闻制度（应该是）最优越、最适合当下中国”，等等，这些研究被统称为规范研究（normative study）。规范研究常见于有关新闻伦理、新闻制度、新闻法规的研究之中，它研究事物的“应然”状态，回答事物的理想化状态是什么，它所论证的理想化状态虽然令人向往，却未必符合现实情况，比如“新闻工作

者不应该搞有偿新闻和权力寻租"，但是现实生活里新闻腐败事件时有发生。

如果说规范研究回答的是"应该是什么"（what should it be）这类问题，那么实证研究的研究问题就是"是什么"（what it is），它关注事物的现实状态。跟思辨研究不同，实证研究的问题不能够通过概念推导来回答，只能够用实际收集到的经验材料来回答，比如"为什么不同的社会背景中，人们对新闻的本质的看法不同"，"媒介真实与社会真实的异同"，等等。实证研究的研究对象是具体可感知的个人、行动、事物、现象等，研究者系统地收集和分析资料，并且在资料的基础上得出结论，并进而发展成为理论。

以上三种类型的研究共存于传播研究领域内，传播学也同时需要这三种研究。囿于篇幅，本书只介绍实证研究方法，其中包括量化（quantitative）和质化（qualitative）两大类方法。

本书第一版曾将 qualitative 译为"定性"，但是，日常生活里，我们经常见到"公安机关将这一起案件定性为诈骗案"这种说法，这种场合下的"定性"一词指的是"得出结论"，而本书所讲的"定性"（qualitative）则是重视解释和理解的一种实证研究方法，跟量化研究方法相对应。目前，在我国新闻传播学界，对于"定性研究"的看法存在着混淆，有人认为，形而上的哲学思辨和个人意见表述不能用数字来表示，因而都可以被统称为"定性研究"。为了跟上述相区分，那些仅仅凭借个人经验和印象进行描述，或者无法用经验事实来验证的研究，不属于本书所介绍的定性研究。为了叙述方便，本书将 qualitative 统一译为"质化"，将 quantitative 统一译为"量化"。

第五节　理论研究和应用研究

研究是我们寻求解答自己的困惑和问题的一种方式和过程。我们每个人都对社会生活充满好奇，但只有经过严格的、大量的训练，遵循一定的研究方法，才能成为出色的研究者。美国学者弗莱等人归纳了研究的几个特征：

（1）研究建立在好奇心和提问的基础之上。

（2）研究是一个系统的过程。

（3）研究是反思性的和自我批判的。

（4）研究是累积性的和自我纠错的。

（5）研究是循环的，新的研究问题来自以前问题的答案之中。所以，在研究过程中，研究者要不断地检验自己的方法，找到那些可能会使研究结果不成立的方法上的缺陷，完善自己的研究设计，对于研究结果要反复验证其合理性和有效性，这样才能促进研究方法的改进，得出更科学的研究结论。[①]

一般而言，传播研究可以分成理论研究和应用研究两大类（见表 1—1）。理论研究也称为学术研究或基础研究，以加深对传播现象的理解、探索传播现象中的规律、发展理论和基本知识为目的。应用研究也称为商业研究，它侧重于解决传播实际问题，如媒体经营管理、受众调查等，经常受商业团体、政府机构或其他组织资助，研究结果一般也只在委托人范围之内流传，不对外公布。从研究时间和深度上来讲，前者比后者时间更长、更深入，整个研究设计也

---

① See Frey, Lawrence R., Botan, Carl B., & Kreps, Gary L., *Investigating Communication: An Introduction to Research Methods*, London: Allyn and Bacon, 2000, pp. 13 - 17.

更加复杂。

表 1—1 理论传播研究和应用传播研究的区别

	理论传播研究	应用传播研究
问题的本质	寻求确立关于传播现象的普遍法则	寻求理解传播实际问题
研究的目的	产生理论，能够简化和解释复杂或相关传播过程	提供能够被决策者（即传播问题的解决者）立即使用的知识，将令人不满的现状转变为更符合决策者需要的现实
指导性理论	其他学者的理论观点	任何观点，包括其他学者的理论或其他的应用研究
适用的手段	理论公式和模型、检验假设、抽样、收集资料（直接观察、访谈、问卷、量表）、对数据进行统计处理、验证或推翻假设	观察或向行动者询问现状；对决策者想得到的理想状况进行评价

资料来源：Frey，Lawrence R.，Botan，Carl B.，& Kreps，Gary L.，*Investigating Communication*：*An Introduction to Research Methods*，p. 36。有改动。

理论研究和实用研究可以用来研究同一种传播现象。比如，研究报纸读者流失现象，实用研究关注“为什么人们读报纸的时间越来越少”，“在提供消息方面，哪些媒体替代了报纸”，等等，而理论研究可能关注“减少读报时间，是否影响了个人的社会化过程”，以及“社会分层与媒体接触习惯”这些问题。一般传播理论的教科书所涉及的都是理论研究，而商业性调查公司（如 AC 尼尔森和央视—索福瑞）往往从事实用研究。在实践中，二者有时难以严格区分，比如，研究报纸发行量和电视节目收视率既能够提高媒体收入，也能够增进我们对媒体内容和社会结构之间关系的理解，两种研究都是我们需要的，本书侧重于理论研究，对实用研究也有所涉及。

第六节　全书结构

本书分为四个部分。

第一部分介绍传播研究方法的基本原理和过程，共五章。除第一章的导论外，第二章介绍一些科学方法的基本概念，包括科学、理论、证伪、归纳和演绎等。第三章介绍研究的过程，包括研究设计和量化、质化方法的比较。如果说第二章的内容是进行实证研究的哲学基础，那么第三章的内容就是我们从事具体研究的起点，只有形成研究问题、选择研究方法之后，我们才能操作后面的研究步骤。第四章和第五章分别介绍测量手段和抽样手段，这些是在准备研究和进入研究现场前所应该掌握的基础知识，是确保研究成果质量的关键手段。

第二部分介绍量化研究方法，包括最常使用的调查法（见第六章）、实验法（见第七章）和内容分析法（见第八章）。这些方法在每一章中都会就其在传播研究里的发展和应用得到相应的介绍，并结合经典研究的实例来讨论它们各自的特点。在收集了量化数据之后，就需要运用统计手段来解释它们，这是第九章的内容。统计是一门精深的学科，需要专门的教材讲授，本书不讲统计原理，也不介绍电脑统计软件，只介绍最核心、最重要的统计基础概念，同时结合实例来介绍根据研究问题应该选择什么样的统计手段、怎样解释统计结果。

第三部分介绍质化研究方法，包括质化田野研究（见第十章）和文本分析法（见第十一章），第十二章介绍了分析质化资料的手段和步骤。这样做，是考虑到了学生读者的实际需要，也使得本书在体例上更为完整和系统。在学生做论文的实际过程里，由于研究经费的限制，也会使用文本分析、参与观察和访谈等质化方法。第十一章里的“符号学”、“精神分析”、“框架分析”和“话语分析”都是同类教材里不多见的，也是本书新增加的独特内容。

第四部分介绍了关于传播研究方法的其他问题，包括现存资料分析（见第十三章）和研究报告的写作（见第十四章）。现存资料分析包括文献资料分析、二手资料分析和历史研究，它们不能被简单归类为量化或是质化方法，但在实际研究里经常会用到，这些方法的共同特征是能节省研究经费。同时，第十三章还介绍了口述史研究方法，这是20世纪80年代才被介绍到我国的一种新的历史研究方法，我国历史学界对此的研究也只是刚刚起步，介绍这种新方法不仅让读者紧跟最前沿的研究方法，而且也希望能够对我国开展较少、学者不太关注的传播史研究有所裨益。写作研究报告是整个研究过程的最后环节，也是研究者呈现研究成果、同他人进行交流的基础材料，因此研究报告的写作应该遵循一定的标准和规范。

从以上的简单介绍中可以看出，本书基本按照研究过程的展开顺序来写作，各个部分之间有一个大致的时间先后顺序。值得注意的是，传播研究是一个整体的过程，每个步骤环环相扣。第一部分总结了具体研究的共同部分，其细节有待后面章节的补充；在阅读后面的章节时，读者可能会不时地回到前面来参考相关内容；而且，实际操作中也经常会出现跨越本书章节的情况。所以，学习研究方法，应该保持一定的灵活性、开放性。

本书的另一个特点是将传播理论与研究方法紧密结合。理论要成立，必须通过研究方法得到验证，因此，在介绍研究方法的同时，本书也提到了许多传播学经典研究在方法上的缺陷和不足，如“意见领袖”、“把关”、“使用与满足”、“知沟”、“沉默的螺旋”等，这样做，不仅加深读者对传播理论的认识，也能够提示理论的未来改进方向。

本书的指导思想是：没有完美的理论，也没有完美的研究方法。任何研究设计都存在着缺陷和遗憾，科学研究正是在前人的失误、错误和失败的基础上进步的。本书目的在于教会学生怎样规划研究的过程，以及在研究的实际操作过程里，每一步应该怎么做、要避免什么样的陷阱。因此，在介绍各种研究方法时，对它们的局限和弱点都有所介绍，此举是为了方便读者在应用这些方法的时候能够追求更完善的研究设计，推动我国传播研究的发展。读者在阅读本书和学习研究方法时，应该一直保持反思精神，即对各种看法和观点（包括本书的内容）都保持一定的警惕和怀疑态度，不盲从、不迷信权威或者主流，这样也不会因为过分谨慎而失去有用的资料和研究结果，做到既大胆又心细。反思精神是西方社会科学界近年来越来越重视的研究态度，反思能够提升研究的质量、有效性和可信性。为了帮助学生培养对研究的反思精神，也为了减轻阅读负担，本书加入了大量的对比，并且用图表的形式表现出来，包括研究方法之间的对比、研究设计之间的对比、针对同一研究对象所使用不同方法的对比、用同一方法研究不同对象的对比等。

【思考题】

1. 以传播效果研究的发展为例，讨论自20世纪40年代以来美国和欧洲在各个时期的研究主题以及所使用的研究方法之间的关系。

2. 传播学里的经验学派和批判学派在方法论、本体论、认识论和价值论上存在着哪些分歧？

3. 美国重要的传播学研究学术刊物包括 *Journal of Communication*、*Journal of Broadcasting and Electronic Media*、*Journalism & Mass Communication Quarterly* 等，欧洲重要的学术刊物包括 *Media, Society & Culture*、*European Journal of Communication* 等。从图书馆里找出这些杂志（印刷版和电子版都可以），通过比较学术刊物的内容来理解美国和欧洲传播研究的差异。

4. 就你所在学校学生的媒体接触行为进行研究时，你会碰到哪些困难？怎样克服这些困难？

5. 怎样区分理论研究和应用研究？

第二章

研究的基础

传播研究的最终目的是发展理论来解释世界。因此，“什么是理论”是本章的核心问题，在回答这个问题之前，我们还需要了解与此相关的其他概念，比如科学和科学研究的逻辑等。需要指出的是，进入 20 世纪 80 年代以来，理论界对“科学”、“客观”这些概念都进行了深入的反思。虽然实证主义范式下的科学概念已经受到挑战，但是，在传播研究领域，它依然是美国传播学研究的主导范式。而且，日常生活中，我们经常会用“这是个科学的研究”来表示对研究的褒扬，“这个研究方法不科学”则是对研究的批评，所以，在进行研究的过程中，只有搞清楚了什么是科学，我们才能发展出“好的”理论。

第一节　科学及其相关概念

科学是一种知识，也是一种获得和生产知识的手段。知识本身无对错，只有解释力强弱的区分。在给科学下定义之前，我们先来看看除了科学之外，我们还通过哪些渠道获得知识。

一、获得知识的途径

（一）个人经验

在日常生活中，第一手的、亲身经历过的个人经验是我们获得知识的一个重要途径。比如在婴儿时期，当我们第一次把手伸到开水里面的时候，手被开水烫了一下（甚至可能烫伤皮肤），出于本能，手会立刻缩回去，这个教训给我们留下了深刻的印象，于是我们就会明白“过热的水会伤人”这个道理，在以后的日子里，我们不仅不会把手伸进开水里面，还会举一反三，不会让过热的水接触自己身体的任何一个部位，以免受伤。又比如，卡特通过观察炉子上烧开的水而发现了水蒸气的力量；苹果掉到牛顿头上，促使他发现了万有引力定律。许多科学发现的起点都是科学家在个人日常生活中的经验。

但是，有时候，过分相信个人经验反而会妨碍我们对知识的追求。当我们观察社会生活时，我们往往只倾向于注意那些跟自己既有立场相似，或者符合自己已有知识结构的事实，从而犯下选择性观察的错误。比如，2005 年 8 月，广州出现了“油荒”，汽车在加油站加不到汽油，如果你是司机或者你拥有私家车，那么你很轻易就会得出“广州缺油”的结论，但实际情况是，由于国际原油价格上涨，炼油厂成本上升而产品价格不变，为了减少亏损，炼油厂故意降低产量，“油荒”是人为造成的结果，事实跟你的经验恰恰相反，广州一点也不缺乏原油，当然也不缺乏从中提炼出来的汽油。[①] 这时，依赖个人经验就会妨碍我们认识事实的真相。又比如，我们的邻居、朋友或亲人中间如果有人因飞机失事而去世，我们就会更倾向于认为飞机是一种危险的交通工具，如果这个人乘坐飞机的次数不多就遭此厄运，我们的看法就会更加强烈。但是根据国际民航组织公布的数据，在 1991 年，全球每一百万次民用航空飞行中，仅有 1.7 次发生死亡事故，而到了 2000 年，这一数字下降为 0.85，可以说，作为交通工具，飞机的安全系数在上升。[②] 2004 年，中国本土的航空公司里，只有一架飞机失事，致使 53 人死亡，而 2003 年，全国因车祸致死的人数超过 10 万人，全球因交通事故而死亡的人数超过 50 万人。[③] 这时，我们不仅犯下了选择性观察的错误（只注意到了飞机失事这一事实，没有注意到车祸导致的死亡人数更多，或者即使我们注意到了这两种事实，但是我们依然更相信自己的观察），还犯下了将自己的结论过分概括化的错误（将对个人进行观察而得到的知识推广成为对某种交通工具的概括性结论）。

选择性观察和过分概括化这两类错误往往结合在一起出现。有一次，美国总统小布什在母校耶鲁大学演讲，跟学生开玩笑地说道："如果你以 C 等成绩毕业，那么恭喜你，你有可能成为美国总统。如果你没有毕业，那么你有可能成为美国副总统。"他指的是自己以 C 等成绩大学毕业，而曾在耶鲁读书的副总统切尼因成绩太差而不得不退学。在我们的身边，还能找到很多在学校读书时成绩很差或未完成大学教育，然而进入社会后成绩非常出色的个案，包括比尔·盖茨和杨致远。如果你据此得出结论，认为"受教育越少则个人越成功"，那么你就大错特错了，事实上，大量社会研究表明，在当代社会里，接受教育的程度跟个人成功呈正相关关系，即接受教育越多则越有可能成功。

为了避免舆论压力和社交冲突，很多时候，我们都会斟酌自己的言语和行为，使其符合周围人的期望，如果自己的想法跟周围人不一样，我们还会调整自己，表达出跟他人一致的观点。这就是俗语中的"人云亦云"现象，在社会理论里，我们用"从众"一词来指示这种现象。如果个人经验是我们获得知识的唯一渠道，那么跟周围人不协调的压力就会影响我们的个人经验，从而出现经由个人经验得到的知识无法正确理解的现象。阿希（Ash）实验是社会学里验证从众现象的一个早期实验，研究者让一组实验对象判断三条直线的长短，并且事先令某些研究对象坚持"三条直线一样长短"的说法，以此来观察其他研究对象的反应。在实验中，那些看到了三条直线长短不一的个人，由于想跟他人保持一致、对自己的观察信心不足，因而舍弃了自己正确的看法而采纳了他人错误的看法。所以，如果我们过分依赖个人经验来获得知识，同时又没有其他可验证的手段帮助我们理解社会现象，那么当面对舆论压力时，我们往往会放弃自己最初的立场而做出从众行为。但是，科学知识的正确与否跟支持这种知识的人数之间没有什么相关关系，有时候，少数人的观点反而是正确的。

（二）权威

权威是另一种获得知识的重要途径。我们相信某个人说的话，仅仅因为他占据着权威地

---

① 参见何雪峰：《广东油荒　油罐车排队抢油　是谁在制造油荒?》，载《北京青年报》，2005-08-15；王佑、霍宇力：《油荒袭击上海广东　两大集团基本不对外供油》，载《第一财经日报》，2005-08-15；查俊生：《"油荒论"被否定之后》，载《第一财经日报》，2005-08-22。

② 参见赵晓：《欲速则不达，狂飞必有难——评中国民航数量扩张及转轨隐患》，载《南风窗》，2002（11）。

③ 参见赵川东、罗凯元：《交通事故为何高居不下》，载《人民日报》（海外版），2004-06-29；孙晓胜、李晓斌：《中国车祸死亡人数世界第一》，载《新京报》，2004-05-15。

位，或者是某一领域内的学术权威，或者具有权威人格。比如，我们相信医生知晓疾病的奥秘，所以我们生病了就会去医院，同样是背痛，医学上的诊断可以各不相同，包括肌肉劳损、肌筋膜炎、骨质增生、骨质疏松、脊柱炎、骨癌等，我们通常都会依赖医生告诉我们病因，做出诊断，并且对其所开出的处方深信不疑。我们从医生那里获得关于医学的知识，甚至包括关于那些自己没有亲身经历过的疾病的知识，这种获得知识的渠道就是权威。宗教也可以视为经由权威途径而获得的知识，出于对宗教领袖的崇拜，教众们会无条件地相信领袖的话，每一种宗教都有自己的一套世界观和人生观，包括世界怎样起源、怎样运转、人类怎样结成社会、人怎样才能获得幸福，通过信仰宗教，信众们也获得了这些知识。在那些政教合一的国家里，由于受到政权的支持，宗教关于世界和人生的解释成为具有绝对权威地位的知识。

权威有时候不一定意味着更有政治影响力或者社会地位，而是指消息来源的专业性使人们相信他能够提供更有说服力的证据。在关于媒介效果的早期研究里，霍夫兰等人发现，那些专业消息来源所发出的讯息，比起非专业消息来源所发出的讯息，更加具有权威性，其可信度更高，因而说服力就更强。[①] 所以在犯罪议题上，人们更愿意相信法官和警察的说法而不是普通人的说法。

从权威那里得到知识，是一种方便简单而省时省力的手段，但是权威也有可能犯错误，医生误诊、法官判错案、警察抓错嫌疑犯、公司的老总做出错误的决策、教师讲错课等，尤其当权威离开自己的领域就其他领域内的问题发言的时候，来自权威的知识可能会误导我们，妨碍我们追求科学知识。比如在电视广告里，电影明星赞扬某种药品疗效显著，治好了自己的病，体育明星夸奖某种食品营养丰富，有助于自己运动成绩的提高，这些都是利用了权威人物在其不熟悉的领域内试图说服大众，很明显，这些知识可能是错误的。

（三）传统和习俗

传统和习俗可以被看成是一种特殊形式的权威，即来自过去（即历史经验）的权威，通过传统和习俗而获得的知识也因此被看成是出于对过去的信任（或崇拜）而从祖先那里继承的知识。在中国北方，农历夏至前后是收麦子的时节，秋分则是种麦子的时节，每到了这些节气，农民们就会做农忙的准备。这种农业知识依靠了一代又一代的人流传下来，很少有人去想其中的道理。因此，传统和习俗所传递的是经过简化的知识，这种知识未必正确，却能帮助我们在瞬息万变的世界里生存和定位。

有时候，传统和习俗也会成为保守的力量，从而妨碍我们探索新知识。当中世纪的欧洲人普遍接受“地心说”时，主张“日心说”的人就是“异端”，布鲁诺甚至被烧死。当男性主导的社会认为女性应遵从“三从四德”时，那些20世纪初在城市里读书工作、自食其力的新女性承受了很大的社会压力，所以鲁迅才提出“娜拉出走以后怎么办”这样的问题。传统和习俗的力量是强大的，许多在我们看来已经抛弃了的传统依然在影响当下的生活，比如我们不会送给小男孩一个布娃娃做玩具，也不会送他粉红色的衣服，更不会教他刺绣、做饭这些技能，因为在我们的传统观念里，这些都是跟女孩子相关的行为。

（四）迷信

自然界和人类生活中有一些现象至今无法得到科学的解释：究竟有没有外星人？中国人在哥伦布之前到过美洲吗？为什么一些人身上表现出了超常能力和灵异现象？时间能否倒流？虽

---

① 参见郭庆光：《传播学教程》，201页，北京，中国人民大学出版社，1999。

然科学无法提供令人满意的答案，但我们依然通过其他渠道——比如迷信，来获得与此相关的知识。一个典型的迷信手段就是算命，在古代中国，婚姻大事往往需要配男女双方的生辰八字，如果八字“相克”，则婚事有可能不成；做重大决策前，人们经常去寺庙道观里求签问卦，并且根据卦象的吉凶来预测自己行为的后果。《史记·高祖本纪》记载，刘邦睡觉时会有龙盘在背上，他的邻居以此推断，他将来必成大事。在古代小说里，哪吒出生的时候是个肉球，被父亲一剑劈开才得见天日，而孙悟空是从石头里蹦出来的。在西方，人们使用占星术来预测命运，按照占星术的说法，人的性格和命运在出生的时候就被决定了，那么，为什么双胞胎会有不同的命运？这些迷信虽然毫无科学道理，但当时的人们却对此深信不疑，并且据此来安排自己的行为。

迷信和科学，是尖锐对立的两种知识，科学知识的发展，正在还原事物本来的道理。过去我们生了病，会请巫婆神汉来“驱鬼”，现在我们知道了要去医院找大夫看病。在当代世界里，在科学解释不到的地方，迷信活动依然存在，这就要求我们发展科学知识，破除迷信。

（五）他人和媒体

权威、传统和习俗，以及迷信，都会通过人际传播或大众传播的渠道来传递知识，所以，这里的“他人和媒体”并非仅仅指发挥传递知识功能的渠道，也指生产知识的个人和大众媒体。

人是社会性的动物，在日常生活里，我们不可避免地要跟其他人交往，我们所掌握的知识也部分地来自他人，包括父母、亲戚、朋友、邻居等。现代大众媒体兴起后，我们也通过媒体来获得知识。美国学者格伯纳提出的“培养分析”理论就强调了大众媒体在提供知识、影响个人对周围环境认知方面的强大效果。没有犯罪经历的个人往往通过大众媒体来了解自己生活环境里的犯罪情况，媒体越是夸大真实世界里犯罪的严重程度，受众就会越有可能认为自己生活的社会充满暴力犯罪，自己的生命和财产也越有可能遭受暴力袭击。长此以往，媒体会塑造我们对于真实世界的看法，虽然这种看法可能有偏差，但更重要的是，我们按照从媒体那里得到的观念来改变自己的行为，从而使得自己生活的世界越来越吻合媒体塑造的那个世界。在媒体塑造的世界里，女性往往是家务劳动的执行者，而男性则享受家务劳动的成果，理想的女性是温柔、依赖、漂亮的，而男性是阳刚、强大、有力的，如果我们不假思考地接受媒体所传达的性别观念，我们就会按照这些标准来约束自己和后代。

二、什么是科学

为了获得关于生活世界的知识，我们需要用到科学方法，正是科学的研究态度和方法将科学研究同前面所讲的获得知识的其他方式区分开来。传播学也是一门社会科学，研究传播现象也要用到科学方法，那么，什么是科学？

作为一种观念，“科学”的发展跟17世纪欧洲启蒙运动的发展密切相关。启蒙运动推动了一种新思维方式的产生，这种思维方式颠覆传统、质疑宗教权威，开始相信人的理性的力量，个人在社会中的经验被认为是遵循理性的逻辑而发展的，因而是可以被认识到的，脱离了上帝指引的人类社会也将朝着越来越发达、越来越美好的方向进化。自然科学发展的成果促进了工业革命的产生和进行，科学取代了其他获得知识的方式，跟理性、进步、发展这些观念联系在一起，成为人们了解社会规律、推动社会进步的基础知识和基本手段。而其他获取知识的方式则被认为是“非科学”的，在研究实践中逐渐被抛弃。

按照《韦氏新世界大字典》的定义，科学是“为确定研究对象的性质或原则，通过观察、研究和实验，所得到的系统化的知识”。这个定义包含几个要点：首先，科学是一种知识，也是一种获得知识的手段。发展科学知识的手段包括观察、研究和实验，当然，这里的实验并不只限于我们通常意义上所说的自然科学的实验室，配备着各种实验仪器，科学家（研究者）进出都要经过检查和消毒，实验室的各项条件和各个角落都受到严密监控等，从广义上说，实验就是观察研究对象在各种刺激条件下的反应，社会科学也要经过实验，而且社会科学实验往往在自然的田野环境中进行。

其次，科学知识和科学研究都是系统的。科学知识不是针对事物或现象所做的凌乱的、分散的解释，它的发展总要以以前的知识为基础，并且成为以后的知识发展的基础。被研究的事件往往是单一的、孤立的（如某个电视节目收视率不高），但研究者却要考虑一切可能与此相关的因素，推导前因后果，排除那些无关因素，分析相关因素之间的联系，并应用这些联系来解释现象。

再次，科学知识和科学研究都是经验的。为了验证自己的看法，研究者需要寻找经验性的证据材料，观察、实验和研究都生产出这些经验性材料。个人经验、权威和迷信都依靠个人主观的判断来得出结论，那些跟自己判断不符合的证据被忽视或者被歪曲了，但是科学研究必须全面考虑，避免做出任何有主观倾向性的选择，科学研究的过程中也时刻都有可能出现意料之外的现象和结论，如果经验性证据表明自己的看法站不住脚，研究者就需要改进、补充或推翻自己原有的结论。所以，科学建立在经验性证据的基础之上，一次研究的结论经过经验性证据的多次验证才能更有解释力。

最后，科学知识和科学研究的目的在于掌握研究对象或事物的性质、事物间的关系和遵循的规律，即科学是解释性的知识。科学知识不能是肤浅的、表面的，不能就事论事，不能只见树木，不见森林，而要致力于发现事物之间更为稳定的规律和行为模式，并且把这些规律上升成为具有概括力、能解释其他现象的理论，所以科学研究是一个很辛苦的探索过程，这里不能有任何投机取巧的想法，只能有老老实实、勤勤恳恳的工作态度。

我们经常认为科学知识和科学研究都是客观的，这是误解。研究者有着个人思想和个人情感，从研究课题的选择、研究队伍的建立，到对研究材料所做的分析和解释，无不体现着研究者个人的特征，比如，同样是研究流行音乐，拉扎斯菲尔德和阿多诺的看法就截然对立，我们无法用“客观”或“不客观”来抬高或贬低任何一方的研究。所以，在社会科学中，客观性更多地被理解为标准化的研究程序，如研究都要遵循相似的过程、收集和分析材料有一些固定的要求、写作研究报告也有共同的要求，等等。

三、科学的要素

（一）科学研究的逻辑过程

美国学者华莱士在《社会学中的科学逻辑》（1971）一书中提出了科学研究的逻辑过程，被称为“科学环”（见图 2—1）。

从图 2—1 中可以看出两种研究路径：第一种路径，研究者从理论出发，由理论产生假设，根据假设来选择观察对象，然后从观察结果中形成经验概括，以此来支持、推翻或修正理论，形成新理论。第二种路径，研究者从观察到的事实出发，在此基础上形成经验概括，并上升为

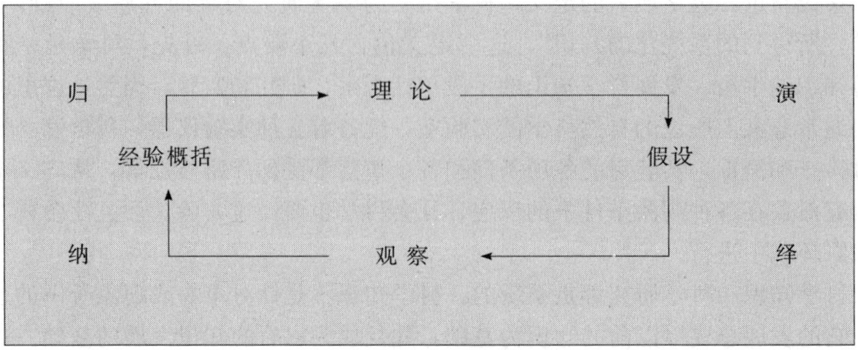

图 2—1　科学环

资料来源：Wallace，Walter L.，*The Logic of Science in Sociology*，New York：Aldine de Gruyter，1971，p. 18.

理论，然后在此基础上做出假设，并寻求新的观察来检验这个假设。这是针对科学研究的总过程所做的总结，一门学科要发展成为科学，就需要结合使用这两种研究逻辑过程。

具体的研究往往只做到一半，即只走完这个圆环的右半边或左半边。研究者可以选择从理论入手，形成假设，然后进行观察来检验假设，从而验证或推翻理论，这是从理论到观察的过程。另一个选择是从观察到理论，即研究者对自己的观察进行解释和分析（经验概括），使之上升成为理论，或者推翻现有理论。因此，理论和观察是科学发展所必不可少的组成部分，而假设和经验概括是连接这两者的纽带，没有观察的理论是无本之木、脱离实际，而没有理论的观察也只能是描写和记叙，缺乏概括性和推广性。

（二）科学发展的机制

从图 2—1 中可以看出，科学发展是一个循环往复、生生不息的过程。在这个循环里，研究者不断地进行观察和改进理论，如果新观察到的资料跟已有的理论不相符，那么理论就必须被修正或改进，研究者也会相应地组织新的资料来重新检验理论，因此，科学能够在发展的过程里自我纠错，这使得科学跟个人经验、权威、迷信和媒体区分开来。

同时，从图 2—1 中还能总结出，科学发展的过程就是“经验→理论→经验→理论→经验→理论……”，每一个从经验到理论的箭头都意味着反馈，在每个反馈之后，理论必然有所改进，反馈越多，则改进越多。因此，有了反馈和自我纠错机制的存在，科学研究的起点在哪里并不显得那么重要。

自我纠错和反馈机制，也说明科学发展是一个集体性合作的工程，而非个人化的工作。虽然有些研究者对推动科学进步做出了很大贡献，但是，不能把科学发展的希望寄托在个人身上，如果那样，当个人爱面子或者能力有限无法修正自己的错误时，就会妨碍科学的发展。所以，科学的发展需要依靠科学共同体提供制约、平衡和竞争。所谓科学共同体，就是“一套规则、行为、态度和个人的集合，它们被组合在一起来维持科学伦理”①。科学共同体并非是地理空间意义上的社区，它包括一些核心规范：

（1）只按照科学价值（而不是研究者的身份或研究对象）来判断研究成果是否有意义。

---

① Neuman，W. Lawrence，*Social Research Methods*：*Qualitative and Quantitative Approaches*，4th ed.，Boston：Allyn and Bacon，2000，p. 8.

(2) 研究者要对每个研究的方法和结论持谨慎的怀疑态度，以此来改进研究设计。

(3) 研究者要保持中立、不偏不倚和诚实的态度，任何与自己观点不相符的经验证据，只要是高质量的，都应该被接受。

(4) 研究者应当与他人分享科学知识，生产科学知识是公开的行为，科学知识也是公共财富，为公众利益服务。

(5) 研究者享有一定程度的自主性，当其他研究者对结果持不同意见时，这些不同的意见应该被保留。①

遵守这些规范的科学共同体才能推动科学的发展，否则，一个充满欺骗、不诚实、弄虚作假的共同体会败坏科学的名声。学术期刊被认为是维持科学共同体的重要手段，回顾重要学术期刊就可以看出科学发展的历程，研究者们通过学术期刊发表成果、发表看法，他们之间的讨论能够发现过去科学研究中的错误，指出未来研究的方向。

四、科学知识

一般来说，科学知识可以分成三类：自然科学、人文科学和社会科学。自然科学的研究对象是自然界，如物理学、化学、生物学等；人文科学是有关人类思想和文化的学科，如文学、美术、音乐等；社会科学的研究对象是人的观念、行为和关系，如心理学、社会学、经济学等。最广泛意义上的传播研究在这三种科学知识里都可以找到自己的位置。新媒体层出不穷，媒介技术不断发展，为了研究互联网、智能手机和 IPTV 等的社会影响，研究者最好具备物理学、电子技术和通信技术的基础知识。为了研究流行音乐和商业电影，研究者也最好了解文学史、音乐史和电影史等相关背景，如果要进行文本解读，那么这些知识更是必不可少的。但是，大量的大众传播研究都属于社会科学领域，洛厄里和德弗勒所著的《大众传播效果研究的里程碑》一书中所记录的 14 项重要效果研究都是社会科学研究。

为什么大众传播研究大都是社会科学知识？首先，传播研究的对象是作为主体的人的传播活动及他们的行为所引起的传播现象，传播研究无法排除“人”的因素，人不是冷冰冰、没有思想的石头，个人的信念、身份、行为以及作为人的集合而出现的社会关系和制度都能够影响传播活动，也能影响传播研究的结论。而且，传播研究只能通过随机化的手段来控制主体性因素对结果的影响，却并不能取消这些影响的实际效果。其次，传播研究所面对的不是抽象概念，而是实在的、具体的社会现实，解决实际问题的应用研究在传播研究里为数不少，形而上的哲学思辨虽然能够启发我们的思维、加深对传播现实的理解，但是更多研究所生产出来的是针对具体问题、收集经验证据而得出的实证结论，对传播现象的回答不能从抽象思辨里去找，只能从经验证据里找。

五、传播研究与科学知识

库恩在《科学革命的结构》(1970) 一书中提出用“范式”(paradigm) 这个概念来研究理论和科学研究的发展历程。范式有着各种定义，一般地说，它可以指科学共同体成员所共有的

---

① See Neuman, W. Lawrence, *Social Research Methods: Qualitative and Quantitative Approaches*, p. 9.

信念、价值、技术等一整套系统，包括判断重要研究问题的标准、判断研究与社会关系的标准，以及判断好的研究的标准等；范式也可以指这一整套系统中的一个方面，即作为一种解答问题的基本模型，包括基础假设、研究设计、研究问题、研究方法等。范式的意义在于它维持了研究的延续性，创造了学者之间进行交流的平台，而且能够指导未来的研究方向。无论是在哪个意义上，传播学都是一个多范式的学科，没有一个范式能够回答所有的传播问题；相反，多个范式之间相互竞争，共同促进传播学的发展。

上述科学概念深深根植于实证主义的科学范式。实证主义起源于培根的经验主义和牛顿—伽利略的自然科学方法，后经孔德发展成为一种研究方法范式。它相信一种“朴素的现实主义”，在社会科学领域，实证主义意味着“将演绎逻辑和对个人行为的所做的精确的经验观察结合在一起，以发现和确定一套或然性的因果规律（这些规律可以用来预测人类活动的一般模式）为目的的有组织的研究方法”[①]。它认为，社会现象有着其本身的内在规律和发展顺序，这些普遍规律可以重复发生，它们在任何时期、任何背景下都应当有效；只有发现和掌握这些普遍规律，人类才能控制或预测事件的发生，研究的目的就是做出科学解释，即发现人类行为的普遍规律，这是一种工具论的取向；对社会现象所做的解释不但要跟观察到的事实相吻合，而且也必须能够被重复验证，这才是正确的解释。在实证主义看来，人是理性的个体，受到外部的刺激而做出相应的活动，同一个刺激在不同人的身上会产生相同的结果，因此，通过观察人的行为，就可以理解他们、推断他们接下去的活动，外部刺激是原因，人的行为是结果，研究正是要找出普遍性的因果关系。在主体和客体之间的关系上，实证主义将主体与客体截然分开，社会真实（客体）外在于人类（主体）而客观存在，不受主观价值因素的影响，等着被人类发现，因此，研究应当而且一定能够做到价值中立和客观，科学知识不能建立在主观判断、感情、态度和信念的基础之上。

在社会科学研究里，还有另外一种研究范式跟它相对立，即人文主义的或解释性的研究范式。实证主义应用自然科学的方法来研究人类行为，而解释性范式的方法则捕捉人类行为的社会建构和情境化的本质。这套范式认为，人的行动是自愿的，并非由外部条件所决定，所以研究的目的是理解有意义的人的行为，而不是通过外部变量来预测或控制人的行为；知识是由社会建构的，体现了社会背景的特征，因而是历史性的，随着时间流逝，今天的理论可能会过时，那不是说理论错了，而是因为理论不适用了；所谓的真实也不是唯一的、确定的，被动地等待着“被发现”；相反，它是人的行为的结果，人们建构出多重真实，并且能够理解他人所建构出来的真实，因此，对研究结果是否真实的检验要看那些被研究者对此的理解以及能否帮助其他人理解被研究现象。在研究方法上，解释性范式使用归纳推理，大多采用质化研究方法，强调对人类的行为模式得出一个整体性的理解，因此研究要在自然条件下进行，这样观察到的材料才能符合现象的本来面貌，而情境对研究所产生的影响也应当被考虑。简单地说，在社会科学领域，实证主义强调“科学”，而解释性范式强调“社会”。

在传播研究中，这两个范式共存。比如在媒介效果研究中，既有对受众接触媒介行为的概括式的研究（如受众调查），也有解读受众对媒介文本的解码的研究（如文化研究）；在媒介组织研究中，既有对媒介组织及其工作者的大规模调查，也有了解日常新闻生产活动的参与观察式研究。就这两个范式来说，不能说哪个更优越或更正确，我们只能通过比较，按照这些范式

① Neuman，W. Lawrence，*Social Research Methods：Qualitative and Quantitative Approaches*，p. 66.

所生产出来的具体研究成果，来看它们各自的特征和长处（见表 2—1）。

表 2—1　　实证主义与解释性范式的对比

假设	问题	实证主义	解释性
本体论	真实的本质是什么？	单一的、客观的	多重的、互为主体的
认识论	研究者跟研究对象之间是什么关系？	独立的	相互依赖的
价值论	在研究过程里，价值扮演什么角色？	价值中立、无偏见	有价值、有偏见
方法论	研究过程是什么？	演绎 寻找变量间的因果关系 研究者控制的环境 静止的设计 更多量化方法 研究者与研究工具分离 脱离情境的概括化 目的在于解释、预测、控制	归纳 整体式地理解行为模式 自然环境 灵活变化的设计 更多质化方法 研究者本人就是研究工具 受到情境约束而发现结果 目的在于理解社会变迁
修辞学	研究报告的语言是什么？	正式的、非个人化的语言	非正式的、个人化的语言

资料来源：Frey，Lawrence R.，Botan，Carl B.，& Kreps，Gary L.，*Investigating Communication*：*An Introduction to Research Methods*，p. 18。

第二节　科学的发展逻辑

在了解了科学及其相关的基本概念之后，我们需要了解具体的科学研究所遵从的逻辑，以及科学发展的逻辑。前一个问题涉及具体操作过程中的归纳和演绎推理，而后一个问题则涉及了一些科学哲学的问题。

一、归纳和演绎

归纳指从单称陈述得出普遍结论的研究逻辑，即从特殊到一般。归纳推理的缺陷在于逻辑上的不充分性，即单称陈述为真不能推出全称陈述为真，因此从逻辑上讲，用归纳推理得出的结果得不到充分支持。这也是当实证主义成为社会科学的主流范式时，认为归纳推理所做的研究结论“不科学”的原因。演绎与此相反，它从一般到特殊，研究者从概括性的规律或法则出发，在现实中收集资料来验证这个一般性理论。从逻辑上来讲，即使存在着特例，这些特例也都落在演绎的范围之外，因而不能推翻演绎推理所得出的结果，全称陈述为真能够推出单称陈述为真。因此，库恩声称，归纳是“知识的心理学”，它是我们理解一个新观念、新理论时所遵循的过程，而演绎则是“知识的逻辑”，它是从逻辑上检验理论时所用的方法。

前面所述的“科学环”就结合了这两种研究逻辑，从经验到理论是归纳推理（圆环的左半边），从理论到经验是演绎推理（圆环的右半边）。科学研究的一般模式是将二者有机地结合起来，称为“假设—演绎法”，由以下四个步骤组成：

（1）观察一种现象。

(2) 对观察结果进行概括，形成能够解释所观察现象的理论。

(3) 从这种概括出的理论出发，形成某种假设。

(4) 用具体的材料来检验这个假设是否成立。

如果假设成立，则理论得到验证，或者说，结果被证实（verifiability）；如果假设被推翻，那么理论无法得到验证，即被证伪（falsifiability），就需要回过头去修正第二步所得出的理论，并进行新的检验。

值得注意的是，如果理论被证实，只能说明在当前条件下理论成立，但是理论仍旧存在着不成立的可能性，所以，通过证实而得出的理论具有或然性，即我们不能完全肯定这个理论在任何条件下都一定成立，而通过证伪被推翻的理论则能做出肯定的结论，即理论一旦被证伪，那么它肯定不成立。

二、证伪

证伪（falsification）是卡尔·波普尔在《科学发现的逻辑》（1962）一书里提出的重要概念，它扭转了整个社会科学界对科学、知识、理论这些问题的看法，也是解决经验科学和形而上学之间分歧的准则。在此之前，我们认为，一个陈述之所以是科学的理论，是因为它被证实了（即通过经验性证据而得到证明），但是波普尔告诉我们："你们大错特错了，这种观点会阻碍科学的发展。"他发现了证实和证伪之间的不对称关系，如果一个论述被证明是错误的，那么这个论证的结果一定不会被推翻，但如果一个论述被证明正确，并不能排除它被证明是错误的可能性。区分是科学还是形而上学，就看这个论述能否被证伪，不能证伪的就不是科学。所以，证伪对科学发展是如此重要，以至于科学的方法就是试错（trial and error），波普尔有句名言："我们从我们的错误中得到学习（We learn from our mistakes）。"

在传播研究中，证伪思想一直体现在我们的研究设计里。比如运用统计方法验证传播效果是否存在时，我们都会假设有一个零假设（null hypothesis，即 H_0，也叫虚无假设或原假设），如果零假设被推翻，则传播效果存在，如果零假设不能被推翻，则没有产生传播效果。其思路就是：被推翻的假设比被证实的假设更能提供确定性的解释。

证伪的思路也体现在其他社会现象中，这时候，我们不一定是要通过证明某种观点错误而得出更充分的结论，而是要通过对自己观点对立面的否定来加深自己的信心，帮助自己进步，即自己的选择可能不是最好的，但一定不是最差的。比如立法机构的思路和视野都是有限的，法律要在不断修改中得到完善，因此，在某些实行海洋法系的国家，人们可以做法律未禁止的任何事情，如果这样的行为发生并危害了社会和其他人，那么法律就会增加对这些行为的限制性条款，对于立法机构而言，既然制定一部完美法律的工程耗费巨大精力，那么不如先通过一个比较完善的法律，然后在实际操作中不断改进，这样耗费的时间和精力都没有那么大，而效果也差不多，这样，通过发现某些法律未禁止内容的危害性，法律得到了逐步完善，而法律也不会限制那些不应当禁止的内容条款，这样的法律一定不是最差的法律。又比如，现在很多地方都提倡转变政府职能，其中一个重要方面就是从"大政府"转变为"小政府"，即政府逐渐减少和放宽对某些社会生活的管理，这里面的操作思路就是：既然政府不可能面面俱到，那么就只抓最核心、最重要的工作，如果其余工作在实践中也显示出了重要性，那么政府就直接管理，如果不那么重要，这些工作就可以一直交给社会去自主调节。通过试错法，政府节约了资源，降低了运作成本，而社会也能够正常运转。因此，事物的对立面、事物的负面性，并非总是有害的、不利的，有时候，它会提醒我们解决问题的另一种可能性。

第三节　理论及其相关概念

发展科学是我们进行研究的最终目的，而发展理论则是具体研究的直接任务，与科学相比，理论与研究方法的关系更为直接和密切，那么，什么是理论？

一、理论的定义

理论的含义十分广泛，根据不同的情境，理论的定义也有所不同。比如，我国很多报社都有理论部，其职能主要是负责报社的评论版面，这里的“理论”类似于“评论”或“言论”，称其为理论部是为了强调该部门承担着传递理论知识、彰显报社立场的工作。又比如，我们经常会夸奖某人“理论水平高”，其言下之意可能是指他知识渊博、见解深刻，跟本书下面所讲的理论在内涵上有出入。

下面是一些常见的关于理论的定义：

理论是人们由实践概括出来的关于自然界和社会的有系统的结论（《现代汉语词典》）。

理论是对与社会生活某一方面所做的系统的、相互关联的陈述。①

理论是一套加以系统陈述的、以可靠经验资料为基础并在逻辑上相互联系的命题。②

理论是一套相互关联的定义、命题和构造（constructs），通过变量之间的特定关系而体现了对某现象的系统观点，目的在于解释和预测现象。③

这些定义各有侧重，但是它们共同说明了理论的某些特征。首先，理论是一种陈述，其中包含着一些相互关联的变量，因此理论是人为建构的，它有其特定的内涵和研究对象，理论具有概括性并不等于理论就必须对一切社会现象做出说明，总有一些社会现象是理论无法解释的。其次，这些变量之间的特定关系体现了被研究现象之间的系统性的关系，理论所关注的不是特定的具体的关系，而是在某种程度上具有抽象性的关系。再次，理论不是总结式的陈述，也不是只进行抽象思维，它的目的在于解释观察到的现象及其之间的联系。

因此，我们可以给理论下一个定义：理论是为了解释现象，而对变量之间的特定关系所做的相互关联的、系统化的陈述。这个定义指出，理论应当具有严密的内在逻辑结构，没有矛盾之处；理论解释应当准确清晰地描述所观察到的变量之间的关系，而且可以通过经验性数据资料来检验这些关系，所以，理论的研究对象是从经验上可以把握的社会现象，它表示了现实世界中那些我们所思考的事物的本质以及它们之间的关系。

---

① 参见 Babbie，Earl，*The Practice of Social Research*（影印本），第 9 版，51 页，北京，清华大学出版社，2003。

② 参见袁方主编：《社会研究方法教程》，73 页，北京，北京大学出版社，1997。

③ See Kerlinger，Fred N.，*Foundations of Behavioral Research*，3rd ed.，New York：CBS Publishing，1986，p. 9.

二、理论的要素

理论体现了我们观察环境的方式，比如上面所讲到的实证主义和解释性研究范式对生活世界、传播现象、研究者和研究对象的看法都不一样，这说明了我们可以从不同的理论角度来观察这个世界。理论就好比探照灯，射出来的光束将我们的目光聚焦到社会生活的某些局部内容，光束之外的内容则有可能被忽略和遗漏，因此，任何理论都是不完备的，都有其应用的特定范围。但是，任何理论都需要具备一些基本构成要素，包括概念、变量、命题和假设。

概念是对特定事物的属性进行概括而形成的一种抽象，它提供了观察或描述那些无法直接观察到的事物的方式。概念往往用文字表示，比如，“受众/群众”（mass）是一个概念，它指的是对那些“报纸订户”、“电视节目收看者”、“电台节目听众”等概念所共同表达的内涵进行更高层次的抽象，因此，不同概念的抽象层次不同，概念越抽象，则越难进行直接观察和描述；概念越具体，则其内涵越小，所描述现象的特征也就越明确。

概念经常跟构造（construct）混为一谈，然而两者有不同之处。构造也称为建构，是出于特定科学研究目的而有意地制造出来的概念，如“智商”是一个概念，它对观察到的智力活动进行了抽象，同时它也是一个构造，它可以被经验性地观察和测量，并且被赋予了有相对意义的数值，我们知道，智商 150 的人比智商 100 的人要聪明。在传播学研究中，“收视率”也是一个常见的构造，我们可以用经验性方法来直接测量某个电视节目或某个电视频道的收视率，并且把不同节目的收视率进行比较，以此来评价节目是“好节目”还是“差节目”，这里，“好节目”和“差节目”是比“收视率”更为抽象的概念。

理论的基本组成部分是概念。然而概念是抽象的，为此我们需要用变量来将概念变成可以运用经验性资料来检验的对象，也就是将概念具体化。变量原本是数学术语，在社会科学里，它指的是被赋予不同取值（数值或范畴）的象征符号。变量可以用数字表示，比如智商测验里的分数和收视率的数值，也可以表示对不同范畴的分类，如“职业”这个变量包含多个不同属性的范畴。有些变量只有两个取值，被称为两分变量，如性别、生或死、成功或失败等；有些变量具有多个取值，被称为多分变量，如出生地、年龄、宗教等。

从理论到概念再到变量，这是一个抽象程度递减的阶梯。我们只能对变量进行测量，然后根据结果再检验或推导理论，因此，变量是科学研究所使用的语言，研究也就是一个描述不同变量及其属性之间的逻辑关系的过程。理论不仅是命名和确定变量，还要在变量之间的关系中找出规律性，这种规律具有必然性，即某些变量的出现使得某些关系“必然”出现，这样才能形成理论，“偶然”出现的关系不仅不是规律，而且也是研究所要避免的结果。在传播研究中，确定所考察的变量及其取值是非常关键的。关于对变量的分类以及测量手段，我们将在第四章进行详细介绍。

形成了概念和变量，并不等于就形成了理论，我们还需要对这些概念和变量之间的关系进行陈述。关于概念的特征或关系所做的陈述被称为命题（proposition），理论由一组命题构成。比如“博客跟传统大众媒体的传播形态不同”这个命题就陈述了“博客”、“传统大众媒体”和“传播形态”这些概念之间的关系，而“博客的内容大多跟个人化的议题相关”这个命题则陈述了“博客”这一概念的特征。

最常见的命题形式是假设。假设就是对两个或更多变量之间关系所做的推测性陈述。一个完整的假设需要同时做到：（1）陈述变量之间的关系。（2）对运用经验事实来检验这种关系做出清楚的提示，即这种关系是通过经验事实来进行检验的。假设可以是比较式的，即比较两个变量之间的关系，如“女性比男性更爱看电视”这一假设就比较了“性别”和“媒体接触”两个变量之间的关系。假设也可以是关系式的，即猜测变量之间的关系，如“收入越高，则越喜欢读报纸”这一假设就陈述了“收入”和“对媒体的态度”这两个变量之间的关系。

命题陈述抽象的关系，而假设则陈述检验可测的关系。假设是猜测性的，有可能被经验事实所推翻，科学知识的发展正是通过对假设的检验而实现的，因此，我们前面所提到的证伪，也是通过对假设的证伪而实现科学的进步。由于证伪的存在，当验证了一个假设之后，我们可以说对某种现象或某个理论更有把握、更有信心，但是不能说“有绝对把握”或“肯定某个理论绝对正确”。理论随时随地地开放着，等待着进一步的验证和探索。

三、评价理论的标准

理论是人为的解释，因此，针对同一个现象，我们所作的理论陈述可能会不同。那么，什么是一个“好”的理论？它的评价标准是什么？证伪提示着我们，没有完美的理论，所有的理论都有其局限和弱点。因此，以下这些标准只是一种理想状态。

第一，理论是一种解释性的陈述，它能够解释观察到的事件、行为和收集到的资料，因而具有解释力是理论所必备的素质。解释力包含两个要点：一是理论是通过对具体经验事实的验证而得到支持的，但是理论必须超越那些具体观察到的现象而得出针对普遍性现象的结论，因此理论具有概括性，即解释范围广泛。比如卡兹和拉扎斯菲尔德通过对 700 多名妇女的调查而完成了《人际影响》（1955）一书，正式提出了意见领袖与两级传播理论，这一理论可以被普遍推广到其他大众传播过程中，无论是美国的传播现象还是欧洲的传播现象，都有效支持了这一理论。因此，在跨文化研究中，我们经常将从某种情境下得出的理论在另一种情境下进行验证，看理论是否成立。二是理论应当能够做出符合事物本来面貌的“真正的”解释，即理论解释是真实有效的，可以通过经验观察而得到验证；而且，理论解释还应当准确，即捕捉到事物更为根本的特征和关系。比如，我们看到《经济日报》和《经济观察报》对“商品房是否涨价过度”的报道立场不同，如果我们认为“报纸的地位会影响它们的报道内容”，那么就有可能是错误的解释，这里，“报纸的地位”（究竟是全国性报纸还是地方性报纸）可能只是影响报道内容的一个虚假原因，“报纸的类别”（党报还是市场化报纸）和“报纸市场化程度”（报纸是否依赖商业广告而生存）才是更根本的原因。因此，理论要避免对现象做出虚假的、不符合经验事实的解释。

第二，理论可以被证伪。对假设进行检验是发展理论的途径，因此理论应当提供能够检验的特定假设。比如为了证明媒体具有培养效果，即媒体中的暴力内容会对受众产生负面影响，我们必须排除其他因素（性别、教育背景、受众的性格特征、传播渠道、人际接触、传统习俗等）的影响，而经验事实的结果经常发现，培养效果也许的确存在，但是排除了其他因素之后，很难发现媒体的培养效果，或者说这个效果很微弱。① 因此，简单认为媒体具有强大效果

---

① 参见龙耘：《电视与暴力——中国媒介涵化效果的实证研究》，180～235 页，北京，中国广播电视出版社，2005。

也许不符合经验事实，我们需要发展出更精细、更复杂的研究设计来考察媒介效果。作为一种陈述，理论并非是绝对正确的、完美无缺的。大量经验告诉我们，理论有其适用范围，超出这个范围，理论可能就会犯错误，所以理论的概括性和普遍性是有限度的，不能无限扩展理论的适用范围。

第三，理论具有预测力。社会生活变化多端，作为个体，我们并不知道下一刻会发生什么，所以，我们需要理论来降低未来生活的不确定性。理论是对已经过去的经验事实的总结，也能预测未来所发生的事件及其后果，它将我们的注意力聚焦到那些最关键的变量上去，告诉我们应当观察哪些变量，应当怎样测量和解释这些变量所产生的结果。自然科学的理论大多都能够预测未来事件，比如预测气候变化和流行病的暴发。社会科学的理论也同样具有预测性，只不过表现不如自然科学那样明显。比如，根据说服研究而发展出的理论，专家的说服效果大于普通人，因此，广告里经常出现专家形象，“某某化妆品具有美白效果”、“某某保健品具有神奇功效”、“某某汽车功能显著”，等等，其依据就是利用专家形象能够提高广告的说服效果，或者说，专家形象（即高权威性、高专业性）预测了广告的说服效果。

第四，理论的表述应当简洁。比起其他解释，理论对现象的解释应该更加简单，这样才能简化我们的思考。出色的理论往往言简意赅。以传播学里“议程设置”理论的发展为例，李普曼的《舆论学》一书中就已经包含着这一思想，他用“我们头脑里的图像”（pictures in our minds）来表示媒体对受众的影响，柯恩那句“报刊在告诉人们应该‘怎样想’时并不成功，但是在告诉读者‘想什么’方面惊人成功”也表述了类似的意思，但是这些表述都没有“agenda-setting”（议程设置）这两个英文单词来得简明扼要。从这个角度来看，“议程设置”是一个出色的理论。

第五，理论还要具备开放性。理论不可能永远不变，它时刻都处于变动和发展之中，因此，今天的理论应当能够启发明天的研究，为进一步的研究提供新的思路。比如“把关人”理论启发我们思考传播控制问题，“知沟”理论启发我们思考社会公平问题，虽然这些问题并非理论提出者的本意和关注焦点，但是对这些问题的回答无疑能够帮助我们修正和完善理论。

现实生活里，我们经常会说“这个理论真有用”。这里需要对“理论有用”做进一步的阐述。如果认为理论应当解决实际问题或推动实际社会生活的进展，即理论具有实用性，那么这是对理论的误解。以实用性来评价一个理论是“好”还是“不好”，就是将理论庸俗化了。比如，认识到了媒体的客观性是一种“策略性的仪式”（a strategic ritual）①，不一定能够帮助我们判断哪家媒体报道更客观，哪家媒体报道更值得赞扬，但是却能够解释为什么媒介坚持客观性这个“神话”。知道了媒体的“编码 / 解码”模式，不一定能够提高收视率或发行量，但却能够解释为什么媒体宣传有时候会失去效果，为什么受众会生产出自己的观点和意识。因此，如果单纯以实用性作为衡量传播理论的标准的话，传播研究将成为单一的媒介效果研究，研究机构将成为调查公司，传播学也将成为应用学科而失去理论色彩。

【思考题】

1. 除了科学之外，我们还通过哪些渠道获得知识？

---

① See Tuchman, Gaye, *Making News*: *A Study of Social Construction of Reality*, New York: Free Press, 1978.

2. 什么是科学？它具备哪些特征？
3. 什么是范式？社会科学研究里的实证主义范式和解释性范式各自具备哪些特征？
4. 什么是理论？衡量好理论的标准有哪些？
5. 什么是构造？怎样区分构造与概念？

第三章

研究的过程

研究是一个系统性的、积累性的、整体性的、持续进行的过程，为了能够顺利实现研究目的，我们需要在研究的各个阶段进行详细的准备和认真的操作。那么，研究都包括哪些阶段？在每一个阶段我们都要注意什么样的问题、避免什么样的错误？研究者具体应该怎么做？本章将要回答这些问题。收集资料、分析资料和总结研究将是本书第二部分、第三部分和第四部分各自的重点，那里会有更详尽的论述，因此本章第一节将重点放在“怎样提出研究问题”和“怎样进行研究设计”这些问题上。量化和质化研究方法是全书的中心，本章将在第二节从方法论上对它们进行比较。

第一节　研究的过程

在实际操作中，各个研究步骤紧密结合在一起，为了论述方便，下面将研究过程分成五个步骤进行阐述。图 3—1 只是一个总结性的图示，有些研究跟它也许有出入，比如很多研究者在完成初步设计之后会进行一个小范围内的预测试（pre-test)，根据其结果修正完善研究设计，然后才开始正式地大规模地收集资料，图 3—1 并没有表示这个预测试的过程。另外，扎根理论（grounded theory）要求研究者不带着问题进入田野，从收集的资料里总结出研究问题；人类学的田野研究也往往将收集资料和分析资料合为一体，认为二者密不可分，对资料的解释和分析只有结合资料的田野背景才能得到阐释。所以，图 3—1 更多地表示了采用量化方法的研究过程，而质化研究有时并不会每一步都遵循这个过程，但是一般说来，采用质化方法的研究也必须认真考虑自己的研究问题、研究对象和研究设计，收集资料和分析资料的过程更是任何研究都必不可少的，这些步骤构成了研究的基本过程，虽然在具体的研究里，它们的顺序和含义可能会稍有变化。

图 3—1　研究的过程

一、概念化

在每个研究的起步阶段，研究者首先要搞清楚自己想研究什么，即研究目的和研究对象是什么。最初的想法往往是模糊不清的，研究者需要将自己感兴趣的研究领域逐渐缩小成为一个清晰具体的、可操作的研究问题，形成关于研究对象和研究意义的看法，这就是概念化的过程，为此，研究者需要广泛阅读相关文献，以了解其他学者就这个问题提供了哪些研究成果，并在此基础上形成正式的研究问题和假设。

（一）研究目的

根据研究目的的不同，研究可以分成三种类型：探索性研究、描述性研究和解释性研究。

一般来说，当出现一个新的研究领域或研究对象的时候，我们往往需要探索性研究，其目的不仅在于了解该领域的基本现象，同时也为未来的研究做资料和方法上的准备，由于这种研究是初步的，往往无旧例可循，所以它的研究方法可能不完备，研究结论可能不那么令人满意。

描述性研究的目的在于对研究对象做出准确、细致、生动的描述，可以用量化的统计数据和模型来描述，也可以用质化的语言文字来描述，很显然，前者的描述更为精确，而后者的描述则更为生动，特别是在研究某些传播过程时，当量化方法无法做到描述某个长时间段发生的所有现象时，就只能依靠质化描述。

解释性研究侧重于回答“为什么”，即传播现象出现的原因。就研究的深入程度而言，这三种研究依次递进，理论需要有解释力，所以解释性研究很受研究者的青睐，但是对一门学科而言，另外两种研究也是不可或缺的。

有时候，不同类型的研究会共存于一个研究中，或者说，一项研究可以具有多种研究目的。比如我们研究新闻对女性再现的变迁，可能需要确定通过哪些指标（新闻数量、报道方式、版面位置等）能够体现出新闻再现的变迁，并且了解新闻再现大致经过了哪些大的转变，这是探索性研究的内容。我们也会准确描述妇女新闻在各个时间段出现的频率及其变化的趋势，同时解释妇女新闻在某个时间段增加或减少的原因，以及影响其数量、质量变化的原因。

根据不同的研究目的，我们的研究问题也不相同。比如 2005 年夏天，“芙蓉姐姐”这个 ID 在互联网上迅速走红，互联网改变了我们（对流行和审美）的观念，面对这个新出现的社会现象，探索性研究提出的问题是：网民们对“芙蓉姐姐”持有什么样的态度？研究者可以搜索、保留网上言论的页面，也可以寻找其他学者有关这一现象所发表的言论。经过资料收集，研究者得出一个初步的印象：大部分人对“芙蓉姐姐”持一种“无所谓”或“中立”的态度，强烈支持或反对她的人并不多见。这个印象是否准确？持“无所谓”态度的人比反对或支持她的人高出多少？网民的态度有没有发生过改变？研究者需要进一步地对网络言论做量化内容分析，对网民做面对面深入访谈或通过聊天工具来访谈，或者在某个论坛里设置投票区来看网民对她的意见，通过这些资料，研究者能够证实或推翻自己先前的印象，这就是描述性研究。为什么“芙蓉姐姐”会走红？为什么虽然大部分人并不支持她，她依然有着高人气？为什么一些人支持或者反对她？为什么她的走红要通过互联网而非传统媒体？在解释性研究里，研究者用社会价值观念的多元、宽容和开放来解释这种现象的存在，跟互联网的兴起一样，这些都意味着社会的进步。

（二）研究问题

研究不是孤立存在的，每一项研究都建立在过去研究的基础之上，并对未来研究提出建设性的意见，这些相互关联的研究属于共同的研究领域，为了使研究问题更有意义、更具有针对性，我们需要了解自己的研究领域是什么，以及相关的研究有哪些成果。

1. 研究领域

拉斯韦尔（Harold D. Lasswell）在《传播在社会里的结构和功能》一文中提出了“5W”

传播过程模式，跟这“5W”相对应的大众传播的五个研究领域分别为：控制研究（who）、内容分析（says what）、媒介分析（in which channel）、受众分析（to whom）和效果分析（with what effect）。① 这五个研究领域提示了大众传播研究的五个关键词：传播者、讯息、媒介、受众和情境。每一个传播研究都会涉及其中一个或多个领域，其中，最核心的关键词是讯息。传播者、受众、媒介和情境都能影响讯息的传递，很多时候，对其他关键词的考察会涉及对媒介内容的研究：比如我们往往将媒介效果跟具体的媒介内容联系起来，考察媒介内容是否影响了受众；为了研究传播者的职业道德和专业主义精神，我们经常考察它们所生产的媒介产品，看其中是否体现了它们的立场和观点；为了理解不同传播手段的有效性，我们需要比较它们所传递的信息数量和质量；在考察社会环境的变迁时，媒体能提供关于某个时代最详细、最生动的记录。如果我们仅仅关注传播者、受众和情境，那么大众传播研究跟社会学、心理学、政治学等社会研究就没有什么区别，只有讯息及其产生的效果，才使得传播研究跟其他研究区分开来。

有时候，即使我们的研究没有包括对媒介内容的分析，但是我们的研究假设也一定涉及对讯息的理解。比如，对中国记者的调查表明，女新闻工作者在所有从业人员中大约占三分之一，但是拥有正、副高级职称的从业人员中，女性仅占 17.1%，在媒体组织的决策层中，担任职务的女性仅占 8.5%②，研究者对这种现象表现出忧虑，因为生产者的性别失衡有可能会影响媒介内容是否性别公正。又比如，当我们批评“有偿新闻”盛行，反思“隐性采访”的利弊，反对“媒介审判”的时候，研究者已经假设了媒介内容会影响受众，那些采用“不正当”手段制作的媒介内容被认为有可能会产生“负面”传播效果，否则，如果这些在媒介伦理方面引起争议的制作手段所生产的内容跟平常无异，那么根本不需要为这些手段而忧虑，也不需要研究这些手段所导致的后果（见图 3—2）。

根据研究主题来划分：	社区传播、健康传播、政治传播、公共关系研究、社会发展与传播、跨文化传播、组织传播、性别传播、媒介经济学、文化研究……
根据研究对象来划分：	控制研究、内容分析、媒介分析、受众分析、效果分析
根据传播渠道来划分：	视觉传播、网络传播、报纸研究、电视研究、电影研究、广告研究……
根据传播层次来划分：	人内传播、人际传播、群体传播、大众传播

图 3—2　大众传播的主要研究领域

图 3—2 列出了大众传播的一些主要研究领域，这些研究领域的划分不是绝对的，一些研究可能同时属于多个研究领域，比如对我国报业集团的研究，既是媒介经济学范畴内的研究，也涉及“社会发展与传播”，还跟政治传播学有关（媒介怎么平衡政治属性和经济属性）。黄旦和韩国飚总结了我国自 1981 年以来的主要大众传播研究，发现我国的传播学研究多重视受众分析、大众媒体与社会及文化、媒介特性和技术、西方传播理论评介，以及学科建设等议题，而一些研究领域，比如文化研究、控制研究、跨文化传播、健康传播等，则几乎没有被关注过，因而两位研究者认为我国传播学存在着“全面了解不够”、“应用研究难成气候”和“研究对象过于单一”等缺陷，同时这也意味着研究者在我国传播学研究领域内能够大有作为。

① 参见郭庆光：《传播学教程》，60 页。

② 参见中国社会科学院新闻学研究所课题组：《中国女新闻工作者现状与发展调查报告》，载《新闻与传播研究》，1995 (2)。

2. 研究问题

俗语说，好的开始是成功的一半。研究问题就是我们做研究的开始，一个好的研究问题，不仅能够指导研究过程顺利进行，而且更能发展理论、解决实际问题、启发未来的研究。

首先要研究问题的来源。大致说来，我们通过两个主要渠道形成自己的研究问题：理论假设和实际生活。在阅读大量的理论研究文献之后，研究者试图发展理论，比如“议程设置”这个理论侧重于回答媒体对受众所产生的效果，那么，谁为媒体设置议程呢？这种行为有何社会影响？媒介产品最终是由个体媒体工作者生产出来的，在他们的日常工作里，保持跟消息来源的互动是必不可少的一部分，于是研究者接着问道：消息来源的行为以及社会结构怎样维护了现存体制？记者为什么愿意跟消息来源之间维持一种良好关系？这种关系怎样影响了最终新闻产品？哪些消息来源能够为媒体设置议程，哪些不能？另一方面，从实用角度出发，一个新闻学院的学生很想知道新闻到底是怎样生产出来的，因为这就是他将来所要从事的工作。他想知道：老师在课堂上所讲授的选择新闻的标准能否应用于实际？老师千叮咛万嘱咐的那些新闻伦理准则在媒体实践中会受到怎样的挑战？记者在日常工作中怎样才能避免被采访对象牵着鼻子走？这些问题都跟记者和消息来源的关系有关，这样，从理论假设和实际生活角度出发，研究者所形成的研究问题发生了重合。

有时候，研究者也会从自己所碰到的实际困惑出发，提出具有理论意义的问题。比如德国学者伊丽莎白·诺尔-纽曼在研究选举时碰到了一个令她不解的现象：选举过程中，多次民意调查表明，两个党派的支持率一直不相上下，但是预测一方获胜的人数不断增多，于是出现“最后一分钟差异”，被看好的一方在投票中以绝对多数胜出。她提出的问题是：怎么解释“最后一分钟差异”现象？大众媒体影响了选举结果吗？如果是，那么影响的过程是什么？为什么会产生这种影响？①

无论是从理论假设还是从实际生活出发，研究者的研究过程都跟自己的生活经验密切相关，因此，研究是研究者生活里的一部分。卜卫曾经讲述了自己是怎样走上“性别与媒体”研究道路的。② 她从小长得丑、个子比男生还高、喜欢男孩喜欢的事（比如逃课和运动），一方面，男孩不会因为长得丑而被人说闲话，她羡慕自由、淘气的男孩，一个女孩如果这样，就会被认为是“疯丫头”；另一方面，她又希望自己是一个中等身材、漂亮、听话、人见人爱的女孩子。这种困惑一直伴随着她，但是她并没有深入考虑过自己的性别身份问题。1995 年，北京召开第四次世界妇女大会，身为社科院新闻研究所的研究人员，她参与了“中国女新闻工作者的现状与地位研究”课题组，并被指派参加世妇会，刚开始，她并不乐意：自己是研究者，为什么要在一个妇女的大会上浪费时间？在世妇会上，她惊讶地发现，原来世界各地的妇女也都曾碰到过跟自己相似的性别身份困惑，性别问题其实一直处在自己内心深处，只不过自己故意不去碰它，参加世妇会等于为她提供了一个机会，一个“照亮自己人生”的机会。世妇会以后，卜卫将“性别与媒体”研究纳入了自己的研究视野，从女性主义角度来观照自己的研究对象，发现媒体塑造的女性美是同一个固定模式，中国女性群体内部的阶层差异不可忽视，女性使用媒体的接触习惯跟男性不同，等等。这些研究，都跟她童年时期的困惑有关，而研究经历也帮她打破了精神枷锁、获得自我超越。

---

① 参见［德］伊丽莎白·诺尔-纽曼：《民意：沉默螺旋的发现之旅》，台北，远流出版事业股份有限公司，1994。

② 参见李小江主编：《身临“奇”境——性别、学问、人生》，310～337 页，南京，江苏人民出版社，2000。

同时，我们还应该研究问题的表述。在研究刚开始的阶段，研究者会有一个感兴趣的研究领域，比如是研究媒介效果还是研究媒体工作者。这个领域范围如此之广，我们无法通过一个研究就得出答案，所以需要将研究主题的范围缩小，使我们的兴趣聚焦到某一点上（见图 3—3）。跟抽象的理论不同，研究问题一定要具体。比如当我们确定研究媒介效果之后，那么是研究哪一种媒介的传播效果呢？是广播、报纸、杂志、电视、电影、互联网，还是手机？传播效果有多个层面，我们想从哪一个角度研究传播效果呢？我们受到“沉默的螺旋”理论的影响，把研究问题具体表述为：“沉默的螺旋”在互联网上是否存在？它的形态跟在传统媒体上的表现是否有不同？如果不同，为什么？但是，具体不等于微观化，否则研究就会流于琐碎，失去代表性。研究问题不能太微不足道，比如“我们班在网上的同学录里有没有存在‘沉默的螺旋’现象”，即使通过研究，我们发现这种现象的确存在，也不能把这个结论推广到整个互联网研究中，因为参与同学录的网民大多是在离线状态下彼此熟悉的同学，这并非互联网使用中的常态。

1. 参考文献

公开出版的学术文章可以提供启发研究者提出新的研究问题。通常，研究者可以：

（1）稍有改动、复制以前的研究计划（如跨文化研究和比较研究）。

（2）对以前研究里出乎意料的结论进行考察。

（3）以前研究的结尾处，作者都会对未来的发展提出建议，按照这些建议来进行自己的研究。

（4）将现有理论或解释应用于新领域或课题（如把适用于传统媒体的理论用于解释新媒体）。

（5）挑战现有研究的结论。

（6）修补以前研究的缺陷。

（7）采用新方法来研究以前的研究问题。

2. 跟其他人讨论

（1）听取那些在这个领域内做出过贡献或者对这个领域非常熟悉的学者的意见。

（2）听取那些在这个领域内跟你的看法不同的人的意见，并跟他们讨论可能的研究问题。

3. 选择特定的情境

（1）将研究领域聚焦到一个特定的历史时期。

（2）将研究领域聚焦到一个特定的社会或地理范围之内。

（3）考虑特定人群是否跟研究领域有关，他们之间是否有差异。

4. 定义研究的目的

（1）研究问题是描述性的、探索性的，还是解释性的？

（2）是理论研究还是应用研究？

图 3—3　将研究领域缩小到具体研究问题的技巧

资料来源：Neuman，W. Lawrence，*Social Research Methods：Qualitative and Quantitative Approaches*，p. 142。

研究问题还应当能够被验证。当我们提出一个问题的时候，就意味着到目前为止，这个问题的答案是不确定的、开放性的，我们需要收集实证材料来回答它，这些材料相当于论据，如果没有或者找不到，那么我们的论点（即研究问题）就无法证明是否成立。比如“封建社会是否存在‘沉默的螺旋’现象”这个问题，因为无法用调查法，也缺乏相应的文献记载描述封建社会的舆论，无法验证，所以只能放弃。

对研究问题的表述必须清晰，所使用的语言没有歧义。一个常见的提问形式是：“现象

（或变量）一跟现象（或变量）二之间的关系是什么样的?”这里，“现象（或变量）一”和“现象（或变量）二”是什么，都必须有清楚的指代，而且，对它们之间关系的方向做出明确预测（即怎么样）的研究问题，远比仅仅指出存在着这种关系（即有没有）的研究问题更为具体。比如，“电视节目中暴力内容增多，是否导致了受众的人格特征更具有暴力性?”就比“电视节目中的暴力内容是否影响了受众对暴力的看法?”更为具体，同理，“改革开放以来，我国电视新闻节目的信息量是否增加?”就比“改革开放以来，我国电视新闻节目的信息量是否发生了变化?”更明确。另一种常见的提问形式是：“现象（或变量）是什么?”这是描述性研究经常提出的问题。比如“我国有多少网民”、“我国有多少女记者”、“北京人每周收看多少小时的电视节目”，等等。

另外值得注意的一点是，研究问题不能包含明确的价值判断，但可以有隐含的价值立场。实际上，要求研究者悬置自己的价值立场来从事研究，是不可行的。但是为了追求有说服力的、逻辑论证严密的研究成果，从形成研究问题这一阶段开始，研究者就不能以伦理道德和价值判断来取代事实判断。比如，研究者可以问“大众媒体是否以一种多元化的方式再现了女性?”，却不能直接问“大众媒体是否不应该再现歧视性的女性形象，应该增加非刻板成见的女性形象?”后一个研究问题，更适合做规范研究，而不是实证研究。

我们还需要考虑研究问题的意义和价值。在现实中，我们经常会听到“某个研究问题很好或不好”之类的评论，这里“好或不好”都是很模糊的评价，它往往指的是研究问题能否有效地指导研究操作过程，我们通常采用重要性、开创性和可行性作为评价研究问题的标准。

一是重要性。研究问题必须有意义，可以是理论意义，也可以是实践意义，或二者兼而有之。比如当 SARS 肆虐的时候，“大众媒体在提高公众对 SARS 的认知方面发挥了什么作用”这个研究问题就具有实践意义。人类社会一直没有摆脱大规模传染性疾病的困扰，比如，禽流感和艾滋病已经是全球问题，以后人类社会还有可能碰到新的传染性疾病，那么“怎样通过大众媒体来推动公共健康事业的发展”这个问题不仅具有实践意义，也具有理论方面的价值。

二是开创性。每一项具体研究都必须在某方面增加我们的知识，为我们了解生活世界和社会现实提供新的解释，如果只是简单重复以前就有的研究，那么就造成研究资源的浪费。所以，每一项研究都会有一点“与众不同”的地方，比如新的研究对象、新的研究方法、新的理论思路等。同样是研究选举，都采用了受众调查法，拉扎斯菲尔德等人总结出了“两级传播”和“意见领袖”这些概念，伊丽莎白·诺尔-纽曼则提出了“沉默的螺旋”理论，而麦库姆斯和肖则提出了“议程设置”理论：遵循这些新思路所提出的问题因而令我们眼前为之一新。

为了使研究具有开创性，我们可以借鉴前人已有的研究，扩展它的研究内容。比如，看到前人研究了“我国四大城市居民互联网使用行为调查”，已有研究选择北京、上海、广州和武汉为研究地点，那么西部城市居民的互联网使用行为跟东部、中部城市居民一样吗？这就开创了新的研究对象。我们也可以在三五年之后再调查这四个城市居民的互联网使用行为，并且跟最初的研究进行对比，看有什么新情况出现，这就扩展了研究时间。已有研究采用了调查法，我们可以用深入访问、焦点群体访问和参与观察法来调查同一地点、同一研究对象、同一研究主题，这就在方法上扩展了原来的研究。

三是可行性。当我们提出一个研究问题时，必须考虑现有的研究手段和社会环境能否回答这个问题。有时候，我们会受到客观条件的限制，比如“北京报业市场发行量调查”是个很有实践意义的研究课题，但是各报社视报纸发行量为核心秘密，虚报或少报发行量的行为非常普遍，这种情况下，研究者很难得到准确的发行量数据，这个课题就有可能搁浅。有时候，限制来自研究者的主观条件，即研究者准备不足，比如“城市流动人口怎样使用媒体”这个课题就要求研究者具备跟城市流动人口打交道的能力，能听懂城市流动人口的方言往往是研究者进入他们的社区的第一步，所以，虽然很多学者都对“浙江村”感兴趣，但只有少部分能够获得流动人口的认可而进入他们的社区展开调查。

对理论研究学术论文而言，最重要的研究意义就是研究结果的推广性（或概括性、适用性），即研究结果突破“就事论事”的局限，提供更具普遍性的解释。为了实现这一点，理论研究学术论文经常放弃以新闻热点事件、焦点人物为研究对象，而选择日常生活里的普遍经验为研究起点。那些热点事件、焦点人物，很可能是昙花一现式的个案，并不蕴含着普遍意义，对它们的研究结果很难推广到其他个案。因此，经典理论研究在选择研究对象时，更愿意选择重复发生的毫不起眼的“小”事件，这往往给研究的入门者造成困惑。

（三）文献综述

在开始研究操作之前，文献综述（literature review）是一个重要的环节，即为了掌握关于研究课题和问题的研究现状而对相关的文献资料进行系统、综合的分析和评价的过程。一个研究不会存在于真空之中，为了准确理解研究课题，研究者需要回顾这个领域之前的研究。我们只有站在前人的肩膀上才能看得更远，科学知识的发展正是通过大量研究积累而来的。在正式的研究报告里，文献综述也是必不可少的部分（见第十四章）。

出色的文献综述可以更加明确研究的方向和目标，节省研究资源，提出更有意义的研究问题，提供新的研究思路和角度。文献综述跟形成研究问题二者之间是相互影响、交替进行的。在研究的前期准备阶段，研究者往往对某种现象产生兴趣或者有一个感兴趣的研究领域，通过广泛翻阅其他学者对这种现象或领域的研究成果，研究者形成一个初步的研究问题，带着这个问题，他还需要翻阅与此相关的专门文献资料，了解其他研究者都提出了怎样的问题、还有哪些问题没有回答，并进一步地将自己的研究问题具体化。可以说，没有查阅文献这一步，就不会产生具体而明确的研究问题。而且，通过文献综述，研究者还能了解到，以前的研究者怎样设计研究过程、得出了什么样的结论、他们的研究有哪些缺陷等，前人研究里的精华部分值得自己借鉴，而其中的不足之处则需要避免和改进。

1. 文献资料的类别

社会科学的文献来源可以分成一手文献资料和二手文献资料：前者指由研究者自己发布的研究成果，后者指他人或媒体转载、引用的研究成果。一手文献资料主要包括学术期刊、以书籍形式发布的研究成果、会议论文以及学位论文等。

目前，我国主要的新闻传播类核心期刊主要分成两种：一种由教学科研单位主办，如中国人民大学新闻学院主办的《国际新闻界》、复旦大学新闻学院主办的《新闻大学》、中国社会科学院新闻与传播研究所主办的《新闻与传播研究》等。近年来，许多期刊都实行了匿名评审，很好地促进了文章质量的提高。另一种则由新闻单位或新闻主管单位主办，以指导业务、传递消息、沟通业界为主要目的，有时也会发布一些研究成果，如人民日报社主办的《新闻战线》、新华社主办的《中国记者》等。

以书籍形式发布的研究成果，一种情况是由于研究设计复杂、研究工程浩大，短短一篇学术论文难以再现研究成果，因此以书籍的形式发布研究报告，这方面的实例可以参看一些以书籍形式出版的实证性博士论文。另一种书籍形式的一手资料更类似于定期（按年或季度，或半年期）或不定期出版的期刊[①]，学者们组织一个编辑部，公开对外征稿，选择并编辑稿件，同时跟出版社合作，出版这些研究成果，这些资料同时具备我国的图书刊号和国际标准书号（ISBN），因此将它们归于图书而非期刊，比如《新闻学论集》[②]、《文化研究》[③]、《新闻与传播论坛》[④]、《媒介批评》[⑤] 等。

有时候，研究者将曾经从事的多项研究成果汇编成个人文集，如果想了解某位学者的思想发展和学术思想，这些文集是最便捷的途径。

还有一种情况是摘取某些实证性研究成果的精华，将其汇编成书，即英语国家里的“读本”（reader），近年来我国翻译出版了一些英美国家媒介研究者汇编成书的读本，比如新华出版社 2004 年出版的《媒介研究的进路：经典文献读本》一书，收录了 61 篇关于媒介研究的经典文章，其出版年代横跨近 40 年，分成 10 个研究领域，如果我们想了解某个研究领域内的经典研究成果，这些读本是不错的资源。

在学术会议上发表的会议论文和向大学提交经过答辩的学位论文有时候并不公开发表，因此想要获得它们可能有点难度。常用的办法是直接跟作者联系、索要论文原件，1998 年以后的部分论文也能在“中国重要会议论文全文数据库”里找到。许多大众传播研究的学位论文已经进入了“中国优秀博硕士学位论文数据库”，可以通过图书馆查找，此外，大量的学位论文都保存在授予学位的学校或研究所图书馆里，可以借阅。

二手文献资料包括教科书、统计年鉴、大众媒体（期刊、报纸、电视）等。一本好的教科书，能够清晰总结某个学科领域内的研究成果，并展示学科发展的轨迹和方向，因而往往是我们了解某个研究领域的入门读物。但是在时效性方面，教科书逊色于统计年鉴和大众媒体。

国家有关部门每年都会出版各种统计资料和年鉴，比如《中国新闻年鉴》、《北京市社会科学年鉴》等，我们可以从这些资料里得到关于媒体发展的背景资料和宏观数据。

大众媒体偶尔也会刊登一部分研究成果，比如 2005 年 10 月 19 日《青年参考》刊登的文章《全球大学生理想雇主调查（副）中国学生最渴望升职（主）》，但是媒体为了满足普通受众的需要，往往从整个研究计划中选取自己感兴趣的一部分进行报道，因此研究者不能完全依赖大众媒体的报道，而要根据媒体报道里所提示的消息来源寻找更完整的数据。

2. 如何查找文献

当我们确定了自己的研究兴趣和领域后，就可以通过“关键词”或“主题”来搜索相应的文献资料。一般的文献资料都有“参考书目”或“注解”部分，其中提供了自己的内容来源，在阅读了这些资料后，如果我们对某个问题感兴趣，就可以以这些书目或注解为线索，通过查找它们来确定自己下一步要找的文献。无论哪种情况，图书馆和互联网都是提供文献的主要来源。

在图书馆里查找书籍时，我们需要依据特定的图书分类系统来搜索。根据《国会图书馆分

---

① 在欧美国家里，许多高质量的学术期刊由出版社定期组织出版，出版的形式是图书还是期刊并不那么明确。而我国由于期刊刊号资源的稀缺性，图书跟期刊的分野十分明确。

② 中国人民大学新闻学院主办，中国人民大学出版社出版，1980—1992 年。

③ 2000 年起不定期出版，前三辑由天津社会科学院出版社出版，第四辑起由中央编译出版社出版。

④ 南京大学新闻学院主办，南京大学出版社出版。

⑤ 2005 年起不定期出版，北京师范大学媒体策划与文化传播研究中心主办，广西师范大学出版社出版。

类要目》，英文书籍里，新闻传播类以 PN 开头，PN1990-1992.92 为广播电视类，PN1991-1991.9 为电台广播类，PN4499-5650 为一般新闻学类，PN4735-4748 为政府和新闻界关系类。根据《中国图书分类法》，新闻传播方面的书籍大多以 G20、G21 开头。但是有些图书馆并没有采用这套分类系统，而且当我们检索文献的时候，一本本地翻阅某个领域的书籍实际上并不可行，所以我们往往利用图书馆的计算机检索工具，通过“著者”、“题名”、“主题”、“出版年”、“出版地”、“出版者”、“中图分类号”、“ISBN 号”等来进行检索。

要检索与研究主题有关的论文或文章，图书馆的数据库是最有力的帮手。关于新闻传播的中文论文可以从《人大复印资料全文数据库（新闻传播）》、《中文社会科学引文索引》、《中国期刊全文数据库》、《全国报刊索引数据库（社科版）》（原《中文社科报刊篇名数据库》）等开始查找。英文期刊论文可以通过 ARL、EBSCO、ProQuest、SSCI（Social Science Citation Index）等来检索，此外，ProQuest 还建立了学位论文数据库，可以检索到美国大部分学校的学位论文。

使用这些数据库时，我们需要事先明确自己的研究主题，常见的检索方式是查询“主题”、“关键词”、“著者”、“发表时间”等。部分数据库提供全文下载，极大地方便了我们的研究，但是有些只提供论文的详细出处，提示我们应该去哪里找印刷版。

大多数时候，我们感兴趣的研究问题可能会涉及好几个不同的研究主题，所以，我们在设定检索条件时，应该在不同的主题领域内进行查找，以保证最大限度地拥有文献资料。比如，当研究中国社会的“知识沟”现象时，我们就应当在“知识沟”、“社会分层”、“大众媒体和社会发展”、“媒介效果”、“媒介进化和发展”等多个不同的主题领域内进行检索。

在传送文献资料的便利性方面，互联网优于图书馆，但是在提供文献资料的专业性方面，互联网不如图书馆，互联网上海量信息面对的是普通大众而非那些带着特定目的的研究者。在互联网上搜索资料犹如“大海捞针”，这时，google、yahoo、baidu 等搜索引擎特别重要，它们把我们的注意力集中在某些页面上。除此之外，新闻传播资料网站、研究机构网站、媒体网站、研究者社区、研究者个人主页等也能提供一些关于媒体研究的资料。①

3. 如何写作文献综述

文献综述有两个目的：第一，总结跟自己所要进行的研究主题相关的研究现状，即关于自己的研究主题，其他人都做了哪些研究？得出了什么结论？有哪些缺陷？哪些地方值得改进？第二，说服读者相信自己的研究主题值得进行，即在前人研究的基础上，自己能够在哪些方面改进这个研究主题？能够回答哪些还没有回答的问题或者提供更有说服力的解释？这也是明确研究意义的过程。

在阅读文献时，研究者要明确自己的研究主题，头脑清醒，用反思的态度来对待前人的研究成果，每看到一个研究，都要多问几个“为什么”，多想一想：这个研究对我的研究能有什么启发？我能向它学习什么？以下几方面的内容尤其值得研究者特别注意：

（1）每一项研究的理论背景。即该研究是从哪些理论角度出发的？还有哪些研究跟该研究的理论框架相似？它们的研究结论也相似吗？有哪些研究跟该研究的理论框架不同？它们的研究结论也不同吗？哪个研究框架更适合自己的研究？为什么？

---

① 关于如何通过图书馆和互联网查找英文大众传播研究的文献资料，鲁宾等人有更详尽的说明。参见利贝卡·鲁宾等：《传播研究方法：策略与资料来源》，32～74 页，北京，华夏出版社，2000。

（2）研究方法。研究者要善于总结前人的研究方法，即选择了哪些研究对象，怎样将抽象的概念操作化，怎样抽样，使用了哪些分析手段，这些研究方法有哪些独特之处，有哪些薄弱环节需要避免，有哪些研究手段值得我们学习。有些研究的目的是验证前人的研究结论是否成立，比如“沉默的螺旋”现象是否存在于中国社会舆论之中，中国是否存在着媒介为受众设置议程这种现象，等等。那么这些研究需要格外关注前人在从事类似研究时所使用的研究设计和方法。

（3）研究结论。前人的研究结论是我们做研究的起点，因此我们要准确无误地理解前人的研究结论及其所做的推论，不能主观臆测。

在收集文献资料的阶段，我们要广开门路，寻找一切能够找到的资料，但是到了阅读和写作文献综述的时候，这些资料不可能都容纳进我们的研究报告里，只要选取那些最具代表性、最可信的研究成果就可以了，因而需要对收集到的文献资料进行选择，判断哪些需要精读，哪些只需要大致浏览。那些跟我们的研究主题最接近、研究者最有权威、发表时间最近的研究成果经常需要认真阅读，此外，学术期刊上的论文和学术性书籍也往往比教科书、一般性期刊和报纸上的文章有可能写进我们的文献综述里。

比如“我国妇女新闻的变迁及其原因”这个研究主题，研究者在做文献综述的时候，就需要包括下面几方面的内容：

（1）前人的研究里，怎么定义妇女新闻？是指内容涉及了女性的新闻，还是指主题跟女性有关的新闻，还是指从女性角度进行报道的新闻？中国的妇女新闻跟欧美国家有没有不同？如果不同，那么这种差异需要体现在自己的研究里吗？

（2）前人的研究里，造成妇女新闻变迁的原因是什么？这些原因在中国和欧美国家是否有不同？关于这些原因的论述是否有薄弱之处？

（3）前人的研究里，关于影响中国新闻变迁的原因的论述是否合理？有没有不足之处？在分析这些原因的时候，有没有漏掉某些分析层面？

（4）跟妇女新闻密切相关的是妇女的社会地位，那么，前人的研究里，关于我国妇女运动的论述都形成了哪些结论？伴随着社会转型，我国妇女地位出现了哪些变化？变化的原因是什么？

（5）由于本研究选择 20 世纪 90 年代为研究时间，那么，前人的研究是怎么论述 90 年代之前我国新闻媒体以及非新闻类媒体对妇女的再现？这些论述有没有共同的论点？能否成立？

（6）以前的研究者都用了哪些方法来研究这个课题？有什么利弊？

总而言之，一份完整的文献综述应该做到：

（1）全面：即与自己的研究主题相关的、最具价值的重要文献的结论都涉及了。

（2）逻辑清晰：可以按照前人研究发表的时间顺序，或研究主题“从普遍到特殊”顺序，或比较前人研究的相似和差异，或研究问题的转移等来组织文献综述。

（3）简洁：文献综述不是面面俱到，也不是复述前人的研究成果，更不需要陈述本研究主题或领域的历史，因此应该简明扼要地总结前人的研究成果，并展现它们的不足之处，力争以最少的文字概括最大的信息量。

在写作文献综述时，我们经常容易犯的错误，就是只引用而不评价，把“综述”当成“复制—粘贴”。这样做，是毫无价值的。

二、研究设计

一旦选定了研究主题，完成了文献综述，提出了正式的研究问题，研究者就应当对研究做出系统、全面、细致的规划，也就是把抽象的概念转化为可操作、可测量的变量，确定变量或概念的可观察特征，进入操作化阶段。在这个阶段，研究者需要完成的工作主要有：确定分析单位与观察对象、确定时间维度、设计研究方案，以及确定设计研究方法。

（一）分析单位与观察对象

研究对象也被称为分析单位（unit of analysis），它是某个研究感兴趣的对象，它的属性特征构成了研究的主题和内容。分析单位范围广泛，可以是个人（比如“我国女新闻工作者现状和发展调查”的分析单位是女性新闻工作者），也可以是群体（比如“‘美剧迷’和‘日剧迷’的比较”的分析单位就是大众文化的特定受众群体）、组织（比如“新媒体对我国媒体单位的影响”这个课题的分析单位是媒体组织），或社会产品（比如“媒体公信力调查”的分析单位是大众媒体）。

观察对象则是被直接观察、分析、描述的变量，这两个概念之间有区别。有时候，分析单位就是观察对象，比如“某某日报读者调查”，其分析单位和观察对象都是报纸的个体读者。但有时候，两者不同，比如“我国城市家庭互联网的使用情况调查”这个课题，其分析单位是家庭，研究内容是“家庭使用互联网的情况”，而观察对象则是个人。确定观察对象，涉及使用抽样方法，这将在第五章里详述。

当分析单位不同于观察对象的时候，研究者要格外提防一些可能会犯的错误，其中之一就是生态谬误（ecological fallacy，又称为区群谬误、层次谬误或系统谬误），即从对群体或组织的观察中得出了对个人分析单位的结论。比如在比较“美剧迷”和“日剧迷”时，研究者发现，“美剧迷”的平均收入高于“日剧迷”，同时也发现，“美剧迷”中男性受众所占比例高于“日剧迷”里男性受众的比例，如果根据这一现象得出结论：“男性受众的平均收入高于女性受众”或者“性别跟收入之间存在相关”，即使这个结论符合实际情况，但也是犯了生态谬误，因为前两个发现都是根据对群体分析单位的调查而得出的结论，而最后一个结论是针对个体分析单位所下的结论，如果“美剧迷”里女性受众的平均收入高于男性受众，这种现象跟前两个结论都不冲突，但显然无法从这个研究中推论出最后一个结论。又比如，通过对家庭使用互联网的调查，研究者发现收入越高的家庭每天使用互联网的时间越长，如果得出结论认为“收入越高的个人，每天使用互联网的时间越长”，就是错误的，因为家庭收入高并不等于个人收入高，如果要得出关于个人的结论，在设计问卷时，可以把“个人收入”和“家庭收入”区分开来，统计“个人收入”和“使用时间”之间的关系。

另一个常见的错误是简化论（reductionism，又称为简约论），即从对个人分析单位的观察中得出了关于群体或组织的结论，这个错误跟生态谬误正好相反。比如对新闻工作者进行调查，发现从业人员性格越外向开放，则采访越顺利，能提供更多新闻产品，研究者同时认为，媒体的信息量越大，越能够吸引更多读者，所以得出结论，认为“从业人员的性格是影响媒体发行量的原因”，这里的观察对象是个体从业人员，而其结论是有关媒体组织的，犯了简化的错误，即巴比所说的“心理学简化论”（psychological reductionism）[①]——只用心理学因素来

---

① Babbie, Earl, *The Practice of Social Research*, p. 101.

解释复杂现象。巴比还提到了其他的简化论形式：社会学简化论和经济学简化论。前者把一切复杂现象都归于社会学变量的影响，后者则归于经济学变量的影响。无论是哪种简化论，跟生态谬误一样，同观察时使用的分析单位和做结论时使用的分析单位发生了变化有关。

（二）时间维度

在传播学研究里，“时间”往往是重要的变量之一，比如十年前新闻图片的选择和编辑准则跟现在肯定大不相同，十年前媒体组织里性别比例也跟现在不一样。因此，在研究设计阶段，研究者需要考虑时间因素在自己研究中所占的地位。

1. 横向研究（cross-sectional studies）

横向研究指的是描述观察对象在同一时间点上的状况，或比较不同观察对象在同一时间点上的差异的研究。这里的“时间点”指相对而言比较短的一段时间，可以是一天、一周、一个月等。

探索性和描述性研究大多是横向研究，其目的在于了解某种传播现象，或者比较某些传播现象的异同。解释性研究的目的在于揭示因果关系，其研究现象在时间上一定要区分哪个在前面哪个在后面，这就意味着传播现象要发生在一段比较长的时间内，因此，那些涉及时间变量的解释性研究要特别关注横向研究的问题。出于各种条件的考虑，在解释性研究里，有时候，研究者也可以应用横向研究。比如，关于电视受众的调查发现，不同年龄段的受众使用媒体的习惯有着显著差异，那么就可以得出结论，认为“年龄是形成媒体使用习惯的原因”，这里隐含着一个跨时间段的因素，年龄的增长有其规律，不受媒体使用或研究过程的影响，可以说，在儿童社会化过程里，“使用媒体”是一定年龄阶段之后才会出现的行为，这个时间上的先后顺序无须具体调查来验证，因此我们可以认为，“年龄”是引起变化的原因。

2. 纵向研究（longitudinal studies）

纵向研究指的是描述同一观察对象在不同时间点上的差异，以揭示其发展变化规律的研究。横向研究的长处在于对传播现象的现状做出准确、清楚的描述，而纵向研究的长处在于描述现象变化的过程，所以，调查法一般不适合做纵向研究。纵向研究比横向研究花费的时间、人力和经费都多，因此纵向研究一般比横向研究数量少。

（1）趋势研究（trend studies）。

趋势研究是针对同一总体，采用同样的抽样方法，对在不同时间点上发生的变化的研究。其目的在于通过对同一总体在不同时期的行为或状态进行比较，来揭示社会现象的变化趋势和规律。比如关于《人民日报》内容的研究，研究者可以选择某一个时期，如 1980 年至 1999 年，每年随机抽一个样本周进行内容分析，从中看出该报 20 世纪最后 20 年内容发展变化的趋势。虽然每一年的样本周所包含的个案并不相同，但都是用同样的方法从同一个总体里取得的，因而在总体层次上属于同一分析单位，可以进行纵向比较。此外，趋势研究还要求在对不同时间点上所采集的样本进行分析时，使用相同的测量方法，比如使用同一个内容分析编码表、提出相同的研究问题、使用同一份调查问卷、统计相同的变量，等等。

（2）代群研究（cohort studies）。

代群研究又称为同期群研究，指的是针对某一特定人群在不同时间点所发生的变化的研究，其目的在于揭示这些特定人群发展变化的规律和趋势。在传播学里，伴随某一种媒体而长大的一代，往往表现出对那种媒体的忠诚和对其他媒体的排斥。比如在美国，第二次世界大战前出生的人习惯看报而很少看电视，20 世纪 50 年代出生的人热衷于看电视而很少看报，近 10

年来，随着互联网流行而长大的人则将来可能习惯互动媒体而排斥传统媒体。

在代群研究中，每次研究的样本所包含的个体可以不一样，但他们都属于同一个特定人群，比如美国社会学家对第二次世界大战中（1940—1945 年）出生的人的研究，其基本方法是每隔 20 年进行一次全国抽样，1960 年调查 15 岁～20 岁的人，1980 年调查 35 岁～40 岁的人，而 2000 年调查 55 岁～60 岁的人。

代群研究的分析单位是特定人群（群体），但它的观察对象是个人，因此代群分析很有可能犯生态谬误，即将特定人群的行为总结为个人的行为，比如伴随互联网长大的一代人在年龄上低于伴随电视长大的一代，通过对受众的媒体接触习惯的考察，如果得出“年龄越低，使用互联网的时间越长”这样的结论就大错特错了。

（3）固定样本研究（panel studies）。

固定样本研究又称为追踪研究，指对同一群人在不同时间点所发生的变化的研究。跟代群研究不同，固定样本研究每次都使用同一个样本，即第一次研究了哪些人，以后的研究也要研究这些人。它的长处在于能够分析个体层面的认知、态度和行为的变化模式和过程，而前两种纵向研究都只能研究群体层面的变化，但是，随着时间推移，固定样本的研究对象有可能产生难以预料的变化，比如离开研究地点、死亡、拒绝继续参与研究、对研究问题的敏感度降低，等等，最终留下的研究对象会少于最初的研究对象，这样会降低研究样本的代表性，因此进行固定样本研究时需要注意研究对象流失的问题。

传播学研究中，早在 20 世纪 40 年代，拉扎斯菲尔德主持伊里（Erie）调查，就使用了固定样本，该研究时间跨度为 7 个月，每个月派访员对研究对象进行一次上门访问，最后的结果被写进《人民的选择》一书，提出了“意见领袖”和“两级传播”这些有限效果论的重要概念。70 年代，麦库姆斯和肖提出的议程设置理论，最后也是通过固定样本研究而得到验证。在 1972 年的论文里，两位作者发现通过内容分析而得到的媒体议程和通过调查而得到的受众议程之间存在着高度相关，在主要报道议题上相关系数达到 0.967，在次要报道议题上达到 0.979。但是，究竟是媒体议程影响了受众议程，还是受众议程影响了媒体议程？孰为因孰为果？横向研究无法回答这个问题。于是在 1976 年，两位作者重新设计了一个研究，采用固定样本分析对 227 位选民（受众）进行调查，得到图 3—4 的结果。

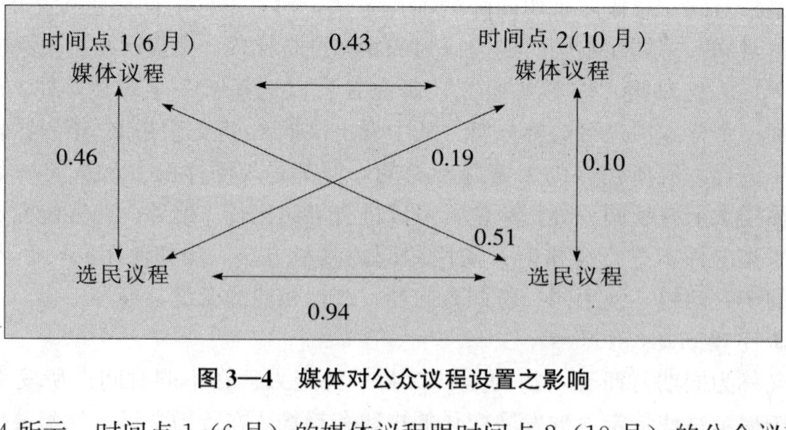

图 3—4　媒体对公众议程设置之影响

如图 3—4 所示，时间点 1（6 月）的媒体议程跟时间点 2（10 月）的公众议程之间的相关系数为 0.51（具有统计显著性），而时间点 1（6 月）的受众议程跟时间点 2（10 月）的媒体议程之间的相关系数为0.19（不具有统计显著性）。因此，有理由推断，媒体议程影响了公众议程，而不是公众议程影响了媒体议程。

（三）研究方案

当研究者实施研究时，需要一份详细的研究方案来指导具体的研究活动，其中包括：

（1）抽样的问题：选择哪些个案做观察对象样本？从哪里找到这些样本？根据什么标准来选择？样本数是多少？怎么保证抽出的样本具有代表性？（详见第五章）

（2）测量的问题：观察对象的哪些属性特征需要被测量？测量的依据是什么？怎样保证测量能够准确、如实地反映观察对象的特征（即测量是有效的）？怎样保证测量结果的可信度？（详见第四章）

（3）伦理的问题：如何接近观察对象？如何说服观察对象参与研究？研究者的身份要不要公开？参与研究将会带给观察对象哪些影响？这些影响可否避免？是否需要打扰观察对象的日常生活？在分析和解释数据时，怎样保护观察对象的个人隐私？

除此之外，研究者还要考虑研究所涉及变量的因果关系和研究假设。

1. 研究假设

未获得实证材料之前，研究者无法回答自己的研究问题，但是通过阅读文献资料、个人亲身经历，或者之前的研究经验，研究者会对所要回答的问题有一个初步的猜测。这个猜测以假设的形式被正式表述出来，即对两个或多个变量之间的关系所做的猜测性陈述。假设是理论的工具，是连接理论和事实之间的桥梁，通过证实或证伪而增加的知识最终要靠对假设的检验来实现。

研究问题往往是一个疑问句，而假设却是一个陈述句。一个研究问题可以被分解成为多个假设，这些假设往往涉及了研究问题里变量的某些属性特征，如数量、年龄、地位、频率等，它不能太概括，否则就会内容空泛以致无法通过观察进行检验，比如“民主”、“现代化”、“幸福”、“科学技术”等就不适合出现在假设里。一个假设只能包含变量之间的一种关系，否则它关于变量之间关系的猜测就会模糊不清晰，也会引起研究操作中的混乱，那种包含两种或两种以上关系的假设被称为双重禁止（double-barredled）假设，是研究者应该避免的，如“高收入男性比低收入女性更喜欢收看电视新闻节目”就不是一个好假设。

假设清楚地暗示了变量关系，因而能够指导研究过程。它可以不涉及变量间关系的变化方向，即无方向假设（nondirectional hypothesis 或 two-tailed hypothesis），如“性别影响了收看电视的时间”；也可以猜测变化方向，即单向假设（one-tailed hypothesis 或 directional hypothesis），如“女性比男性花在看电视上的时间更长”。比起无方向假设，单向假设指出了更具体的变化方向，如果单向假设得到验证，那么无方向假设肯定也能得到验证，如果单向假设不能被经验数据所验证，那么它的相反变化方向被验证的可能性将大大提高。因此，研究者更欢迎单向假设。但是，由于传播现象的复杂性，有时候研究者也接受无方向假设。

为了追求更令人信服的答案，为了使研究结论更具有说服力，针对一个研究问题，研究者可以设计出互相反驳、互相矛盾的一组假设来进行检验。比如，研究者想检验一个假设：个人看暴力电视节目时间越短，则表现出更多攻击性行为。但现实情况是电视节目越来越暴力，这个假设很难得到经验数据的直接证明，于是他设计出如下的两个假设：

假设一：个人看暴力电视节目时间越短，则表现出更多攻击性行为；

假设二：个人看暴力电视节目时间越长，则表现出更多攻击性行为。

同时，研究者从警察局得到关于整个社会某一时期暴力犯罪的统计数据（数据一），并对同时期电视暴力节目的播放时间和呈现的暴力强度进行统计（数据二）。假如比较数据一和数据二，发现二者之间并没有相关关系，即电视暴力节目时间越来越长、内容也越来越暴力，但是社会暴力犯罪并没有显著增加，那么假设二被推翻，假设一更加可信。这样做，等于缩小了假设一不成立的可能性，因而比单纯检验假设一是否成立更加可信，如果研究者能够推翻其他与假设一矛盾的假设，如“个人看暴力电视节目时间不变，则表现出更多攻击性行为”和“个人看暴力电视节目时间越短，则表现出更少攻击性行为”，那么，假设一的可信度将大大提高。这也提示研究者，可以通过推翻与某个假设相对立的假设来增加这个假设的可信度。

第二章里讲过证实和证伪的关系，从逻辑上讲，如果一个假设被推翻，那么它一定不成立，但是如果一个假设被支持，并不能说明它一定成立，因为可能这个假设只能在某些特定条件下成立，而这个研究正好满足了这些特定条件，因此，假设被支持，意味着研究者要考虑其他导致假设成立的可能性，这往往成为下一步研究所关注的问题。图 3—5 总结了检验假设时所使用的逻辑，很显然，后两种研究设计比第一种更能支持假设的成立，第三种研究设计是第二种的特例。

2. 因果关系

无方向假设所涉及的变量之间呈现相关关系，单向假设能检验出相关关系的方向，有时候，研究者也需要通过检验假设来发现因果关系，对于传播研究来说，这是更严格的要求。以前面提到的议程设置理论为例，只有证明了媒体议程和公众议程之间存在着因果关系，这个理论才能得到证实，否则就只是猜想。

研究设计一	研究设计二	研究设计三
A→B1，B2，B3	A→B1，B2，B3	A 和 C 是相互对立的假设
B1，B2，B3 都为真（且相似）	B1，B2，B3 都为真（且不同）	A→B，C→非 B，B 真
则 A 可能成立	则 A 更有可能成立	则 A 非常有可能成立，C 假

图 3—5　对研究假设进行检验的逻辑图示

注：①A、B、C 均为假设。

②“→”表示当 A 成立时，可以推导出 B 也成立。

两个变量 X、Y 之间存在着因果关系，需要同时满足如下条件：

（1）X 和 Y 是同一时空条件下出现的变量。

（2）X 和 Y 之间存在着相关。

（3）X 在时间上先于 Y 出现。

（4）对 X 和 Y 之间的相关关系不能由其他的变量来解释。

那么我们就说，X 是 Y 的原因，Y 是 X 的结果。但是，因果关系并不意味着 Y 完全被 X 所解释，也就是说，有可能还存在着其他自变量引起 Y 的出现，X 只是众多原因中的一个。在应用统计手段时，我们会发现 X 和 Y 之间的相关关系几乎很难达到 1，有时当两者的相关系数达到 0.6 时，这样的结果都可以接受，也就是说，X 的出现也并不意味着 Y 必然出现。因此，传播研究里的因果关系是一种概率性的关系，研究者并不追求“完美”的“X 是 Y 的充分且必要条件”的因果关系。

引起传播现象发生变化，不可能只有一个原因。在寻求因果关系时，研究者要不断地问自己“有没有其他变量能够解释这个结果”，只有不停地寻求其他原因，才能避免虚假关系（spurious relationship）的错误，即研究者找到的X是引起Y的真正原因。比如，“媒体接触行为会影响人际交往活动，或者说，接触媒体越多，则人际交往活动越多”，这个假设就犯了虚假关系的错误，因为家庭背景这个变量是影响媒体接触行为和人际交往的原因，它能够同时引起后两个变量发生变化。较之贫穷家庭，富裕家庭更乐于负担接触媒体的成本（比如购买电视机和电脑等设备），人际交往机会更多。因此，家庭背景这个变量才是引起人际交往的原因，媒体接触可能仅是个虚假原因。

有时候，两个变量出现的顺序不是那么清晰的，研究者这时很难判断哪个是原因哪个是结果，如果一定要判断因果关系，可以考虑依据以下标准。

第一，考察具体的研究目的和问题。比如，报纸内容吸引人，那么报纸发行量也大；反过来，报纸发行量大，那么报纸也会呈现出吸引人的内容。当研究目的在于研究报纸发行量增加的原因时，可以认为报纸内容是引起发行量变化的原因；当研究者想研究报纸内容产生变迁的原因时，可以认为发行量是引起内容变化的原因。又比如，受众接触媒体的时间总量大体是固定的，各种媒体在争取受众注意力的时候，进行零和博弈。受众读报时间多，则上网时间就少；而上网时间少，则读报时间就多。当研究目的在于了解造成报纸读者数量下降的原因时，可以认为接触互联网是原因；当研究目的在于了解影响互联网使用行为的原因时，可以认为接触报纸是原因。

第二，两个变量里，具备更大可变性的应该是结果，更不容易被改变的变量应该是原因。比如，“教育程度”与“媒介接触习惯”这两个变量，可能是同时出现的，一个人从儿童到成年不间断地接受完整的学校教育，同时他的媒介接触习惯也被逐渐培养定型，那么，为什么我们通常都会将前一个视为原因而后一个视为结果呢？这是因为，比起“媒介接触习惯”，“教育程度”是一个更不容易被改变的变量。个人的“教育程度”受到家庭氛围、个性特征、偶然机遇的影响，一旦个人选择了某所学校，正常情况下需要接受数年正规教育，而“媒介接触习惯”则完全是后天培养起来的，更容易被改变。因此，性别、种族、民族、年龄等等变量，在研究中，都被认为是原因。

（四）研究方法

研究方法是研究者用来收集数据或资料时所采用的具体手段。没有一种研究方法天然地就会比另一种方法更好，选择研究方法要看具体的研究问题、研究目的以及研究过程里受到的限制。

当我们想了解一群人的媒体接触行为和态度观念特征，并且希望能够推断出这群人所代表的那个社会群体的特征时，即希望做到“最大、最多、最好”时，调查法是合适的方法，它能够有效地通过对少量样本人群的调查而将样本的特征推广概括到总体。

当我们的目的在于考察哪些变量影响了这群人的媒体接触行为和看法，即寻找因果关系时，那么，能够有效控制各种变量、预测力强的实验法是合适的选择。

当我们的目的在于考察这群人对生活世界和传播现象的解释，以及他们怎样做出媒体选择时，可以使用质化田野研究来观察和访谈这群人的生活。

面对某事件或人物的媒介文本，当研究者想确认媒体都生产了哪些内容模式时，就可以使用内容分析法来考察媒体的报道数量、版面位置和新闻主角。当研究者的目的在于理解媒体文本对该话题的看法、立场和态度时，质化文本分析要比内容分析更加合适。

从研究者的角度来看，选择研究方法时受到的限制分成主观和客观两类。主观方面的限制主要指研究者的个人能力和研究经验是否足以承担研究任务，比如不懂统计知识就无法使用调查法和实验法。客观方面的限制主要包括研究者的时间和精力、研究经费、能否接近观察对象，以及伦理方面的考虑等。以对新闻生产活动的研究而出名的美国学者塔奇曼为例，当时她的身份是哈佛大学社会学系学生，使用质化田野研究法，花了将近十年的时间断断续续地研究美国几个地方的媒体，每年至少有一半的时间都在进行参与观察和田野访谈，白天调研，夜晚整理收集到的资料，积十年之功，完成了经典之作《制作新闻》（1978）。如此耗费时间精力的研究，很难获得某个组织或机构长时期的经费资助，对于一位承担教学科研任务的大学教师来说，也是不可能做到的。塔奇曼本人事后也回忆说："这是只有年轻人才能做的事情。"①

研究方法还能告诉研究者应该收集什么样的资料，以及应该怎样分析它们。当确定了使用量化方法时，基本上研究者就应该明白需要使用统计手段来分析数据，所要收集的数据也应该是可以用数字表示的量化数据。与此不同，质化方法的数据往往是不能够被量化的资料，比如文字、个人陈述、传统风俗、图片、实物等，研究者也不能使用统计手段，而需要对资料进行阐释和解释。

常见的研究方法有：实验法、调查法、内容分析、文本分析、质化田野研究、文献资料研究、二手分析、历史比较研究等（详见第六章至第十三章）。每一种方法都有它的特点和适用研究对象，表 3—1 做了一个简单的总结。需要指出的是，这个只是非常简化的总结，实际应用中，经常会出现与此不同的情况，那时，研究者就需要判断什么方法是最合适的研究方法。

表 3—1　针对不同的研究对象所经常使用的研究方法（传播研究）

研究对象	资料收集方法	资料分析方法	研究的性质
受众或媒体效果	调查法	统计分析	量化
	实验法	统计分析	量化
	质化田野研究	质化分析	质化
	文献资料研究	统计或质化分析	量化或质化
	二手分析	统计或质化分析	量化或质化
	历史比较研究	质化分析	质化
媒体组织或从业人员	调查法	统计分析	量化
	实验法	统计分析	量化
	质化田野研究	质化分析	质化
	文献资料研究	统计或质化分析	量化或质化
	二手分析	统计或质化分析	量化或质化
	历史比较研究	质化分析	质化
媒体内容	内容分析	统计分析	量化
	文本分析	质化分析	质化
	历史比较分析	质化分析	质化

① Tuchman, Gaye, "The Production of News," Jensen, Klaus Bruhn (ed.), *A Handbook of Media and Communication Research: Qualitative and Quantitative Methodologies*, London: Routledge, 2002, pp. 78 - 90.

三、收集资料

收集资料即贯彻研究思路、实施具体研究方案的阶段。在这个阶段，研究者根据研究设计方案，深入实地接触研究对象，或者设计出实验环境来实施实验刺激和测量，或者要收集大量的文献资料。

但是，研究现场可能出现各种意料之外的情况，导致原有的研究方案跟实际情况有出入，这时就需要研究者灵活修正原有的研究设计。尤其是质化田野研究强调收集一切跟研究目的有关的资料，而这些资料可能超出最初的研究设计方案，因此在收集资料的时候，研究者需要保持足够的灵活性和开放性，处理和应对各种突如其来的事件或意外。比如问卷调查的调查员出现意外退出调查小组（研究者应该怎么重新分配调查工作?）、内容分析时发现了新的项目跟已有的编码表不相容（是把这些新项目加入到编码表中，还是当作特例或缺失数据来处理?）、被访者的陈述正是研究者以前忽视的问题（要不要继续追问，还是当作跟研究主题无关而忽略过去?），等等。

在收集资料结束的阶段，当研究者已经完成了本次研究任务后，就需要离开研究现场，比如调查问卷达到了一定的回收率，实验法做完了所有的数据，可以开始进行分析了。但是对于质化研究来说，收集资料并无一个清晰可见的“尽头”或“标准”，田野观察做 30 天还是 35 天？访谈对象需要多少位？这些问题没有固定的答案。

通常，当出现下面两种情况的时候，研究者可以考虑离开研究现场：第一，所收集的研究资料达到“饱和”，即新收集的资料已经不能对最终的研究结论产生重大影响，研究者觉得现有资料已经可以帮助自己实现研究目的，而继续观察和访谈也不能收集到更有价值的资料，这就像是经济学里的“边际效用”概念，过了某个临界点，研究者如果继续留在研究现场，其产出（研究成果）需要花费太多的成本（研究者的时间、精力和费用）。第二，研究者在研究现场里停留太多时间，对这里出现的情况和变化失去了敏感性，即成为“本地人”，这时，继续留在研究现场对最终研究结果而言已经失去了意义，因而研究者应该离开现场，回归“研究者/外地人”这个角色。

四、分析资料

资料分析是对所收集的资料进行系统整理和分析的过程。整理的过程包括将量化数据编码和录入计算机、原始视听材料转化成文字、田野调查的笔记和实物进行综合并分类，等等。分析的过程对于量化方法来说主要是应用统计手段进行数据分析，质化方法则主要是归纳和解读意义（详见第九章和第十二章）。

对于量化方法来说，收集资料和分析资料两个过程可以明显区分：收集资料的地点是研究现场，分析资料的地点是研究者的办公室。但是，运用质化方法进行的研究则不容易将两个过程分开来。质化研究强调研究情境（context），即将研究对象置于其本来的特定环境之下，观察其活动，这些研究情境往往就是研究现场，如果将研究对象从它的特定情境之中抽离出来，必然使其失去独特的丰富的意义，因此质化田野研究者经常在研究现场就对资料进行分析。以上面塔奇曼的研究为例，她白天在研究现场收集资料，晚上整理并且分析资料，从中得出一些初步结论，发现新问题，然后带着这些结论和问题回到现场，开始第二天的研究。这个“从资料到分析、再到资料、再到分析”的过程不断地继续，就是质化研究将研究结论提升到理论层面的关键一步。

五、总结研究

在分析了所有资料之后，研究者应当回答自己的研究问题：最初的研究假设是否成立？得出了什么结论？这个结论有什么意义？能用于哪些领域？对未来的研究有什么启示和建议？研究是一个集体合作的工程，每一项具体研究都会参考以前的研究成果，同时它也会成为以后研究的参考文献。因此，研究者还应该对自己的研究进行反思：这个研究有什么缺陷？造成缺陷的原因是什么？今后的研究应该怎么避免？自我批评体现了研究者诚实可信的品质和对研究一丝不苟的认真态度。

研究报告是研究成果的体现，也是直接呈现给读者的研究者心血的结晶。撰写研究报告是一个不断思考、不断修改、不断深化的过程，写作过程中，研究者要考虑报告的读者对象，根据他们的特点来组织文章和遣词造句，比如投给学术期刊的文章和学位论文的写作格式及行为风格都有很大的不同（详见第十四章）。

第二节　量化与质化研究方法

传播研究方法包含哪些内容？对这个问题的回答并没有统一的答案。概括地说，传播研究会用到两种性质的研究方法：量化研究方法和质化研究方法。根据所使用的研究方法，传播研究也可以被区分为量化研究和质化研究。所谓量化方法，就是对事物进行量化的测量和分析，以检验研究假设的研究方法。质化方法则是“以研究者本人为研究工具，在自然情境下采用多种资料收集方法对社会现象进行整体性探究，使用归纳法分析资料和形成理论，通过与研究对象互动对其行为和意义建构获得解释性理解”的方法。① 不同的方法体现了不同甚至针锋相对的方法论假设、理论范式和操作准则（详见第二章第一节），具体的研究很少需要讨论这些方法论层面上的差异，但是了解这些更为基本的差异有助于深入理解各种研究方法的适用性和利弊。表 3—2 对量化和质化研究进行了比较。

表 3—2　　量化与质化研究的比较

	量化研究	质化研究
研究范式	实证主义	自然主义（人文主义）
研究目的	证实普遍情况，预测	解释性理解
价值与事实	分离、客观、价值中立	不可分、主观、有价值判断
逻辑推理	演绎	归纳
研究环境	受控的人工环境（暂时的）	自然环境（整体的）
研究焦点	变量、假设	过程、情境、个案、关系
研究过程	线性	非线性
研究设计	事先确定	灵活变化

① 参见陈向明：《质的研究方法与社会科学研究》，12 页，北京，教育科学出版社，2000。

续前表

	量化研究	质化研究
研究假设	检验事先确定的假设	研究过程中生产出假设
研究内容	测量客观事实（数量、行为）	建构社会真实（语言、意义）
研究对象	静态的、大量样本（宏观）	动态的、少量个案（微观）
资料的特点	客观的（数字）	主观的（文本）
收集资料	调查法、实验法、内容分析法	田野调查、访谈、观察、文本分析
抽样方法	概率抽样	非概率抽样
研究者	客观的权威	反思的自我、互动的个体
研究关系	研究者从研究中剥离	研究者与研究对象之间相互影响
研究结论	可推广到总体	独特的
效度与信度	信度是关键，可重复性，标准化	本真性是关键
研究阶段	划分鲜明	界线模糊、交叉

从表3—2中可以看出，量化和质化方法之间的根本差异在于有着不同的研究范式。量化方法采取了实证主义范式，用量化手段（数字和统计）来理解传播现象，将“人”（无论是研究者还是研究对象）从研究环境里剥离出去，追求客观的、可重复的、标准化的研究过程，其研究目的在于找出相关关系和因果关系，因而研究结果追求“准确”测量和“精确”预测，不同的研究者使用相同的研究设计和研究方法应该得出相同的结论。而质化方法采取了解释性范式，重视对现象的解释和理解，强调“人”在研究环境里的活动和他们之间的关系，它的研究设计比较灵活，因而也就不具有客观性和可重复性，其研究结果往往留下很大的阐释空间，不同的研究者对同一个现象所得出的解释因人而异。但是，这些范式和研究方法之间不是一一对应的关系，实证主义范式的研究也有可能采用深度访谈或焦点群体访谈这些质化方法，解释性范式的研究也会使用内容分析或调查所得出的量化数字来进行分析，这时，区分不同的研究范式就要看各自的研究目的和问题。

用一个形象的比喻，做研究就好比是挖井。在固定的地理边界之内，水源非连续地隐藏在地表之下，为了能挖出水，一种做法是井口直径覆盖最大范围，另一种做法是井口直径小一些。显然，投入同样的劳动力，前者可能井口大且浅，后者则可能井口小而深。如果后一种方式选择了正确的地点，那么投入相同的劳动力，后一种方式就能比前一种方式更快地找到水源，而找到水源之后，再继续投入劳动力，反而是前一种方式能够生产出更多出水量。如果后一种方式选择地点不当，底下根本没有水源，那么无论怎么挖，都是前一种方式最早找到水源。因此，比起前一种挖井方式，后一种更加依赖劳动者的个人判断和素质。量化研究和质化研究之间的差异也类似于这两种挖井的方式：量化研究追求“更多样本量、更好的统计显著性、推断出更大的总体”，强调客观性和研究的可重复性；而质化研究则强调个案研究和全面深入地理解研究对象，重视研究者个人在研究过程中的作用。

这两种研究方法是我们了解传播现象的两种途径，各有千秋，不存在孰优孰劣的问题。量化方法的结论具有精确性和概括性，能够了解某个现象或事物在宏观层面上的信息，适合总结和预测。而质化方法则适合对个别现象或事物进行细致入微的描述和深入理解，适合研究较长时期内的变化过程。质化方法曾经被认为是“非科学的”、任意的，因而在以实证主义为主的美国传播研究中长期受到压制。但是，随着整个社会科学的研究范式越来越多元化，研究者已经普遍认为：选择哪种方法要看具体的研究目的和研究问题。比如，如果想了解电视对乡村生活的长期影响，那么质化方法比量化方法更为合适，但如果想了解电视在我国乡村的普及情况

（如千人电视机占有率），那么量化方法比质化方法更为合适。

但是，在目前美国传播学研究中，量化方法仍是占据主导性地位的研究方法。这其中的原因，一是跟美国社会科学界长期受到的实证主义影响有关，现有研究者更容易受到实证主义的学术训练。而且，质化研究的结果依靠文字被描述出来，它们之间很难进行比较，而标准化、用数据表示的量化研究结果之间则更容易比较，比如统计结果中，数值大的系数往往比数值小的系数说明了更强的关系。此外，作为一项研究技能，量化比质化研究方法更容易被掌握，质化研究方法对研究者个人的能力和素质有着更高的要求，比如田野研究和文本分析都要求研究者有较高的文字素养，否则就无法做出生动的、活灵活现的、深入的描述。

值得注意的是，量化和质化方法之间的区别只能是大致的近似的区分，我们不可能把一种方法跟另一种方法严格地、绝对地区别开来，那样既不可能，也没有意义，反而可能会妨碍我们的研究。比如量化方法中对研究样本、研究手段和理论假设的选择和推导往往就是研究者个人质化思考的结果，而且研究者对量化数据的分析也是一个质化解释的过程，研究者个人的能力和背景肯定会影响最终的研究结论；同时，质化方法也要求采用某些标准化、程式化的手段，如材料和理论之间不停往复循环的研究思路，收集和整理资料的过程有共同遵守的规范，研究报告的写作应该包含某些共同的组成部分，等等。

量化和质化方法之间也存在着相似性。两种方法都是经验主义的，即相信和依赖通过研究者经验而收集到的研究资料，研究结论建立在对经验性资料进行分析的基础之上。两种方法有着相似的研究逻辑，比如都需要形成明确的研究问题和研究假设，收集资料和解释资料要遵循一定的操作程序，最后的结果要上升成为理论，最后的结果要成为对普遍现象而言有意义的结论，等等。而且，这两种方法都是实证的，我们不能因为质化方法不遵循实证主义范式而认为它就是非实证的，实际上，实证跟实证主义是两个完全不同的概念。实证研究通过可以直接或间接感受到的材料（证据）来进行分析，包含着从经验观察到理论概括（归纳）、从理论概括到经验观察（演绎）这两个相辅相成的研究过程。与实证研究相对应的是思辨研究，即对不可以直接观察的抽象概念进行逻辑推理的研究，如麦克卢汉“媒介即讯息”的观点就是思辨研究。本书只介绍实证研究。

很多研究结合了量化和质化两种方法，但是，也有一些研究只采用一种研究方法。这样做的原因，一方面是受到研究经费和时间的限制，比如经费少就没有办法进行大规模的调查，研究时间短也不可能进行参与观察和访谈；另一方面也受到了研究者能力的限制，每一位研究者都只能精通有限的研究方法，当一个研究要使用多种研究方法的时候，往往需要多名研究者成立一个研究团队，并且有明确的劳动分工，比起只有一位研究者，整合团队无疑需要花费更大的精力。更为重要的是，量化研究和质化研究来自不同的研究范式，不能够简单认为使用多种方法就一定比单一方法更有效、更“好”、更“先进”，在社会科学研究中，研究方法和研究结论不能够被简单相加或者移植，“1 加 1 小于 2”的情况也会出现。

【思考题】

1. 根据研究目的的不同，研究可以分成哪三种类型？试举例说明。

2. 我们用哪些标准来评价一个好的研究问题？找一个自己感兴趣的研究领域，按照书中所述技巧，将其缩小为一个具体的研究问题。

3. 带着自己的研究问题，利用图书馆的资源，查找相关文献，完成一篇文献综述。

4. 深入理解图 3—5。带着自己的研究问题，以图 3—5 里的研究设计二或研究设计三为蓝图，发展出一个研究设计。

5. 量化与质化研究方法存在着哪些异同?

第四章

测　量

传播现象往往是抽象的，只有将其转化为具体的、可观察的、可从经验上把握的指标，才能进行实证研究，本章就是讨论如何对抽象概念进行测量的问题，同时将介绍与测量有关的一些概念，包括变量和指标。在量化研究中，我们需要根据变量的不同级别来选择统计手段，因此，分清变量的级别对提高测量的准确性有着重要意义。量表是最常用的一种测量工具，本章也将介绍几种最常见的量表。第三节还将涉及两个重要概念——信度和效度，这是评估研究结果、实现研究意义的重要指标，从一开始进行设计研究，我们就必须考虑这两个问题，并且在接下去进行的研究过程中保证一定的信度和效度。

第一节　测量的级别

一、测量的概念

测量是收集资料的一种手段，它指示我们如何记录和观察研究对象，并且提示我们如何解释这些资料。传播研究往往涉及抽象概念，这些抽象概念不能直接进行观察，比如“受众”是大众传播信息的接收者，研究受众时，我们需要对“大众传播”和“信息”进行观察，而这些都是抽象名词，我们只知道“报纸”、“电视”、“互联网”、“新闻”、“天气预报”是那些可以摸到、看到、体会到的事物，而“大众传播”或者“信息”却找不到一种有形的存在物，我们只能通过个人对报纸、电视、互联网等的接触来定义某些人是“受众”、某些人不是“受众”，并且通过对这些有形之物的测量来研究“大众传播”、“信息”和“受众”。因此，测量就是一个将抽象概念转化为可观察的、可度量的现象的过程。

（一）什么是测量

测量是依据一定的法则，通过系统化的记录和观察手段来确定事物和现象的特征的过程。我们用尺子来测量身高、用体重计来测量重量、用温度计来测量温度，这些测量结果都用准确的数字表示，而且不同的数字可以用来对测量结果进行比较，这是量化测量。还有一种测量结果不使用有意义的数字，而用符号、代码或文字来表示，比如身高可以有“高”“矮”之分、体重可以有“轻”“重”之分、性别可以有“男”“女”之分，等等，这些都说明了被测量对象的属性和类别，属于质化测量。

这两种测量在传播研究中都会被用到。比如，为了测量电视节目的质量，可以使用收视率（量化测量），也可以听取观众对节目的看法（质化测量），前者用量化的数字来体现节目受欢迎的程度，而后者能够体现观众对节目的理解和态度。如果我们想说明过去十年之间电视节目质量的变化趋势，那么可以直接比较不同年份的收视率结果，量化测量是合适的测量方式；如果我们想说明电视节目质量下降导致了观众离开电视屏幕，那么直接听取观众的意见和评价是合适的做法，这时质化测量更加合适。因此，选择哪种测量方式，要看我们的研究问题和研究目的是什么。

值得注意的是，在传播研究中，我们测量的往往都是测量对象的某种特征或属性，并非测量对象本身。“电视节目的质量”是什么？它看不见摸不着，不能被直接观察和记录，我们只能测量那些能够被观察到的特征，并且通过这些特征来说明“电视节目的质量”的内涵。而且，测量不是任意行为，在这个例子中，无论是哪种测量方式，都必须跟测量对象之间存在着一定的关系，我们不能通过测量电视节目的时间长度来说明它的质量如何，也不能通过电视节目的播放语言来体现它的质量，或者说，后两者是无效的测量。被观察的特征一定能够指示测量对象的某些特征或属性，只有这样，才是我们需要的测量。

（二）偏见和误差

我们都希望采用合适的手段来测量研究对象，但是很多时候，由于各种干扰因素，使得测量结果与真实情况之间存在着误差。自然科学里有“海森堡测不准原理”，在传播研究里，也存在着类似的情况。

质化测量不采用数字，其结果带有模糊性，当观众对研究者说“某某节目好”时，是仅仅出于礼貌才说节目“好”吗？不同的观众都认为这个节目“好”，但是他们对“好”在哪里的看法一样吗？可能只是因为节目迎合了他们的需要而被观众认为“好”，却有可能节目制作粗糙、格调低俗，甚至内容错误百出。

用精确的数字表示结果的量化测量也不可避免地会出现测量误差。比如当甲电视节目的收视率比乙电视节目高时，我们一定能说甲节目的质量比乙节目高吗？先不论仅仅以收视率作为衡量节目质量的标准可能会引起节目内容低级、格调不高这些后果，单单从收视率本身来看，统计收视率时常用的两种手段——日志法和仪器测量法，本身都存在着误差，它们不能排除观众开着电视机却不收看节目，转而做其他事情这种情况的发生，也无法排除样本家庭里的成员回忆错误或按键失误这些情况的出现，所以，不同调查公司对同一个电视节目在同一个地区同一个时间段内的收视率调查数据经常会出现差异，这说明了收视率调查并非是一种完全肯定无误的测量手段。在样本足够大的情况下进行收视率调查时，可以通过随机选择样本家庭、过一段时间之后重新选择新的样本家庭等手段来缩小误差，但是，这样做无疑加大了研究的成本开支，而且误差无法完全根除，最先进的统计手段也只能对或然性事实进行计算，因此很多研究需要在研究经费和测量结果的准确性之间做出选择。

由于测量手段不精确带来的误差被称为测量误差，它只能被缩小，无法完全消除。另一种对测量结果的干扰因素是研究者的偏见造成了研究对象进入研究样本的机会不均等，被称为机会误差。比如进行新闻节目收视率测量时，有意识地选择高学历、高收入、高地位、低龄化家庭，由于这些家庭偏好收看新闻节目，那么可能会造成收视率结果偏高的现象。

机会误差跟测量误差不同，是量化测量过程中一定要避免的。克服机会误差的最佳手段就是随机选择研究样本，比如高收入家庭同低收入家庭同时入样、低龄化家庭同高龄化家庭同时入样等。但是，质化研究和部分量化研究中，对样本的选择依赖研究者的个人判断，并不要求也不能够遵循随机化原则。比如研究我国的新闻节目收视率，全国收视率最高的《新闻联播》节目很有可能被挑选出来做样本；研究报纸对农民工的报道，作为唯一一份全国性专业日报，《农民日报》应该成为研究样本；研究我国报业集团的发展，最先成立的广州的几家报团值得作为个案被研究。这时候，对这些问题进行测量的最终结果包含着真实差异、机会误差和测量误差，因此，对《新闻联播》的测量结果在推广到全国新闻类电视节目时，由于研究者偏见这个因素无法克服，其结果的推广性和概括性要受到影响。

用公式来表示，最终的测量结果就是：

测量到的差异（或特征）＝真实差异（或特征）＋测量误差＋机会误差

当使用了随机抽样手段并进行多次测量时，机会误差可以被消除，而测量误差总是存在，所以，为了得到更精确的测量结果，我们需要发展出更精确的测量手段来降低测量误差。

二、变量的类型

变量用来表示被测量对象的特征，也就是说，测量抽象概念或现象，其实就是测量跟它们有关的变量。

（一）按作用分

按照变量在研究过程中的作用，可以把它分成如下几类。那些造成研究现象出现的原因被称为自变量（independent variable），在实验研究中，研究者可以根据需要而系统地控制自变量，因此也称为实验刺激变量或实验处置变量（treatment）。那些由于其他变量变化而产生变化的变量被称为因变量（dependent variable），它是研究者试图解释的对象。跟自变量不同，研究者只能对因变量做出大致的预测，却无法控制它。有时候，我们很难判断哪个是自变量哪个是因变量，比如，是因为接触媒介过多而导致学生学习成绩下降，还是学生在成绩方面产生了挫折感才从媒介中寻求逃避式满足感？因此，究竟哪个是自变量哪个是因变量，要根据研究目的和问题来确定。

有时候，在自变量和因变量之间还有一些联系二者的变量，它是自变量造成的结果，也是造成因变量出现或改变的原因，这些变量被称为中介变量（intervening variable）。比如，在媒介效果研究中，性别、年龄、教育背景等是自变量，而接触媒体的频率、时间、动机等是这些自变量所造成的结果，被看做是中介变量，个人的态度变迁和行为改变是因变量。

在某些情况下，中介变量是不能够被直接观察到的，只能根据自变量和因变量来推断。比如对媒体所有权和内容的研究认为，媒体归谁所有、为谁服务会影响它的报道立场和新闻编辑风格，通过分析媒体内容就可以推断它的意识形态立场，在这里，至少存在着一个中介变量，那就是媒体工作者的态度和活动，但是很多关于媒介内容的研究没有必要，也缺乏研究经费来支持对媒体工作者这个中介变量进行观察，所以它们假设，如果媒体报道立场跟它的所有者立场一致，那么可以认为媒体工作者这个中介变量基本对因变量没有影响，如果自变量和因变量立场不一致，那么可以认为媒体工作者以及其他中介变量一起对因变量产生了作用。所以，有些研究需要考察中介变量，有些则不需要。

除了自变量以外，还有一些变量也能影响因变量，但是最初的研究设计并没有包括它们，这些被称为外来变量（extraneous variable，或无关变量）。尤其在实验研究中，外来变量能够使实验结果变弱或无效，因此需要严格排除。排斥外来变量的有效方法就是将实验对象随机分组，我们将在第七章详细介绍。

（二）按性质分

按照变量取值，我们可以将它们分成离散型变量和连续型变量。离散型变量只能取有限的取值，研究者往往能够预先知道并且在研究问卷上列出这些明确的取值，如性别、职业、家庭成员数等。连续型变量则可以取任何数值，如每周阅读报纸时间、家庭年收入、电视新闻的每年报道时间总量等，在研究问卷上，这些变量可以采用开放式问题，如“如果采用百分制，100分意味着‘非常喜欢’，那么您对某电视节目打______分”，也可以采用封闭式问题，如“您过去一周内阅读报纸的总时间是：（A）2小时以内；（B）2小时～4小时；（C）4小时～6小时；（D）6小时以上”。仅仅将变量划分成离散型和连续型两种，还不能够确定相应的统计分析手段，更精确的划分是按照测量级别来划分变量。

（三）按测量级别分

按照变量取值的性质，我们可以把它们分成定类变量、定序变量、定距变量和定比变量，它们对应着四种测量级别，即定类测量、定序测量、定距测量和定比测量。离散型变量都是定类或定序变量，而连续型变量都是定距或定比变量。

1. 定类变量（nominal variable）

当变量的取值只表示类别的区分，不表示任何数量上的大小时，这样的变量就是定类变量，相应的定类测量仅仅对研究对象进行分类，不体现任何数量上的顺序，比如性别、婚姻状况、职业、宗教信仰等都是定类变量。在测量定类变量时，所划分的类别应该相互排除且互不交叉重叠，如进行一般性的调查时，“性别”这个变量只需要“男”或“女”这两个类别就足够了，我们很少会考虑“第23对染色体为xyy型”或“第23对染色体为yyy型”这些极为罕见的特例。

测量定类变量时，各个类别应该是互相排斥的，如果一则报道是“消息”，那么它就不可能是“评论”或“调查性报道”；而且，各个类别是等价的，如对报纸的内容可以分成消息、评论、调查性报道、广告、副刊散文等，也可以按照版面位置分成头版报道、二版报道、三版报道等，我们只能按照一种原则来分类，不能把消息和头版报道直接进行比较；此外，各个类别还应当穷尽了变量的特征，否则，就有可能出现无法归类的特例。互斥性、等价性和穷尽性，也是测量其他三种变量时应该遵循的基本准则。

在分析定类变量时，我们只能计算所分类别出现的频率，不能计算不同类别的平均值。比如在某项研究中，男性读者占49%，女性读者占51%，我们可以比较男女读者的数量哪个多哪个少，但是计算这两个类别的平均值（50%）则没有任何意义。从测量级别上看，定类测量最低，但分类是基础，其他测量级别都包含着分类功能。

2. 定序变量（ordinal variable）

如果变量的取值不仅表示分类，还能够按照某种逻辑顺序对这些分类进行排序，这样的变量就是定序变量，相应的定序测量可以将研究对象进行程度上的区分，比如教育程度（文盲—小学—初中—高中—大专—大学及以上）、考试成绩（优—良—中—差—不及格）、态度（强烈同意—同意—中立—不同意—强烈不同意）等都是定序变量。定序变量体现了研究对象在高低、大小、重要性、强弱等方面的差异，因此，各个类别一般按照某种逻辑顺序依次排列在问卷里。

为了计算方便，我们经常用大小不等的数字来表示定序变量的各个类别，比如态度量表里用数字“1”至“5”来代表“强烈同意”至“强烈不同意”，但是这些数字仅仅指出了评价这种逻辑顺序时各个类别的相对位置，不能用来判断各个类别之间的绝对距离，比如“强烈同意”和“同意”这两个类别之间的绝对距离并不一定等于“中立”和“不同意”这两个类别之间的绝对距离。

3. **定距变量**（interval variable）

如果变量的取值不仅表示了分类和顺序，还能够表示不同类别之间的绝对距离和数量差别，这样的变量就是定距变量，相应的定距测量可以用数字来表示某个类别跟另一个类别相差多少，而且不同类别之间的距离可以进行比较，如温度、智商、出生年份都是定距变量。

在定距测量里，不同类别之间的差别可以进行绝对值大小的比较，如根据“甲地气温比乙地高 5 摄氏度”和“乙地气温比丙地低 5 摄氏度”，我们可以直接比较“高 5 摄氏度”和“低 5 摄氏度”，并且推论出“甲地和丙地气温一样高”。即定距变量的取值之间可以相互进行加减运算。有时为了方便，我们会把某些定距变量当作定序变量来运算，比如将关于态度的定距量表当作定序量表来分析。

4. **定比变量**（ration variable）

在“温度”这个变量里，零点的位置并不固定，摄氏温度计的零度是华氏温度计的零下 32 度，当甲地温度是 10 摄氏度而乙地是 5 摄氏度时，我们不能说“甲地气温是乙地的一倍”。因此，如果变量的取值不仅表示了绝对数值的大小，还包括一个有实际意义的零点，那么就称为定比变量，相应的定比测量能够进行加减乘除运算，如报纸发行量（份）、家庭年收入（元）、每周看电视的时间（分钟）等都是定比变量。

所有的统计方法，都适用于定比变量。我们不仅可以计算各个类别出现的频率，还能计算它们的平均值，如电视节目的平均收视率、人均年收入、人均每周上网时间等（见表 4—1）。

表 4—1　　四种变量取值的数学特征

	区分类别	区分顺序	区分距离	区分比例
定类变量	有			
定序变量	有	有		
定距变量	有	有	有	
定比变量	有	有	有	有

不同的测量级别体现了测量的精确度，有些变量可以运用更精确的手段来测量，而有些变量只能够运用更粗糙的手段来测量，因此，确定一个变量属于哪个测量级别，要看研究者是如何定义这个变量的，还要看研究者决定采用哪些指标来测量这个变量。比如，“教育程度”可以是定序变量，按照最终教育的背景（文盲—小学—初中—高中—大专—大学及以上）来测量；也可以是定比变量，按照接受正规教育的年限（你接受了______年正规学校教育?）来测量。在实际操作中，我们总是希望运用更高级别的定距或定比测量，它们的测量结果可以被转化成为定类或定序测量结果，反之不成立，也就是说，我们可以采用更精确的测量级别收集关于研究对象的信息，然后在分析的过程中忽略某些信息，却不可能收集不精确的信息，然后进行更精确的分析。

三、质化研究里的测量

跟量化研究相比，质化研究里的测量存在着极大的不同。首先，量化研究用精确的数字来代表抽象概念，即使用到了质化测量，在分析数据的过程中，研究者也试图用数字来指示这些文字、符号和代码，并且进行一些数学运算，比如报纸的出版时间（如1990年、1991年）和报道类型（如消息、评论、特写、读者来信等）都只能用代码和文字来表示，但是通过对报纸进行内容分析，研究者可以发现报道类型的变迁趋势（是越来越重视消息，还是越来越重视评论）。而质化研究的测量更多地用到了文字、声音、符号、视觉形象、动作等，很少用到数字，即使用到了数字，也不会对数字进行数学运算。比如对我国电影进行文本分析时，测量结果就是视觉图像、配乐风格、对白和旁白等，有时研究者也会统计一部电影里共运用了几次长镜头、共出现了几次仰拍等，但是这些数字都是为了文本分析的目的而使用的。

其次，量化研究在研究设计阶段就完成了测量方案，设计测量方案、收集数据和分析数据这几个步骤截然分开，可以由不同的研究者来进行。而质化研究重视研究情境，研究对象包含了哪些有意义的变量？对哪些变量进行测量？这些问题都只能在研究者进入研究现场之后才能做出回答，研究现场可能会出现意料之外的事情，研究者要审时度势，确定怎样进行测量，所以，测量研究对象和收集数据是合二为一的过程，由同一位研究者来承担，很少有研究能够将测量和收集数据视为两个不同的过程。

再次，量化研究在研究设计阶段，首先形成概念，然后再设计和选择测量手段，测量手段影响了哪些数据能够被收集和分析。而质化研究在测量活动中发展出抽象概念，收集而来的经验资料和研究者从中得出的抽象概念之间是双向的互动关系，研究者要对二者进行多方对比和持续的相互印证，一旦发展出新的抽象概念，研究者还需要为此而收集更多的经验资料，而经验资料越多，发展抽象概念的机会越大。

所以，质化研究的测量应该从经验数据开始，然后得出抽象概念，然后再回到经验数据，再验证抽象概念。跟量化研究不同，这是一个归纳的过程。跟量化研究相同，质化研究也需要对抽象概念得出操作性定义，并且将测量结果上升为理论。比如，“报纸可读性”是一个抽象概念，质化研究认为，“字号大”、“文字通俗”、“内容贴近实际生活”、“我喜欢”都是读者对“可读性”的具体解释，它们揭示的是“甄别度”、“可理解性”、“可接受性”这些操作性定义。

四、指标和操作化

如前所述，概念是对具体现象做出的具有普遍性的抽象解释，并非所有的概念都可以直接测量，为了测量概念，我们需要将抽象的定义转化为操作性定义，以能够体现具体差别和量值的变量来表达抽象概念。在经验层次上，变量表明了研究现象在类别、程度、数量、等级上的变动状况，而那些能够被直接观察到的、体现变量内容变动的一组事物被称为指标（indicator）。也就是说，我们直接对指标进行观察，体现出变量的变动状况，然后以此来推断抽象概念的性质或变动。概念、变量和指标这三者的抽象程度依次递减，我们能够直接观察到的是体现变量内容的具体指标。所谓操作化，就是以经验上可观察的、可把握的指标来表达抽象概念的过程。通过操作化，我们可以对抽象概念所指涉的研究现象进行测量。

图4—1列出了几个对概念进行操作化的实例，需要注意的是，概念是抽象的，指标是具体的，同一个概念可能会对应着多个不同的指标，因此在传播研究中，我们应该通过广泛参考前人的研究成果和自己的探索性研究来提高测量的准确性。

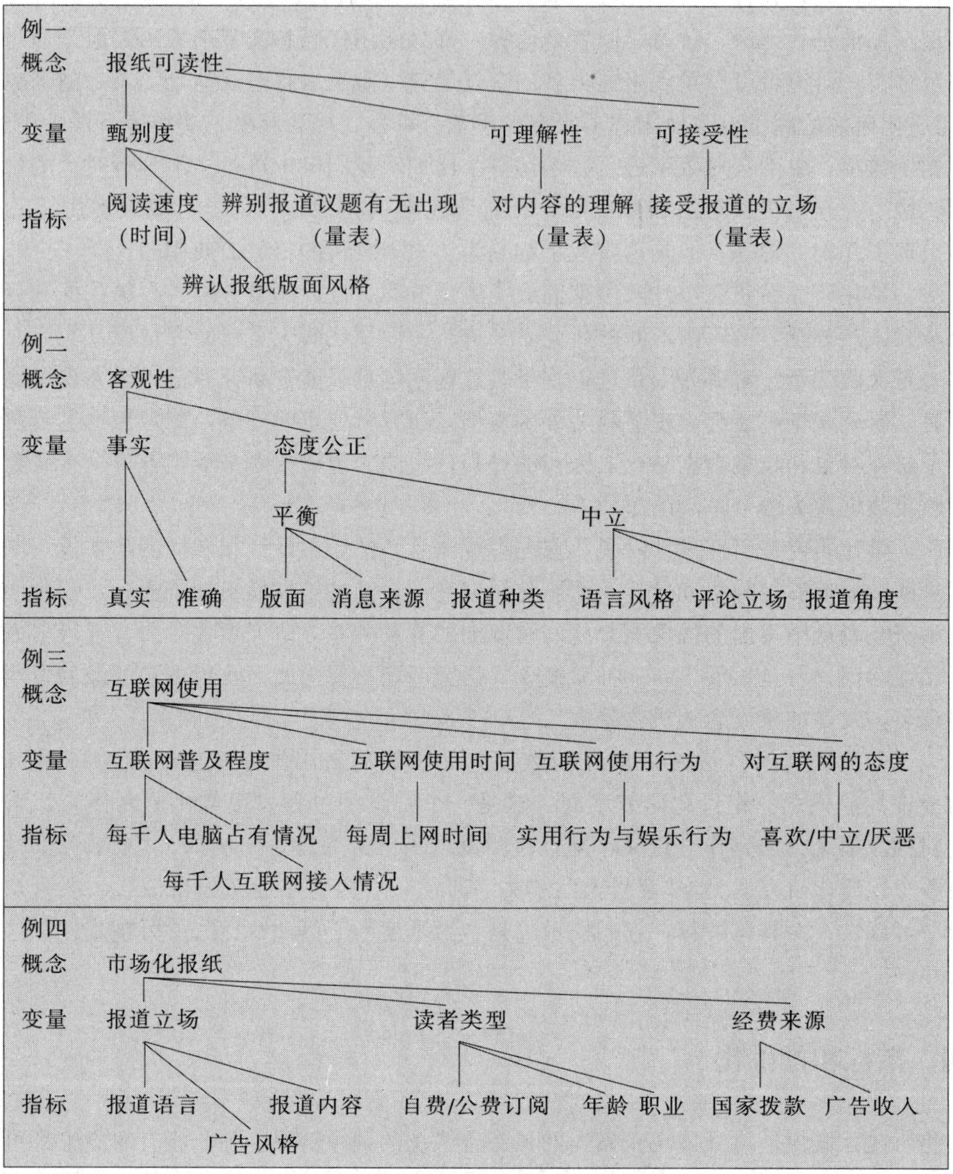

图 4—1 对概念进行操作化的举例

第二节 指数和量表

有些变量的内容特征非常明确，比如，“性别”多数情况下只有“男”和“女”两个取值。在传播研究中，更多的变量构成比较复杂，很难用单一指标进行测量，因此，我们常常用到指数和量表这些复合测量手段。指数和量表的优点在于它们可以简化信息，缩减所收集到的资料数据。

一、指数（index）

一个变量可以有多个指标来代表它，每个指标都对应着一定的数值，将这些数值相加得到一个累加数值，就是这个变量的指数。在日常生活中，我们经常会碰到各种指数，如消费者物价指数、房地产价格指数、股票交易指数等。指数由一组跟研究对象有关的陈述构成，这些陈述从某一个方面能够代表研究变量，然后研究者给每个陈述赋予一定的分值，就构成了一个最简单的指数。每个被访问者分别对这些陈述发表"是/不是"或"有/没有"的看法，将他们在每个陈述上的分值相加，就得到了被访问者在该指数上的总得分，它体现的往往是被访问者的态度、立场、程度和所属群体等。因此，指数的功能在于将研究对象分类（见图4—1）。

量化传播学研究中经常会用到指数，比如，拉扎斯菲尔德等人于1944年出版的《人民的选择》一书中就利用了"既有政治倾向指数"（index of political pre-dispositions）来将研究对象分类。既有政治倾向指数根据当时美国社会政治力量的分布，从社会经济地位（上：0分；中：1分；中下：2分；下：3分）、居住地区（乡村：1分；城市：2分）、宗教信仰（新教徒：0分；天主教徒：2分）三个方面来显示受众的政治立场，将受众分成共和党支持者和民主党支持者两大类，并提出了支持有限效果论的政治既有倾向假说和选择性接触假说。如果一个选民是新教徒（0分）、住在城市（2分）、具有中等社会经济地位（1分），那么他的总得分为3分；如果另一个选民是天主教徒（2分）、住在乡村（1分）、具有上等社会经济地位（0分），那么他的总分也是3分，这两个选民属于同一个群体。如表4—2所示，1～3分为共和党支持者，4～7分为民主党支持者。

表4—2　　既有政治倾向指数的分布　　单位：分

社会经济地位	新教徒（0）		天主教徒（2）	
	乡村（1）	城市（2）	乡村（1）	城市（2）
上（0）	1	2	3	4
中（1）	2	3	4	5
中下（2）	3	4	5	6
下（3）	4	5	6	7

资料来源：郭庆光：《传播学教程》，175页，北京，中国人民大学出版社，1999。有改动。

从表4—2中可以看出，三个指标所赋予的分值存在着不同，比如宗教信仰的取值间隔是2，而社会经济地位的取值间隔是1，居住地区的取值则没有0分的情况。这说明，各个指标对变量的贡献大小不同，对研究结果的影响也不同，因此，研究者对每个指标进行了加权。权重的大小由研究者根据理论框架和前人的研究成果而自行决定，也可以运用因子分析等统计手段来确定（见第九章）。

在统计指数时，还可能出现数据缺失的情况，比如一个选民没有宗教信仰，既不是新教徒也不是天主教徒的时候，应该怎么赋值？

第一种做法是将这样的选民剔除出样本，不对他们进行研究，但是这样做有悖于随机抽样的原则，会降低研究结果的准确性。

第二种做法是随机为这样的选民赋值，这样的选民肯定不止一位，研究者可以运用随机化手段为选民赋予0分（属于新教徒）或2分（属于天主教徒）。

第三种做法是把他在另外两项上的得分的平均值作为宗教信仰这一项的得分，比如一个选民没有宗教信仰、住在城市（2分）、社会经济地位中下（2分），那么后两项得分的平均值是2分，将这个作为他宗教信仰项目的得分，然后计算出该选民的总分为6分，属于民主党支持者。

第四种做法是考察他在其他问题上所表现出来的倾向，比如某个选民虽然没有宗教信仰，但如果他更认同新教的某些观念，那么就将他归为新教徒。

第五种做法是用其他选民在这一项上的平均值作为这个选民在这一项上的分值，比如总共30名选民中，只有一位没有宗教信仰，那么就用其余29位选民在“宗教信仰”这一项上总分的平均值来代替这位选民的分值。

二、量表

构成指数的各个题项或指标之间没有顺序关系，即某一个指标放在前面还是后面不会影响最终的总分值，而量表与此不同，量表里的题项或指标按照一定的顺序来安排，每个题项的位置不能任意安排，量表考虑了不同题项的强度和方向，因而比指数更能体现出变量的特征。指数和量表的另外一个不同之处在于，指数往往被当成是定距或定比测量，而量表往往是定序测量，只有少数量表可以被看成是定距或定比测量。

量表是有关研究变量的强度、方向、程度、层次或趋势的复合测量手段，它包含着一组题项，这些题项按照某种顺序被排列，对每种题项的回答对应着固定数值，其总值表示了研究对象的特征和性质。量表可以是单维度的（比如职业量表、教育程度量表），也可以是多维度的（如社会经济地位量表包含着教育程度、收入、职业和生活地区等多项指标）。

（一）李克特量表（Likert scale）

李克特量表由美国社会心理学家李克特（Rensis Likert）于20世纪30年代发展而来，是问卷调查中最常使用的定序或定距量表。在编制李克特量表时，研究者应该做到：

（1）围绕要测量的研究问题编写和收集大量的陈述，这些陈述应当比较分散，以覆盖一个足够宽泛的范围，即这些陈述具有多重维度，同时每个陈述都要围绕研究问题而展开，即各种陈述跟研究问题之间都存在着相关关系。

（2）对每一个陈述，以4级～8级记分的方式来对被调查者的回答进行分类。

（3）将每一个被调查者在所有陈述上所得的分数相加，其总和就是他在该研究问题上的得分。

李克特量表经常用于测量个体的观念、态度或意见，由于它将被调查者在所有陈述上的分数相加而推断他们的态度，所以也被称为总加量表（summated-rating scale）。李克特量表的优点在于省时省力、编制方法简单，而且可以对量表进行信度分析，去除影响信度的陈述，所以其测量结果更加可信。

图4—2里有些李克特量表设置了中间点“说不准”或“不知道”，有些则没有中间点。前一种情况下，我们可以用0分来表示这个中间点，然后对它两边的回答分别赋予正值和负值；后一种情况下，我们可以通过赋正负值的手段来使得最终的运算结果里可能会出现0分的情况，如例一所示。当量表里设置了中间点时，研究者应当注意，大部分被调查者的回答不能都落到中间点上，否则量表就无法测量被调查者的态度和意见。这时就应当改进量表，取消中间

点是一种做法，另一种做法就是更改陈述。值得注意的是，虽然李克特量表里的中间点可以被赋予 0 分，但这并不意味着该量表能够进行定比测量，用数字 1 或 10 来代替中间点 0 分，其运算结果是一样的。

例一 广告美誉度排行调查

你是否喜欢下列品牌？

品牌	非常不喜欢	有时不喜欢	有点不喜欢	有点喜欢	有时喜欢	非常喜欢
品牌一	−5	−3	−1	1	3	5
品牌二	−5	−3	−1	1	3	5
品牌三	−5	−3	−1	1	3	5

例二 媒体可信度调查

媒体	非常值得信赖	值得信赖	说不准	不值得信赖	非常不值得信赖
媒体一	1	2	3	4	5
媒体二	1	2	3	4	5
媒体三	1	2	3	4	5

例三 某报纸版面调查

报纸版面	非常同意	有点同意	不知道	有点不同意	非常不同意
标题能吸引人	1	2	3	4	5
栏目设置合理	1	2	3	4	5
栏目设置合理	1	2	3	4	5

例四 媒体性别意识指数

某媒体能够做到：	总是	经常	有时	很少	从不
女性消息来源比男性多	5	4	3	2	1
新闻图片里女性人物比男性多	5	4	3	2	1
新闻语言里没有对女性的歧视	5	4	3	2	1
署名记者里，女性比男性多	5	4	3	2	1

最高分值＝20，高性别意识

最低分值＝4，低性别意识

图 4—2 李克特量表举例

图 4—2 例三中，一个陈述（文章字体过小）作出了负向表述，即该陈述的强度方向跟其他陈述相反。这是一种编制量表的技巧，可以挑选出被调查者任意填答、应付了事的情况，将这些个案从最终的分析样本里剔除出去。否则，如果一个被调查者总是回答“非常同意”，研究者并不知道他是真的非常同意这些陈述，还是仅仅出于礼貌不表达负面的看法。在计算累加得分时，把这些陈述上的分数做拟向处理就可以了，即“非常同意”、“文章字体过小”时得 5 分而非 1 分。

几个李克特量表可以被组合成为一个指数，如图 4—2 例四所示，指数能够用数字更精确地体现被调查对象的观念和态度。有些学者认为，李克特量表是定序量表①，有些学者则认为

① 参见袁方主编：《社会研究方法教程》，298 页，北京，北京大学出版社，1997。

它是定距量表。[①] 持前一种观点的学者认为，对研究者而言，“非常同意”和“有点同意”两种回答之间的数量差别可能等于“说不准”和“有点不同意”这两种回答之间的数量差别，但是对于被调查者而言，两种数量差异有着不同的文化含义，尤其当两个不同的被调查者都“非常同意”某一个陈述，并且都“有点同意”另一个陈述的时候，他们之间的数量差别并非是可以直接进行比较的数字，所以，被调查者对李克特量表的回答仅仅体现了顺序和强度方向，为各种回答赋予分值，仅仅是出于方便计算的目的。在实际计算中，当对研究结果的精确度要求不那么高，而且使用了经反复验证非常可靠的李克特量表时，我们可以把它当成定距量表来进行运算。

李克特量表要求每个陈述之间具有同质性，即跟所测量的变量相关，为此李克特发明了一种办法来改进陈述项目。简单来说，就是在进行试调查的时候，根据一群被调查者对量表回答所得到的总分数，挑选那些总分最高的 25%的被调查者和最低的 25%的被调查者；针对某一个陈述，分别计算最高人群和最低人群在该项目上的平均分；两个平均分之差就体现了该陈述能否代表所测量变量，平均分之差越大，该陈述越能测量变量的特征。在进行正式调查时，分数最低的几个陈述应当被删掉。这种方法可以用来评价李克特量表的可信度，针对每个陈述，最高人群和最低人群都会产生一个平均分之差，如果这些平均分之差都比较大，那么该量表就可以被接受。

（二）舍史东量表（Thurstone scale）

李克特量表存在着一个缺陷，不同回答之间的数值差异并非是等值的，在这方面，舍史东量表比它进步一些。20 世纪 20 年代，舍史东（Louis Thurstone）发展了一种定距量表用来测量对特定概念的态度，被称为舍史东量表，也称为间隔均等出现量表（equal-appearing interval scale）。编制舍史东量表的时候，研究者应该做到：

（1）收集或编写大量跟所测量变量有关的评价式陈述（比如至少 100 种）。

（2）选择 50 位～300 位评分者，每位评分者都要表明自己对每一种陈述有多同意，通常使用 9、11 或 13 级量表，1 表示“最不同意”，中间值表示“中立”，9、11 或 13 表示“最同意”。

（3）然后，研究者计算每种陈述的平均值和标准差，挑出那些评分者给出分数差异较小、评分者的态度最一致（即标准差小）的陈述，同时考虑对被调查者而言平均值变化幅度最大的那些陈述，如根据平均值高低将这些陈述分成 5 组，从每组中挑出标准差最小的 4 种陈述。

（4）最终以被挑出的陈述（如 20 种）形成一个新量表，即舍史东量表。

在舍史东量表里，每种陈述只对应着“不同意”和“同意”两种回答，“不同意”一般记做 0 分，“同意”的分数由研究者根据刚才各个陈述得分的平均值来确定，因此“同意”不同的陈述，被调查者的得分可能不一样。将每个陈述项目上的得分相加，其总和就是被调查者对特定问题的态度得分。由于舍史东量表编制太麻烦，费时费力，在传播研究中应用比较少。

（三）古特曼量表（Guttman scale）

上述两种量表存在着一个共同的缺陷，不同的被调查者所得总分可能一样，但是他们对不同陈述的回答却不一样，而量表无法体现每种陈述对被测量变量的贡献大小，所以我们需要改进量表来克服这个弊端。古特曼量表由古特曼（Louis Guttman）于 20 世纪 40 年代发展而来，也叫做累积量表（cumulative scale）。跟前两种量表不同，古特曼量表是单维度量表，各种陈

---

① 参见柯惠新、祝建华、孙江华：《传播统计学》，84 页，北京，北京广播学院出版社，2003。

述之间存在着由强变弱或由弱变强的逻辑顺序，如果被调查者同意某种陈述，那么他也会同意该陈述之前（或之后）的所有陈述。所以，古特曼量表可以测量被调查者态度的累积强度。

使用古特曼量表可以根据被调查者的总分来确定他在某个问题上的态度强度，比如在图4—3中，一个人总分为4分，那么他应该同意陈述四至陈述七；如果一个人总分比另一个人高，那么他对日本人的看法更为正面。所以，古特曼量表能够保证测量结果具有较高的可信度。图4—3的实例也被称为鲍格达斯社会距离量表（Bogardus social distance scale），是古特曼量表的一种特例。

测量变量：中国人对日本人的态度

（1）设计和收集大量相关的陈述，每种陈述都包含着“同意/不同意”或“是/否”这两种回答。

（2）从中挑出3个～20个陈述，这些陈述之间存在着某种逻辑关系。

例如：

“你愿意跟日本人结婚吗?”（陈述一）

“你愿意跟日本人做好朋友吗?”（陈述二）

“你愿意跟日本人成为同事吗?”（陈述三）

“你愿意让日本人生活在你所在的城市吗?”（陈述四）

“你愿意让日本人来中国旅游吗?”（陈述五）

“如果路上碰见了日本人，你愿意跟他们打招呼吗?”（陈述六）

“日本人是不是应该被驱逐出中国领土?”（陈述七）

如上所示，从逻辑上来说，如果一个被调查者对陈述七的回答为“是”，那么他对陈述一的回答应该为“不愿意”。

（3）进行调查。用“＋”号表示对每个陈述回答“愿意”，“－”号表示“不愿意”，陈述七做了反向陈述，因此对陈述七回答“不是”用“＋”号表示，回答“是”用“－”号表示。

（4）按照调查者得分高低和每种陈述同意程度高低，列表进行排列。

	陈述							
被调查者	七	六	五	四	三	二	一	分数
3	＋	＋	＋	＋	＋	＋	－	6
7	＋	＋	＋	＋	＋	－	＋	6
5	＋	＋	＋	＋	＋	－	－	5
10	＋	＋	＋	＋	＋	－	－	5
2	＋	＋	＋	＋	－	－	－	4
1	＋	＋	＋	－	－	－	＋	4
8	＋	＋	＋	－	－	－	－	3
9	＋	＋	＋	－	－	－	－	3
6	＋	＋	＋	－	－	－	－	3
4	＋	＋	－	－	－	－	－	2

（5）计算再现（reproducibility）系数，评估该量表是否单维度。

$$再现系数=1-\frac{误差总数}{应答总数}$$

再现系数在0至1之间变动，大于0.9都是可以接受的，即认为该量表是单维度的；如果再现系数低于0.9，那么该量表不是单维度的，需要重新编制。

以上表为例，1号被调查者和7号被调查者的回答各出现了一次违背逻辑顺序的情况，他们“不愿意”陈述二却“愿意”陈述一，所以误差总数为2。应答总数为10（个被调查者）×7（个陈述）＝70。因此，再现系数＝1－2/10×7≈0.986，该量表是单维度的。所以，以上七个陈述可以构成一个古特曼量表。

图4—3 编制古特曼量表的步骤

古特曼量表可看成是一种定序量表或定距量表，编制和测试十分复杂。一般的传播研究中很少使用，在社会学研究中比较常用。它的缺点在于，对这一组陈述具有单维度的假设是有局限的，可能由于幸运，在某次调查过程中，这组陈述体现出了单维度，但是换一个调查环境和调查对象，可能就无法体现出单维度。选择某种陈述进入量表，完全依赖研究者的个人判断，没有什么共同遵循的准则，所以有时可能会遗漏某些重要的陈述。而且，一旦出现了特例，如图 4—3 里的 1 号和 7 号被调查者，研究者无法解释其出现的原因，也不能预测和排除出现特例的情况。所以，古特曼量表有时候会跟李克特量表结合在一起，共同测量某个群体的态度（见图 4—4）。

对下列陈述，你的看法是什么？请选择。

	非常愿意	愿意	不知道	不愿意	非常不愿意
(1)“你愿意跟日本人结婚吗?”	□	□	□	□	□
(2)“你愿意跟日本人做好朋友吗?”	□	□	□	□	□
(3)“你愿意跟日本人成为同事吗?”	□	□	□	□	□
(4)“你愿意让日本人生活在你所在的城市吗?”	□	□	□	□	□
(5)“你愿意让日本人来中国旅游吗?”	□	□	□	□	□
(6)“如果路上碰见了日本人，你愿意跟他们打招呼吗?”	□	□	□	□	□
(7)“日本人是不是应该被驱逐出中国领土?”	□	□	□	□	□

陈述（1）至（6）里，回答“非常愿意”得 1 分，“非常不愿意”得 5 分；陈述（7）里，回答“非常愿意”得 5 分，“非常不愿意”得 1 分。
总分越低，对日本人态度越正面；反之，越负面。

图 4—4　李克特量表和古特曼量表的结合（举例）

（四）语义差别量表（semantic differential scale）

语义差别量表是心理学家奥斯古得等人于 20 世纪 50 年代首先提出的，其目的在于测量人们对特定概念、对象或群体的看法和感受。语义差别量表的编制和使用都相对比较简单，能够清楚有效地描绘和比较两个不同的事物或概念，可以告诉我们一个人怎么看待不同的概念，也能比较不同的人怎么看待同一个概念，因而应用比较广泛。比如在传播研究中，可以运用语义差别量表来测量受众对某电视节目、某份报纸、某广告品牌的看法。

编制语义差别量表时，研究者首先确定关于研究对象的属性的一系列反义形容词，然后用 7 至 11 级量表将这些反义形容词分别至于两端，也就是将语义的差别分成 7 至 11 等级，由被调查者选择相应的答案。为了避免出现被调查者随意回答的情况，编制量表时，研究者应当注意，不要把含义正面的形容词都放在量表的一侧，应该对某些形容词进行负向处理。很多研究发现，这些形容词可以分成三类：对研究对象的评价（好—坏）、对研究对象能力的看法（强—弱）、对研究对象行动的看法（主动—被动）。在这三类形容词中，对研究对象的评价通常是最重要的。但是，形容词的反义词通常不是那么容易确定的，比如“（经济）繁荣”可能会对应着“（经济）萧条”、“（发展）停滞”等多个反义词，因此研究者需要对量表先进行试调查，剔除那些不合适的反义形容词（见图 4—5）。

例一

你认为流行音乐是：

低俗的 ____；____；____；____；____；____；____ 高雅的
动听的 ____；____；____；____；____；____；____ 难听的
有激情的 ____；____；____；____；____；____；____ 毫无激情的
有创新精神的 ____；____；____；____；____；____；____ 毫无创新的
节奏快的 ____；____；____；____；____；____；____ 节奏慢的
短暂的 ____；____；____；____；____；____；____ 能长期流传的
有感染力的 ____；____；____；____；____；____； 无感染力的
容易学的 ____；____；____；____；____；____；____ 不容易学的
节奏快的 ____；____；____；____；____；____；____ 节奏慢的
短暂的 ____；____；____；____；____；____；____ 能长期流传的
有感染力的 ____；____；____；____；____；____；____ 无感染力的
容易学的 ____；____；____；____；____；____；____ 不容易学的

例二

你认为某报纸是：

客观的 ____；____；____；____；____；____；____ 主观的
公正的 ____；____；____；____；____；____；____ 不公正的
诚实的 ____；____；____；____；____；____；____ 不诚实的
有时效性的 ____；____；____；____；____；____；____ 无时效性的
难读懂的 ____；____；____；____；____；____；____ 容易读懂的
可信任的 ____；____；____；____；____；____；____ 不可信任的
有偏见的 ____；____；____；____；____；____；____ 无偏见的

图 4—5 语义差别量表举例

图 4—5 里将反义形容词之间的关系分成 7 个等级，可以将每对形容词赋予从 1 至 7 的分数，在进行了反向处理后，正面的形容词（如“高雅的”、“动听的”等）至负面的形容词（如“低俗的”、“难听的”等）之间被赋予 7、6、5、4、3、2、1 等分数，也可以赋予＋3、＋2、＋1、0、－1、－2、－3 等分数，后一种手段是为了突出表示态度中立的中间点。将每位被调查者在所有反义形容词上的分数相加，其总分就是他对某研究对象的看法。

在对古特曼量表的结果进行分析时，需要考虑其结果是否具有相似性。例如，如果不同年龄段群体对流行音乐的看法类似，或者某一个群体对两份报纸的看法类似，那么可以把它当成定距测量来进行计算；如果这些结果差异极大，那么我们为了保证测量结果的效度而需要选择更严格的计算方法，往往把它当成定序测量。

第三节 测量的信度和效度

在前面讲到指数和量表的时候，我们多次提到了测量的信度和效度，只有减少测量误差，使测量结果具备一定的信度和效度，我们才能认为这样的测量结果准确体现了被测量对象的特征，因而是可以接受的。

一、信度（reliability）

（一）信度的概念

在测量过程中，信度指的是采用同样的手段对同一对象进行重复测量时，产生相同结果的程度，它意味着测量的稳定性、一致性和可靠性。比如，采用同一份问卷来测量同一群人的态度，如果测量多次，其结果都差不多，那么我们就认为这份问卷具有很高的信度，如果每次的测量结果都互不相同，那么我们就认为这份问卷的信度很低。

（二）分析测量信度的方法

我们可以从三个方面来分析测量的信度：稳定性（stability）、同质性（homogeneity）、等价性（equivalency）。

1. 稳定性分析

稳定性分析要回答的问题是：在不同时间段进行测量，能得到一致的测量结果吗？我们通常用“测验—再测验”法来考察测量的稳定性程度，其做法就是针对同一组被调查者，在一个时间点进行一次测量，然后在另一个时间点进行再一次测量，计算这两次测量结果的相关系数。如果测量是稳定的，那么这两次测量的结果应该基本一致，即相关系数越接近 1，测量的稳定性越好。通过这种手段得出的相关系数就是再测信度（retest reliability）。

再测信度是一种最常见的检查信度的方法，比如在一份问卷的前面和后面问同一个类似的问题，如果被调查者不是任意回答，那么他对这两个问题的回答应该是一样的，通过这种技巧，我们可以保证测量的再测信度。

再测信度的缺点是第一次测量的结果可能会影响第二次测量的结果，比如被调查者通过参与测量而对研究对象越来越熟悉（即敏感度降低），从而导致第二次测量结果偏高。而且，两次测量之间发生的某些事件可能作为外来变量而影响测量结果，比如突如其来的“9·11”恐怖袭击影响了选民对美国总统的判断，单单通过“测验—再测验”法不能排除这些外来变量的影响。

2. 同质性分析

当研究者使用了多种指标来测量同一个研究对象时，就需要考虑测量是否具有同质性，即不同的测量指标能否产生一致的测量结果。如果不同的指标都在测量同一个概念或现象，那么具有信度的测量就意味着不同指标都能够给出同样的测量结果。同质性分析主要包括折半法（split-half method）和题项相关分析法。

折半法就是将一次测量所用到的指标（或量表里的题项）分成两半，然后计算这两部分的相关系数，即折半信度（split-half reliability）。相关系数越大，则测量的折半信度越高。在将指标分类时，可以按照题项的单双号分组，也可以按照题项的前后顺序分组，还可以随机分组。折半法的优点在于不需要重复进行测量，因而节省了时间和人力物力。但是，如果测量所用到的指标（或量表里的题项）非常少的话，折半法不是一种好的分析测量信度的方法，此时，我们可以使用题项相关分析法。

题项分析法比折半法应用更加广泛，但是二者的逻辑道理一样，都通过对测量指标或题项的分析来检测它们是否具有内在一致性。题项分析法就是分析被调查者对每个题项的回答与他对其他题项的回答之间是否具有同质性，常用到的是克朗巴哈 alpha 系数。如果题项分析法发现某个测量的同质性不高，那么研究者可以分析每个指标（或题项）与其他所有指标（或题项）之间的相关系数，去掉那些与其他所有指标（或题项）相关程度低的指标（或题项），从而提高整个测量指标的同质性。

3. 等价性分析

等价性分析试图回答：当使用不同的研究工具或不同的研究者主持测量时，能否产生相同的结果？它分成两种，一种通过评估测量工具的可信性来推断其测量结果的可信性，另一种是通过评估研究者的可信性来推断其测量结果的可信性。因为两种方法里都涉及了比较不同的测量工具或测量人员是否具有一致性，因此都被称为等价性分析。如果检测结果具有等价性，那么测量工具就是可信的。

为了评估测量工具的可信性，研究者围绕同一个概念或现象发展出不同的测量工具，如不同的问卷、不同的量表、不同的测量手段等，然后在同一时间点上，对同一组被调查者同时采取这些不同的测量工具，计算不同测量工具的结果之间的相关系数，以此来评价测量工具的信度。如果不同测量工具的结果高度相关，那么这些测量工具就是等价的，其信度就越高。在现实生活里，许多考试里同时设置A卷和B卷，然后随机发放给学生，此时A、B卷之间必须保证很高的等价性；否则，考试结果就是不准确的。这种方法可以避免折半法的缺陷，但是设计完全等价的问卷、量表和其他测量手段是比较困难的，因此应用不广泛。

当两个以上研究者应用同一种测量工具对同一个研究对象做出判断时，还需要考虑他们的评价结果是否相同。如果相同，那么测量工具具有信度；如果不同，那么测量工具不具有信度，需要改进。当对媒介内容进行内容分析时，研究者需要提供编码员间信度（inter-coder reliability）（详见第八章），即由不同的编码员采用同一份编码表，对同一组研究样本进行编码，然后比较不同编码员的编码结果是否一致，如果一致度比较高，那么内容分析的结果才具有较高的可信性，如果一致性比较低，就需要考虑改进编码表或者加大对编码员的培训力度（见表4—3）。

表4—3　比较分析测量信度的几种方法

方法	关注焦点	是否需要研究者做出判断	测量工具	测量时间	测量指标
测验—再测验法	稳定性	不	相同	不同	相同
折半法或题项分析法	同质性	不	不同	相同	相同
不同测量工具法	等价性	不	不同	相同	不同
相互判断法*	等价性	是	相同	相同	相同

* 也称为编码员间信度（inter-coder reliability）。

（三）提高测量信度的方法

由于测量误差的存在，实现绝对的测量信度是不可能的，但是，我们可以通过一些手段来提高测量信度，改进测量设计。

提高测量信度的一种常见做法是使用多种指标来测量概念。每个指标都只能代表概念的某一个方面，为了全面测量概念，我们应该增加测量的指标或量表的题项。测量时所用到的指标越多、量表的题项越多，则不同指标的机会误差可能会相互抵消，提高测量的同质性。而且，多指标测量结果比单一指标测量结果具有更高的稳定性，因此，增加测量指标能够提高测量信度。

比起低级别的测量指标，更高级别的测量指标能够收集关于测量对象的更详细、更准确的信息，因而其结果具有更高的可信性。一般来说，我们应当在力所能及的最高级别上进行测量，如果能够进行定距或定比测量，就不要进行定类或定序测量，如果只能进行定序测量，那么不要进行定类测量。

信度意味着测量结果的稳定性，所以，为了提高信度，我们可以在正式的大规模测量开始之前进行小规模的试测（pilot test），以此来检测自己的测量工具是否可信，并且根据试测的结果来做出相应的改进。比如，当把英语国家进行的媒介内容分析“移植”到我国时，研究者就需要首先对英语国家研究所用到的编码表进行试测，英文新闻写作和表达习惯跟我国的新闻有很大差异，我国的新闻写作不重视直接引语和消息来源，所以英语国家的新闻内容分析可以考虑以自然段为编码单位，而我国的新闻内容分析往往采取以整篇文章为编码单位。为了保证参考英语国家媒介内容分析发展而来的编码表适合我国，研究者还可以重复进行试测，直至获得满意的编码表和编码员间信度为止。

从一开始进行研究设计时，研究者就应该考虑信度的问题。只有将抽象概念转化成为清晰、不含糊、不矛盾的指标，才能够清楚地指示参与测量的人员，哪些现象应该被测量、哪些现象怎么被测量、哪些指标测量了什么内容，等等。每一个指标都应该只体现概念的某一个方面，如果一个指标代表了概念的若干方面，那么就有可能造成混乱。比方说，我们从“事实性”、“平衡性”和“中立性”三个方面来测量“媒体报道的客观性”，如果某家媒体在“事实性”方面表现不客观，我们就可以说“媒体报道不真实、不准确，所以它不客观”，这比笼统地说“媒体报道不客观性”要清楚得多，也更符合实际情况。

二、效度（validity）

（一）效度的概念

一些经过反复测量都能保持稳定性的测量工具，有时可能是不准确的，比如刻度不准的尺子和已经失效的温度计。这时，除了信度，我们还要考虑测量的效度。效度所要解决的问题是：一个“真实”的测量在多大程度上吻合“真正的真实”？在具体的研究中，效度指的是一个经验测量是否反映了被测量概念的真实含义，即研究者是否得到了想要的测量结果。测量指标和抽象概念越吻合，那么测量效度越高，但是，概念是抽象的，而测量指标是具体的可观察的事物，所以，我们不可能获得绝对的测量效度，只能说某些指标比另外一些指标能够更有效地测量研究对象。

（二）测量效度的类型

测量效度可以分成三种：表面效度（face validity）、准则效度（criterion validity）和构造效度（construct validity）。

1. 表面效度

表面效度是最简单的、最基本的效度，它指的是由研究者来判断指标能否测量抽象概念，即从表面上来看，研究者是否相信测量所使用的指标和工具能够代表测量的内容或主题。比如研究者一般认为，测量女性消息来源在新闻报道里的比例，能够体现出媒介内容的性别意识，这样的测量具有表面效度；而测量女性记者作为写作者在新闻报道里署名的比例，不能说明媒介内容的性别意识，这样的测量因而不具有表面效度。以胡舒立女士领导的《新世纪周刊》为例，女记者署名超过了男记者，但是《新世纪周刊》似乎跟媒介内容的性别意识毫不沾边。

当研究者试图判断测量能否体现被测量概念或对象的全部内容时，就涉及了一种特殊类型的表面效度，即内容效度（content validity），它用来表示一个特定的题项集合对一个内容范畴的反映程度是否充分。被测量概念包含着多重内容，测量应该能够体现所有内容，这样，对一个概念的测量才是全面的、有效的。评价一个测量是否具有内容效度时，研究者首先应该确定被测量概念的内容都包含哪些方面，然后再判断测量指标是否体现了这些内容。比如对报纸内容的性别意识进行测量，我们使用了女性消息来源所占比例、跟女性有关的内容主题所占比例、女性行动者出现在媒介报道中的频率这三个指标，由于我们忽视了报道版面（女性新闻出现在重要版面上的比例）、报道类型（跟女性有关的内容被呈现为新闻报道的比例）和报道角度（从女性利益出发进行报道的文章所占比例）这三个重要指标，因此我们的测量的内容效度非常低。

为了保证表面效度，研究者应该广泛收集和阅读与自己的研究有关的文献资料，了解其他类似的研究是怎样测量研究对象的，哪些指标可以用来改进自己的测量。表面效度仅仅依赖于研究者的主观判断，为了缩小主观性，还可以邀请其他专家来帮助自己判断这个测量是否具有表面效度。

2. 准则效度

准则效度就是用其他测量工具来对同一现象或概念进行测量，将原有测量工具作为准则，比较新测量工具所得到的测量结果和原有准则的测量结果，如果二者相似，就认为新的测量工具具有准则效度。有时候，也将准则效度称为实用效度（pragmatic validity），根据研究目的的不同，准则效度可以分成同发效度（concurrent validity）和预测效度（predictive validity）。

如果一种新测量工具的结果跟已知的、有效的测量工具（准则）的结果相同，或者说，相同的测量结果同时出现，那么就认为这种新测量工具具有同发效度。比如，我们用一种智商测验问卷来测量被调查者的智商，这种问卷已经被多次反复验证，具有较高的效度，那么以此为准则，我们再使用另一种问卷来测量智商，如果针对同一群人，新问卷的测量结果跟准则的测量结果接近，那么我们就认为新问卷具有很高的同发效度。在实际应用中，很多量表、指数和问卷的改进，就是依靠了同发效度的原理。

预测效度体现的是一个测量工具预测未来结果（事件、活动或现象）的准确程度。比如，我们可以用高考成绩来预测学生进入大学以后的学习成绩。高考成绩高的学生，则大学期间学习成绩可能高；高考成绩低，则大学期间学习成绩可能低。一旦有调查证实了我们的结论，那么就可以说，以高考成绩来预测大学生的学习成绩，具有很高的预测效度。同理，我们也可以用托福、雅思、GRE的考试成绩来预测个人以后英语水平的提高程度，因为这些成绩具有很高的预测效度。但是，这些成绩可能并不具有表面效度，即托福考试成绩高的人其“英语水平”不一定高。

3. 构造效度

当使用多个指标来测量时，我们需要考虑构造效度，即如果测量是有效的，那么各种指标是否以一种持续的方式在运作？构造效度分集中效度（convergent validity）和判别效度（discriminant validity，或互斥效度）两种。

当测量一个概念的多个指标以相似的方式运作时，我们就认为它们具有集中效度。比如，为了测量报纸内容的性别意识，我们同时使用了女性消息来源所占比例、跟女性有关的内容主题所占比例、女性行动者出现在媒介报道中的频率、女性新闻出现在重要版面上的比例、跟女性有关的内容被呈现为新闻报道的比例、从女性利益出发进行报道的文章所占比例这六个指标。如果最后的测量结果发现，报纸的性别意识与这六个指标具有一致性，那么就认为这些指标具有集中效度；如果发现无论女性消息来源怎么变化，报纸的性别意识都没什么显著改变，那么就认为这个测量的集中效度低，需要重新考虑这些指标的设置。在实际运算中，我们可以通过因子分析法（详见第九章）来分析多个指标是否具有集中效度，以此判断测量工具是否跟研究的理论框架有关。

一个概念的多个测量指标不仅要以相似的方式运作，还应该能够跟其他概念的测量指标区分开来，即它们具有判别效度。比如我们用了六个指标来测量报纸内容的性别意识，用了另外六个指标来测量报纸内容的客观性，那么这些指标应该相互之间不相关，也就是说，测量报纸客观性的指标不能体现出报纸性别意识的程度。在实际运算中，我们可以通过计算两个概念（注意，不是指标）的相关系数来分析测量指标是否具有判别效度，如果相关系数超过 0.8，基本上这些测量指标之间没有判别效度，我们需要发展新的指标来测量这些概念。

三、对效度的威胁

研究过程是一个整体式的过程，对测量效度的检测也不可避免地与对其他效度的检测结合在一起，因此，以下的内容结合了测量效度，更多地涉及了非测量过程中的效度问题。

（一）内在效度和外在效度

内在效度（internal validity）指的是特定研究的结果是否准确，它考察的是一个研究过程能否就研究现象得出准确结论。研究具有内在效度，说明其研究过程没有内在的误差，其他变量不能解释研究结果；没有内在效度，则研究设计里的误差足以影响研究结果，因此需要改进研究设计和测量工具。

外在效度（external validity）指特定研究的结果是否具有推广性，它考察的是关于特定现象、特定时空范围、特定群体所得出的研究结果能否应用到其他现象、其他时空范围、其他群体身上。研究具有外在效度，说明其结果可以推广到其他情境内；研究没有外在效度，则其结果不具有概括性。

很多时候，内在效度和外在效度呈现出一种矛盾关系，我们不得不为了保证一个而降低另一个。比如，当研究“接触暴力媒介内容越多，则受众的暴力行为越多”这个问题时，我们使用了随机抽样和标准化问卷来测量受众的暴力行为，其结果可以推广到其他群体和其他受众身上，而且还能知道做这种推广时，出现错误的概率有多大，因此，研究具有很高的外在效度。但是，我们的数字不够深入，无法推断某一个具体受众的暴力行为跟他的媒介接触行为之间的关系，所以，研究的内在效度很低。又比如，我们用摄像机记录了一家人某个时间段内收看电视的活动，从中可以推断这家人收看电视节目的收视模式，测量结果具有很高的内在效度，但是，我们不能把关于这一家人的研究结果推广到其他家庭中去，因此研究的外在效度很低。一般而言，量化方法的外在效度高，而质化方法的内在效度高，大多数研究都在高内在效度和高外在效度之间摇摆，但是很少出现内在效度和外在效度同时很高的情况。

（二）对内在效度的威胁

对内在效度的威胁主要来自三个方面：研究过程的影响、研究参与者的影响、研究者的影响。

第一，无法预测的外部环境变化能够影响被研究者的态度和行为，从而影响研究的内在效度。比如，我们想研究改变公司领导人的沟通技巧是否会提高员工对他们的满意度，在收集完相关资料后，研究者才发现，在进行研究的同时，公司提高了每位员工的薪水待遇，而研究者并没有将这个因素的影响排除，那么研究者就面临着这样一个质疑：员工对领导人做出正面评价可能是受到了涨薪的影响，而不是受到了领导人改变沟通技巧的影响。尤其是在跨越一定时期的纵向研究中，外部环境的某些变化经常难以预测而又经常出现，会直接威胁研究结果的效度，所以研究者要全面考虑这些外部因素。

第二，某些媒介效果可能不是即时显现的，它会经过一段时期后才能逐渐被观察到，也就是说，某些研究结果可能是“休眠式结果”。在霍夫兰进行说服研究时，发现了信息内容本身的说服效果具有“休眠效果”。如果在受众接收了说服性信息之后就立即测量信息的说服效果，将会得出“信源可信度比信息本身的内容更具有说服效果”这个结果，然而从长期来看，这个研究结果是无效的。

第三，在谈到再测信度的缺陷时，我们提到了第一次测验可能会影响第二次测验的结果，也就是说，重复测验会令观察对象对研究问题的敏感性降低，从而导致不准确的研究结果，这种现象被称为测验效果对内在效度的威胁。比如，观察对象多次参加智商测验，从中获得经验，其成绩也不断提高，如果研究者通过他们的智商测验成绩来推断其智商，就要特别当心这个成绩是体现了“真实的”智商还是由于临考经验丰富而“被夸大的”智商。

第四，研究工具的改变或错误选择可能会改变研究的准确性。比如用深度访谈代替标准化问卷访谈、用定序量表代替定距量表、改变问卷里问题的顺序和语气等，对一个被观察群体来说合适的研究工具不一定适合另一个群体，特别是当被观察者以前没有或很少经历这些研究时，可能不清楚应该怎么回答这些问题。如对我国许多受众来说，焦点群体访谈法是一种很新奇的方法，当被观察者要求跟其他陌生人一起进行讨论时，他可能会搞不明白研究目的何在，感到无所适从，在焦点群体中发表的言论跟直接接受研究者访问时的言论可能会有所差异，因此，采用新研究工具可能影响研究结果。还有一种情况跟研究者的能力有关，即研究者选择了错误的研究工具，比如，本来是测量受众的科学知识观念的量表却用来测量受众的数学知识、本来是测量报纸可读性的问卷却用来测量报纸品牌的影响力等，由于这些测量工具错误地测量了其他变量，因此产生的结果是不准确的。

第五，当人们知道自己正在被观察被研究时，他们的态度和行为有可能变得跟平时不一样，从而干扰测量结果的准确性，这种现象被称为霍桑效应（Hawthorne effect）。在一些跟社会道德观念有关的研究中，这个问题尤为突出。比如，当我们研究受众接触色情出版物的情况时，由于在普遍的道德风气中，色情是一个被贬低的话题，因此受众可能会隐瞒自己的真实经历，以获得正面形象，如否认自己接触过色情出版物、否认自己对色情出版物有任何好感、强调自己是“好”公民等。如果仅仅根据受众对自己态度和行为的报告而总结他们接触色情出版物的真实情况，那么这样的研究结果可能是无效的。为了避免霍桑效应，有些研究者隐瞒真实研究目的，不告诉被观察者他们正在被研究，如进行参与观察时隐藏自己的真实身份，或者告诉被观察者一个错误的研究目的，如研究者想研究受众的互联网接触程度，却告诉受众他们的研究目的是了解受众的现代性观念程度，但是，这种做法会引起研究伦理的争议。

第六，对研究样本的选择会影响研究结果的效度。比如，当我们研究北京人的报纸阅读习惯时，要不要选择没有北京市户口也没有暂住证却长期居住在北京的人群？对这个问题的回答要看研究者如何定义“北京人”。其中一种特殊情况是研究者的自我选择降低了研究结果的内在效度，即研究者为了增加测量结果的变化幅度而有意地选择了一些极端时间、极端地点、极端行为的样本。例如，为了说明美国报纸和美国社会对中国的态度越来越负面，研究者以1997—2001年美国几份著名报纸上有关中国的内容为研究样本，但是在选择2001年样本的时候，研究者有意地选择了4月中美南海撞机事件前后的报道，并将这些跟此前美国报纸的内容进行内容分析和比较，从而证明了自己的假设。由于撞机事件牵扯到国家间冲突，美国媒体站在自己国家利益的角度进行报道，也是人之常情，况且，撞机事件是偶发事件，不具有常态，如果继续选择2002年以后的样本，有可能出现美国报纸对中国的负面态度逐渐减少的情况，所以，以撞机事件的媒体报道为研究样本，有可能夸大了测量结果。

有时候，当运用二手资料分析法对不同背景的人群进行比较时，我们选择其他研究者已经独立完成的研究结果做自己的分析样本，对若干个样本的结论进行分析和比较，从而得出自己的看法，由于研究者本人发生变化，而且测量对象群体内部不相同，因此二手资料分析的结论可能会受到质疑。比如进行关于我国暴力媒体内容的培养分析效果研究时，研究者根据全国性收视率调查而得出黄金时间段电视剧节目清单，从中抽取几部代表性电视剧，对它们进行内容分析，又结合上海和昆明两地受众调查数据，试图发现收看暴力性电视剧节目时间（变量一）和受众观念（变量二）之间是否存在相关关系。由于受众调查的执行者跟内容分析的编码员是完全不同的研究群体，而且昆明和上海的受众调查并非为了入样电视剧节目而进行，从全国电视观众中抽取出这两个城市进行调查，这个过程也不是概率抽样，因此变量二的被测量群体并不能代表变量一的被测量群体，该研究结果的准确性值得怀疑，有可能它仅仅体现的是变量一和变量二在两地受众身上表现出来的统计关系，而并非是研究者想得到的关于全国电视观众的测量结果。

第七，当研究者根据某次测量的结果而对研究对象进行分组时，有可能犯一种错误，就是所依据的测量结果是偶然出现的特例，因此在接下去的研究过程中，如果不同组的研究对象接受相同的实验刺激并表现出了相似的反应，可能是研究对象自身的原因造成的，而不是实验刺激造成了变化，这种现象被称为回归效应（regression effect）。

回归是一个统计上常用的概念，它指的是对一组研究对象进行多次相同的实验，虽然每一次的结果可能都不同，但是长期的趋势是这些结果都趋向平均值。比如依据一次考试成绩将参与研究的学生分成高分组和低分组，高分组平均得分为80分，而低分组平均得分为60分，然后实施某种新教学法一段之间之后再分别测量两个组的成绩，发现高分组和低分组的成绩一样高了，这既不能说明新教学法没有效果（低分组成绩提高了），也不能说明它有效果（高分组成绩不再比低分组高了），只能说明原有的分组设计不合理，存在着回归效应。要消除回归效应，最佳办法就是对研究参与者随机进行分组。

第八，如果最初的研究参与者不断减少，那么就可能会影响研究结果的效度，这种现象被称为研究过程中的损耗。造成损耗的原因有很多，比如被观察者离开居住地、对研究失去兴趣、死亡、退休或辞职，或者研究文本由于保存不当而被毁坏等。在纵向研究中，损耗是一个很严重的问题，比如，为了进行固定样本研究（panel study），研究者一开始就往往选择一个很大的初始样本，等研究结束以后，再以持续参加了所有研究过程的样本为分析样本，选择很大的初始样本是为了保证最终的分析原本能够包含较多的样本量，从而保证研究的内在效度。

第九，进行纵向研究时，由于时间跨度比较大，研究对象可能会随着时间推移而逐渐成熟起来。如对儿童的媒体接触习惯进行研究，会发现他们的学习能力在逐渐提高，如果据此得出结论，认为“儿童越多接触媒体，其学习能力会越高”，那么就过于简单了，儿童学习能力的提高可能是由于随着时间推移，生理和心理发育成熟，他们的理解能力、思维能力和分析能力在逐渐提高的缘故，这些是研究对象的内部的自发变化，其结果不一定是因为媒体接触造成的。

第十，如果研究的参与者在研究过程中相互沟通，那么就会彼此交流关于研究的看法，造成实验刺激变量的扩散效应，从而影响研究结果。比如为了测试学生的功课水平，教师设计了一套随堂考试题，这位老师教两个班，刚刚参加过考试的学生在课间的时候很可能把考题泄露给另一个班的学生，导致另一个班的学生的考试成绩提高，那么，这个分数并不能体现他们的真实功课水平，也就是说，测量结果不能体现研究目的。

第十一，实验研究经常会将观察对象分组，对其中一个组施加实验刺激变量，而另一个组不施加任何影响，通过比较两个组的表现而评估实验刺激变量的效果大小。有时候，实验刺激变量可能是人人都想得到的好东西，如果观察对象知道了这些刺激变量的存在，可能会因为自己没有得到这些好东西而不高兴，要求研究者进行补偿，从而引起自己行为的变化，比如积极表现以得到研究者的“青睐”，或者以退出研究为借口要挟研究者给予自己相同的待遇。

有些补偿性要求可能是其他研究参与者做出的。比如研究新教学法在提高学生抽象思维能力方面的效果，研究者将学生分成采用新教学法和不采用新教学法两组，如果经过一段时间以后，两组学生体现出了较大差异，那么被分到不采用新教学法一组的学生及其家长就会要求加入到另外一组中去，否则对他们来说，这个研究是不公平的。班主任不一定是研究者，但出于对学生的爱护和对自己工作能力的肯定，也乐意把新教学法平均运用到每个学生身上，但是这样一来，研究设计被打乱，可能无法得到研究者想要的结果。此时，实验研究就要考虑持续时间不能过长，否则会引起研究参与者的反感。

第十二，研究者个人的背景和特征会影响研究结果。比如，不懂英文的研究者几乎无法研究外国人对中文媒体的看法，很难想象一个从来没有乡村生活经历的研究者要去基层乡村做实地考察，性格内向、不擅言谈的研究者也不适合运用深度访谈法来收集资料，等等。当观察对象跟研究者打交道时，他们也会观察研究者：这个人是否可信？要不要把自己的真实情况告诉他？要不要拒绝这个人的要求？尤其当涉及一些敏感性问题的时候，如调查性工作者、艾滋病人、同性恋人群等，研究者的个人特征可能会直接影响被观察者是否愿意参与研究。

第十三，当观察对象知道了研究目的之后，有可能为了满足研究者的期望而故意改变自己的行为，从而导致测量结果偏离真实情况。比如，当观察对象的某些回答符合研究假设时，研究者可能会无意识地点头或者微笑；当观察对象的回答不符合研究假设时，研究者可能会皱眉头或者流露出困惑不解的表情。当观察对象做出符合研究者期望的回答时，他的目的可能不一定是从研究中得到收益，也可能仅仅是出于礼貌而顺从于研究者，但是，无论如何，这些动作都会增加研究结果的强度或实验处置变量的效果，从而降低研究结果的准确性。

最后，上述某些因素可能会发生互动，综合起来降低研究的内在效度。比如，当比较不同文化背景的人群时，对研究样本的选择和研究者本人发生变化的互动可能会同时出现；当比较我国的党报和都市报的时候，外部环境的变化（党报和都市报各有各的发展过程）和对研究样本的选择（哪份报纸能代表党报、都市报呢?）会同时影响测量结果；当比较东西部儿童的媒体接触习惯时，对研究样本的选择和不同地区儿童社会化过程的不同特征可能同时出现。所以，研究者应该综合考虑研究的内在效度，排除干扰因素，保证研究结果具有一定的效度。

（三）对外在效度的威胁

对外在效度的威胁主要来自三个方面：抽样、人工环境和重复研究过程。

首先，囿于研究条件，我们往往只能从研究对象的总体中抽取一部分进行研究，这个过程就是抽样（详见第五章），抽样研究的结果最终要推广到总体身上，所以，样本应该能够代表总体，也就是说，样本能够代表总体的主要特征。如果我们无法从样本推断总体，那么这种抽样手段就具有很低的外在效度。抽样分成概率抽样和非概率抽样两种，前者保证了总体里的每个个体都有平等被选中的机会，能够避免研究者个人偏见对研究结果的干扰，研究结果因而具有很高的外在效度。而非概率抽样与此相反，不能保证每个个体都有平等被选中的机会，所以其研究结果的外在效度受到更多质疑。比如当研究儿童的媒体接触习惯时，如果让儿童家长来决定自己的孩子是否愿意参加研究，那么家长的决定可能跟他们的特征和背景相关，而这些因素在研究设计中没有被控制、被测量，因此这样的研究结果不能很好地代表总体。

有时候，当研究者无法进行概率抽样时，比如研究具有某种特征的人群（如同性恋人群和白血病儿童）和无法获得关于总体的名单（如研究某部全国播放的电视节目的观众和某份报纸的读者）时，只能通过非概率抽样来获取样本。有些探索性研究为了节省研究成本也采用非概率抽样，这时研究只能保证内在效度，然后在接下去进行的同主题描述性和解释性研究里，通过概率抽样来保证外在效度。

其次，在人工控制的实验室环境参与研究，观察对象的行为表现跟非人工环境的真实世界里的表现有所不同，因此人工环境所得出的研究结果能否推广到真实世界中去，是个值得考虑的问题。

为了保证外在效度，研究者通常愿意在真实环境里进行自己的研究，但是，实验室环境能够有效地推断变量之间的因果关系，而且比起真实环境，实验室环境所需要的研究费用相对较低，研究时间相对较少，因此研究者会考虑究竟是人工环境还是真实环境更适合于回答自己的特定研究问题。比如当研究中文印刷品的可读性时，研究者可以观察真实环境里人们怎么看印刷品，从而得出影响可读性的原因；也可以招募一些自愿者参与实验，通过问卷测量他们对印刷品的理解，以此找出影响可读性的原因。前者的优点在于不打扰观察对象，使得他们的行为表现跟平时一样，从而观察到“真实的”变化；后者的优点在于可以确定因果关系且花费时间短。所以，研究者有时会决定在人群聚集的真实环境里进行实验，如在学校课堂上安排实验、在电影院现场调查影迷等。

再次，如果我们重复研究过程，得出相似甚至雷同的研究结果，那么我们就认为这样的研究具有很高的外在效度；反之，重复研究过程却导致了相反的研究结果，即研究结果只能在特定条件下成立，换个条件就不成立，这样的研究结果的推广性就需要质疑。

通过700多个样本而得出的“意见领袖”和“两级传播”理论如果只在20世纪40年代的美国成立，而在欧洲和第三世界国家不成立，或者在21世纪的美国也不成立，那么它就不是理论。同理，当我们研究我国媒体时，也要考虑自己的结论是否只能适用于中国，如果换到其他国家，这个结论被推翻了，那么我们就需要提出新理论来解释原有的现象。所以，重复研究可以促进理论的发展。

重复研究不一定是照搬原有研究设计，尤其在跨文化研究的情况下，对另一种文化背景下的研究过程进行改进，是非常必要的。我国学者在我国的社会条件下重复进行培养分析研究①，其目的就是为了验证这个理论是否成立，其研究结果发现，当控制了某些变量时，媒介的培养分析效果其实非常微弱，与其说媒介效果强大，不如说媒介跟其他社会性、个人性因素结合在一起才能发挥强大效果。当重复研究不能验证最初的研究假设时，研究者要么改进原有的研究设计，在接下去的研究中得出更接近研究假设的结果，要么推翻原有理论和假设，找出原有研究设计的缺陷，从而证伪这个理论。

四、质化研究中的信度和效度

质化研究也要求具有信度和效度，只不过，它们对信度和效度的看法跟量化研究有些不同。

质化研究中的信度意味着持续性，即在一定研究时期内所进行的观察是持续的，不会中途发生很大的变化（如研究者在确定观察对象时游移不定，或者观察对象发生了重大变化，或者产生了令人费解的观察结果等）。这种持续性体现在研究的步骤上，如研究者向多位观察对象询问相同的开放式问题，研究者以相同的方式向观察对象介绍自己，研究者以相同的笔记来记录观察到的现象和整理田野记录等。质化研究往往会持续一段时间，而现实生活里事件进展的过程往往又大多是不稳定的，在自然科学里，我们可以预测未来一段时期内的天气情况，但是在质化研究里，研究者无法准确预料到研究现场下一刻会发生什么事情，意料之外的惊喜和麻烦总是接踵而来，研究工具可能被迫进行改变以适应新情况。在量化研究中，临时改变研究工具（如换一份问卷，更换自变量和因变量）是不可以接受的，但是质化研究以研究现场为先，最大限度地容纳现场出现的变化，不停地修正最初的研究设计，以得到更合理、更具说服力的解释。研究者只要做到研究程序符合学术规范、研究步骤具备一定程度的标准化，就可以被认为具备信度了。

所以，持续性不等于稳定性。在量化研究中，我们要求同一个研究工具在不同时间点上都能够产生相似的结果，但是，质化研究重视研究者对研究结果的影响。由于研究者和观察对象之间存在着互动关系，研究者对观察对象的理解和认识随着研究过程的展开必定会逐渐深入，因此不同的研究者应用同一种研究工具时会产生不同的研究结果。质化研究不要求等价性和同质性，"人不能两次踏进同一条河流"，社会生活中出现一模一样、完全雷同的研究结果的可能性少之又少，我们不能为了追求相同的研究结果而牺牲更为真实、更丰富的社会现实。

比起信度，质化研究更重视研究的效度问题。在质化研究里，效度意味着真实性（authenticity），即从参与者的角度做出诚实的、不偏私的、公正的解释。研究者试图获得观察对象对于事件和研究问题的看法及立场，而不是用自己的解释去代替观察对象的解释，对那些观察对象而言，只有这样的研究结果才是"准确的"，即使它可能不符合研究者最初的假设和立场。比如当研究记者的职业意识时，研究者发现，记者们对于"什么是新闻"的看法是五花八门的，有人可以复述著名学者的经典定义，有人认为新闻是媒体单位内部各个部门之间为了工资奖金而进行明争暗斗的结果，有人认为受众感兴趣的就是新闻，有人认为报纸上一切非广告的内容都是新闻。这时，指责记者们不会复述教科书上的经典新闻定义就是错误的做法，研究

---

① 参见龙耘：《电视与暴力——中国媒介涵化效果的实证研究》。

者应该追问记者们，为什么这样给新闻下定义？这背后到底说明了什么？所以，质化研究认为，比起观察对象，研究者并不一定更高明，既然每个人的看法都不同，那么研究者更应该听取和描述观察对象的看法，对社会现象的解释并没有存在着一个最高级的“真实”，应该给观察对象留下充分发言的机会，让他们自己来解释，而不是研究者越俎代庖。

五、信度和效度的关系

信度是效度的必要条件。如果信度低，那么研究的效度不可能高，因为当重复测量时，每次得到的数据都不一样，那么每次测量的数据都不能有效地说明所研究的对象。如果信度高，那么研究的效度可能高也可能低，如一杆准星不准的秤每次都得到同样结果，但是其结果离真实结果差距甚远，这样的结果就具有低效度。反过来，如果效度低，那么信度有可能高也有可能低，但是当效度高的时候，信度一定会很高。这是因为，信度追求“同样的”结果，重复研究过程仅仅取消了机会误差，而效度追求“正确的”结果，所以高效度的研究不仅取消了机会误差，还会降低部分测量误差。所以，效度比信度更难取得。

有时候，信度和效度二者会冲突。当研究主题涉及高度抽象的概念时，由于对这些概念实施观察和测量的难度加大，所以研究的信度和效度无法同时保证。比如研究大众媒体的意识形态立场时，“意识形态”是一个复杂概念，其内涵随着不同学者的解释而变化，而且“意识形态”又是高度抽象的概念，只能通过观察媒体内容和媒体工作者的行为而得出，如果研究者决定通过量化调查和内容分析来判断媒体的意识形态立场，那么他就会牺牲掉媒体工作者主体对自己工作是否包含意识形态的丰富看法，当媒体工作者不认为自己的报道包含着意识形态立场的时候，或者当他们反对为自己的工作贴上某个“意识形态”标签时，研究者的问卷和编码表就会被质疑，因而研究的效度难以获得，而同样的问卷和编码可以多次重复进行，通过修正而不断提高其信度，所以研究的信度可以有一定保证。如果研究者通过媒体工作者主体的陈述来判断媒体的意识形态立场，那么这样的研究过程就具有不可重复性，因而信度比较低，但是这些陈述有可能会从更深层面上回答研究问题，所以效度会受到一定程度的保证。每一种研究都是有意义的，当面临一些限制的时候，研究者必须确定是选择高信度低效度的研究设计，还是低信度高效度的研究设计，以及明确自己的研究目的和意义，自己适合从事哪种研究等。

【思考题】

1. 最终的测量结果包含哪些部分？其中哪些误差是可以被消除的？哪些误差总是存在？
2. 按照测量级别，变量分为哪几种？试举例说明。
3. 以自己感兴趣的研究问题为例，尝试着编制一份李克特量表。
4. 什么是测量的信度？它包括哪几个方面？
5. 什么是测量的效度？它包括哪几个方面？测量的信度和效度之间是什么关系？
6. 跟量化研究相比，质化研究里的信度和效度有什么差异？

第五章
抽　样

在许多情况下，传播研究需要对某一个大众媒体的所有受众、某一类型的媒体内容，或某个传播现象的整体进行分析，对这个总体里的每个个体都进行研究，是最理想的状态，但是由于个体数量巨大，全面研究又是不可行的，这时，我们就需要运用抽样手段得到能够代表总体的样本。本章就是讨论如何对研究对象的总体进行抽样，得到大小合适、具有代表性的研究样本。在谈到了抽样原理、抽样误差和样本规模之后，本章将分别深入地讨论两种抽样手段——非概率抽样和概率抽样。质化研究不重视研究结果的代表性和推广性，往往使用非概率抽样来确定哪些特定个案做自己的研究对象；而量化研究大多使用概率抽样，有时也使用非概率抽样。

第一节　抽样的基本概念

一、为什么需要抽样

抽样（sampling）就是从一个总体中抽取部分个体（或元素）组成样本的过程。当研究对象的总体数目巨大时，研究者为了节省研究经费和时间，就需要进行抽样，用关于样本的研究结果来推断总体。这样做，还能够提高研究者对研究过程的管理效率，总而言之，就是以较低的成本获得较准确的研究结果。传播研究里进行受众调查时，由于大众媒体受众人数达到几十万甚至上亿，对每一位受众进行研究是不可能的，因此需要运用抽样手段，通过对一部分受众的研究而推断受众整体的特征和状态。

所以，抽样的目的在于获得具有代表性的样本。代表性意味着：样本和总体的分布系统相同；总体和样本的均值相同；总体和样本里变量之间的关系相同。比如在某电视节目观众的总体里，具有大专以上教育程度的观众占所有观众的30%，观众每周收看电视节目的平均时间为7小时，而且男性观众较之女性观众对这个节目的评价更高，那么在抽取出的邮寄样本里，具有大专以上教育程度的观众应该占到样本观众的30%，样本观众每周收看电视节目的平均时间为7小时，而且男性样本观众较之女性对节目的评价更高。只有当样本能够有效地代表总体时，研究者才能够应用统计手段知道到底具有多大的代表性，即当从样本推断总体时，具有多大把握或信心得到符合总体实际情况的结论，出现误差的可能性有多大，研究结论的准确度有多高。

有时候，我们经常会说"《人民日报》是主流报纸的代表"、"《华西都市报》是最早的、影响力最大的都市报之一"、"中央电视台新闻频道代表了我国电视新闻节目的水准"等，但是当我们试图通过对《人民日报》、《华西都市报》和中央电视台新闻频道的研究来推断我国主流报纸、都市报和电视新闻节目的特征时，不能够仅仅根据《人民日报》乡村读者超过城市读者就推断我国主流报纸的乡村读者在数量上超过城市读者，也不能够根据《华西都市报》发行量近年下滑而认为我国都市报发行量整体下滑，更不能仅仅因为央视新闻频道午间节目的质量很高就判断我国午间电视新闻节目的整体质量都很高。此时，样本的“代表性”并不具有准确的含义，当从样本推断总体时，样本结果有可能具有代表性，也有可能无法代表总体，而研究者对样本究竟有多大的代表性并无一定的把握，仅仅是研究者从主观上判断，这些媒体比起相似的媒体，其研究结果具有更大的说服力，其研究结果能够更好地推断总体。在质化研究和部分量化研究中，我们经常会碰到这个问题，比如“从《大长今》看韩剧成功的原因”、“从张艺谋看‘第五代’导演”、“从《中国青年报》看我国中央级报纸的改革”等，这些文章都通过对某个具体样本或个案的分析而推断研究对象的总体特征，无论它们采用了质化或者量化研究方法，其选取研究样本的手段都是非概率抽样，即缺乏准确的代表性的抽样手段。当研究者由于各种因素的限制或者出于研究设计的考虑而采用非概率抽样时，这样的研究结果也可以被接受，但是很显然，其结果的适用性和推广性要受到局限。

二、抽样的基本概念

（一）总体（population）和元素（element）

总体是研究中所涉及的所有个体的集合，构成总体的每一个个体就是元素。比如研究我国媒体对艾滋病的报道，那么上万家媒体就成为本研究的总体，其中每一家具体的媒体是构成总体的元素。由于这个总体过于庞大，我们可以将其缩小，如研究我国报纸对艾滋病议题的报道，这时，全国两千多份公开发行的报纸就成为研究的总体，每一份公开发行的报纸就是元素。所以，确定什么是研究的总体和元素，跟研究目的有关，一个研究中的总体可能是另一个研究里的元素。

确定研究的总体和元素，要依赖研究者个人的判断。比如调查我国新闻工作者的职业意识，那么，“新闻工作者”都包括哪些人？是我国上万家新闻媒体组织里的工作人员，还是媒体组织里从事新闻采写和编辑工作的记者和编辑？要不要包括那些无正式编制、跟媒体组织无人事关系、无记者证、没有在各级新闻出版部门登记、没有纳入四级职称体系的“打工记者”或临时招聘人员（如实习记者）？要不要包括商业新闻网站的编辑和提供数字内容的服务人员（如手机报纸的内容提供商）？对这些问题的回答，只能根据研究所受限制和研究者个人的意向来判断，并无固定的标准答案。比如我们想把“打工记者”、实习记者或见习记者包括在自己的研究总体里，但是无法得到他们的名单，而且他们的流动性很大，很难得到准确的统计，研究者只能从记协和各级新闻出版部门那里得到那些有正式编制、有记者证的正式工作人员的名单，所以考虑到研究的客观条件限制，只能将这些“边缘”新闻工作者的名字从研究的总体中剔除出去。

（二）样本（sample）

按照一定方法，从总体中抽取出的部分个体就组成了样本，它是总体的一部分。比如研究我国报纸对艾滋病议题的报道，每份报纸就是一个个体，根据一定规则从中抽取出 40 份报纸，就成为研究的样本；调查新闻工作者的职业意识，根据一定程序从全国媒体组织里从事新闻采写和编辑工作的人群中抽出 2 000 人构成研究的样本；调查北京市民对媒体的态度和评价，每位 18 岁以上的市民都是一个个体，根据一定方案从 18 岁以上的全体北京市民中抽选出 3 000 人就成为研究的样本。当总体里的每个元素都被抽中进入样本之中，即研究样本就是总体时，这时所进行的就是普查（census）。比如，我们想研究《人民日报》对艾滋病议题的报道，以“艾滋病”为关键词进行全文检索，1987 年该报第一次出现了有关艾滋病的文章，1987—2002 年间共找到 60 多篇文章，这些文章就构成了研究的总体，平均每年不到 4 篇，由于报道数量不多，如果再从中抽取部分样本进行分析，就会造成样本量过少、误差增大的情况。这种情况下，普查比抽样更适合。

（三）概率抽样（probability sampling）和非概率抽样（nonprobability sampling）

依据随机原则进行的抽样被称为概率抽样，每个个体被抽中的概率是已知的；与此相反，不依据随机原则进行的抽样就是非概率抽样，它无法确定每个个体被选中的概率是多少。概率抽样能够避免抽样过程中由于人为因素所造成的误差，并且可以计算出由样本推断总体时的抽样误差有多大，因而其样本能够推断总体；而非概率抽样无法计算抽样误差，所以不能从样本推断总体。在传播研究中，确定采用哪种抽样手段，要综合考虑研究所受到的客观限制、研究者的能力、研究目的、研究总体的性质等因素。

（四）随机性（randomness）

随机性意味着没有任何已知的准则能够描述事件或解释结果。当不能预测个体是否一定会被选入样本中，只能判断被选中的概率时，我们就认为这个抽样过程是随机的；当不能预测事件的结果，只能判断出现某种结果的概率时，我们就认为这个事件是随机的。当事件是随机的，我们就不能预测某一次的结果，但是可以预测多次事件的结果。比如，随机抛出一枚一元硬币，国徽和菊花哪一面朝上，是随机的，我们无法预测某一次的结果是国徽还是菊花，但是我们可以预测抛 100 次以后，每一面朝上的次数都接近 50 次。又比如，当在北京市进行受众调查时，我们只能说某位市民被选中的概率是 1‰，而不能说他一定会被选中或不被选中。所以，随机不等于随意或随便，它是根据概率论的基本原理来确定样本，不遵循任何已知的确定的准则。

三、抽样的原理

通过抽样，我们可以得到包含若干元素的样本，有些研究样本只有数量很少的一个或几个元素，被称为小样本，而那些包含数百甚至上千个元素的是大样本。为了能够从样本推断总体，我们往往需要对大样本进行分析，那么，为什么大样本能够代表总体呢？总体中的每一个元素都包含着能够体现总体规律的稳定特征和不能体现总体规律的偶然现象，比如报纸读者的教育程度和读报时间呈现正相关关系，即教育程度越高，则每周读报时间越长，这个关系是研究者通过对总体的分析而得到的，但是某个具有高等教育背景的读者却可能根本不看报，从这个个体来看，对总体的结论不成立，但是，在自然状态下，比起稳定特征，偶然现象出现的机会少且无规律可循，而且当总体规模很大的时候（比如某报读者达到一百多万，全国有两千多份公开出版的报纸），这些偶然现象可以相互抵消，总体呈现出稳定特征，这就是“大数法则”（law of large numbers），它是概率论的基本法则之一。样本规模越大，则样本越能体现出总体的规律和特征，大样本比小样本能够更好地代表总体。因此，对大样本进行统计分析所得出的并非是针对所有个体都适用的结论，而是估计一定概率机会下总体特征出现的可能性有多大，个体所体现出的无规律的偶然性被限制在“一定概率机会”这个前提之下。

在解释抽样的原理之前，我们需要了解一个重要的抽样分布，即正态分布。当总体足够大的时候，它的大部分特征呈现正态分布，即总体的平均值位于中心位置，各有50%的样本位于它的两侧且呈现铃状对称，曲线的两端无限接近X轴，但是（理论上来讲）没有接触到X轴。如果总体呈现正态分布，如图5—1所示，那么大约有68.26%的样本统计量落在中心位置左右各一个标准误差（standard error，记做σ）的范围内，大约有95.44%的样本统计量落在中心位置左右各两个标准误差的范围内，大约有99.74%的样本统计量落在中心位置左右各三个标准误差的范围之内。如果知道一组数值呈现正态分布，我们就可以对它在一定区间内的特征进行推断。社会生活中的很多数都是正态分布，比如某份报纸读者的年龄、某学校学生的身高等。

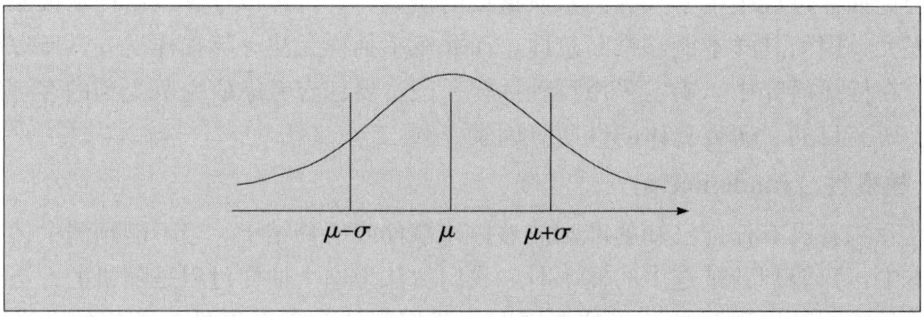

图5—1　正态曲线和正态分布

注：μ是总体均值，σ是总体的标准误差。

在统计中，“中心极限定理”（central limit theorem）说明了抽样的原理。这一定理指出，当样本数量足够大的时候（如大于30），那么，无论总体的分布如何，其样本的平均值所构成的分布都趋于正态分布。当无穷次地按照同一原则进行抽样时，虽然每次抽取出来的样本所包含的个体并不相同，但是这些样本的平均值的分布呈现正态分布，而且这个正态分布的中间位置（即样本的平均值的平均值）就是总体的平均值。在具体的研究过程中，我们往往只能从总体中抽取一个样本进行研究，不可能抽取多个样本重复研究，此时，根据中心极限定理，如果采用随机原则进行抽样，那么我们就可以在一定的概率水平下，推断出这个样本的抽样误差，即当从某个随机样本推断总体时，其平均值接近总体的平均值的机会有多大？这样，我们就实现了用样本的平均值来推断总体的平均值，同样，我们还能够根据样本里的变量之间的比例和关系来推断总体里的比例和关系，而且，样本数量越大，则推断的精确度越高。

四、抽样过程中的误差

在上一章里，我们讲到了测量误差和机会误差，同样，在抽样过程中，我们也会碰到一些误差。当采用概率抽样手段时，我们会碰到一些不可控因素造成的误差，这些误差降低了个体被选中入样或被分析的机会，因而被称为随机误差，如问卷的回收率低、对总体的定义和所使用的抽样框（即包含总体里所有个体的详细名单）之间存在着偏差等，随机误差跟样本本身没有关系，它的存在使得某些群体更有可能或更没有可能出现在样本里，从而降低了样本的代表性。而且，随机误差是无法测量的，比如我们研究对象的总体是“我国新闻工作者”，但是研究者所能找到的抽样框不包括那些打工记者、招聘记者或见习记者，所以，实际上的研究对象总体是“所有在各级新闻出版部门登记的正式新闻工作者”，这两个总体之间的差异有多大？后一个总体对前一个总体的代表性有多大？研究者都无法确定。但是，研究者可以通过提高问卷的回收率、减少抽样框偏差等方法来降低随机误差。

通过随机手段抽取出的样本，虽然对总体有一定的代表性，但是不能完全等同于总体，从样本推断总体时出现的误差就是抽样误差，比如某市市民每周阅读报纸的平均时间为 8.5 小时，而抽出的某个样本里的每周读报平均时间可能为 6.5 小时，那么此时样本就不能推断总体。抽样误差跟总体的分布和样本规模有关，为了降低抽样误差，我们可以增加样本数量，同时在样本里容纳更大的多样性。当样本数量增加时，样本之间的偶然性就会相互抵消，仅留下最常见、最稳定的特征，从而降低抽样误差。有时候，某些个体之间可以呈现出更大的相似性，与其他个体之间出现出更大的差异性，这时候，我们就可以将总体划分成若干层次，在每一层内部进行概率抽样，这样做的好处是消除了不同层次之间的抽样误差，仅仅保留了每个层次内部的抽样误差，因而提高了研究结果的精确度，这种抽样手段就是分层抽样（见第三节）。只有在概率抽样中，我们才能运用统计方法来估计和控制抽样误差，而非概率抽样无法做到这一点，因此，概率抽样能够同时降低随机误差和抽样误差，而非概率抽样仅能降低随机误差，因而概率抽样的结果更加精确。

五、样本规模

每一种概率抽样方法都有各自的确定样本规模的公式，一般而言，样本的规模由下列因素所决定。

（一）对精确性的要求

由于抽样误差不可消除，因此样本的统计值跟总体的参数值之间总是存在着误差。如果对误差的容忍度高、对精确性的要求低，那么样本规模可以小一些，反之，就要增加样本规模来降低抽样误差。我们经常用置信度（confidence level，也叫置信水平）来估计抽样误差。置信度体现的是研究者对某个推论的可信度和把握度，当我们说“某个抽样结果的置信度为 95%”时，也就是说，“我们有 95%的把握认为”，或者“某个结果出现的可能性为95%”。为了提高置信度，我们就需要更多的研究样本，99%置信度之下所要求的研究样本就比 95%置信度之下多得多。

对置信度的要求越高，则样本规模越大。但是，抽样误差的大小不是与样本量成反比，而是与样本量的平方根成反比，因此当样本量增大到一定程度以后（如 3 000），再继续增加样本量，其精确性提高的程度越来越小，所花费的研究精力和时间就有点得不偿失。

（二）总体的异质性程度

如果一个总体里的每个个体都一模一样，那么只需要一个个体就能够推断总体了；如果每个个体都“非 A 即 B”，那么只需要从 A 类型和 B 类型中各抽取一个个体就可以了。以此类推，如果总体的异质性程度提高，说明总体的分布越分散，其波动性越大，同样规模的样本可能会“漏掉”某些类别和特征的个体，因此需要更多的样本量，这也是降低抽样误差的一种手段。

（三）研究者的精力和经费

从精确性和总体的异质性来考虑，样本规模越大则越有代表性，但是，一个研究所能支配的资源是有限的，很多时候，研究者也要受到自己的经费、精力和时间限制，出于可行性考虑，需要缩小样本规模。为了了解我国公民的基本状况，开展全国性人口普查很有必要，但这不是抽样调查，而是对总体的全面调查，耗时耗力，因此每隔几年，我国会进行1%人口抽样调查，根据其结果推断全国公民总体。根据表5—1，当抽样误差为3%时，99%置信度要求1 849个样本，而95%置信度只要求1 067个样本；在95%置信度之下，当抽样误差从2%降低到1%，降低了1个百分点时，样本规模从2 401增加到9 604，增加了近3倍，研究费用增加了3倍。样本越多，意味着研究碰到的障碍和花费的精力越多，所以，研究者可以根据实际情况来降低或增加样本规模。

表5—1　　简单随机抽样所需要的最小样本量

置信度 / 抽样误差	90%	95%	99%
1%	6 806	9 604	16 641
2%	1 702	2 401	4 160
3%	756	1 067	1 849
4%	425	600	1 040
5%	272	384	666
6%	189	267	462

（四）研究方法和研究目的

如果研究的目的在于深入理解研究对象，因而研究者选择了质化方法，那么就不需要大规模的样本，比如电影研究几乎都是个案研究。如果研究目的在于推断总体，研究者选择了量化方法，那么一般而言都需要大规模样本，如受众调查。探索性研究使用小样本就能实现其研究目的，而描述性和解释性研究则往往需要更大规模的样本。

（五）数据分析里所涉及的变量数目

一般来说，多变量数据分析比一元二元变量分析要求更大的样本规模。当涉及的分类和因素增加时，也要求样本规模扩大，比如研究设计里决定将总体按照受教育程度划分成小学以下、小学、初中或中专、高中、大专及以上五个组，那么每个组一般至少需要30个样本，共计150个样本；如果再加上地区变量，即还要考虑每个组的个体是来自东部、中部还是西部，那么按15个组、每组30个样本计算，则至少需要450个样本。所以，在其他条件相等的情况下，所分析的子群数目越多，则样本规模越大。

从以上的讨论可以看出，样本规模并不是由总体规模来决定的。当我们比较北京和银川两地的电视受众时，不能够因为北京人口总数超过银川而增加北京市民的样本规模。当总体规模增加到一定程度（如20 000）时，样本规模的增加速度远远低于总体的增加速度，此时增加样本规模并不能有效地提高研究结果的精确性。所以，我们不能说“总体越大，样本规模越大”。

第二节　非概率抽样

当研究目的是想了解受众对媒体内容的看法和深入阐释而非根据对部分受众的研究结论来

推断某市或全国受众的看法时，研究者事先对总体的了解无须很多，也无须明确规定样本规模，可以采用非概率抽样和质化研究方法，根据自己的主观经验来选择样本，此时，每个个体能否被选中并非看它是否有代表性，而是看它跟研究主题是否相关。有些量化研究出于探索性研究目的和研究设计的考虑，也会使用非概率抽样。非概率抽样运用得当，也能很好地描述和推断总体的特征，但是无法计算这种推断的准确度。

一、偶遇抽样

偶遇抽样（accidental or haphazard sampling），也称为方便抽样（convenience sampling），指研究者抽取自己手头偶然遇到的个体为样本，直至样本规模符合需要。这些被选中的个体或者是离研究者最近，最容易找到，或者是恰好出现在研究现场，研究者接触他们的成本最低。最常见的偶遇抽样就是电视节目里的街头访问，比如奥运会期间在街头随便拦住一位群众听取他对奥运会的看法，在街头找几位群众听取他们对社会治安和城市交通问题的切身体会等。这些访问里的人物及其看法并不能代表电视节目所希望代表的“全体市民”或“全国观众”，但是，为了增加调查结果的说服力，记者总是试图选择那些看上去“很普通”、“有代表性”的人，所以未成年人、老年人、衣着打扮前卫时尚或衣衫褴褛的人、口吃的人、残障人士、普通话说不好的人、外地人等一般很少被选中成为访问样本。

偶遇抽样里，选择哪个个体入样是由调查员从便利的角度考虑来主观决定的，调查员会选择那些容易获得的个体，因此偶遇抽样操作起来简单，不需经过专业培训就可以掌握，而且成本低，许多商业调查都采用偶遇抽样。进行大规模正式研究之前，研究者也会运用偶遇抽样选择小规模样本进行试测，以检验问卷和研究设计的信度和效度。但是，每个个体被选中的概率不一样，而且无法估计抽样过程中的误差，所以偶遇抽样不是随机的，它的样本不具有代表性，其结果不能推广到总体。

有时候，报纸会在自己的版面上登出读者调查问卷，呼吁读者踊跃填答并寄回问卷，然后根据回收的问卷的结果来总结读者的特征和观点，这被称为志愿者抽样（volunteer sampling），也是一种类型的偶遇抽样。如中央电视台每年组织的“我最喜爱的春节联欢晚会节目”评选、《中国青年报》组织的“中国青年对日本的认识”等。随着技术的进步，越来越多的新闻网站和商业网站进行互联网用户调查，这些调查问题都比较简单，数量往往不超过5个，所使用的数据分析手段也仅仅是列出不同回答所占的百分比。当用户访问网站主页时，如果对这个调查感兴趣，就可以点击，链接到调查页面，填答问题以后还能立刻看到统计结果。另一个常见的媒体使用志愿者抽样的例子就是受众通过手机短信参与互动性的竞猜节目、投票节目和话题性讨论节目，如近年来非常受欢迎的“超级女声”节目通过观众的手机短信投票来判断受众对参赛者的看法。

但是，志愿者抽样的回收率低，比如一份报纸的读者几十万甚至上百万，但是回收的问卷可能只有几万份，收看春节联欢晚会的中国观众达到数亿，但是回收的问卷只有十几万份。而且，比起那些非志愿者，参与研究的志愿者可能具有更高的教育程度、更高的职业地位、性格更外向和宽容、更乐意进行社会交往，因此，志愿者抽样的结果可能只是代表了这一部分人群的特征，并不能推广到媒体所期望的“所有”人群中去。志愿者抽样还存在一个严重的问题，就是参与研究的志愿者往往更倾向于“夸大”真实情况。比如调查某大学的学生对后勤服务的看法，在某些地点（如食堂、图书馆、水房等）发放问卷，对“是否填答问卷”这一问题，那些对后勤服务持不同意见的学生的看法本来就不同，态度中立的学生更多地倾向于认为“无所谓”，而对后勤服务十分不满的学生则倾向于认为“有必要通过问卷来表达自己的情绪”，所以，调查结果很有可能偏离真实情况、以负面评价为主，这其实是随机误差的一种体现。

二、立意抽样

立意抽样（purposive sampling，或目的抽样），也称为判断抽样（judgmental sampling），指研究者根据特定目的和主观判断而确定研究样本。由于研究者做出主观判断时也要考虑到是否容易获得研究样本，因此立意抽样也可以看成是偶遇抽样的一种特例。跟上述所讲到的偶遇抽样不同，在立意抽样里，研究者的主观判断更多地会考虑到自己的研究目的而选取“典型”个体。

当研究对象是那些难以接触的、特定总体中的个体时，立意抽样是比较合适的做法。比如当研究同性恋人群的人际交往活动时，研究者不可能列出所有同性恋个体的名单然后进行概率抽样，他可以在一些同性恋人群经常活动的场所（如酒吧和公园）找到自己的研究对象。

当研究对象是独一无二的个案时，研究者也只能采用立意抽样，比如我们想研究我国女性期刊自新中国成立以来的内容变革历程，那么《中国妇女》就是唯一合适的样本，因为在整个20世纪50年代，它是唯一的女性期刊，虽然在20世纪90年代以来，《中国妇女》跟时尚消费类的女性期刊拉开了距离，因此对《中国妇女》的研究并不能体现出我国女性期刊的消费主义内容，但是在我们的研究时期内，《中国妇女》是唯一连续出版的期刊，因而比其他期刊更适合成为研究样本。

当研究者清楚地知道自己的目的是试图深入了解某些特定类型的人群时，也可以采用立意抽样。比如为了研究娱乐记者的职业意识之特征，研究者可以确定一些有“代表性”的媒体组织，如影响最大的民间娱乐公司光线传媒有限公司、中央电视台收视率较高或较低的娱乐节目的工作人员等。

在立意抽样里，研究者主观上认为某个个体合适，那么就选择它成为研究样本。因此，样本的选择取决于研究者的主观判断和专业性，立意抽样无法估计随机误差，其结果不能推断总体。但是，立意抽样费用低、时间短、速度快，也可能产生有价值的研究结果。而且，受到某些客观条件的限制，有时候研究者只能采取立意抽样，比如研究我国近代的报纸，那些报纸资料保存最为完整的，就有可能被选择成为研究样本，而那些没有保存下来的报纸，虽然通过概率抽样可能被选中，但是由于得不到资料而只能被放弃。

三、配额抽样

进行配额抽样（quota sampling）时，研究者首先按某些控制变量对总体进行分类，然后确定每个类别在总体里所占比例，然后再通过偶遇抽样或立意抽样手段，在每个类别里挑选一定数量的个体，使得每一类别的样本个体在样本里所占的比例尽量接近于该类别在总体里所占的比例。

由于配额抽样能够保证被选中的个体之间存在着一定程度的差异性，因此比起前两种抽样方法，它在样本的代表性方面更进一步，实际应用也更加广泛。比如电视节目里进行街头访问时，当已经访问了两位男性群众的看法之后，记者会接下来有意识地采访两位女性群众，这里，记者加入了性别这个控制变量，采用了配额抽样。但是，配额抽样依然不能确定抽样误差，其结果也不能推断总体。

四、滚雪球抽样

进行滚雪球抽样（snowball sampling）或网络抽样（network sampling）时，研究者首先选择一些研究对象，然后请他们提供另外一些符合条件的研究对象，继续这一过程，就像滚雪球一样，研究对象越来越多，当样本规模符合研究者的需要时（如研究经费只能承担对 50 个样本的研究），或者当研究对象无法提供新的研究对象时（如某个影迷俱乐部的所有核心成员都已经被找到），研究者就可以中止抽样过程。

滚雪球抽样的样本里，个体具有某些相同性质，因此当研究对象是某些特定人群且总体规模不大时，比起概率抽样，滚雪球抽样能够高效率地找到所需要的样本规模。比如当研究外国驻华记者的活动时，由于这些记者经常参加同样的记者招待会，对中国某些问题的看法一致，跟中国机构打交道时面临同样的问题，所以研究者认为他们之间彼此熟悉，在采访了一个外国驻华记者之后，就可以请求他再介绍一些外国驻华记者，然后继续采访这些被介绍的记者，由于通过私人介绍而结识研究对象，研究对象的戒备心降低，所以研究者被拒绝的可能性很小。但是，如果总体规模很大，那么滚雪球抽样的代表性就很低。比如，当研究哈利·波特的中国读者时，研究者可以通过读者俱乐部和哈迷网站来进行滚雪球抽样，由于哈利·波特系列书籍在中国卖出上千万册，其读者在地理空间上遍布全国，所以，研究者可能最后找到的是那些“核心读者”，其研究结论也只能推断这些核心读者而非全国读者的态度和行为。

第三节 概率抽样

非概率抽样的共同特点是费用低、时间短，但是无法根据样本来推断总体的情况，所以，很多时候，我们会使用概率抽样方法，特别是对大样本进行研究的时候，概率抽样比非概率抽样具有更高的精确度和代表性。

一、简单随机抽样

简单随机抽样（simple random sampling）是最基本的随机抽样方法，也是其他概率抽样手段的基础。在简单随机抽样里，研究者随机地从总体中抽取出若干元素组成研究样本。日常生活中常见的彩票开奖过程就是简单随机抽样，此时，若干个大小相同、质量相同的圆球被标上 1 至若干的自然数，放入容器中，主持人先将它们搅拌均匀，然后由人工或机器从中抽出几个圆球，它们所代表的数字就成为最终的中奖号码。在彩票开奖的过程里，每个圆球一旦被选中，就会被从容器里拿出来，这样才能保证最后得出的结果不会出现两个相同的数字，这是无放回的简单随机抽样，假设我们从 33 个圆球中抽取 7 个，那么第 1 个圆球被抽中的概率是 1/33,而第二个圆球被抽中的概率也是 1/33（32/33×1/32），以此类推，最后入样的每个元素被选中的概率是一样的。

如果我们在抽出一个元素后就把它放回去，继续抽取下一个元素，那么同一个元素可能在样本中重复出现，而且每个入样元素被抽中的概率是相等的，这被称为非常简单随机抽样（very simple random sampling），在非常简单随机抽样里，每个元素的抽取都相互独立，相关统计公式的推导比较简便。在实际传播研究中，我们几乎都使用无放回的简单随机抽样，当总体很大的时候，这两种抽样手段所产生的样本几乎没有什么区别，而且，非常简单随机抽样的公式可以通过适当修正来应用于简单随机抽样的样本。

在进行简单随机抽样时，研究者首先要列出一个包含所有元素的详细名单，每个元素都对应着一个独一无二的、以数字表示的位置，这个名单就是抽样框（sampling frame）。抽样框里的元素应该包括了总体的所有元素，既没有遗漏，也没有重复。得到抽样框可以经过多种途径：电话簿、电信部门的用户登记资料、公安部门的居民登记资料、统计部门的人口普查资料、产品用户的售后服务资料等。如果抽样框跟对总体的定义不相符，就会造成误差，从而使得抽样结果无效。一个经典的反面教材就是 1932 年《文学摘要》（*Literacy Digest*）杂志对美国总统选举的预测失败，该杂志根据电话簿和汽车登记资料发出了 100 万份问卷，回收 20 多万份，根据对回收的问卷的统计，该杂志预测兰登（Alf Landon）将击败罗斯福成为美国总统。这是一次完全失败的调查，除了回收率低而引起的误差之外，更重要的原因在于该杂志选择的抽样框并不能代表全体美国选民，那些没有安装电话或者没有购买汽车的收入较低的社会阶层没有被包括在抽样框里，因此，这次调查只能反映富裕阶层对总统选举的看法而非全体美国选民的看法。

当总体规模很小（如小于 50）的时候，研究者可以采用抽签法，给抽样框里的每个元素都依次编号，写在小纸条上，折起来，然后把所有纸条放入一个容器里，混合均匀，从中任意抽取，直至样本规模符合要求。当总体规模很大的时候，抽签法就显得费时费力了，而且将所有纸条混合均匀也不是一件容易的事，此时，研究者可以利用随机数表（random numbers table，也称为乱数表，见表 5—2）来确定样本。

表 5—2　　随机数表（部分）

……				
53 74 23 99 67	61 32 28 69 84	94 62 67 86 24	98 33 41 19 95	47 53 53 38 09
63 38 06 86 54	99 00 65 26 94	02 82 90 23 07	79 62 67 80 60	75 91 12 81 19
35 30 58 21 46	06 72 17 10 94	25 21 31 75 96	49 28 24 00 49	55 65 79 78 07
63 43 36 82 69	65 51 18 37 88	61 38 44 12 45	32 92 85 88 65	54 34 81 85 35
98 25 37 55 26	01 91 82 81 46	74 71 12 94 97	24 02 71 37 07	03 92 18 66 75
02 63 21 17 69	71 50 80 89 56	38 15 70 11 48	43 40 45 86 98	00 83 26 91 03
64 55 22 21 82	48 22 28 06 00	61 54 13 43 91	82 78 12 23 29	06 66 24 12 27
85 07 26 13 89	01 10 07 82 04	59 63 69 36 03	69 11 15 83 80	13 29 54 19 28
58 54 16 24 15	51 54 44 82 00	62 61 65 04 69	38 18 65 18 97	85 72 13 49 21
34 85 27 84 87	61 48 64 56 26	90 18 48 13 26	37 70 15 42 57	65 65 80 39 07
……				

在得到抽样框之后，研究者给其中每个元素都依次按顺序编号，根据总体规模来确定从随机数表中每次选几位数码，然后从随机数表上的任意位置开始，横向（或纵向）地连续选择数字，每个数字所代表的那个元素就被选入样本，如果某个数字超出了抽样框元素的范围，那么就舍弃这个数字，直至选择出符合样本规模要求的元素个数，最后就得到一个简单随机抽样的样本。比如，我们要从800人中抽选出10个人做研究样本，闭上眼睛，用笔尖在表5—2上确定一个位置，最接近那个位置的数字就是开始抽取的起点（如数字37），然后向右连续地每三位数字一组，得到10组三位数：378、(861)、384、412、453、292、(858)、(865)、543、481、(853)、598、253、755。括号里的数字因为超出了抽样框的范围而被舍弃，这10个数字所对应的那10个人就构成了一个简单随机样本。

简单随机抽样方法简单、容易掌握，能够计算抽样误差，许多统计软件都是依据数据按简单随机抽样法被收集到的假定而设计的。但是，应用简单随机抽样需要事先得到准确完整的抽样框，在实际操作中，满足这个要求有相当大的困难，比如对全国电视观众进行调查，对电视台来说，观众是匿名的，无法从电视台那里得到抽样框，而且即使从统计部门得到了全国人口普查资料作为抽样框，随机选择样本的结果可能是样本分散在全国31个省（市、自治区），实施研究将耗资巨大，因此在实证研究中，使用简单随机抽样的情况并不多见。

二、系统抽样

在系统抽样（systematic sampling）里，研究者把总体里的每个元素按顺序依次编号，再根据样本规模确定抽样间隔，然后随机确定以某个元素为起点，每隔若干个元素抽取一个，直至抽取元素符合样本规模的要求。由于被选中的元素在抽样框里的距离是相等的，因此系统抽样又称为等距抽样。比如从800个人里抽取10个人组成研究样本，抽样间隔为：800/10＝80，研究者首先随意地确定一个起点（如12），然后每隔80个人抽取一个，最后的研究样本里包括编号为12、92、172、252、332、412、492、572、652、732的10个人。

跟简单随机抽样一样，系统抽样也需要事先确定完整的抽样框。当总体和样本规模巨大的时候，它的抽样速度更快，而且实施更加简便。但是，在系统抽样里，由于抽样间隔的存在，如果一个元素被选中，那么它的邻居就失去了被选中的机会，所以每个元素被选中的机会是不均等的，这是系统抽样的一个缺陷。

如果抽样框里的元素是按照某个指标的大小顺序（如电视观众的收入、学生的身高、新闻报道的出版时间等）来排列的，那么系统抽样的精确度比简单随机抽样高，比如前面从800个人里抽取10个人，系统抽样的元素分布比简单随机抽样的要素分布要分散得多。在对媒介内容进行内容分析时，我们经常采用系统抽样法每隔若干天抽取一份报纸或一天的电视节目，比如一份日报每天都出版，那么就以全年的某一天为起点，每隔若干天（如10天）抽取一份报纸入样，共抽取7天的报纸组成研究样本，这被称为构成周抽样（constructed-week sampling），有研究证明，比起从全年随机抽取一周做研究样本，构成周抽样的样本平均值更加接近总体（全年）的平均值。①

---

① See Riffe, Daniel, Lacy, Stephen, & Fico, Frederick G., *Analyzing Media Messages: Using Quantitative Content Analysis in Research*, London: Lawrence Erlbaum, 1998, p. 98.

系统抽样有可能造成抽样误差，比如抽样框里的 800 个元素按照收入高低顺序排列，那么比较第一个编号为 12 的样本和第一个编号为 75 的样本，前一个样本的平均收入高于后一个样本，但是这两个样本的平均收入可能都距离总体平均收入有一定差异。如果个体收入跟研究变量之间没有太多关系，那么系统抽样的结果可以用来推断总体；如果个体收入影响了研究现象或改变了研究结论，那么我们就不能用系统抽样的结果来推断总体，比如以第一个样本为依据，我们可能得出跟收入较高个体有关的研究结论，却不能得出总体的情况。为了解决这个问题，研究者需要打乱抽样框里元素的排列顺序。因此，抽样框里的元素要不要按某种顺序排列，要看这种顺序是否影响了研究变量。

当抽样框里的元素排列呈现某种周期性时，系统抽样往往要避开这个周期。比如对某份日报进行系统抽样，该报每天都出版，很显然，抽样间隔不能为 7，否则抽取到的都是一个星期内的某一天的报纸，而报纸每周的内容都存在着某种规律，如周六和周日的报纸版面较少、休闲娱乐的内容较多，而且报纸的专刊也是每周在固定时间出版，如果每隔 7 天抽取一份报纸，这样的研究样本无法代表整份报纸的内容。

三、分层抽样

在分层抽样（stratified sampling）里，研究者首先按照某种特征或准则将总体分成若干个互不重叠的层次或类型，然后在每一层内分别进行简单随机抽样或系统抽样，将各层所抽取出的子样本组成总的研究样本。前面我们讲过，如果一个总体里的个体之间的同质性越高，那么样本对总体的代表性越强，抽样误差也就越小，在分层抽样里，相似的元素归入同一层，从而提高了每一层内部元素的同质性，降低了层内元素之间的变异程度，因而降低了抽样误差。在样本规模相等的情况下，分层抽样的误差要低于简单随机抽样和系统抽样。

当具备某些特征的个体在总体里所占比例比较少，而这些特征又可能会影响最终的研究结果时，研究者往往采用分层抽样。比如研究我国新闻工作者的职业意识时，新闻工作者工作的地理位置直接跟他们的报道风格、收入水平、教育程度等因素相关，研究者希望能够发现这些变量之间的关系，从地理位置上来看，东部大城市的新闻工作者数量最多且最集中，如果进行简单随机抽样，西部或小城市新闻工作者入样的概率低于东部大城市的同行，因此研究者首先按照地理位置（北部—东部—南部—西部）和每个省（市、自治区）的国民生产总值（高—中—低），将全国 32 个省（市、自治区）划分为 12 组，然后在每一组里进行概率抽样，最后的研究样本能够体现不同地理位置、不同经济发达程度地区的新闻工作者的特征。这是一种按比例分层抽样的方法。

有时候，研究者会希望增加某些群体入样的概率，就可以采用不成比例分层抽样法（disproportionate stratified sampling），即不同层内的个体入样的概率有差异。比如，研究者想专门对比研究西部某省的新闻工作者和东部某省的新闻工作者，就可以在这两个省分别选择同样数量的个体，由于这两个省的新闻工作者总量不同，因此研究者等于提高了一个省的个体入样的概率，降低了另一个省的记者入样的概率。当运用这两个省的数据跟其他省的数据一起来推断全国情况时，研究者就需要对这两个省的数据进行加权处理，如一个省的记者入样的概率是其他省的记者的 2 倍，那么这个省的数据就要在除以 2 之后才能跟其他省的数据进行直接比较。

为了提高分层抽样的精确度，选择合适的分层指标是关键的一步。在实际操作中，我们经常以研究的主要变量作为分层的标准，比如我们想研究受教育程度不同的受众对电视新闻节目的评价，就可以用受教育程度来将受众分层；也可以用那些突出不同层之间的异质性和强调同一层内部的同质性的变量，如以地理位置为分层标准，将受众分为城市和乡村两类，然后研究受教育程度不同的受众的收视行为。

分层抽样跟前面提到过的配额抽样有相似之处，两种方法都要首先将总体分类，但是配额抽样要接着进行偶遇抽样或立意抽样，而分层抽样则使用概率抽样手段。因此，分层抽样的精确度和代表性远远高于配额抽样。

四、整群抽样

当研究者的抽样框不完整，研究对象在地理空间上过于分散，而研究经费有限时，研究者往往采用整群抽样（cluster sampling，或群集抽样），首先从总体中随机抽取一些群集（cluster），然后在每个群集内部进行概率抽样，将抽中的个体组成研究样本。

整群抽样实施方便，大规模的人口调查和收视率调查经常使用，比如，全国电视观众调查，可以先从全国抽取几个省，然后在每个省内抽取几个市或地区，在每个市内抽取一个区或县，在每个区内进行简单随机抽样，得出最终的研究样本，这就是多级（multi-stage）整群抽样。整群抽样会产生抽样误差，随着抽样步骤增多，误差也增多，因此多级整群抽样比单级整群抽样的误差更大。

比起以全国电视观众为总体来直接进行简单随机抽样，多阶段整群抽样能够节省更多研究经费；比起分层抽样的样本，整群抽样的样本里个体的分布范围没有那么广，所以，整群抽样的精确度低于分层抽样。当群集之间的差异很大时，整群抽样的误差会更大，比如，用西藏和浙江两地的受众调查数据来推断全国电视观众的特征，其误差要大于用西藏某市、浙江某市、宁夏某市、湖北某市四地的调查数据来推断总体。由于群集内的元素具有更高的同质性，因此抽中的群集越多，则群集之间的差异就越明显，为了降低整群抽样的误差，在一定研究经费的考虑之下，应该尽可能地增加抽中的群集个数。

整群抽样的误差跟群集之间的差异大小有关。如果构成一个总体的若干群集完全雷同，即群集之间没有差别，那么抽取任何一个群集都能够代表总体，因此，群集之间的差异越大，则整群抽样的误差越大。为了提高整群抽样的精确度，研究者应该选取群集差异尽可能小的那种方式来进行抽样。比如进行某市的收视率调查，全市共有 10 个区，可以将这 10 个区视为群集，从中抽选任意 2 个区进行调查。这 10 个区分农业人口区和非农业人口区，研究者可以从中任意选择一个农业人口区和一个非农业人口区来进行调查。

整群抽样里，研究设计应该做到群集内部差异大、群集之间差异小；而在分层抽样里，研究设计应该做到群集内部差异小、群集之间差异大。两种抽样方法的比较如表 5—3 所示，大规模的调查经常结合使用这两种抽样方法，其目的就是希望利用整群抽样节约研究经费及分层抽样精确度和代表性较高的特点。比如，全国性电视观众调查，首先按照某些相关指标将全国 31 个省（市、自治区）分层，进行分层抽样，然后采用多级群集抽样抽出若干居（或村）委会，再用简单随机抽样或系统抽样在每个居（或村）委会内部抽出被调查的户或个人，从而得出最终的研究样本。

表 5—3　　比较分层抽样和整群抽样

	分层抽样	整群抽样
层（群）之间	异质性高	同质性高
层（群）内部	同质性高	异质性高

多阶段整群抽样里，当每个群集的大小差异比较大或者每个群集在总体中的重要性差别很大的时候，如果继续采用等概率抽样，让每个群集被抽中的概率相等，那么其样本的代表性会比较差，这时我们就需要采用不等概率抽样，让规模比较大的群集被抽中的概率大一些，规模比较小的群集被抽中的概率小一些，常用的不等概率抽样手段叫做“概率与元素的规模大小成比例的抽样”，简称 PPS 抽样（sampling with probability proportionate to size）。

比如，对某市的新闻工作者进行调查，最终的调查对象是个人，实际操作过程中，研究者往往首先对新闻单位进行群集抽样，此时，每家新闻单位入样的概率是相等的。接着，研究者就需要从每家新闻单位里抽出具体的个人来构成样本，由于新闻单位有大有小，电视台可能有上千名职工，而杂志社只有几十名职工，如果每家单位都抽出相等数量的个人，那么电视台职工入样的概率就会低于杂志社职工入样的概率，最终入样的个人被选中的概率因为他们的工作单位不同而有所差别，因此，研究者需要调整抽样方案，提高电视台职工入样的概率，降低杂志社职工入样的概率。

PPS 抽样具体的做法是：

（1）确定每个群集的规模。

（2）计算它们的规模在总体规模中的比例。

（3）将这些比例累加起来。

（4）根据比例的累积数给每个群集分配相应的代码。

（5）采用随机数表或系统抽样来确定入选的代码，代码所对应的群集被抽中。

如表 5—4 所示，编号为 1、3、5、9 的四家媒体单位被抽中，接下来，研究者就可以运用简单随机抽样或系统抽样法从这些媒体单位里抽取相应的个体来组成样本。

表 5—4　　PPS 抽样法举例

媒体单位编号	媒体单位规模	所占比例	累积比例	顺序代码	抽中群集
1	2 000	50%	50%	000—499	482
2	100	2.5%	52.5%	500—524	
3	300	7.5%	60%	525—599	541
4	40	1%	61%	600—609	
5	800	20%	81%	610—809	624
6	150	3.75%	84.75%	810—847	
7	100	2.5%	87.25%	848—872	
8	60	1.5%	88.75%	873—887	
9	200	5%	93.75%	888—937	918
10	250	6.25%	100%	938—999	

【思考题】

1. 什么是抽样？为什么我们需要抽样？

2. 抽样时，样本规模由哪些因素决定？为什么样本规模不是由总体规模决定的？

3. 常用的非概率抽样包括哪几类？各自有什么特点？

4. 为了研究某市体育报道的质量和演变，研究者认为不同媒体的体育记者经常参加同一个体育活动，因而彼此熟悉，于是决定针对体育记者采取滚雪球抽样法和目的抽样法。这样做有什么利弊？可否采用其他抽样方法进行研究？试比较不同抽样方法的利弊。

5. 以一个月的某份日报（30 份）为抽样框：

（1）参考表 5—2 的随机数表，从中抽出 10 份样本。

（2）进行系统抽样，抽出 10 份样本。

（3）比较两次抽样抽出的样本，体会简单随机抽样和系统抽样各自的利弊。

6. 为了研究你所在大学学生们的媒体接触习惯，研究者打算使用调查法，那么应该怎样抽样？试列出两种不同的抽样方法。

第二部分

量化研究方法与大众传播研究

第六章
调查法

调查法（survey research）也称为问卷调查法，是传播研究中最经常使用的量化方法之一，尤其适合于大型的传播效果和传播者研究。它不仅能够用于探索性传播研究，也能够用于描述性和解释性传播研究之中。前面所提到的测量和抽样手段都在调查法中有更具体的应用，本章重点在于介绍调查法的特点和步骤，以及问卷设计中应该注意的问题。问卷是调查法中最重要、最基本的研究工具，直接影响着调查的结果和质量，出色的调查研究需要避免问卷设计中的一些常见缺陷，但是，问卷并非是调查法所独有的，下一章里介绍的实验法也经常碰到问卷设计的问题。

第一节　大众传播研究里调查法的应用

日常生活里，我们经常会说“公安机关正在调查某个人”、“没有调查研究就没有发言权”等，这些语境中的“调查”（investigate）一词跟本章将要讲到的“调查”不是同一个意思。它们指的是付出一定的时间和精力来研究某些问题、解答某些困惑，不一定会使用实证研究方法，而在传播研究中，调查法指的是研究者运用统一的问卷向调查对象（代表某个社会群体的样本人群）系统地收集和分析资料的一种方法。早在两千年前，古罗马人就已经以征税为目的进行人口普查，我国古代的历代王朝也一直很重视收集有关人口的统计资料，但是直到19世纪，社会学家才应用调查法来研究某些社会现象和社会问题。进入20世纪，无论是研究领域，还是研究手段，调查法都有了极大的发展，政府出于行政管理的目的而使用调查法，媒体腾出版面来刊登调查报告，商业公司为了推销产品而需要调查消费者的倾向和行为，商业性调查机构迅速出现和扩张，大学也成立了越来越多的调查机构进行学术研究，随着统计手段和计算机的发展，调查法越来越成熟、完善。

在施拉姆所总结的传播学四位奠基人中，拉扎斯菲尔德以运用调查法进行传播效果研究而出名。他于20世纪40年代至60年代在哥伦比亚大学主持应用社会研究，从事了伊里调查和笛卡图调查，运用调查法，总结出了意见领袖和两级传播理论，是“有限效果研究”里程碑式的研究。效果研究是调查法在传播研究里的主要应用领域之一，拉扎斯菲尔德是推广这一方法的代表性学者之一，即通过抽样和对小规模样本的研究来推断影响个人行为的普遍因果关系，他所开创的媒体效果研究传统成为美国大众传播研究的主导范式。

1936年，时任艾奥瓦大学新闻系教师的盖洛普用3 000人样本成功预测了美国总统选举的结果，从此，调查法成为政治选举研究中的一种重要方法。在西方国家每若干年一届的总统和议会选举过程中，都能看到对选民进行抽样调查以预测选举结果的身影。在传播研究中，通过使用调查法进行选举研究，研究者们提出了许多重要的理论，如议程设置和“沉默的螺旋”等。

第二次世界大战后，伴随着传播科学在美国的确立，出现了越来越多应用调查法的传播研究成果。这跟美国政治传播学——尤其是选举研究——的发展有关，美国的传播研究历来重视媒介与公共决策的关系，政府和各大基金会斥巨资支持相关研究，在思想动荡的 20 世纪 60 年代之后，政府更加需要能够为政治决策提供可靠信息、为解决现实问题提供出路的研究，行政学派大行其道。拉斯韦尔提出结构功能主义色彩非常浓厚的“5W”模式，效果研究成为传播研究里最重要的领域。试想，如果媒介对社会生活没有效果，那么我们还有必要研究媒介吗？传播学还有必要存在吗？调查法因为能够提供精确的可比较的量化数据、准确描述变量之间的关系，以及对大规模人群进行研究，而成为最经常使用的研究方法之一。调查法的这些特点也使它吻合当时流行的结构功能主义和实证主义研究范式的要求，计算机技术和统计分析手段的发展使得对大规模数据的分析越来越简便快速，因此，在其他社会科学（如社会学、经济学、政治学等）领域中，调查法也是最重要的量化研究方法之一。

在传播研究中，调查法经常用于实现两种研究目的：第一，描述特定人群的传播特征；第二，描述传播与其他观念和社会行为之间的关系。后一种研究通常被归于媒介效果研究之列，比如“使用与满足”研究经常通过受众调查来总结他们对媒体的使用情况以及从中获得的“满足”。前一种研究除了应用于效果研究之外，还包括媒体从业人员研究和媒体机构研究，比如，媒体从业人员的职业状态和职业意识调查、媒体从业人员的自我职业评价和职业满意度调查、媒体市场的基本情况调查，等等。

除了理论研究，调查法在应用研究中也有很多应用，最典型的就是收视率调查、发行量调查、广告市场调查，以及报纸读者调查，等等。这些调查的目的在于了解具有不同人口统计学特征的人群的接收行为模式，为媒体改进内容、完善营销手段和扩大影响力提供实证数据资料。我国最早的采用实证方法的受众研究，即 1982 年北京地区受众研究，就使用了调查法。有时候，媒体也会调查受众对一些公共或社会议题的看法，如“中国青年对日本的认识”读者调查①及“2004 年十佳车型读者调查”② 等，这些调查的目的不在于发展理论或解释现象，往往是出于实际应用或解决实际问题的目的而进行的。

传播研究里的调查法：拉扎斯菲尔德的伊里调查和笛卡图调查

1940 年，拉扎斯菲尔德在俄亥俄州的伊里县（Erie County）主持了大规模的调查，其目的是了解选民关于 1940 年 11 月总统选举的态度和投票行为。伊里县大约有 43 000 名居民，研究者首先入户拜访了约 3 000 名居民，然后从中选出 600 人组成研究样本（立意抽样）。调查时间从 5 月持续到 11 月，共 6 个月，每隔一个月，研究者都会调查这 600 人样本对总统选举的态度，每个个体被调查了 7 次（固定样本研究）。这次调查结果被写成《人民的选择》（1944）一书出版。

---

① 参见《中国青年报》，1997-02-15。
② 参见《北京青年报》，2004-12-01。

伊里调查发现，只有8%的被调查者改变了自己最终的投票意向，即在5月决定投票给某位总统候选人，而在11月投票给另一位候选人。这些人接触媒体的频率比所有调查对象的平均水平低很多，这说明他们很少受到媒体影响而改变投票意向。因此拉扎斯菲尔德认为，媒体并没有直接改变受众态度和行为的力量，只是强化已有的投票意向。据此，他提出了政治既有倾向假说、选择性接触假说、补强效果假说和意见领袖概念。

为了验证伊里调查的结论能否应用到其他社会领域中去，拉扎斯菲尔德于1945年又在伊利诺伊的笛卡图县（Decatur County）主持了大规模调查。这一次，研究问题从政治扩展到了电影、时尚、消费和政治四个议题，试图回答个人如何获得信息，以及在个人做出决定时媒体和人际因素的影响有多大。研究者采用了滚雪球抽样，首先找到一些女性，让她们回忆出那些影响了她们关于这四个议题的看法的人的名字，接着，又找到这些影响了他人的人进行调查，让她们回忆自己对他人的影响，这些影响他人的人就是意见领袖，继续这个过程，最终的样本包括700多名女性。该项调查的结果被写成《人际影响》（1955）一书出版。

笛卡图调查正式提出了“两级传播”理论，概括了意见领袖的特征，并且用生活阅历、社交交往程度和社会经济地位三项指标来表示哪些人属于意见领袖，在政治议题上，社会交往程度最重要，而在其他三个议题上，生活阅历是最重要的指标。

拉扎斯菲尔德的研究，考虑了传播过程发生的环境因素，强调人际因素对传播效果的影响，有效地挑战了简单化的效果模式。但是，他的研究是在电视并不流行的年代下展开的，对于媒介效果的认识过于局限在可测量的、短期的、个人层次方面，而没有认识到强化也是媒介效果的一种表现。从研究方法上来看，他的研究没有排除被调查者自我报告所引起的测量误差，也不能排除反复测量所引起的误差；固定样本调查跨越一定时间段，并不能体现受众每时每刻究竟是如何接触媒体的；两次调查都采用了非概率抽样，因而其结论的推广性和概括性受到限制；媒介效果被简单地理解为受众的态度和行为是否产生明确的变化，排斥了隐含的、间接的、长期的媒介效果；在数据分析阶段，媒介效果有限这个结论仅仅跟一些人口统计学变量相关，它跟媒介接触频率和习惯等变量之间的关系未得到测量，因此分析过于简单粗糙。

在笛卡图研究中，有两位学者值得一提。一位是曾经参与调查却被中途撤职的C·赖特·米尔斯，作为20世纪50年代美国本土最重要的批判性社会学者，米尔斯此时就体现出了跟拉扎斯菲尔德不同，甚至对立的研究倾向，在《社会学的想象力》（1959）一书中，米尔斯批评拉扎斯菲尔德所代表的“抽象经验主义”逃避了社会学的使命。另一位学者是伊莱休·卡兹（Elihu Katz），他是拉扎斯菲尔德的学生，并没有参与笛卡图调查的实施，而是在该项调查完成若干年之后，帮助拉扎斯菲尔德完成了对调查结果的总结和分析，他是《人际影响》一书的第一作者。卡兹一直活跃在传播研究领域，对跨文化研究和“使用与满足”理论颇有贡献，提出“媒介事件”概念，用来分析媒介在当代社会生活中的作用。

传播研究里的调查法：关于“中国青年对日本的认识”的《中国青年报》读者调查

1997年，中国青少年发展基金会和《中国青年报》联合主办了“中国青年对日本的认识”大型读者调查。调查问卷刊登在1996年12月4日《中国青年报》上，共包括四大部分：读者基本情况、对日本的一般性看法、对中日战争历史的看法，以及对当代中日关系的看法。调查共收到10万余份读者寄回的问卷（包括通过互联网发回的问卷），调查者从中抽取15 000份进行分析，其结果刊登在1997年2月15日《中国青年报》上。这是20世纪90年代以来我国媒体进行的规模最大的读者调查。

读者自己寄回问卷，正是第五章里提过的志愿者抽样，每位读者参与调查的机会有赖于个人判断，从而造成个体入样的机会不均等，这一点从样本的地理分布中也可以看出。调查者没有说明采用何种手段从中抽取15 000个样本，只是提供了这些样本在各省（自治区、直辖市）的地理分布，根据1990年第四次全国人口普查数据公报，四川、河南、山东、江苏和河北省是我国人口最多的省份，而在调查样本里，河南、山东、四川、河北和湖北是样本来源最多的省份。造成这种情况的原因可能跟《中国青年报》的读者分布跟全国人口分布并不十分吻合有关，因此，分析结果更多地适用于对10万余名寄回问卷的读者的分析，这些读者所构成的样本并不能很好地代表“中国青年报读者”，也不能很好地代表“中国青年”。这是非概率抽样手段的局限。

但是，以“中国青年报读者”或“中国青年”为抽样框进行概率抽样，在实际操作中并不可行，对报纸而言，读者是匿名的，以“中国青年”为抽样框也超出了报社的读者范围，因此，大众媒体所进行的读者（或观众和听众）调查大都是志愿者抽样。这种情况下，提高样本的代表性和结果的准确性的手段之一就是提高问卷的回收率和回收数量，此次调查就设置了幸运读者奖150名、特别幸运读者奖30名、读者纪念奖300名，希望借此提高回收率。值得注意的是，后两种奖项都是按照寄回问卷的读者的地理分布来分配的，即每个省（直辖市、自治区）都分配到了1名特别幸运读者奖和10名读者纪念奖。在某种程度上，这保证了寄回问卷的读者能够在全国30个省（直辖市、自治区）都有所分布。

在最终抽取出来的15 000个样本中，平均年龄为25.2岁，1/3为在校学生，文化程度在高中（含中专、中技）以上者占93.5%。应该承认，这个样本比较符合通常语境下的“中国青年”的面貌：比较年轻，正在接受教育的可能性比较高，教育程度比社会平均水平高。同时，政治面貌为共青团员者占到62.6%，而1998年全国团员总数达6 871万人，占全国青年总数的21.4%[①]，这跟《中国青年报》是团中央机关报，读者主要面向各级团组织里的团员有关。样本里另外一个有趣的现象是男女性别比例接近8∶2，由于我们无从得知《中国青年报》的读者构成情况，所以只能猜测，造成这种现象的原因可能跟该报读者构成的性别比例有关，也有可能是男性读者比女性读者更愿意参与调查，无论哪种可能性，总之，这次调查都更多地体现了“中国男青年”而非“中国青年”的看法。

---

① 参见中青网“中国共青团第十五次全国代表大会”专题，见 http：//cyc90.cycnet.com/cycnews/15da/content.jsp? id=51091&s_code=022520。

调查总是依托于具体的社会环境，问卷里的问题就是折射社会环境的一面镜子，而读者调查的数据更是体现了当时社会里某些耐人寻味的问题。1997年是中日邦交正常化25周年，但是，1996年以来，由于钓鱼岛问题以及日本政要参拜靖国神社的问题，中日两国的关系存在着裂痕。问卷共38个封闭式问题（有些问题里包括2个～3个子问题），其中8个是有关调查对象的背景资料，在余下的30个问题中，无论是在问题还是回答选项里，涉及中日战争或日本的军事活动的问题共有12个，涉及当时中日关系中的热点问题的共有3个，分别是钓鱼岛问题、日本成为联合国常任理事国问题，以及天津某日资公司员工因抵制公司生产美化日本军国主义的产品而辞职的事件。以第23题为例，"日本战败后制定的新宪法第9条规定，日本不拥有军队并永远放弃战争，现在日本已经发表了旨在变更这条规定的'宪法修改试行草案'，你认为此举意味着（可多选）：(1) 日本放弃和平承诺，亚太地区和平又面临新的危险；(2) 日本谋求成为世界军事大国；(3) 日美安全保障条约有了更具实质性的保障——日军可以更有力地支援美军在日本周边地区的军事活动；(4) 日本军国主义势力如虎添翼；(5) 其他，请注明______"。这道题带有明显的倾向性，这四个回答选项都带有负面含义，无论选哪个，都意味着调查对象对日本修宪行为做出负面评价。一般来说，在调查问卷里，"其他"或"不知道"这一类的回答选项被选中的比例总是低于其他回答选项，因此，此题的回答选项设计不完备，调查对象做出负面评价的机会远远高于做出正面或中立评价的机会，或者说，调查者在设计第23题时，就已经在引导调查对象做出负面评价。而且，这四个选项在内涵上有重复之处，不能做到相互排除，即选项彼此之间不具备互斥性。这是问卷设计中的缺陷。

调查问卷的某些回答选项也不能体现穷尽性和互斥性。以第10题"您对日本的了解主要来自____（可多选）"为例，调查者所列出的8个回答选项里，2个是有关人际传播渠道（与日本人的直接交往、亲友同事的议论），4个是有关大众传播渠道（日本的影视节目、我国的影视节目、中文书刊、中文媒体的新闻报道），1个是"港澳台的信息"，还有一个"其他，请注明______"。"港澳台的信息"这个选项令人困惑，调查者是想问调查对象是不是从港澳台媒体那里得到信息吗？如果某位调查对象从身居港澳台的亲友那里得到信息，那么是属于"亲友同事的议论"，还是属于"港澳台的信息"？至少有三种情况都属于"其他"：从日本人以外的外国人那里得到信息、从非港澳台的境外大众媒体上得到信息、从教科书里得到信息。尤其是教科书对调查对象的影响没有在问卷里涉及，真是令人遗憾，因为调查对象里仅有0.5%的人文化程度在"小学及以下"，在"中国近代史"课堂上，一个高中生至少两次学习到中日战争史，大学生至少三次，而研究生至少四次。问卷里提到了《马关条约》、《波茨坦公告》和《开罗宣言》，知道这段历史的人占到97%；问卷里还提到了甲午战争和九一八事变，知道的人在98%以上。得到这些信息的最常见渠道就是教科书，因此，这些问题已经暗示了教科书在提供信息方面的重要性。

调查结果引人注目。样本人群里，对日本的总体印象"很好"或"好"的仅占14.5%，而对日本总体印象"不好"或"很不好"的占到了41.5%；认为当前中日关系"很好"或"好"的仅占13.8%，而认为"不好"或"很不好"的占25.5%；东条英机被认为是最能够代表20世纪的日本人，一提到"日本"最先想到的往往是抗日战争和南京大屠杀。同时，调查结果也发现，样本人群主要通过我国大众媒体（包括新闻、书刊及影视节目）来获得对日本的认识。这促使我们反思：怎样才能通过媒体更好地促进公众对日本的全面认识？

从地理空间来看，日本是中国最近的邻国之一；然而从国民的心理距离来看，日本也许是我们最遥远的邻国。

第二节　调查法的特点和类型

一、调查法的特点

从以上两个实例可以看出，调查法具有如下特点：

第一，调查法是一种实证研究方法，研究者通过与调查对象的直接或间接接触而收集第一手资料。接触的方式可以是面对面式访问或电话访问，也可以是不见面的邮寄式访问或互联网调查，无论是哪种方式，研究者都能够收集到关于研究对象的实证资料。

第二，在应用调查法时，研究设计者跟调查实施者可以是不同的研究者，研究者保持客观立场，不让自己的情绪或偏见影响调查对象，不干预调查对象的生活，也就是说，研究者试图获得最“原生态”的资料。但是，在调查过程中，研究者不可避免地接触到被调查者，从而“污染”数据。因此，绝对的客观是无法实现的，研究者只能尽力避免掺杂个人偏见，在对现象做出描述和解释时，研究者应该反思自己对调查结果的影响。

第三，调查法有特定的研究工具（即问卷）和严格的研究程序，研究者对研究过程和研究对象的可控性强。研究者应该进行周密和系统的研究计划，对调查的时间、地点和对象做出明确的限定，对所采用的抽样和测量手段胸有成竹，对研究过程中可能碰到的各种困难都有所预期，避免出现手忙脚乱、杂乱无章的现象。

第四，比起其他研究方法，调查法最大的特点在于它的研究对象往往是一定数量规模的某个特定群体，因此，调查法不关心个案，也不关心研究对象中的特殊情况和例外。这个特点使得研究者不得不进行抽样，通过对样本的研究来推断总体，也使得研究者往往组成团队，通力合作来进行研究。而且，研究者采用数字来记录和分析所收集到的资料，在分析资料时，借助计算机和统计软件来处理这些数据，从而得出研究结论。

二、调查法的优缺点

当实施了严格的概率抽样手段和统计分析时，调查法的对象是具有代表性的样本，其结果可以用于推断范围更广的研究对象群体，因此，当研究对象是大规模的特定人群时，调查法比其他方法更加合适。如果我们想研究某份报纸的读者的行为习惯、某地区的受众群体、某组织成员的观念特征，从研究经费和精力上来讲，一一接触每个研究对象并不可行，仅仅对小规模样本进行研究又非研究者所愿，那么调查法可能是唯一合适的方法。

调查法有严格规范的研究程序，所收集和分析的资料以数字的形式表现，其研究结果的精确度较高，研究者可以计算研究过程中的部分误差，所以，调查法的研究结果具有较高的外在效度，即概括性和推广性较高，比如收视率调查可以通过 3 000 人左右的样本来推断 1 000 万人口规模的特大城市里居民的媒介接触习惯。

规范的研究程序也使得调查法作为一项技能容易被学习和掌握，研究者对研究过程的控制比较大，出现突发情况或意料之外事件的机会被降低了。调查法的标准化、可重复性和数量化色彩较浓厚，研究者重视降低研究过程里由研究者个人因素所引起的误差，如较少采用开放式题目而更多地采用封闭式题目，以减少因调查员差异所引起的测量误差，以及采用前人的问卷进行相似研究以增加问卷的信度，等等，因此，调查法的信度比较高。

而且，数量化特征也使得调查法的数据处理分析比较方便，随着计算机技术的进步，对大规模数据进行分析的计算精度越来越高。在资料分析阶段，调查法跟其他量化方法一样，比质化方法所花费的时间短，能够更快地得出分析结果，而且，数量化数据起到了简化的作用，能够把复杂的现象用简洁的数学公式及图表表示出来，更直观、更清晰。

调查法适合研究某个群体的行为、观念或态度、特征和期望等这些问题，它擅长回答“是什么”这类型的问题，但是不适合回答原因、过程和个人的心理活动等问题，即“为什么”和“怎么样”等类型的问题，也就是说，调查法所得到的信息不够深入，往往流于表面化，如果我们想了解受众是怎么评价媒介内容的，那么调查法可能就不合适。

在问卷里采用封闭式问题能够提高调查结果的信度，但是却限制了调查对象的回答范围，尤其当这些问题是关于调查对象对自己的信念和看法做出进一步说明时，研究者事先列出的回答选项可能并不能完全包括调查对象的答案，这样就影响了调查结果的效度。总体来说，调查法的信度比较高，而效度比较低。可见，很多时候，信度和效度会互相冲突。

调查法的结论建立在调查对象对自己态度和行为的描述之上，当调查对象不愿意或不能够提供研究者试图收集的信息时，调查结果就有可能出现误差，比如调查对象为了掩饰自己的负面行为、提升自我形象而说谎，或者当问题涉及过去的经验时，调查对象的回忆有错误，因此，自我报告数据可能会降低调查结果的信度。为了降低这种情况下的测量误差，研究者需要掌握一些问卷设计的技巧。

当进行横向的调查研究时，调查法并不适合论证变量之间的因果关系。第三章里讲过，为了满足因果关系，变量之间应该存在时间上的先后关系，但是，调查研究是在同一个时间点上进行测量，所以单次的调查研究不能证明变量之间的因果关系，只有纵向的多次调查研究，才能够回答变量之间是否存在因果关系，麦库姆斯和肖的夏洛特调查（1977）就是运用调查法进行解释性研究的经典个案。由于调查法花费的经费和精力比较多，对大规模群体进行多次调查有时并不可行。因此，调查法在描述性研究里应用更多，在解释性研究里比较少见。

三、调查法的类型

根据调查员在调查过程中的作用，调查可以分成访问式和自填式两种。访问式调查就是调查员按照事先设计好的问卷，面对面地向调查对象逐一提出问题的过程，主要包括入户访问、街头拦截访问和电话调查。访问式调查里，调查员直接跟调查对象打交道，调查员能够更好地控制调查过程和节奏，因而其结果比自填式调查具有更高的信度。自填式调查就是调查对象自己填答问卷，然后将问卷反馈给调查员的过程，主要包括个别发送问卷、邮寄调查和互联网调查，调查员看不到调查对象回答问卷的过程，因此，研究者对调查对象和调查过程所实施的控制少，调查对象有更大的自主性。

（一）入户访问

进行入户访问之前，研究者需要首先通过抽样手段来确定研究样本，因而入户访问样本的代表性比较强。调查员跟调查对象之间有直接的、面对面式的接触和交流，一般来说，只要调查员讲清楚来意，调查对象拒绝接受访问的情况比较少，调查员还能帮助调查对象避免对问题的误解所造成的测量误差，所以，入户访问的应答率高，比起其他调查手段，入户访问可以采用更长的问卷和更复杂的问题，如果调查对象对问题不理解或误解，调查员能够很快发现并且予以纠正。当研究者对数据质量有比较高的期望时，入户访问是合适的做法，比如1%的人口抽查和收视率调查就采取入户访问手段。

但是，对调查对象来说，调查员是陌生人，第一次跟陌生人打交道，我们往往不愿意就敏感问题做出真实的回答；如果这个陌生人有口音或者有不礼貌行为，我们也不愿意花时间认真回答问卷。所以，调查员和调查对象之间的人际互动有可能影响调查结果的内在效度。

入户访问的最大缺陷在于研究费用太高，培训调查员要花费更多时间，在所有调查手段中，入户访问的调查成本是最高的，许多时候，研究者必须在数据质量和研究费用之间进行选择，入户访问未必是适合所有研究问题的调查手段。

（二）街头拦截访问

商业调查公司经常采用街头拦截访问的手段来进行调查，比如调查某产品的美誉度、调查公众使用哪种产品，等等，这有点类似于电视媒体几乎每天都在进行的街头访问，只不过后者样本量太少，通常只有几个，而且记者也不可能就同一个问题询问多个采访对象，那样的新闻不会有观众，所以电视媒体的街头访问并不是本章提到的严格定义上的“调查”。比起入户访问，街头访问无疑节省了费用、访问时间短、具有灵活性，但是街头访问的样本不具有代表性，调查对象拒绝接受调查的情况更多，调查问卷也不能太长、问题不能太复杂，不能做到事后回访复核，所以街头访问的数据质量没有入户访问那么高。

（三）电话调查

电话调查是调查员通过电话向调查对象询问统一问卷，以此收集资料的一种调查手段。它包括两种形式，一种是传统的电话访问，由调查员按照随机数字表抽取电话号码，拨打电话，直接询问调查对象，并记录数据；一种是计算机辅助电话调查，事先录制好调查问题并把问卷输入计算机，由电脑随机抽取并直接拨号，调查员按照屏幕上显示的问题直接询问调查对象，并将答案（以数字形式表示）直接输入计算机。后一种方法更适合于处理大规模样本。

电话调查过程中有可能出现抽取的电话号码没有人接听、不存在、空号，或者调查对象拒绝接受调查这些情况，所以，研究者需要事先确定备选号码。比如，当对方无应答的时候，将现有电话号码的最后一位加1，或者根据随机数字表将后两位换成随机数字再拨打，如果仍无人应答，则放弃，重新随机抽取新的电话号码进行访问。由于电话调查采取了随机抽样手段，因此其结果具有较高的外在效度，能够根据样本推断总体的情况。

家庭成员共同拥有固定电话，因此当电话被样本家庭接听时，调查员还要确定由家庭里的哪个成员来回答问题，不能按照“谁接电话谁回答”原则来挑选调查对象，否则，在家里时间比较长的老人和儿童更容易成为调查对象。常见的方法是选择家庭里生日离调查日期最近的那个成员来回答问题。

跟其他调查手段不同，电话调查最大的特点是一定能够实现研究设计所要求的样本量，在面对面访问和邮寄调查里，随时都有可能出现问卷遗失的情况，而且问卷的回收率也不可能做到百分之百，一旦某个调查对象拒绝参与调查，那么针对他发出的问卷就不可能再给其他人，但是电话调查的时间短、问卷简单、访问速度快、费用低，而且研究者可以及时监督调查员，纠正人为因素造成的误差，因此，在电话调查里，一旦样本量不够，调查员会立刻发现并继续调查，直至达到研究设计所要求的样本量。电话调查的另一个优势是所得到的数据可以由计算机直接进行处理和分析，收集数据和分析数据的时间差比较短。

但是，电话调查的问卷只能问简单问题，无法收集关于复杂问题的答案（比如问题不能太长，回答选项不能设置过多，否则调查对象就会遗忘前面说过的内容），由于缺乏面对面的交流，调查员也无从判断调查对象回答的真伪，所以，电话调查适合样本数量大且问题简单的研究。

电信部门编制的电话簿或移动运营商投放的号段就是它的抽样框。在我国，电话调查仅适用于电话高度普及的地区。

（四）个别发送问卷

在调查敏感问题时，在调查对象填答问卷的过程中，调查员最好离开现场，等调查对象答完并封好问卷之后再收集，这种调查手段就是个别发送问卷法，也称为留置调查。潘绥铭等人调查中国人的性关系和性行为时，因为涉及了嫖妓、婚外性行为、同性恋等敏感问题，所以采用了个别发送问卷法。① 研究者以 20 岁～64 岁的中国人口为总体，通过多阶段整群抽样、PPS 抽样和等距抽样确定调查对象，将问卷输入计算机，然后拜访被调查对象，邀请他们离开自己熟悉的环境（如家庭和工作场所）来到调查现场（通常是调查员在某地所住的宾馆），调查员教会调查对象怎样在计算机上回答问卷和保存答案之后就离开现场，等调查对象离开之后，调查员再进入现场，准备下一次调查。由于调查对象的答案是严格保密的，即使调查员也无法准确推断哪位调查对象对某个问题的回答是什么，因此，调查具有很高的保密性和匿名性，降低了问题的敏感度，从而提高了获得真实答案的机会，该次调查共抽取了 5 000 个样本，回收率为 76.3%。

有时候，某些服务行业为了调查用户对自己的评价，也会采用个别发送问卷法，比如某餐馆在某个时间段（如连续七天的每天中午）对来就餐的每一桌客人发出一张问卷，等客人离开餐馆时再回收问卷。比起其他调查手段，采用个别发送问卷法的调查能够降低调查员人为因素造成的测量误差，调查对象有一定时间来思考和回答问题，个别发送的问卷可以因而包括一些比较复杂的深入的问题。但是，个别发送问卷花费的研究时间更长、费用更高，调查对象的地理范围仍旧很有限，而且，调查员对调查过程的控制少，无法避免调查对象随意作答的情况出现，这些又是它的局限。

（五）邮寄调查

报纸开展读者调查，常用的手段就是邮寄调查，即调查问卷随着报纸一起发送到读者手中，读者填答完毕之后再将问卷自行寄回报社。邮寄调查的最大优势在于费用低廉，节省了支付给调查员的报酬，一位研究者就可以对众多个体进行调查，因此调查对象的地理范围可以非常广泛，理论上来说，通邮的地方都能够进行邮寄调查。而且，邮寄问卷的匿名性高，避免了调查员个人因素所引起的误差。

---

① 参见潘绥铭、白威廉、王爱丽、劳曼：《当代中国人的性行为与性关系》，北京，社会科学文献出版社，2004。

较低的问卷回收率是邮寄调查最头疼的问题。是否寄回问卷完全取决于调查对象个人的看法，只有对问卷感兴趣的人才会寄回问卷，研究者并不清楚研究总体的情况是什么，也不能够仅仅通过邮寄调查的结果来推断总体，当问卷的回收率非常低的时候，每份成功收回的问卷的成本其实不一定比其他调查手段更低。较低的回收率也使得邮寄调查的研究时间被拉长了，在发出问卷以后一个月内，研究者会收到一些问卷，于是开始分析数据，过了几个月，有些问卷会因为各种原因才到达研究者手里，而此时，研究者可能早已完成了对收到的数据的分析，那么，要不要在研究报告里加入对“迟到”数据的分析？这需要研究者自己做出判断，比如前面提到的关于“中国青年对日本的认识”的读者调查，在刊登问卷两个月之后，报纸就刊登了调查报告，等于宣告此次调查已经结束，很显然，此后收到的问卷不可能再加入到调查报告里面去。一般来说，当邮寄调查的问卷回收率达到 50%时，就认为可以接受，在 60%以上，就是“好”的情况，如“中国女新闻工作者现状与发展调查”采用了邮寄问卷，寄出问卷后一个月，回收率超过 70%。[①] 为了提高回收率，研究者可以编制更“友好”的问卷，也可以在问卷里附一些给调查对象的报酬（如优惠券），还可以在寄出问卷一段时间以后，再次寄出提醒信，催促调查对象寄回问卷。

邮寄调查的另一个缺陷就是很难获得有效的邮寄名单（抽样框），比如我们想了解全国所有媒体的采编人员的素质和专业水准，那么，谁是收信人？是报社社长、人事部门负责人，还是某些被抽中的具体采编人员？直接写“某某报社收”或“某某报社人事处长收”，这样的信有可能被报社收发室当成普通信件处理，也许根本就无法到达对方的办公桌，最有效的手段是直接写“某某报社某某人收”，但是对研究者来说，获得所有媒体的总编辑的名单是非常困难的，我国媒体受到宣传部门、新闻出版部门、广电部门以及国务院相关机构的多重管理，跟任何一个机构打交道都需要通过行政系统办理手续，经过层层严格审批。

（六）互联网调查

随着互联网技术的兴起，运用互联网进行调查的研究越来越多。一种情况是在自己的网页上发布调查问卷，随机（简单随机、等距或按比例）自动抽取用户，弹出窗口邀请填答。我们随便进入各大新闻网站，如新浪、搜狐、人民网、新华网等，都会发现网站几乎每天都在进行读者调查，有时候也会在某些重大新闻的后面附上简单的调查，试图了解网民对某些社会问题的看法，目前中国互联网络信息中心主持的每年一次的“中国互联网络发展状况统计报告”就采用了互联网调查方法。

有些专业性调查网站提供空间，供研究者将问卷上传，这种手段尤其适合对互联网用户进行调查。比如，我们想调查大学生对韩剧的看法，就可以把问卷上传到专业性调查网站里，然后将问卷地址链接粘贴到大学生经常浏览的论坛或网站里，邀请他们来填答问卷。通过这种渠道进行的互联网调查还能够直接将答案转化成为可以分析的数据，省去了输入数据这个环节，也就避免了分析人员输入数据时可能出现的误差。

互联网调查实施简便、费用低廉，节省了传统调查方法中耗费的大量人力物力；调查对象自愿参与调查，可以就问卷设计发表自己的看法，避免了调查员个人因素的影响；调查过程不受时空限制，可以 24 小时全天候进行；答案都以量化数字的形式呈现，节省了数据分析所花费的时间。但是跟街头拦截访问一样，它采用的是偶遇抽样手段，其结果不能推断总体。由于

---

① 参见柯惠新、刘红鹰：《民意调查实务》，153 页，北京，中国经济出版社，1996。

调查员对调查对象填答问卷过程所实施的控制很少，所以很有可能出现调查对象任意填答或无效填答的情况（见表6—1）。如“杜蕾斯2004年全球性调查”结果显示，中国人的性伴侣人数全球最高，达19.3人，而2005年这一数字下降到3.1人，根据潘绥铭等人1999—2000年进行的全国调查显示，20岁～64岁中国人的性伴侣平均为1.39人[①]，如此大的反差，只能说明杜蕾斯2004年调查结果存在着很大误差，因而是无效的结果。

互联网调查的难点在于建立抽样框，如果我们选择特定研究对象，而这些研究对象的联系方式和身份在互联网里又是相对公开的，那么，我们就可以考虑进行概率抽样。例如，各地高校都非常重视自己的网站建设，教师作为高校重要的人力资源，他们的电子邮件地址经常是公开的。因此，当我们设计针对高校教师的调查时，可以考虑采取电子邮件调查。可以将调查问卷挂在网站上、发送网页链接给高校教师，也可以把调查问卷作为附件发送给高校教师，无论哪一种情况，都类似于传统的邮寄调查，其优势是费用更加低廉，问卷回收时间缩短。高校教师本身也是研究者，他们参与调查的意愿很可能高于普通人。当我们想研究高校教师对于课程改革的看法、高校教师的学术博客写作与学术生产力之间的关系时，这些研究问题都很适合采用电子邮件调查。很明显，并非所有研究问题都适合以高校教师为研究对象，我们要避免“为了研究而研究”的做法。

有部分研究机构，试图发挥互联网更容易招募志愿者的优点，进行网络固定样本研究。通常的做法是，研究者开发类似于QQ之类的软件，通过网络推广，吸引用户免费安装，用户在线和参与调查都可以得到虚拟货币，达到一定数额就能转化为现实货币。通过自己开发的软件，研究者招募到了大量用户，因为开机时在线就可以获得奖励，从而提升了这些用户的黏性。这些用户长期挂在软件上，类似于传统调查里的固定样本，研究者或机构可以利用他们进行长期追踪调查。或者研究者可以建设QQ群，通过长期观察群内成员来完成对固定样本的追踪研究。无论哪种做法，通常来说，固定样本研究都只用于理论研究，而很少用于应用研究。

表6—1　　比较各种调查法

评价准则	入户访问	街头拦截访问	电话调查	个别发送问卷	邮寄调查	互联网调查
灵活性	高	高	中	高	低	低
代表性	高	低	高	高	低	低
无应答率	低	高	低	低	低	中
对调查对象的控制	高	高	中	低	低	低
数据的质量	高	中	中	高	低	低
提出复杂问题的可能性	高	低	低	高	中	中
调查员的影响	高	高	低	低	低	低
获取敏感信息的可能	低	低	中	高	高	高
研究费用	高	中	中	高	低	低
研究速度	高	高	高	低	低	中

① 参见潘绥铭、白威廉、王爱丽、劳曼：《当代中国人的性行为与性关系》，257～261页。

第三节　问卷设计

一、问卷的结构

问卷（questionnaire）是调查过程中用于收集资料或数据的重要研究工具，它在形式上表现为一系列有机联系起来的问题表格，其目的是将调查主题转化为调查对象能够回答的具体问题，用于测量有关人们的特征、态度和行为的变量。一般说来，完整的问卷主要包括三个部分：问卷封面、问题及答案、结束语。

（一）问卷封面

问卷封面可以分成以下几个部分：问卷编号、问卷标题、封面信和辅助信息。

（1）问卷编号。为了方便调查结束之后的数据录入工作和接下去的复查工作，每份问卷应该对应着一个独一无二的编号，根据这个编号，研究者可以很快地找到电脑数据所对应的那份问卷，也能够很方便地对数据录入的准确性进行检验。研究者可以在问卷首页的左上角或右上角印上统一格式的空格，然后在数据录入时由录入人员填写问卷编号；也可以在调查实施之前就给每份问卷填写编号，这样就可以知道某位调查员负责哪些问卷，能够通过回收的问卷来考察调查员的工作。

（2）问卷标题。跟任何文章的标题一样，问卷标题需要以简洁的方式提示调查主题，此外，在问卷标题的下方还往往注明调查进行的时间。

（3）封面信。封面信就是在问卷开头写给调查对象的一封短信，其目的在于消除调查对象的顾虑，激发他们参与调查的兴趣。封面信主要包括四个方面的内容：解释调查目的和意义；解释调查者身份，强调为调查对象保密；指导调查对象如何填答问卷；解释如何回收问卷。封面信是问卷留给调查对象的第一印象，因此语言应该简明易懂、平易近人、少用学术词汇。为了取消调查对象的疑虑，研究者还可以采取其他一些手段，如封面信里会加入对抽取调查对象的方法的说明，强调每个问题的答案无所谓对错之分，留下研究者的联系方法，等等。

（4）辅助信息。当进行大规模的调查时，在问卷封面里，研究者还需要留出一些空间来记录跟调查有关的一些信息，如调查对象所在地理位置和住址、访问起止时间、调查员编号、调查对象合作情况、调查员对调查的自我评价，等等，研究者跟调查员往往是不同的个人，这些信息因而能够帮助研究者了解调查实施过程，评估调查数据的质量。

（二）问题及答案

这是问卷的主体部分，由若干按一定顺序排列的具体问题及相应的选择项目组成。根据数据收集的标准化程度，问题可以分成封闭式和开放式两种形式。封闭式问题（closed-ended questions）就是研究者事先确定好了问题和可能的回答选项，调查对象只能在已经给定的范围内进行选择，在实际调查过程中，经常会出现调查对象的选择超出研究者列出的回答选项的情况，所以封闭式问题往往在所有回答选项之后再单列一个“其他”选项。研究者只确定问题、不提供回答选项的就是开放式问题（open-ended question），调查对象根据自己的情况做出各具特色的回答（见图 6—1）。

调查问卷里绝大部分都是封闭式问题（见图 6—2），它填答方便，只需要画对钩或圈点出答案即可，由于所有调查对象都在同样的回答选项里进行选择，因此他们的回答（即调查数据）

封闭式问题
您为什么购买本报纸？（可多选）
1. 价格便宜
2. 印刷质量好
3. 图片精美
4. 信息量大
5. 内容实用
6. 本地新闻多
7. 购买方便
8. 其他，请注明______
开放式问题
您为什么购买本报纸？
因为________________________________

图 6—1 封闭式问题和开放式问题

内涵清晰，可以直接进行比较，数据分析也省时省力。但是，封闭式问题限制了调查对象的思路，使得调查对象不得不对复杂问题做出简单化的回答；当调查对象找不到适合自己的选项时，有可能会随意填答，从而造成误差；如果调查对象误解了问题和回答选项的意思，调查员也不会发现，所以，封闭式问题适合用于事实性信息和调查对象有明确意向的主题，不适合进行探索性研究。

封闭式问题
优点：
填答方便，省时省力；
答案选项的含义清晰，调查对象容易理解，得到不相干或无效答案的机会较少；
答案可以直接比较；
数据编码和录入过程简便。
缺点：
当答案选项不适合或不周全时，调查对象可能会任意填答；
当调查对象不知道答案或无意见时，可能会任意填答，猜测适当的答案；
当调查对象误解了问题的意思时，也无法被调查员发现；
回答选项可能过多而无法全部列出；
调查对象的思路被限制，复杂问题被简化，他们之间的微小差异无法体现。

开放式问题
优点：
增加研究者对问题答案的了解的穷尽性；
可用于正式的大规模调查之前的探索性调查；
研究者可以深入了解调查对象的动机；
可以得到广泛性和差异性的答案。
缺点：
花费时间长，调查对象容易疲倦；
调查员对调查过程所实施的控制少，可能出现无效答案；
编码和数据分析过程烦琐。

图 6—2 封闭式和开放式问题的优缺点

开放式问题使得调查对象能够表明自己的态度和想法，调查对象的回答几乎是无限制的，调查员可以收集到原先没有设想到的答案，有经验的调查员能够从中得出更深入、更准确的答案，这样也就对调查员的素质提出了更高要求，调查员个人对调查结果的影响比较大。而且，调查对象的回答是五花八门的，所收集到的资料难以进行直接比较，编码和统计分析的难度也加大了。填答开放式问题所花费的时间和精力更多，调查对象有可能出现倦怠情绪，中途停止填答问卷。所以，开放式问题适用于探索性研究。

（三）结束语

作为问卷的结尾，结束语一般包括三个内容：(1) 提醒调查对象对已经填过的问卷进行复核，避免漏填和错填的情况。(2) 欢迎调查对象另附纸张，就调查主题发表看法。(3) 再一次地对他们付出时间和精力参与调查表示感谢。

二、问卷设计的基本原则

问卷由研究者主观设计，针对同一个研究问题，不同的研究者可能会设计出不同的问卷，问卷的标准化程度也因人而异，所以，我们缺少正式的、统一的准则来衡量问卷是否准确、客观、全面。在设计问卷的时候，下列常用的基本原则会帮助我们提高问卷的质量。

（一）每一个问题都应该跟研究主题有关

问卷里的每一个问题都应该跟研究主题有关，否则，问卷的调查结果就无法回答研究问题，因而是无效的。在设计问卷时，每当列出一个问题，研究者都要考虑“我为什么要问这个问题”、“这个问题跟调查主题之间有无关系”、“将这个问题去掉，是否影响调查结果”、“分析调查结果的时候，应该怎么使用这个问题”，等等。

（二）保证测量的效度和信度

第四章里讨论了测量的效度和信度问题，那里所提到的检测手段也能够用于问卷设计之中，研究者可以通过信度这种检验手段来去掉不合适的问题，保留合适的问题。另一个保证问卷的信度和效度的手段就是使用现成问题，如学者们反复使用过的量表、相似调查中使用过的问题等，常见的关于性别、职业、教育等变量的问题往往就是借用其他问卷里的现成问题和回答选项。

值得注意的是，调查问卷往往会唤起调查对象对某事件或某事物的回忆，强化既有印象，从而夸大测量结果，这就是问卷的提示效应。以“中国青年对日本的认识”(1997) 的调查为例，在“‘日本’二字最容易使您想到的是（可多选）”这个封闭式问题里，研究者列出了16种回答选项，这些选项唤起了报纸读者对日本的回忆，根据心理学理论，在个人进行回忆时，那些最容易识别和接近的信息（most accessible information）会更优先地进入我们的脑海之中，并唤起其他与此相关的信息。在大众媒体里，“中日战争”出现的频率远远高于“樱花”、“武士道”和“奥姆真理教和东京毒气事件”，这说明有关“中日战争”的信息是读者最容易获取的，而这些内容都出现在回答选项里，因此对这个问题的调查结果显示，选择“南京大屠杀”和“‘日本鬼子’与抗日战争”这两个项目的人远远超出了选择“樱花”、“武士道”和“奥姆真理教和东京毒气事件”这些项目的人。假设这个问题换一种提法，换成“‘日本’二字最容易使您想到的是______，还会使您想到的是______”这种开放式问题，然后研究者对调查对象的回答进行统计和加权，计算出各种答案的比例，由于取消了问题本身对调查对象的提示效应，可能会出现选择“中日战争”的比例没有那么高的情况。第一种提法的优势在于方便了数据录入和分析，但是，它测量的不是读者对日本的看法，而是读者的记忆被唤起的程度。

（三）鼓励调查对象的合作

围绕一个研究主题，研究者有太多问题需要了解调查对象的看法，但是问卷不可能容纳研究者想了解的所有问题。一般来说，填答问卷的时间不超过一个小时，否则调查对象就会产生厌倦情绪，可能出现随意填答的情况。填答问卷并非调查对象的“分内事”，请求调查对象配合调查，其实“打扰了”他人的正常生活，因而调查对象拒绝参与调查也是很正常的事情。在设计问卷时，研究者应该考虑到调查对象的实际参与意向和填答问卷的能力，尽量为他们提供方便，并提供一定的报酬，避免他们产生抵触情绪，提高问卷的回收率。

三、问卷设计的步骤

（一）确定调查主题

进行问卷设计时，研究者应该明确调查目的和调查主题：调查是为了描述调查对象的某些特征，还是为了解释某些变量之间的关系？所有跟调查主题有关的信息，都应该在问卷中有所体现，即问卷里应该包括测量这些信息的问题。

（二）确定调查方法和调查对象

前面提到的各种类型的调查方法都会对问卷设计产生不同程度的影响，比如街头拦截访问和电话调查的问卷不能过长，问题不能太复杂、太深入，回答选项应该简洁；对于个别发送的问卷和邮寄调查，由于调查对象填答问卷的时候调查员不在现场，调查员没有机会向调查对象澄清问题，所以问卷的语言应该通俗易懂、不会产生歧义；入户访问所使用的问卷应该格外关注敏感问题的措辞和位置；等等。所以，研究者要针对不同的调查方法来设计问卷。

调查问卷的读者就是调查对象，如果他们对问卷产生了误解或不理解，就会降低调查结果的准确性，因此，针对不同的调查对象，问卷也会有不同的表现形式。如果调查对象教育程度较高，对专业性问题有自己的看法，那么就可以在问卷里多包含一些开放式问题；如果调查对象是普通人或非专业者，那么问卷应该多采用封闭式问题。

（三）确定单个问题的内容和回答形式

在确定了调查主题、方法和对象之后，研究者就要确定每个具体问题的内容和回答形式了。每个问题在内容上都应该跟调查主题有关，当每列出一个问题时，研究者要问问自己：“这个问题是必需的吗？去掉它，问卷能否实现调查目的？为了收集更多信息，是否需要设置多个问题？”同时，研究者也要确定是选择封闭式问题还是开放式问题，或者量表，来收集调查对象提供的数据资料。问题的回答形式跟调查的结构化程度（即调查过程的标准化）有关：如果是高度结构化的调查，研究者希望收集明确、具体、被限制在一定范围内的回答，那么应该采用封闭式问题和量表；如果是高度非结构化的调查，研究者仅仅对某个调查主题进行探索性研究，希望收集到丰富、多变化的资料，那么应该采用开放式问题。在实际应用中，不同的问题形式结合在一起使用，而在量化调查问卷里，封闭式问题和量表是最主要的问题形式。

（四）确定问题的措辞

问题宜短不宜长，其措辞必须清晰而具体，避免使用“大概”、“可能”、“有时候”、“正常情况下”等这些意思含混的用词，研究者可以从人物、事件、时间、地点和方式这五个要素来设置问题，例如下面的问题：

“过去一周之内，你最经常浏览哪个新闻类网站？”

人物——调查对象个人；

事件——最常去的新闻类网站，不是论坛、博客或其他专业性网站；

时间——过去一周之内；

地点——任何地点（在问题里被隐藏了，但是调查对象可以推断出来）；

方式——浏览，不是留言或参与讨论。

问题的措辞应该显得态度诚恳和语气亲切，增加调查对象合作的意愿；还应当通俗易懂，跟调查对象的词汇量水平相适应，避免出现问题的措辞超出调查对象理解水平的情况。总之，将调查对象填答问卷的工作量减少到最低。

（五）确定问题的顺序

问卷里的问题应该按照一定的逻辑顺序被组织起来，这样调查对象填答问卷的时候才不会迷惑，我们经常把测量某一个变量或研究问题的一组问题放在一起，以减轻调查对象的回忆负担。一般来说，简单的、有趣的、无攻击性的问题放在前面，而困难的、敏感的、复杂的问题放在后半部分；如果就某一个变量或研究问题提出若干个有关联的问题，那么泛指的问题放在前面，特指的问题放在后面。

（六）确定问卷的排版

版式设计得当的问卷，会给调查对象留下轻松、简洁、整齐的印象，从而增强他们填答问卷的意愿，如果几十个问题挤在一页纸上，调查对象连看清问卷都很吃力，那么发生看错问题的机会就会增大。所以，好的问卷版式应该字体大小得当、问题和回答选项的编号清晰、问题与问题之间留足一定的空间、封面信和填答说明等内容应该采用跟问卷主体有明显差异的字体。问卷的长度一般控制在 20 页纸以内，否则，调查对象容易产生疲劳和厌倦情绪。当问卷比较长的时候，应该划分成几个部分，每个部分的问题连续编号，这样才能给调查对象以清晰的指示，自填式问卷尤其要注意排版问题。

（七）进行试测和修订问卷

在正式调查之前，还应该对问卷进行试测，即从调查对象总体中抽取部分个体（一般不超过 50 人），采用跟正式调查相同的手段让他们填答问卷，从中发现问卷中的错误、歧义、不连贯和不完备之处，并对问卷进行修订。如果试测导致问卷产生了比较大的改动，那么还应当针对不同的调查对象样本进行第二次试测，直到得到满意的问卷。只有问卷的所有方面都通过了测试，包括问题的难度、答案的穷尽性和互斥性、措辞、顺序和排版等，才能使用修订之后的问卷进行正式调查。

（八）准备最后的问卷

实施调查的过程中，问卷会经过许多人之手，所以问卷的印刷和装订应该有一定的质量保证，如：文字和表格印刷清晰，不会弄得调查对象一手油墨，同一道题目不应该跨页，在正式调查过程中问卷不会散页。问卷的份数应该比实际需要的样本量多一些，当调查对象填答失误时，可以有新问卷补充。

如果采用互联网调查方法，那么研究者就要将问卷上传到网页，并且打开页面，检查上传问卷的格式和排版是否符合需要。

四、问卷的问题及答案设计

前面已经谈过，按照数据收集形式，问题可以分成封闭式和开放式两种。下面将要谈到其他的分类方式。

（一）按照问题的内容分

按照问题的内容，可以分为事实性问题、意见性问题和阐述性问题。

（1）事实性问题。事实性问题是要求调查对象根据现有事实来回答问题，不必提出主观看法，如“你最喜欢的电视新闻节目主持人是谁?”、“你每天花多少时间看报纸?”等。这类问题常用于了解调查对象的属性特征（如性别、年龄、职业、教育程度）以及行为特征（如接收媒体的时间、地点、方式），其主要特点是问题简单、回答方便，其结果经常用来对调查对象进行分类，也称为分类性问题，如根据读报时间将调查对象划分为“核心读者”、“一般读者”和“边缘读者”。

（2）意见性问题。意见性问题主要用于了解调查对象对有关问题的看法和态度，如“你明年打算订什么报纸?”、“你对某电视节目有什么改进意见?”等。这类问题比事实性问题更加深入，能够得到关于调查对象的态度的变量，但是它无法了解造成调查对象态度的原因。如果调查对象直到调查时才第一次接触某些问题，那么他们可能对这些问题“没有意见”或“无所谓”，因此，问卷设计的时候要考虑“中立”或“无态度”的情况，有时候，出于特定研究目的，研究者会取消“中立”或“无态度”这些回答选项，“迫使”调查对象选择某种立场。

（3）阐述性问题。阐述性问题主要用于了解引起调查对象的行为和态度的原因，也称为解释性问题，问题里经常包含“为什么”或“原因”这些词语。阐述性问题比前两种问题都更为深入，但是它的回答选项往往较为复杂，如果采取开放式的阐述性问题，那么调查对象的回答可能过于多样化而不便于数据整理。阐述性问题更多地涉及跟调查对象有关的主观因素，调查对象可能会避重就轻或隐瞒真实原因，从而影响调查结果的准确性，比如，人们可能出于经济紧张等原因而不能负担较高的上网开支，在回答“你为什么不上网”这类问题时，调查对象出于担心受歧视、爱面子等因素的考虑而不愿意暴露自己的真实想法。

（二）按照回答选项的形式分

1. 填空题

某些内容简单的问题可以直接由调查对象填写答案，如年龄、家庭人口、收入等等。

例 1　请问您现在居住在______城市?

2. 二项选择题

只提供两种回答选项的封闭式问题叫做二项选择题，如“你是否订阅了某报纸?”、“你是否喜欢某个电视节目?”等。这种题目的回答简单，便于统计，但是调查对象不能表达意见程度的差别，如果调查对象的回答界于“是”和“否”之间，就很难做出选择。

调查对象不得不在两个选项里挑选一个，因此，为了更清楚地了解调查对象的态度和意见，研究者可以采用二项选择题“强迫”调查对象做出回答，尤其是为了避免让调查对象屈于社会压力而做出符合社会主流意见的答案时，采用二项选择题能够得到更“真实”的数据。

例 2　下面两种说法，你更倾向于哪一种？

（1）春节联欢晚会很好看　　（2）春节联欢晚会不办也罢

这两个选项并没有穷尽所有可能的答案，但是却能反映人们的态度偏向。

3. 多项选择题

多项选择题是研究者列出多种（通常是三种或三种以上）可能的回答选项，调查对象从中选出一个或几个答案的封闭式问题。多项选择题保留了二项选择题回答简单、便于数据整理的优点，而且能够有效地表达意见的差异程度，是问卷设计中最常用的题型之一。

多项选择题的回答选项必须满足穷尽性和互斥性的要求，即所有选项穷尽了该问题的所有可能性，不会出现某个调查对象的答案不包括在回答选项之中的情况，而且，选项彼此之间没有意义上的重合或交叉，否则，调查结果就会不全面、不准确。

例 3　您对某报纸的态度是：

（1）很喜欢　（2）喜欢　（3）无所谓　（4）不喜欢　（5）很不喜欢

这里，没有考虑到调查对象没有读过这份报纸的可能性，因而选项是不穷尽的。

4. 顺位式问题

顺位式问题就是在多项选择题的基础上，要求调查对象按照重要程度或喜爱程度对问题的各种回答选项排列出先后顺序。一种常见的顺位式问题是让调查对象将回答选项排序。

例 4　您购买报纸时，对下列各项，请按照您认为的重要程度以 1、2、3、4 进行排序：

A. 价格便宜（　）　　B. 信息量大（　）

C. 图片精美（　）　　D. 购买方便（　）

还有一种顺位式问题是让调查对象从所有回答选项中选择若干（有时规定为 3 个）答案，当调查对象选择时，其实也就是将所有回答选项进行了排列，选出他们认为最重要或最同意的答案，如将上文的例 4 改动一下，让调查对象从中选出他们认为最重要的两个因素。

5. 回忆式问题

回忆式问题就是研究者提出一个问题，让调查对象回想他所知道的内容，议程设置理论的研究中就使用了这种问题。

例 5　您认为当前最重要的社会议题是什么？请列举。

________、________、________

________、________、________

________、________、________

6. 量表式问题

第四章里提到的几种量表把一组问题用矩阵的形式表现出来，节省了问卷的空间。有时候，研究者也借鉴量表的形式把一组相似的问题集中在一起，方便调查对象的填答。

例 6　下面列举了一些说法，你是否同意？如果同意，请在每一行适当的地方画对勾。

	报纸一	报纸二	报纸三
1. 信息量大	□是	□是	□是
2. 信息实用	□是	□是	□是
3. 价格合适	□是	□是	□是
4. 图片吸引人	□是	□是	□是
5. 广告精美	□是	□是	□是

五、问题的语言措辞

问卷是研究者和调查对象之间交流的工具，通过它，研究者可以得到有效的和可信的数据，当两个调查对象存在着不同时，他们的真实差异可以通过问卷体现出来，而且，调查对象也能够感到问卷所提的问题是自己理解的，自己的回答能够被研究者所理解。因此，问卷的措辞应当简明扼要、通俗易懂、没有歧义，而且避免给调查对象带来伤害感。

（一）避免用词含糊不清的问题

问题的语言应该具体、明确，针对某一个特定现象而提问，比如“你收入多少”就不是一个好问题，因为调查对象可以有月收入、年收入、个人收入、家庭总收入、税前收入、税后收入等多种情况，这时调查对象就不知道哪一个“收入”才是研究者想知道的。

为了避免含混，问卷里也应该减少“通常”、“大概”、“一般”等这些模糊词，比如，与其问“你经常看某份报纸吗”，不如问“你昨天看了某份报纸吗”更明确。

（二）避免术语和专用名词

研究者是某一个领域内的专家，对该领域内的常用术语和专用名词非常熟悉，但是调查对象可能只是普通人，如果问题里加入专用名词，有可能会造成他们对问题理解不当，如“央视”和“南都”这些缩略语都应该用全称，“消费主义文化”和“专业主义”这些术语应该换成更通俗的“倡导消费观念的媒体”和“职业观念和意识”的说法。

（三）避免一题多问

一题多问，就是一个问题涉及了两个主题，这两个主题针对的是不同事物，它们会造成调查对象的迷惑，如“你是否订阅了报纸一和报纸二”这个问题其实是两个问题，一个是“你是否订阅了报纸一”，另一个是“你是否订阅了报纸二”，如果调查对象只订阅了其中的一份报纸，就搞不清楚应该回答“是”还是“否”，遇到这样的情况，应该把问题拆解，使得每个问题只针对一种情况而提问。

（四）避免假设式问题

假设式问题就是研究者首先假设一种情况，然后询问调查对象对另一种情况的看法，这种问题的陷阱在于，有可能测量的是调查对象对后一种情况的看法，而不是两种情况或两个变量之间的关系，而后者才是研究者想得到的。比如研究者想了解报纸扩版之后是否会造成报道质量下降，他不能直接问“报纸扩版以来，你是否认为它的内容质量下降了”，因为这其实测量的是调查对象是否通过扩版来评价报纸内容质量，而不是扩版这个变量是否跟报纸的内容质量这个变量之间有关系，所以，研究者应该问“最近一段时期内，你认为本报内容质量是否下降了”，然后比较扩版前和扩版后读者的意见，来总结扩版和报纸质量之间的关系。

（五）避免引导性问题

问卷语言不能带有倾向性和诱导性，否则调查对象就会感到压力，为了迎合问卷而不敢做出与大多数人不同的选择。比如“第二次世界大战结束后50年来，日本仍没有真正反省过去。在此情况下，您是否赞成日本成为联合国常任理事国”这道题目，调查对象能感觉到问题里隐含着对日本的批评，于是不敢做出肯定的回答。所以，“大家都认为如何如何，你怎么看”和“专家或权威都认为如何如何，你怎么看”这些问题都会令调查对象感受到压力，诱导他们做出研究者所期望得到的答案，从而偏离真实的情况。

有时候，研究者无意间使用的某些词语隐含着正面或负面评价，这样的词语也能影响调查对象是否做出真实回答，因此，问卷语言应该中立，避免感情色彩。比如“对 20 世纪日本侵略中国的历史，作为中国青年，您认为应当？（1）牢记；（2）忘掉；（3）无所谓”这个问题，“侵略”一词带有强烈的负面感情色彩，调查对象肯定更乐意做出否定“侵略”的回答，而不愿意说自己赞成“侵略”。同时，这个问题强调了“作为中国青年”，容易使调查对象站在“代表中国青年”的立场上而非“一个中国青年”的立场上来回答问题，这两种立场之间可能存在着差异，而研究者想调查的是将大量“一个中国青年”的看法累积起来所收集到的结果，因此更中立的提法是“对于 1931—1945 年间的中日战争史，您个人的看法是______”。

（六）不要用否定句的形式提问

日常生活中，人们习惯于肯定式的提问，如果采用否定式的提问形式，会增加问卷的难度，有时候调查对象还有可能漏掉否定词而误解问题的意思，如“你是否不赞成播放电视剧过程中插入广告”就比“你是否赞成播放电视剧过程中不要插入广告”更令人费解。

（七）不要使用双重否定句

双重否定会增加调查对象理解问题的难度，因而问卷中也应该避免，如“我不是没有看过这份报纸”其实说的是“我看过这份报纸”，意思表达太费周折。当要求调查对象就某些陈述做出“同意”或“不同意”的看法时，这些陈述里面最好不要包括否定式陈述，否则，如果调查对象“不同意”某个否定式陈述，其实就是做出双重否定式判断。

（八）不要问调查对象不知道的问题

问题所涉及的内容不能超越调查对象的知识范畴，否则调查对象无法回答。如果调查对象不具备相关知识，那么在提问之前，应该提出测量熟悉程度和过去经验的过滤性问题，比如在询问“某份报纸最吸引您的是什么”之前，先询问“你是否看过某份报纸”，如果调查对象看过，那么就继续回答后面的问题，如果没有看过，那么就应该跳转到其他问题上去。

当涉及需要调查对象回忆才能作答的问题时，问卷不能超越调查对象的回忆能力，比如“过去一年中，您看过的报纸有哪些”这个问题涉及时间太长，调查对象很有可能忘记自己过去的经验，而且“看”这个动词含义模糊，看过一次的报纸、经常看的报纸，还是每天看的报纸，不如改成“过去一年中，您订阅的报纸有哪些”。

（九）掌握处理敏感问题的技巧

与社会偏离行为、违法犯罪行为、违背伦理道德行为、性、争议性公共议题、个人隐私等有关的问题有可能会令调查对象产生顾虑（如“你是否赞成色情业合法化”），他们会更乐意在调查员面前树立自己的正面形象而不是提供真实的看法；有时候，某些与调查对象切身利益相关的问题（如调查某个组织里记者对总编的看法）也无法得到真实的答案。这些都是敏感问题（也叫做威胁性问题），降低这些问题的敏感度，是问卷设计里应该掌握的技巧。

敏感问题通常放在问卷的末尾而不是开头，这样，经过前面问题的“热身”，调查对象对问卷和调查员都已经比较熟悉了，在友好的气氛中，敏感问题所引起的刺激会大大低于放在问卷开头所带来的刺激。

在提出敏感问题之前，研究者可以加上一些话，说明这种行为或现象是很常见的，打消调查对象的顾虑。

为了降低敏感度，研究者可以用第三人称的方式来提问，比如直接询问大学生“过去一年里，你看了多少部三级电影”，这样的问题不可能得到真实答案，可以换一种说法，问“过去一年里，你的同学和朋友中间有人看过三级电影吗，最多看了多少部”，根据第三人效果，个人总是认为负面信息对他人的影响大于对自己的影响，既然题目换成了“他人看三级电影”，那么调查对象更有可能填答真实数据，虽然这个数据不是关于调查对象本身的，但是研究者可以据此来推断大学生人群看三级电影的整体情况。

当涉及收入、年龄等个人不愿意透露的隐私时，研究者可以将问题适当模糊，比如不让调查对象填写具体收入的数字，而是将收入按照高低差异划分成几类，让他们在其中选择自己收入所在的那一类。

没有调查员参与的自填式问卷比面访式问卷更适合调查敏感问题。没有调查员在身边，调查对象会觉得更自在，填答问卷是匿名的，调查对象怎么填答也不会有人知道，因此他们更有可能说出真实看法。这就好比投票选举，只有投票者知道自己选了谁，这样的选举结果才具有说服力，同理，只有调查对象知道自己填了些什么，这样的调查结果才是有效的。

在面访式调查中，一种比较复杂的处理敏感问题的技巧是美国学者沃纳于1965年提出的随机化选答技术（randomized response technique），西蒙斯于1967年改进了这项技术。其基本过程是：调查员给调查对象两个问题，其中一个是敏感问题（如“您看过三级电影吗”），另一个是与敏感问题无关且能够推断样本特征的问题（如“你是四月出生的吗”）；然后让调查对象采用随机手段（如掷硬币和抽签）来决定回答哪个问题，调查员并不知道调查对象回答哪一个问题（这是关键）；调查对象只需回答“是”或“否”即可，统计他们的答案所占比例，根据概率论，就可以推算出各种答案在调查对象人群中所占比例。①

六、问题的顺序

通常情况下，为了降低调查对象的不适应感和不熟悉感，一份问卷里的问题总是按照从简单到复杂、从一般到具体、从事实性问题到阐述性问题的顺序来排列。如果问卷的开头就出现了令调查对象难以回答的问题，他们就会产生畏难或反感情绪，不利于继续回答问卷，因此，问卷开头的题目要容易回答，最好有趣味、能吸引注意力，通常是封闭式问题。在问卷的中间部分，问题经常按照涉及主题的不同而被分类，每个类别的问题应该集中在一起，使调查对象容易掌握回答的方向，否则调查对象在不同的问题之间不停地转换思路，会增长回答问卷的时间，也很容易令人疲倦和厌烦。与人口统计学变量有关的有些问题（如年龄、婚姻状况、职业、收入状况等）由于涉及个人隐私，适合放在问卷末尾，如果问题不是那么敏感（如性别、教育程度等），那么也可以放在问卷开头。开放式意见性和阐述性问题询问的内容较复杂和深入，也经常放在问卷末尾而不是开头。

如果问题之间存在着时间顺序，那么应该按照时间顺序来排列它们，这样可以帮助调查对象由最近的行为和态度回想以前的经验，如果问题没有按照时间顺序安排，那么调查对象很有

① 根据西蒙斯模型，设 π_a 为调查对象人群中对某敏感问题A回答“是”的人所占比例，λ 为调查对象人群中，在这一环节回答“是”的人所占比例，p为在这一环节中，调查对象抽到回答敏感问题的概率，π_y 为调查人群中，对无关问题Y回答“是”的人所占比例，计算公式为 $\pi_a=[\lambda-(1-p)\pi_y]/p$，其中 π_y 可以通过其他资料推算出来，如对“你是四月出生的吗?”回答“是”的人应该在调查对象中占到1/12，即 $\pi_y=1/12$。

可能思绪混乱，分不清过去、现在、将来，所得到的答案就不准确了。

问题的排列顺序有可能造成顺序效应而影响调查对象的回答，在那些意见不明确或立场不坚定的人身上，顺序效应更加明显，他们通过对前一个问题的回答而“学习”如何回答后一个问题。如下面两个问题：

问题 1　你是否订阅过《新京报》？

问题 2　你经常购买的报纸都有哪些？

由于问题 1 加深了调查对象对某份报纸的印象，在回答问题 2 时，他们就有可能夸大购买这份报纸的真实情况。

为了消除问题的顺序效应，研究者可以调整问题的顺序，如果回答前一个问题这个行动本身影响了对后面问题的回答，那么就应该把这个问题放到后面。把上述问题 2 换到问题 1 前面，就不用担心调查对象回答问题 2 时会夸大问题 1 里提到的报纸的影响，这也就是问卷里的问题设置应该先一般性问题再具体性问题的原因。

除此之外，问卷中应该尽量避免跳题，即当调查对象对某个问题的回答不一样时被接着要求回答不同的问题。太多的跳题使访问过程不流畅，容易发生答错题的现象，当不得已要使用跳题时，问卷里应该给出明确的指示，比如用箭头来指示跳题的方向、用方框将问题圈起来、用不同的颜色来区分问题，等等。

第四节　调查的步骤和误差

一、调查的步骤

调查研究的优点之一在于数据质量高、调查结果信度高，而且调查对象经常是大样本，因此，为了保证一定程度的信度，研究者需要对研究过程施加更为严格的控制，调查的过程也需要很好的组织，这意味着调查过程是有步骤、有规划的。

（一）确定研究问题

调查研究遵循演绎逻辑而进行，研究者以理论或应用性研究问题而开始，以经验测量和数据分析而结束，因此，调查研究的第一步是要确定具体的研究问题，将它以假设的形式表现出来，研究者通过验证或推翻假设而回答研究问题。比如，我们想研究某报纸改版前后读者的评价，那么研究问题就是“改版是否影响了报纸读者对报纸的评价?”，研究假设为“改版后，读者的评价升高了”。

（二）研究设计

在确定了研究问题之后，研究者就需要决定采用哪种研究方法来回答自己的研究问题，以报纸改版研究为例，可以采用问卷调查法、实验法，或者质化田野研究法，那么研究者要根据研究目的和经费限制来决定采用哪种方法。如果研究者决定采用调查法，那么还要决定是采用邮寄问卷、电话调查、互联网调查，还是入户访问法，并且根据相应的调查手段来编制问卷。

调查对象的填答意向和知识水平会影响填答质量，因此研究者对调查对象应该有一个比较清晰的概念：调查总体是什么样的人群？为什么要调查这些人群？调查实施过程中，能否找到这些人？

抽样手段直接影响调查结果，研究者应当决定哪种抽样手段能够找到符合自己需要的样本，包括依据什么程序来选择样本？样本规模有多大？如果找不到，用哪些样本来代替他们？怎样提高问卷回收率？当决定采用概率抽样手段时，研究者需要通过行政渠道从统计局或公安部门得到包含研究总体人口的抽样框，无论被抽中的个体身在何处，调查员都要找到他。以报纸改版研究为例，研究者决定采用节省经费和人力、样本量大的邮寄调查法，只要把问卷公布在某天的报纸上，鼓励读者填答和寄回问卷就可以了。

（三）培训调查员

无论是入户访问、电话调查，还是个别发送法和街头拦截，都需要依靠大量的调查员来帮助收集数据，因此对调查员的培训显得格外重要。对调查员的培训包括两个部分，一个是关于职业重要性和职业道德的培训，一个是关于具体调查访问技巧的培训。

前一个培训的内容包括：勤奋、诚实和耐心的工作态度；强调为调查对象保密的原则；按照问题顺序和问卷措辞提问并逐字记录，不会由于个人习惯而更改或概括调查对象的回答；熟悉问卷的内容和填答方式；熟悉挑选调查对象的手段和调查的时间安排；不误导调查对象，不要对调查对象的观点表示赞同或不赞同，等等。

后一个培训的内容包括：说话清楚，语速稍慢，以便调查对象完全理解；掌握基本的调查访问技巧，比如如何确定合适的访问时间、如何自我介绍、如何获得调查对象的信任、如何应对调查现场的突发情况等；如果调查对象询问，就说出自己的名字和研究单位的联系方式；对开放式问题进行追问和要求澄清时，要保持中立立场；善于倾听，当调查对象过多谈论与调查主题无关的问题时，要及时巧妙地打断他们，引导他们回到调查主题上来；如果调查中止，如实记录，并记录下中止原因；避免与调查对象进行不必要的交谈；调查结束时，要口头感谢调查对象参与研究，并赠送小礼物，等等。

（四）收集数据

收集数据过程所花费的时间往往少于研究设计和准备过程所花费的时间，研究者通过行政机构或公安部门提供的抽样框，或者某些机构组织提供的调查对象的联系方法（如报纸订户地址），或者随机手段（如电话调查）来找到调查对象，跟调查对象直接接触，请他们填答问卷并回收。

为了保证数据质量，调查员应该每天及时向研究者通报调查进度，遇到新问题和突发情况，应该及时跟研究者沟通，比如问卷设计中出现了回答选项不完备或调查员对回答选项的含义不清楚的情况时，要及时通知研究者。研究者也应该及时检查调查员回收的问卷，看回答是否清晰、符合要求，记录其中无效问卷的比例，如果有必要，还要抽出一定比例的问卷，对其中的事实性问题进行回访，复查原始调查过程是否合乎规范、调查员是否认真进行了访问。

在数据收集过程完成之后，调查员应该获得相应报酬，这个报酬往往根据他们完成的调查问卷份数和实际工作时间来计算，有时候，调查员付出了劳动，但是调查因为各种情况而中止，或者调查对象拒绝接受访问，那么也应该对这些未完成任务的调查问卷酌情发放一定报酬。

（五）分析数据，写作研究报告

在所有调查对象填答了问卷并将它交回之后，研究者就要将问卷编码，将数据录入计算机，由于调查问卷涉及的变量较多，一般都需要使用统计软件来进行分析。为了保证数据被准确无误地录入计算机，研究者还应该核查，比如抽取部分问卷再次核查数据录入情况，或者看数据录入是否出现超出回答选项编码的情况。在最终成文的研究报告里，除了调查结果，研究者还应该报告调查手段、抽样手段和问卷回收率，以方便读者理解调查结果的准确性和推广性。

二、调查研究中的误差

许多因素阻碍着研究者得到准确和真实的调查结果，主观上来看，研究者、调查者和调查对象的主观意愿和兴趣会影响调查结果，客观上来看，他们的素质和能力也会影响调查结果。最终调查结果距离真实结果之间总是存在着误差。

（一）与研究者有关的误差

由研究者所造成的误差往往跟研究设计有关，主要包括以下几个方面。

1. 抽样手段造成的误差

进行非概率抽样时，研究总体里的每个个体被选中的机会是不均等的，因而随机误差不可能消除；通过样本得出来的调查结果推断总体时，其结果的不精确度更高，因而抽样误差更大。所以，非概率抽样调查结果的误差往往比概率抽样调查结果的误差更大，而且在总误差里，由于抽样手段造成的误差是最主要的部分。

2. 抽样框误差

当抽样框跟研究总体不符合时，即抽样框没有包含研究总体里的部分个体时，根据样本所得出的调查结果只能用于推断抽样框包含的总体，而非研究者所定义的总体。1948 年盖洛普预测美国总统选举失败就是因为抽样框误差太大，以电话本为抽样框并不能代表全体美国选民，因为在当时，安装电话的都是社会地位较高的阶层。在电话普及率非常高的地区进行电话调查时，电话号码没有列在电话本上，或者电话号码无人接听（家里没有人），或者电话号码已经停止使用（搬家），都有可能增加抽样框误差。

3. 总体定义误差

当研究问题所规定的总体跟调查过程中的总体没有完全吻合时，调查结果不能推断研究者真正关心的总体情况，这就是由于对研究总体的定义不同所产生的误差。比如，研究者想要了解某地方报纸读者对报纸的看法，那么真正的总体就是该报纸的读者，对报纸来说，读者是匿名的，要找到这些人从方法上来看并不可行，因此，研究者可以通过对该地方全体人口进行调查而推算出他们对某报纸的看法，这样做，容易定义调查研究中的总体，调查过程也更容易操作，但是其结果是针对“某地全体人口”所得出的结论，并非针对“该地方报纸读者”所得出的结论，那些非本地人口却订阅某报纸的读者没有被包括在内，而那些非某报纸读者的本地人口却被包括在内，因而根据调查结果来回答研究问题时，会产生误差。

4. 测量手段所引起的误差

如果研究者没有选择合适的测量工具，问卷没有围绕研究问题而编制，那么就会造成无效的测量结果，比如研究问题是读者对报纸的评价，而问卷测量的是读者的阅读习惯。如果问卷设计粗糙，问题的含义不清晰，那么就不能很好地测量研究问题，比如对关键变量的测量不充分、不细致，这样会造成测量误差过大的情况。

5. 数据分析误差

在进行数据分析过程中，如果研究者采用了不适当的统计方法，比如将适用于定比变量的公式套用在定类变量头上，就会导致不正确的结果。

问卷所收集的数据并非尽善尽美，经常存在着调查对象拒绝回答、无效回答或由于疏忽而不回答某一个问题的情况，这些未提供有效答案的数据就是缺失数据（missing data）。在数据分析过程中，当样本量很大、变量之间的关系不是高度相关的时候，可以保留缺失数据，然后再对不同的变量进行分析时采用不同的样本量。当需要比较不同变量时，研究者往往需要相同的样本量，此时，需要采取一些手段来处理缺失数据（见第四章第二节）。这些不同的处理手段可能会产生差异较大的结果，由于处理缺失数据所引起的误差也因此而发生变化。

6. 问卷回收率过低所引起的误差

问卷回收率就是有效完成的问卷占所有发出去的问卷的比例，回收率越高，则调查结果的准确性越高。一般来说，入户访问和个别发送的问卷回收率最高，街头拦截和电话调查次之，邮寄调查最低。回收率在50％以下，则调查结果非常不准确；回收率高于90％，则调查结果非常准确。造成回收无效问卷的可能性包括：找不到调查对象；找到了调查对象，但是他无法参与调查（生病了），或者拒绝参与调查；调查对象只回答了问卷里的部分问题。

为了提高问卷回收率，研究者可以在封面信里强调研究的意义和保护调查对象的匿名性，并列出自己的单位和联系方法，以此来减轻调查对象的戒心。问卷排版要简洁、长度合理、印刷清晰，每道问题的指示都很清楚，降低填答问卷的难度。电话调查过程中，如果出现无人接听的情况，调查员可以记录下通电时间，然后第二天换个时间再拨打，如果仍旧无人接听，可以第三天换个时间再拨打，如果再无人接听，那么就放弃，另选一个替代样本电话号码。邮寄问卷中应该附有一个贴着邮票和回邮地址的信封，将调查对象的付出降低到最少，如果问卷回收不理想，可以再次寄出问卷或催促信，提醒调查对象参与填答问卷。跟某些机构（如政府机关、商业公司、行业组织、学校、居委会等）的合作可以帮助研究者联系更多的调查对象，而且这些机构可以监督调查过程，更容易催促调查对象的合作。给调查对象合理的报酬也是提高问卷回收率的手段之一，比如报纸的读者调查设立抽奖活动、给调查对象一些小礼品或金钱酬谢，等等。

（二）与调查员有关的误差

由调查员造成的误差往往跟调查对象填答问卷的回答是否准确有关，为了降低调查员误差，对问卷进行复查非常必要。调查员误差主要分成以下几个方面：

1. 回答误差

回答误差就是调查员询问调查对象时所产生的误差，比如在调查过程中调查员没有完全按照问卷中的措辞来提问，调查对象对调查员抱有强烈不满而任意做答，等等，只要有调查员存在就有可能产生回答误差。有时候，调查对象会以答案是否被社会接受为准则来回答问题，会出于树立正面形象和个人威望的考虑而附和具有正面含义的答案，会出于恐惧负面选项内容引起的心理威胁而修正答案，也可能会为了迎合调查而提供受欢迎的、研究者所希望得到的答案，这些都是回答误差。当需要调查员追问更多信息时却没有追问或者不正确地追问，所产生的误差也是回答误差。

2. 记录误差

调查员在倾听、理解和记录调查对象的回答时所造成的误差就是记录误差。比如调查对象给出某种回答，但是由于口音、走神或其他因素，使得调查员错误地记录成了另外一种答案。这种答案是调查员对调查对象的“误读”，降低了调查结果的准确性。

3. 欺骗误差

如果调查员不讲职业道德、伪造部分或全部答案，就会造成欺骗误差，比如调查员偷懒、没有进行调查却找人随便填答问卷，或者调查员有意篡改答案、欺骗研究者。

（三）与调查对象有关的误差

1. 调查对象不能提供准确答案而造成的误差

比如：调查对象对问题所涉及的领域不熟悉（这也跟研究者设计问卷不当有关）；调查对象疲倦或劳累，不愿意继续调查；调查对象的回忆有偏差，如记不起来过去一个月以内看过哪些报纸；等等。造成这些误差的原因跟调查对象个人的阅读能力、认识水平、思考能力、记忆能力有关，也跟研究设计和调查员行为不当有关。

2. 调查对象不愿意提供准确答案而造成的误差

比如：调查对象想给出符合社会主流观念的答案；调查对象为了保护自己不受伤害而回避真实答案；调查对象为了取悦于调查员或得到调查酬谢而故意做出某种回答；调查对象感受到了调查员对自己的歧视和不友好，因而故意提供错误的答案；等等。造成误差的来源是多方面的，有些取消误差的手段之间会相互矛盾，即缩小一种误差会同时加大另一种误差，比如增加样本量可以降低抽样误差，但同时也增加了调查员误差，如果调查员队伍职业水准不高，那么大量增加样本反而有可能导致总误差上升。因此，在设计和进行调查研究时，研究者应该注意缩小总误差，而不是只注意缩小某种误差，在有些情况下，为了降低总误差，研究者甚至会采用增加某一类误差、降低其他误差的手段来实现自己的目的。

【思考题】

1. 谈谈调查法在媒介效果研究中的发展。

2. 调查都有哪几种类型？各自的特点是什么？

3. 如果要调查你所在大学学生的媒体接触习惯，你应该选择什么访问形式？尝试编制一份问卷，并同你的同学讨论，看看自己的问卷设计有哪些问题。

4. 调查研究过程中，造成误差的原因主要有哪些？

第七章 实验法

日常生活里，个体经常会寻求解释自己行为的原因，如“我睡过头了，所以迟到了”、“我没有好好复习，所以没考好”等，媒体报道中也经常见到对现象的解释，如“大风降温天气导致了因呼吸道疾病而就医的人数增加”、“交通事故导致了道路堵塞”等，同样，寻找和论证事物之间的因果关系也是实证研究的目标之一。在这方面，实验法具有独特的优势，许多传播研究的经典理论都是通过实验法而得到验证的。本章目的在于介绍实验法的基本要素、特点、步骤和效度等问题，由于实验法要求控制某些变量，因此正确的实验设计是成功研究的关键，也是第三节的重点内容。

第一节　大众传播研究里实验法的应用

实验法的思想根植于自然科学的实证主义范式，20 世纪以后进入社会科学领域，主要应用于心理学研究之中，行为主义和以数字来测量社会现象的量化趋势推动了实验法在社会科学界的流行。第二次世界大战后，新兴的传播科学创立，效果研究成为美国学者最重视的研究领域，在证明“媒体是改变受众态度和行为的原因”这个结论方面，实验法是最有力的工具之一，而且实验法的研究对象是具体的个人，恰好吻合当时效果研究重视短期的、个人式的、直接的媒介影响这股潮流，因此，采取了心理学取向的许多传播效果研究都使用了实验法，影响比较大的包括 1929—1932 年佩恩基金会资助的“电影对青少年的影响”、传播学四大奠基人之一卡尔·霍夫兰主持的说服研究和班杜拉（Albert Bandura）的社会学习理论研究等。这些研究都将媒介作为自变量引入个人的心理活动之中，关注微观层面的个人态度变化，试图解释与媒体效果有关的自变量和因变量。

微观效果研究是实验法在传播研究里最主要的应用领域，这跟实验法自身的特征有关，微观效果研究过程短，样本数量相对少，涉及变量少，容易控制外来变量和自变量。而宏观效果研究涉及变量多且难以控制，研究时间长，样本数量多，比如，重视长期效果的培养分析效果研究试图证明媒体暴力信息是造成受众暴力倾向的原因，但是在实证研究中，研究者无法隔离来自非大众媒体的暴力信息这个变量，也无法将研究对象隔离在实验环境中太多时间，所以，实验法并不适合考察很多宏观效果研究的课题。

在实用研究中，实验法经常用于考察广告和促销手段的传播效果，为产品销售活动提供参考，比如，电视广告究竟是时间短、出现频率高，还是时间长、出现频率低更能增加消费者对品牌的认知和记忆？哪种报纸版式更能提高读者的购买欲？一个新闻网页使用了多少种颜色时，点击率达到最大？这些问题都跟个人的认知、态度、情感和记忆等心理活动有关，所涉及变量都发生在比较短的时间之内，因而适合通过实验法——尤其是实验室实验——来回答这些问题。

传播研究里的实验法：霍夫兰的《大众传播实验》

第二次世界大战期间，美国军队招募了 1 500 万新兵，陆军部拍摄了一系列纪录片作为新兵教育的一部分教材，总名称是“我们为何而战”，每部影片长 50 分钟。霍夫兰等人接受陆军部委托，设计了一系列实验研究，来研究这些纪录片的传播效果。

研究的因变量是陆军部在拍摄影片时所坚持的各种说服目的，如增加士兵对德国法西斯的仇恨、增加士兵参与战争的迫切感、增加士兵“美国必胜”的信念等。自变量包括：信息源的可信度（权威性和专业性）高低、信息内容的特征、说服手段和技巧、士兵的个性特征、士兵的社会属性等。霍夫兰等人将实验对象随机分成实验组和控制组，实验组收看纪录片，控制组不看纪录片，分别测量每一组收看纪录片之前和之后的态度，所采用的问卷一模一样，而且实验对象（士兵）在完全匿名的状态下填答问卷，然后研究者比较两次测量结果的差异和两个组的差异，从而推论收看纪录片是否有助于陆军部实现其初衷。这是一个经典的实验设计方案。

以“美国对日本的战争还要持续多久”为例，研究者将士兵们分成一面提示组（只接收“对日战争很快结束”这个观点）、两面提示组（接收“对日战争很快结束”和“对日战争还要持续一段时间”两种相对立的观点）和控制组（不接收任何观点），让每一组收看相应的影片。实验结果发现：收看了影片的两个实验组（一面提示组和两面提示组）跟不收看影片的控制组之间存在着较大态度差异；如果加入“学历”这个刺激变量，那么一面提示组里学历程度较低的实验对象呈现出较高的说服效果，而两面提示组里学历程度较高的人呈现出较高的说服效果；如果加入“原有态度”这个变量，那么一面提示组的原有态度被改变的强度大于两面提示组。因此，研究者证实了传播媒介具有效果，而且效果的强弱跟受众特征有关。

军队是一个相对封闭、等级制度严密、控制严格的组织；士兵接收信息的渠道相对单一，他们的日常活动安排也是高度一致的，都被暴露在同样的信息面前；实验对象受到上级长官的命令而参与实验，其参与的志愿性比较高，能够保证集中注意力收看整部影片。这些都减少了外来变量对实验结果的影响，比如“播放带有感性镜头的纪录片是否会激起士兵对德国的仇恨”这个问题，研究者可以控制实验对象在实验时间之内不接触其他带有感性镜头的媒介内容，从而保证结果具有较高的内在效度。

实验结果的缺陷在于：前测和后测的问卷完全一样，这样就取消了由于测量工具不同所引起的差异，但是多次重复测量使实验对象熟悉问卷、问卷的敏感度降低，从而可能导致事后测量的结果偏高；前测和后测的时间间隔很短，往往只有一个小时，因此只能测量短期的、即时的、直接的态度变化，而无法测量长期的、累积的态度变化；“态度”是研究的关键词，但是士兵的态度发生变化并不一定等于他们在战场上的行为也会发生变化，行为变化没有能够在实验中得到测量。所以，当拉扎斯菲尔德等人通过调查法得出“有限效果论”的时候（拉氏的关注点是大众媒体是否改变了人们的行为而非态度），他们跟霍夫兰等人的结论并不冲突。

第二次世界大战期间，研究结果因为具有实用价值而被冻结。战争结束后，霍夫兰和他的同事共同出版了《美国士兵》系列丛书，共 4 本，关于纪录片效果的实验研究结果被收入其中第二本《大众传播实验》(1949) 一书中。

第二节　实验法的特点和类型

一、实验的基本要素

实验法与其他研究方法的最大区别在于，它是有控制的一种观察活动。关于实验法的各种定义也都强调这一点，如德国学者阿特斯兰德认为，实验法是“在有控制的条件下可重复的观察，其中一个或更多的自变量受到控制，以使建立起来的假设（即所确定的因果关系）有可能在不同情景中受到检验”①。实施控制的目的在于验证因果关系，因此本书将实验法定义为在高度控制的条件下揭示变量之间因果关系的一种研究方法。

应用实验法时需要同时满足三个条件：

（1）建立自变量和因变量之间因果关系的假设。

（2）自变量和因变量能够与其他变量隔离开，以确保研究者观察到的是自变量和因变量之间的关系而不是其他无关的关系。

（3）自变量能够被控制。

因此，只有那些能够使研究者进行控制的研究问题，才能够采用实验法来研究，比如，实验法不能回答“是不是接受暴力媒介信息越多，则个人越有可能成为犯罪分子”，因为研究者不可能找到一些实验对象，然后记录他们每时每刻接收到的暴力媒介信息，再追踪他们的日常行为轨迹，看他们是否有违法犯罪行为，这是一个长期的过程，许多因素无法控制（比如无法记录个人每一次接收暴力媒介信息的实际情况、无法追踪个人的日常生活长达数月甚至数年），而且研究者也无法实施直接控制（比如不能为了强化研究结果而故意令研究对象接收暴力媒介信息）。实验法适合测量个人的心理活动和行为特征，不适合测量群体特征，也不适合研究涉及较长时间范围的问题，所以，研究者只有根据实际情况和研究伦理的限制，选择那些特定的、能够施加控制的研究问题。

（一）实验过程中的变量

实验过程中，研究者控制或引入自变量，或者改变自变量的取值和水平，通过测量和比较控制前后实验对象发生的变化来估计自变量和因变量之间是否存在因果关系，因此，自变量在实验研究中也被称为刺激变量（treatment）或实验刺激（experimental stimulus），因变量也称为实验对象对刺激变量的反应（response）。实验研究中的自变量的特点在于，它通常都是两分变量，即只有给予刺激和不给予刺激这两种情况。

在实验研究中，研究者不仅控制自变量，还要控制外来变量对实验结果的影响。那些除自变量以外一切能影响因变量的变量，就是外来变量，它们可以分成两类：第一类与实验对象的差异有关，是研究者可以控制的因素，如教育程度、经济地位、个性特征等；第二类与实验对象无关，超出了研究者的控制范围，如突发性事件，比如一场突如其来的瘟疫加强了受众对于公众健康事业的关注，此时再进行有关媒体上的医药卫生健康信息的传播效果研究，就有可能使研究结果被夸大。无论是哪种外来变量，研究者都可以通过给实验对象随机分组来取消或降低它们的影响。

① ［德］阿特斯兰德：《经验性社会研究方法》，北京，中央文献出版社，164页，1995。

（二）前测和后测

在引入实验刺激前后，实验研究一般要对因变量在尽可能相同的环境下进行重复测量，发生在实验刺激之前的称为前测（pretest），之后的称为后测（posttest）。由于前测和后测是在相同或相似的环境下针对同一群实验对象而进行的，研究者控制了其他外来变量，只有刺激变量和因变量发生变化，因此，通过比较前测和后测的结果就可以得出刺激变量对因变量的影响。前测和后测所使用的工具通常是一致的，如同一张问卷、同一个记录仪器，只有这样，两次测量的结果才能具有可比性。有时候，受到某些条件的限制，实验研究也可以只有后测而无前测。

（三）实验组和控制组

参与实验过程的研究对象也被称为实验单位（test unit）或实验主体（subject），他们通常都是自愿参与研究的个人。这些实验主体被分成两组，接受实验刺激的那个组就是实验组（experimental group），不给予刺激的那个组是控制组（control group）。实验组和控制组对刺激变量的反应是可以测量的，在所有外来变量一致或被控制的情况下，他们在因变量上的差异只能够由刺激变量来解释，因此，通过比较实验组和控制组的测量结果，就能反映刺激变量对因变量的影响。有些实验设计也可能只有一个实验组，没有控制组。

二、实验法的特点

实验法的基本逻辑是：在控制外来变量的情况下，有意地改变变量一（自变量），如果变量二（因变量）也随之变化，就说明变量一是变量二的原因。这一点跟调查法不同，调查法不能排除外来变量，不改变变量一，只是测量变量一和变量二，然后计算二者之间的关系如何，比如，在变量一的不同状况下，变量二呈现出什么状况，因此，严格来说，调查法只能验证变量之间的相关关系，而不能验证因果关系。当然，通过巧妙设计的调查研究，也能够验证因果关系，如麦库姆斯等人发展议程设置理论时所进行的夏洛特研究（1977）。

（一）实验法的优点

第三章里介绍过因果关系的四个条件（同时空、时间顺序、相关关系和排除其他变量的影响），这些条件都能在实验法中得到满足，因此在验证变量之间因果关系方面，实验法具有强大的效力，经常运用于解释性研究之中，而且实验法能够通过统计手段来量化地精确估计自变量对因变量的影响强弱。使用其他方法，一般只能推断变量之间是否存在相关关系和共变关系，或者推测变量之间存在着因果关系，但是无法严格证明因果关系。

为了保证实验结果具有较高信度和效度，研究者会将实验结果多次重复进行，以验证之前的实验研究是否测量了真正的因果关系。成功的实验研究能够保证较高的信度，即在实验环境、变量和设计基本相同的情况下，无论是谁来操作，都会得到大致相同的结果。反复操作实验，也增加了改进测量工具的效度的可能性，研究者可以通过重复实验来验证测量工具是否精确、指标是否测量了变量和概念、问卷是否能够有效区分实验对象等。因此，实验法的标准化程度更高。

跟大规模调查比起来，实验法涉及的对象人数少（一般很少超过 100 人），收集数据的时间集中（往往不超过 1 天），所以研究费用相对较少。而且在验证因果关系方面它有着无可替代的优势，因此实验法是效果研究里经常使用的方法之一。当然，实验法节约研究费用只是相对而言，它要求将研究对象区分为实验组和控制组，要求反复测量实验主体，比起需要更少样本量的质化方法来说，它的研究费用有点高。

（二）实验法的缺点

实验室人工环境毕竟不同于自然环境，实验主体一旦得知自己参与实验，就会产生心理压力，不断提醒自己“这是研究”，其表现很可能跟日常生活里的表现有差别，比如故意夸大某些事实来迎合研究者的期望、纠正某些观点以避免留下负面印象等。研究者对实验环境的控制越大，意味着实验环境离自然环境越远，所以，实验研究的结果能否应用于自然环境之中，存在着很大疑问，也就是说，实验法的外在效度不高。

理想的实验环境是研究者能够完全控制的环境，但是在实践中，出现这种理想状态的情况并不多见。实验主体是具有能动性的个体，并非完全服从研究者的要求，如果实验组和控制组成员之间互相交流，那么刺激变量就是无效的，实验结果就被“污染”和“破坏”了。实验环境里有很多超出研究者控制范围的因素，比如以某个新闻机构为实验场所，以其中的记者和编辑为研究对象，那么新闻机构日常工作流程并不会因为实验而中止，研究者要跟实验对象之外的其他人（如主管和同行）打交道。因此，研究者的控制实施起来较为复杂，往往会无法隔离某些外来变量的影响。

实验法所能够回答的问题相当有限，那些无法用量化形式来明确表示变量之间的因果关系的研究问题（比如文化传统对接受外国电影的影响），那些研究者无法控制和操纵实验环境和实验对象的研究问题（比如性别对媒体接触习惯的影响），都不能采用实验法。

不仅研究问题受到局限，就是实验法能够同时验证的研究假设的个数也非常有限。由于严格控制外来变量，因此一次实验研究一般仅能够回答不超过五个研究假设，如果研究假设数量过多，就意味着涉及的变量多，参与实验的小组更多，需要招募更多志愿者和更多研究经费，同时研究者要控制更多变量，这些都增加了实验设计的复杂程度。

比起调查法对大规模样本进行测量并推断总体，实验法在挑选实验主体的时候一般很少采用概率抽样手段，而是在将实验主体分组时采用随机手段。实验法一般都采用小样本和实验主体自愿报名参与的方式，因此其结果对总体的代表性不强，可以说，实验法的目的是验证因果关系，而不是推断总体。

为了有效控制实验主体和降低实验过程本身对因变量的影响，研究者经常会“欺骗”实验主体，比如隐瞒自己真实的实验目的、故意歪曲真实的实验目的、误导实验主体、故意增加某些实验主体不愿意接受而研究者又想测量的实验刺激等。所以，比起其他实证方法，实验法面临更多的研究伦理指责。

三、实验的类型

根据实验进行的地点，可以分成实验室实验和田野实验两类。

（一）实验室实验

在人造的隔离环境中进行的实验，就是实验室实验（laboratory experiment），其目的在于在“真实的”、无污染的环境下研究变量之间的关系，根据一个变量来预测另一个变量的变化，同时，检验假设和发展理论。传播研究里的“实验室”并不像自然科学那样摆放大量仪器、戒备森严、研究者工作时要穿工作服，更多地，它是一间空屋子，可以是研究者固定拥有的，也可以是临时租借的，研究者邀请实验主体在此参与实验，记录下实验主体的答案和变化。实验主体在物理空间上离开了自己的日常生活轨迹，研究者控制了实验环境，将其他可能影响自变量的外来变量的影响降到最低程度。

实验室实验排除了外来变量的干扰，所谓“排除”，就是将外来变量的取值固定起来，使其对实验组和控制组的影响相当，如果不能固定，那也要能够预测它的变化，从而预测它对因变量的影响大小。实验环境相对封闭，所需时间短，研究者能够施加严格的控制、操纵刺激变量的变化程度，制定更明确的操作定义，实验结果随机误差小，具有较高的准确性。但是，传播现象是复杂多变的，引起一个现象的原因也不会是单一的，如果隔离了其他自变量，那么因变量的变化幅度就会降低，这样一来，自变量的影响有可能是难以观察和记录的。实验室并不能完全隔离许多外来变量，如实验主体过去获得的知识、习惯和情感，许多抽象概念也无法在实验室里被精确测量，比如，怎么发展“公民新闻”、“媒介审判”、“有偿新闻”这些概念的操作性定义呢？我们都知道，自然科学实验室里培育出的疫苗要经过多次实验才能推广，有时候，新疫苗会通过了动物实验却没有通过人体实验，只能半途而废寻找新疫苗，传播研究里的实验也是同样道理，实验室所得出的实验结果跟自然条件下的“真实”结果有出入，因此，人工环境是一把“双刃剑”，它使得研究结果具有更高的内在效度，却使得它具有更低的外在效度。

（二）田野实验

当实验刺激是研究者所不能控制的自然界突发事件（如天灾）、重大社会事件（如战争），或某些人为事件（如播放和刊登广告）的时候，研究者往往选择在实际环境中进行实验，这就是田野实验（field experiment），也称为实地实验或现场实验。实验室实验和田野实验之间没有绝对的分界线，只是控制程度高低不同而已，比如，老师随堂对学生进行实验，这究竟是实验室实验还是田野实验？这要看老师对教室这个环境以及对学生（实验主体）的控制程度有多高。

田野实验里只有部分自变量被控制，研究者的控制程度没有实验室实验那么高，这既是优势也是缺陷。优势在于，实验环境更接近现实的自然环境，可能会测量到比实验室实验更显著的结果，具有更高的外在效度；实验操作具有更大的灵活性，能够容纳更多变量，适合研究多变量的复杂社会心理问题；实验室实验只适用于检验假设发展理论，而田野实验具有更高的实用性，可以用来解决实际问题。但是，更多的变量意味着研究者在实验现场会碰到更多意外情况，实验操作可能会碰到障碍，花费时间比较长；有些自变量没有得到控制，实验结果会受到这些外来变量的“污染”而出现误差，研究结果不准确，内在效度比较低；对研究对象随机分组，能够有效降低实验结果的误差，而田野实验里，实验主体的自主性比较高，研究者对实验主体的控制少，随机分组并不容易实现，比如，我们想测量广告是否改变了人们的消费观念，然后选择一所学校的学生在校园内进行实验，随机分组的时候，以个人为单位进行分组比以班级为单位进行分组更加精确，但是有些学生由于跟熟悉的同学没有分到一个组里而不习惯，就会产生抵触情绪（见表 7—1）。

表 7—1 实验室实验和田野实验的比较

	实验室实验	田野实验
控制	高	中
准确性	高	中
灵活性	低	高
现实性	低	高
自变量的影响	更低	较高
花费	低	高
研究时间	低	高
研究目的	理论研究	理论和实用研究

四、实验中的控制

“控制”在实验研究中意味着研究者对实验过程中涉及的每个要素都能够精确地用数字表示它们对实验结果的影响，如果无法测量或不需要测量某些变量，那么就让它对因变量的影响降低为零。排除了所有对因变量的其他解释之后，剩下的就是自变量对因变量的解释。实验中的控制可以分成四种，每一种都能够影响实验结果，上面提到的实验法实验和田野实验是对实验环境的控制，还有三种控制手段。

（一）对自变量和因变量的控制

实验研究过程中，对自变量的控制主要体现在：

（1）能否有效地将自变量与其他外来变量分开，使得它们对因变量的影响也被有效隔离起来，这样，自变量与因变量之间的因果关系就是能够被测量的。

（2）确认在多大程度上能够控制或改变自变量，研究者要通过控制实验刺激的强弱或有无来测量因变量的变化。

实现第一个控制目标的途径就是发展明确、具体、清晰的操作性定义，如果实验变量对抽象概念的表面效度和构造效度高，那么从操作性定义上，研究者就能够清楚地区分不同变量，并进而确认不同变量在实验过程中的作用。实现第二个目标需要依靠研究设计“制造出”自变量，比如实验研究的自变量是“新闻报道使用成语的频率”，因变量是“新闻报道的可读性”，那么研究者在设计实验时就应当选择使用成语频率不等的新闻报道。如果实验研究的自变量是“读者的文化水平”，那么研究者就要确定自己能否找到不同文化水平的报纸读者来参与实验，而且，实验主体的文化水平差异很大的小组，比实验主体差异很小的小组，在因变量上的变化也应该更大，否则，研究者就要修正假设、重新设计实验。

有时候，对自变量的控制会涉及研究伦理问题。比如，为了研究接触暴力信息的频率对个人暴力倾向的影响，研究者让实验主体连续接触暴力信息，如果实验主体离开实验现场以后真的表现出了什么暴力倾向的话，这样的实验就会受到指责，所以，考虑到自己的实验对实验主体可能造成的负面影响，研究者需要缩短研究时间，在实验之前详细讲解实验目的和步骤，以获得实验主体的理解和赞同。

作为实验结果，因变量比自变量带有更大的不确定性，研究者对它的控制也不如自变量那么多，主要体现在能够发展清晰的操作性定义来测量因变量，也就是说，测量工具要准确。

（二）对实验主体的控制

实验主体的个人特征和个性因素也是影响因变量的一个外来变量，排除了它们，就意味着从实验设计的角度来看，实验主体是一模一样的，这样研究者才能比较来自不同实验主体的测量结果（因变量）。控制实验主体的方法有两种：随机分组和配对。

1. 随机分组

随机分组就是将实验主体随机地分成实验组和控制组，研究者不能出于个人偏好或实验主体的某些特征而决定哪个实验对象被分到哪个组里，从而取消了研究者个人偏见对实验结果的影响。随机分组的手段比较简单，可以采用抛硬币（抛到国徽图案的在一个组，花卉图案的在另一个组）、随机数表（每个研究对象按照随机数表被连续分配给一个数字，奇数的在一个组，偶数的在另一个组）等手段。比如，研究者要把 40 个研究对象分成两组，就可以把研究对象的名字写在纸上，充分混合以后再抽签，抽中的前 20 名在一个组，其余 20 名在另一个组。通过随机分组，每个组在外来变量上的取值都一样，实验样本量越大，那么这两个组的构成越接近于完全一样，当样本量比较大的时候，研究者可以认为这两个组的成员构成是一模一样的，但是当样本量比较小的时候，随机分组所引起的误差有可能比较大。

2. 配对（matching）

配对（也叫匹配）就是依据某种特征来找出两组在外来变量上取值相同的实验对象的过程。比如，我们要进行报纸可读性的实验，在报纸上登出广告招募志愿者，假设招募到 100 名志愿者，那么就需要将他们分成两个“相同的”小组。我们可以先对这 100 名志愿者进行摸底，了解一些基本情况，然后进行配对。比如从“性别”外来变量上考虑，这两个组的成员的性别比例应该一样；然后从“年龄”外来变量上考虑，这两个组的成员的平均年龄和年龄分布应该大致相等；再从“教育程度”外来变量上考虑，这两个组的成员的平均教育程度和教育程度分布应该大致相同。如果我们把一个大学文化程度的 40 岁男性分到一个组，那么就要把另外一个大学文化程度的 40 岁男性分到另一个组，如果找到两个 20 岁的中学文化程度的志愿者，那么就要把他们分到不同的组里去，直至每个样本都被分到了一个组里，就可以说，在性别、年龄和教育程度这三个变量上，对两组实验主体进行了配对。

配对的缺陷在于，研究者只控制了某些外来变量的影响，却无法控制所有外来变量。个体的情况千差万别，研究者怎样才能确定哪些变量是对因变量有影响的，是配对时应该考虑的。比如在“教育程度”这个变量里，要不要考虑海外留学和本土教育的差别？实验主体的“居住地”和“职业”对因变量会有影响吗？实验主体往往数量有限，而配对对实验主体的要求比较高，经常会出现找不到两个完全一样的实验主体的情况，比如这两组的年龄分布一样了，但是教育程度和性别分布都出现较大差异。所以，真正的配对是不可能的，研究者只能进行大致的配对。

配对试图按照外来变量来挑选实验主体并进行分组，而随机分配意味着外来变量对实验主体的“干扰”会以相同的方式在不同组的身上体现出来，因此，比起配对法，随机分配能够控制更多的外来变量，它更能保证选出两个基本一样的群体，其结果的准确性和可比性也更高。正是因为如此，在控制实验主体方面，配对的使用没有随机分配那么频繁。

（三）对研究者的控制

如果参与实验的观察人员知道哪个组是实验组，哪个组是控制组，知道实验刺激是什么，那么他们对实验结果的期待就有可能影响实验主体的表现，为了取消研究者个人因素对实验结果的影响，我们经常使用双盲法（double-blind），即跟实验主体打交道的研究者也被隐瞒了，他们也不知道实验刺激是什么，或者哪个主体被分配到了实验组还是控制组里，与此相对，那些实验主体被隐瞒而实验者知道全部情况的实验设计就是单盲法。

现在，医学里新药的临床试验一般都采用双盲法。新药就是实验刺激，如果志愿者知道自己使用了新药（或者甚至只是他们以为自己知道），或者他们从医护人员的态度那里推测到自己是否使用了新药，那么有可能心里很舒服，从而夸大某些表现来证明新药的确有效果。采用双盲法的时候，志愿者被分成实验组和控制组，他们自己并不知道属于哪个组，为他们提供新药的医护人员也不知道自己用的是新药还是普通的营养剂，只有更高级的研究者才知道分组结果，这样，志愿者就无法通过医护人员的态度而判断自己是否用了新药，研究者的影响被降低了，而观察结果的准确性提高了。

实验法与因果关系

通常提到实验法都会不可避免地提到它在验证因果关系方面具有无可比拟的优势。然而，社会科学里的因果关系并非我们所想象的那样简单。

18 世纪哲学家大卫·休谟以运动的球相撞为例，认为我们只能观察到“一只运动的球撞击一只静止的球，导致后者从静止转入运动”，即静止的球开始运动的原因是被另一只球撞击了，但我们观察不到动能的传递。因此，因果关系是我们永远也看不见的，它是我们对重复出现的现象的归纳总结，就好像万有引力看不见摸不着，但是它能有效解释经验现象。由此，休谟提出，无论对两个相随的事物重复观察多少次，我们也无法肯定它们在下一次观察中相随出现，那么如何才能从有限的经验观察归纳出必然性的因果关系呢？

密尔并没有从认识论上解决休谟的问题，而是从方法论的角度总结了因果关系的基本逻辑，这被称为“密尔逻辑”，他的主要方法是求同法和求异法（见图 7—1）。

个案1	个案2	个案3	
C F H …	D F J …	E G K …	总体区别
A B	A B	A B	关键一致

求同法（method of agreement）

正个案	反个案	
C D E …	C D E …	总体相同
A B	非A 非B	关键差异

求异法（method of differences）

图 7—1　密尔逻辑图解

资料来源：彭玉生：《社会科学中的因果分析》，载《社会学研究》，2011（3）。

如果多个个案除了 A 和 B 之外没有任何共同之处，那么 A 和 B 存在着因果关系，这是求同法。比如大家一起去餐馆吃饭，回家后每个人都拉肚子，那么餐馆的饭（A）和拉肚子（B）之间就存在着因果关系，而且应该是前者导致了后者。如果两个个案其他方面都相同，但是一个个案有 A 有 B，另一个个案无 A 也无 B，那么 A 和 B 之间必然有因果关系，这是求异法。比如霍夫兰让同质士兵群体接受相同信息，一个组的士兵接触高可信度信源(A)，另一个组的士兵接触低可信度信源（非 A），最后发现，第一组士兵的即时说服力效果较好（B），第二组士兵的即时说服力效果较差（非 B）。

密尔本人把这些方法称为“实验方法”，因为“总体区别”或“总体相同”只能在实验室里才能达到，现实生活里只能够做到近似。相比求同法，社会科学里的实验法更加青睐求异法，原因就是“总体区别”涉及变量多、更难以实现，而“总体相同”可以通过寻找具有相似性的同质研究对象来实现。

但是，社会科学里的因果关系并非绝对规律或必然出现，而是带有一定的限制条件。比如霍夫兰的说服实验，高可信度信源的即时说服效果好，还同时要求信息本身的说服力强（假设向中学生反复说服 1+1=3，估计信源可信度再高都不会令人信服），说服对象能够理解说服者的语言（对美国士兵不能采用日语进行说明），说服对象的固有态度不那么顽固（每一项说服活动里总会碰到固执己见的说服对象）等等。为了排除这些偶然因素的影响，实验法通过随机分组手段来实现“总体相同、关键差异”的两个个案。

引入随机分组手段，因果关系可以表述为：在相等条件下，如果 A 发生，则 B 发生的概率提高。因果关系的必然性不再表述为个体事件，而是表述为群体概率的增高或平均值的变化。比如，高可信度信源的即时说服效果好，并不是说每一个高可信度信源都会增强即时说服效果，而是说普遍来看，高可信度信源会更加容易提高即时说服效果，或者说，相对低可信度信源，高可信度信源的即时说服效果更好。

当偶然性趋于零的时候，因果关系成立的可能性趋于必然。这样的因果关系具有更高的信度和把握度，这是社会科学研究所看重的，当然也是最难创新突破的研究成果。比如，所有的社会科学研究都发现，“年龄”是一个重要的自变量，不同年龄的研究对象必然会具备不同的认知、态度和行为。所以，为了追求研究的创新性，研究者更应该寻找比起“年龄”而言更具有可变性的自变量来进行研究，否则，研究结论只是重复已有研究的共识，研究价值并不大。

第三节　实验设计

研究设计是研究者对整个研究过程的考虑和规划，下面所谈到的实验设计（experimental design）是实验过程里的一部分，专指研究者对变量、分组、前测、后测的规划。实验法的特点在于研究者的严格控制，实验设计就是保证严格控制的途径之一。

坎贝尔和斯坦利[①]于 1963 年提出了一套符号系统，用于表示实验设计，其中，大写字母 R 表示对样本进行随机抽样或分组，M 表示对样本进行配对分组，X 表示对自变量进行处置或操纵，O 表示对因变量的观察和测量，通常在 O 后面加下标以表示测量的次数，加上标以表示实验主体分属于不同的组，一个横行的符号表示按时间顺序对一组实验主体进行的实验，一个纵行的符号表示在同一时间对不同组进行处置和各变量的测量结果。按照研究者是否控制了自变

① See Campbell, D. T. and Stanley, J. C., *Experimental and Quasi-experimental Designs for Research*, Newbury Park, CA: Sage, 1963.

量、是否采用了随机分组和前测，以及是否有控制组，坎贝尔和斯坦利将实验设计分成三种：前实验设计（pre-experimental design）、准实验设计（quasi-experimental design）和完全实验设计（full experimental design）。

为了清晰展现某些实验设计的长处和缺陷，下文将以一个例子来讨论各种实验设计。假设研究者想了解影响报纸可读性的原因，于是招募 60 名大学生志愿者为实验主体。这个招募过程是非概率抽样，由此会产生对内部和外在效度的威胁（详见第四章）。

一、前实验设计

前实验设计是研究者控制最少的一类实验设计，研究者没有使用随机分组或配对分组手段，整个实验过程中只有一个实验组，没有控制组，许多威胁内在效度的变量没有受到控制，因此，前实验设计也可以称为不完全的实验设计或假实验设计（pseudo-experimental design），它使得研究者无法排除其他不受控制的自变量对因变量的影响，对因果关系的解释比较弱，其结果往往受到质疑，实践操作中，应该限制这类实验设计的出现。

（一）单组后测设计（one-group posttest-only design）

最简单的前实验设计就是单组后测设计，即只有一个实验组接受刺激，然后研究者测量刺激之后的因变量情况。这种设计，可以用图 7—2 表示。

单组后测设计
X　　O_2

图 7—2

以报纸可读性实验为例，自变量是读者阅读能力，研究者让全部 60 名实验主体阅读事先准备好的从报纸上节选的文章（实验刺激），然后填答问卷以测量读者阅读能力（自变量）和他们对文章内容的理解（即文章可读性的高低，因变量）。以 10 分量表来表示他们对报纸内容的理解，假设测量到的平均值为 8，看上去这是个很高的分数，但是，研究者不知道实验之前实验主体在与文章有关的主题上的知识程度如何，如果他们实验前填答问卷就能得 8 分，那么其实这篇文章的可读性并不高。所以，研究者不能认为，读者阅读能力能够影响报纸的可读性。

在实践中，单组后测设计很少被使用。但是当研究者囿于条件所限，无法进行前测的时候，也只能采用这种实验设计，比如研究 2005 年 12 月哈尔滨水危机事件中媒体的传播效果，由于水危机事件是突发事件，研究者事先并不知情，对实验主体进行前测是根本不可能的，就可以采用后测设计。

（二）单组前测—后测设计（one-group pretest-posttest design）

这种设计比前一种设计增加了前测，研究者能够计算前测和后测之间的差异，从而更有把握推断实验刺激的影响（见图 7—3）。

单组前测—后测设计
O_1　　X　　O_2

图 7—3

以报纸可读性实验为例，如果研究者事先用问卷测量了实验主体在与文章有关的主题上的知识程度，然后让他们阅读文章，再填答问卷，来测量读者阅读能力和他们对文章内容的理解。假设前测得到实验主体的知识程度平均值为 4 分，后测得到 8 分，那么看起来，实验刺激产生了较大影响。但是，实验主体多次参与测量，有可能造成他们对问卷的敏感度增加，从问卷中学习与文章主题有关的知识，从问卷中推测研究者的期望，并进而迎合研究者，从而造成后测结果被夸大。

此外，理解知识是一个长期的过程，我们不能仅仅把即时记忆当做“理解”了知识，实验主体从实验刺激中获得的知识需要经过消化吸收方能转化成自己的知识，为了通过实验刺激的长期效果来体现它对因变量的影响，研究者需要延长前测和后测之间的时间间隔，但是这样做，又可能造成实验主体受到外来变量的影响（如跟朋友讨论文章主题从而获得了更深入的理解，见第四章里有关“实验主体成熟”因素对内在效度的威胁）。前测和后测的时间间隔越大，则外来变量的影响越大。如果研究者将前测和后测的时间间隔缩小，比如一个小时，那么后测的测量结果又可能受到休眠式效果（见第四章有关内在效度的讨论）的影响，从而表现出一个比真实取值低很多的数值。为了取消休眠式效果的影响，研究者可以反复进行多次后测，如果多次后测的结果相似，就可以断定第一次后测的结果是可靠的。

这种实验设计的另一个缺陷在于，前测结果是不可靠的。研究者并不能排除回归效应、霍桑效应、研究工具等（见第四章有关内在效度的讨论）对前测结果的影响，也就是说，研究者对前测结果的准确性没有必然的把握。

（三）非对等群体后测设计（posttest-only nonequivalent groups design）

将实验主体非随机地分成实验组和控制组，然后对两个组同时进行后测，就是非对等群体后测设计，也称为静止群体比较设计（static group comparison design）。如图 7—4 所示，第一行是对接受刺激的实验组进行后测，第二行是对不接受刺激的实验组进行后测，没有随机分组和配对分组。

非对等群体后测设计		
	X	O_2
		O_2'

图 7—4

以可读性为例，30 位实验主体阅读了研究者准备好的文章（实验刺激），30 位实验主体没有阅读文章，然后采用统一的问卷对他们进行后测，比较两组的后测结果。假设实验组的后测结果为 8，控制组的后测结果为 6，此时，研究者不能简单认为实验刺激影响了因变量，因为在对实验主体分组的时候没有随机化，可能存在着研究者偏见，比如把高阅读能力的人分到了一个组里，假如进行前测，发现实验组得分为 8 分，控制组得分为 6 分，那么实际上实验刺激没有任何影响。这种实验设计里的“非对等群体”就指的是实验组和控制组由不同特征的人组成，而且他们的特征可能会影响测量结果，由于研究者无法在自己的实验设计中取消分组过程中的偏见，其结果的有效性值得怀疑。

二、准实验设计

为了更好地验证因果关系，研究者都采用准实验设计和完全实验设计。“准”意味着“在某种程度上”，当实验主体被分成多个小组的时候，研究者对每个组都进行前测和后测；当实验主体只有一个小组的时候，研究者就对这个小组反复进行多次前测和后测。比起前实验设计，准实验设计的研究者的控制更多了，实验结果的准确性也更高。但是，准实验设计都没有采用随机分组手段。

（一）准对等群体前测—后测设计（pretest-posttest quasi-equivalent groups design）

准对等群体前测—后测设计就是非随机地将实验主体分成实验组和控制组，然后分别对两个组进行前测和后测，比较测量结果。比起非对等群体后测设计，这种实验设计增加了对实验组和控制组的前测，其结果的准确性比前面任何一种前实验设计都更高（见图 7—5）。

准对等群体前测—后测设计		
O_1	X	O_2
O_1’		O_2’

图 7—5

以前文为例，研究者非随机地将实验对象分成实验组和控制组，首先用同样的问卷来测量每个组的阅读能力和知识程度，然后让实验组看准备好的文章，控制组休息，接着再让每个组接受测试，比较四次测量的结果。假设实验组前测和后测的结果分别是 6 和 8，控制组的结果分别是 8 和 8，那么研究者就更有把握认为实验刺激造成了两个组前后测结果的差异。

这种实验设计的缺陷跟非对等群体后测设计一样，都是无法排除实验主体分组过程中的偏见。比如实验组和控制组的前测结果呈现出较大差异，那么研究者就难以断定造成实验组的前测和后测结果出现差异的原因是否在于他们接受了实验刺激，也可能实验组在实验过程中的人际沟通增加了他们的知识，所以并非实验刺激造成了变化，也可能控制组的知识程度比较高，不合理的问卷设计并没有体现出他们的真实水平。无论是哪种可能性，研究者都无法将实验刺激造成的结果跟每个组内在不可比性造成的结果隔离开来，这样的实验结果并非毫无疑问的。

（二）单组时间序列设计（single-group interrupted time series design）

首先对单组实验对象进行一系列前测，然后给予实验刺激，再进行一系列后测，这种实验设计就是单组时间序列设计，简称时间序列设计（time series design）。跟单组前测—后测设计的不同在于，时间序列设计在实验刺激前进行多次前测，之后又进行多次后测，能够排除实验主体因为多次测量而熟悉实验带来的误差，以图 7—6 为例，如果 O_4 和 O_5 有显著差异，那么就可以估计测量引起的敏感性降低所带来的误差，将其从后测结果中剔除出去，然后得到更接近真实情况的后测结果，对前测结果的处理也是同样道理。

单组时间序列设计						
O_1	O_2	O_3	X	O_4	O_5	O_6

图 7—6

从时间序列设计中，研究者还可以知道，多次测量结果之间应该存在着由于实验主体熟悉实验过程所造成的误差，即多次前测结果（O_1 至 O_3）和后测结果（O_4 至 O_6）内部应该存在着差异。如下图所示，如果 O_1 和 O_2 之间有差异，O_2 和 O_3 之间无差异，或者 O_4 和 O_5 之间有差异，O_5 和 O_6 之间无差异，那么肯定有一个前测或后测结果不准确，这是其他因素造成的，研究者就需要考虑威胁内在效度的其他可能性（图 7—7）。

单组时间序列设计
3　4　4　X　6　7　7

图 7—7

在可读性研究中，研究者可以对实验主体进行多次前测，然后让他们接受实验刺激，再进行多次后测，比较多次前测和后测的结果。如果前测结果内部和后测结果内部都存在着差异，同时前测结果（O_1 至 O_3）跟后测结果（O_4 至 O_6）之间存在着显著差异，那么实验主体对实验过程的熟悉并不足以解释这种显著差异，即它有可能是实验刺激造成的。如果出现如下图所示的测量结果之一，那么研究者就可以有信心认为实验结果是有效的。图 7—8（I）是理想的单组时间序列设计测量结果，而研究者经常得到的是图中（II）的情况。

（I）

单组时间序列设计
4　4　4　X　8　8　8

（II）

单组时间序列设计
2　3　4　X　8　9　10

图 7—8

单组时间序列设计的一个缺陷在于没有控制组，因此研究者无法排除实验主体个人特征和测量工具不准确对测量结果的影响，研究者可能只是运气好才得到了想要的实验结果。为了改进单组设计的缺陷，研究者可以使用多组时间序列设计。

（三）多组时间序列设计（multiple time series design）

多组时间序列设计结合了前两种准实验设计的优点，比准对等群体前测—后测设计增加了多次前测和后测，比单组时间序列设计增加了一个非随机手段分配的控制组，也称为准对等群体时间序列设计（interrupted time series quasi-equivalent groups design）（见图 7—9）。

多组时间序列设计						
O_1	O_2	O_3	X	O_4	O_5	O_6
O_1'	O_2'	O_3'		O_4'	O_5'	O_6'

图 7—9

研究者对多组时间序列设计的实验结果更具有信心。在可读性实验中，假设实验组的多次前测数值都是 4，后测数值为 8，而控制组的前测数值是 6，后测数值是 6，那么研究者就更有把握认为，实验组里前测和后测数值的差异是由实验刺激造成的。

但是，由于非随机分组所造成的误差，在多组时间序列设计里依然没有得到消除，研究者没有估计那些未测量的（或研究者未意识到的）外来变量对因变量的影响，多次测量反而增加了实验主体对测量的熟悉感所引起的误差，这使其结果的准确性打了折扣。

三、完全实验设计

完全实验设计里，研究者严格控制了自变量和外来变量，实验主体被随机分组，形成两个对等的群体，研究者偏见对实验结果的影响被取消，因而其结果比前实验设计和准实验设计都具有更高的准确性。

（一）对等群体前测—后测设计（pretest-posttest equivalent groups design）

对等群体前测—后测设计是最基本、最标准的完全实验设计，它包括了完全实验设计的所有基本要素：随机分组、前测和后测、实验组和控制组。研究者将实验主体随机分成实验组和控制组，同时进行前测，然后对实验组施加实验刺激，再同时进行后测，实验刺激的效果的简化形式就是［（O_2-O_2'）－（O_1-O_1'）］（见图 7—10）。

对等群体前测—后测设计

R　O_1　X　O_2

　　O_1'　　O_2'

图 7—10

在可读性实验中，研究者以抛硬币的方式将实验主体随机分组，然后分别进行前测、实验刺激和后测。假设实验组前测和后测结果分别是 4 和 8，控制组分别是 4 和 4，那么研究者就可以非常肯定是实验刺激造成了这种差异。但是，这种实验设计存在着一个缺陷，就是前测可能造成实验主体对后测的敏感度降低，从而夸大研究结果，为了避免这种情况，研究者可以采用仅有后测的对等群体设计。

（二）对等群体后测设计（posttest-only equivalent groups design）

对等群体后测比非对等群体后测增加了随机分组，实验过程中没有前测，研究者采用随机分组手段将实验主体分成实验组和控制组，然后施加实验刺激，再对两个组同时进行后测，然后比较后测结果。对等群体后测设计实际上就相当于在单组前测—后测设计的基础上更进一步，对同一个群体进行前测和后测，同时研究者控制了实验主体个人特征和研究者偏见对因变量的影响。这种实验设计的另一个优势在于取消了多次测量带来的测验效果效应（见第四章关于内在效度的讨论），因而能够得到更准确的测量结果，而且更节省研究时间和经费（见图 7—11）。

对等群体后测设计

R　X　O_2

　　　O_2'

图 7—11

以可读性为例，研究者决定学号末位数为奇数的大学生志愿者组成实验组，偶数的组成控制组，让实验组的志愿者先阅读准备好的文章再回答问卷，而让控制组的志愿者直接回答问卷。这种实验设计简便易行，实际应用比对等群体前测—后测设计还要广泛。

当然，这种设计对分组时的随机性要求很高，如果分组稍微不随机，比如学生按照性别被分配学号，分组结果有可能是男性在一个组，女性在另一个组，这样就可能导致实验结果较大的误差。

（三）所罗门四组设计（Solomon four-group design）

所罗门四组设计结合了对等群体前测—后测设计和对等群体后测设计的优点，研究者将实验主体随机分成四个组，第一组接受实验刺激、前测和后测，第二组只有前测和后测，第三组接受实验刺激和后测，第四组只有后测。其设计方案，如图 7—12 所示。

所罗门四组设计

	O_1	X	O_2
	O_1		O_2’
R		X	O_2”
			O_2’”

图 7—12

所罗门四组设计的用途在于：

（1）通过比较第一组和第二组，可以看出随机分组手段是否分出了两个对等的群体，如果第一组的前测结果、第二组的前测和后测结果都差不多，同时都与第一组的后测结果表现出了较大差异，那么就可以排除分组不当造成的误差。同理，比较第三组和第四组，只有第三组的后测结果和第四组的后测结果相差较大，才能够认为研究者在分组过程中的偏见没有影响实验结果，因而实验分组是有效的。

（2）通过比较第二组和第四组，可以看出前测是否造成了实验主体对后测的敏感性降低，如果第二组和第四组的后测结果相同，那么前测造成的因变量误差就能被排除。

（3）如果前测对后测没有造成影响，那么通过比较第一组和第三组，可以看出测量效应和实验刺激手段结合在一起是否引起了误差（即外来变量的互动效应，见第四章里有关内在效度的部分），只有第一组和第三组的后测结果差不多，我们才能认为测量效应和实验刺激手段的结合并没有影响实验结果的准确性。

在可读性研究中，研究者将实验主体随机分成四组，对第一组和第二组进行前测，然后对第一组和第三组施加实验刺激，再同时测量四个组的结果。通过这种实验设计，研究者就排除了研究者偏见、测量效应和互动效应对因变量的影响，比起前面所有实验设计的结果，所罗门四组设计的结果最准确。假设测量结果，如图 7—13 所示。

所罗门四组设计

	4	X	8
	4		4
R		X	8
			4

图 7—13

那么，我们就可以认为实验结果具有很高的内在效度，后测结果的差异可以由实验刺激来解释。

在所罗门四组设计里，只比较第一组和第二组，就是对等群体前测—后测设计；只比较第三组和第四组，就是对等群体后测设计。因此，所罗门四组设计结合了前两种完全实验设计的优点，是最完善的完全实验设计，也是最有效的验证因果关系的实验设计，但是，它要求更多的实验主体、更多的研究者和研究经费，因此实际应用并不广泛。

四、更复杂的实验设计——因子设计（factorial design）

前面的实验设计都只涉及了一个自变量的情况，在传播研究中，研究者经常碰到需要研究两个以上自变量和因变量之间的因果关系这种问题，而且传播现象是复杂的，造成传播效果的原因不可能是单一的，当涉及两个以上自变量的时候，就要用到因子设计。每个自变量就是一个因子。根据所使用的实验设计，因子设计还可以分成前实验因子设计、准实验因子设计和完全实验因子设计。

按照自变量的数量，因子设计的复杂性逐渐增加，下面只介绍最简单的双因子设计。以可读性实验为例，自变量有两个：文章阅读难度（变量 X）和字号（变量 Z）。依据这两个自变量，做一个 2×2 因子设计，可以把实验主体随机分成四组：第一组看难度高（X_1）和字号大（Z_1）的文章，第二组看难度高（X_1）和字号小（Z_2）的文章，第三组看难度低（X_2）和字号大（Z_1）的文章，第四组看难度低（X_2）和字号小（Z_2）的文章。对等群体后测因子设计，如图 7—14 所示（注意：不是所罗门四组因子设计）。

对等群体后测因子设计

R	X_1	Z_1	O_2
	X_1	Z_2	O_2'
	X_2	Z_1	O_2'
	X_2	Z_2	O_2'

图 7—14

通过比较第一组和第三组、第二组和第四组的后测结果，可以看出文章阅读难度这个变量是否引起了报纸可读性的变化；通过比较第一组和第二组、第三组和第四组的后测结果，可以看出字号这个变量是否影响了因变量。而且，通过比较第一组和第四组、第二组和第三组的后测结果，可以看出这两个自变量结合在一起（互动效应）是否影响了因变量。假设得到如下的实验结果（见图 7—15）。

对等群体后测因子设计

R	X_1（阅读难度高）	Z_1（字号大）	5
	X_1（阅读难度高）	Z_2（字号小）	4
	X_2（阅读难度低）	Z_1（字号大）	9
	X_2（阅读难度低）	Z_2（字号小）	10

图 7—15

那么，研究者就可以认为，文章阅读难度和字号这两个自变量都会影响报纸可读性，而且文章阅读难度对因变量的影响更大；当这两个变量结合在一起的时候，它们也会影响报纸可读性。跟前面所讲的单变量实验设计不同，两个以上变量的实验设计都必须考虑自变量的互动效应，这种互动效应一般都会超过单个自变量对因变量的影响，有时还能强大到改变单个自变量对因变量的影响，如上图所示，字号跟报纸可读性成正比，但是文章阅读难度和字号这两个变量结合在一起所产生的互动效应，却是跟报纸可读性成反比。

第四节　实验法的实施

一、实验法的步骤

实验法的精髓在于自变量受到研究者控制，因而它要求研究者对整个研究过程有着明确的认识和清楚的规划。上面提到的各种实验设计在前测、后测、控制组、实验组和分组手段上存在着差异，但是一般来说都要遵循相似的实验步骤。

（1）确定合适的研究问题。只有那些研究者能够控制自变量的问题才适合使用实验法，而且实验法的研究对象是具体的个人，实验过程一般是研究者进行前测，让实验主体接触某种类型的媒介文本（实验刺激），然后进行后测，比较测量结果，总结实验刺激的效果，研究者还可以通过增加实验刺激的种类来比较不同实验刺激的效果，因此，那些关于大众传播宏观效果、大众传播社会环境、新闻从业人员职业特征、媒介文本内容特征的研究问题都不能够使用实验法。

（2）确定实验环境。究竟是采用严格控制的实验室实验，还是采用控制比较少的田野实验？这个问题没有固定的答案。如果研究者对实验结果的准确性要求比较高，研究经费有限，同时又希望进行理论研究，那么实验室实验环境比较合适；如果对实验结果的外在效度感兴趣，对控制自变量的把握不大，考察的是一些实用性的研究问题，那么可以考虑采用田野实验环境。

（3）进行实验设计。具体的实验设计方案，可以参考本章第三节的内容。实验设计包含两个内容：确定实验的变量和确定如何控制变量。研究者要将研究问题转化成为能够考察的变量，然后考虑如何引入自变量、如何准确有效地测量因变量、打算采用什么统计手段来分析数据等。所引入的实验刺激，不仅是研究者能够控制的，还应该使实验组和控制组之间的差异越大越好。

（4）招募志愿者参与实验。根据研究问题，可以确定选取具有某种特征的人群为研究对象。接触研究对象的方式，可以是公开招募（比如在报纸上发布广告），也可以是通过非公开手段接触固定的小规模人群（比如，通过肿瘤医院寻找那些其他药品都不起作用的晚期癌症患者，试验某种抗癌新药）。无论哪一种，研究对象的知情权都是很重要的。在研究对象不知情的情况下让他们参与实验，或者是故意隐瞒真实研究目的，用另一种说辞来欺骗研究对象，都涉及研究伦理问题，需要慎重考虑。

为了保证实验结果的内在效度，应该采用随机或配对的方式将研究对象分成在各方面都尽可能相似的实验组和控制组。

（5）进行试测。大部分量化研究都要求试测，实验法也不例外，试测所依据的原理是再测信度，而质化研究过程往往具有不可重复性，因此并不要求试测。正式实验之前的小规模试测能够暴露实验设计和测量工具的问题，比如自变量是否如预期那样得到了很好的控制、实验刺激是否产生了效果、对因变量的测量是否准确、能否排除解释因变量的其他自变量，等等。根据这些问题对实验设计进行改进，就能取得更有效的实验结果。

（6）执行实验。研究者和实验主体都进入实验场地，就可以开始正式的实验，这也是收集实验数据的阶段。这一步骤包括“前测—刺激—后测”三个环节，有些实验设计里可能会取消前测环节。前测或刺激开始之前，为了争取实验主体的配合，研究者还需要集中向他们详细解释实验过程，以使每个人接收到的关于实验过程的指示都是一样的。后测结束之后，研究者应该争取跟实验主体面对面交流，听取他们对实验设计的意见、对研究问题的看法，恳求他们不要把实验内容向那些有可能参加下一次实验的人群泄露，如果执行实验之前不得已而隐瞒了真实研究目的，那么此时研究者就应该公布真实研究目的，并回答实验主体的疑问。

（7）分析和解释实验结果。实验结果一般以量化数字的形式呈现，需要运用统计手段对其进行分析和解释，数据分析的结果应该用图表的形式呈现在研究报告里。常用的统计手段就是比较实验组和控制组以及前测和后测的差异，求证自变量和因变量的相关关系，当涉及多个自变量时，还要考虑单个自变量对因变量的影响和自变量互动对因变量的影响，同时，研究者也要反思实验过程中是否有不受控制的外来变量降低了实验结果的内在效度。

二、实验的误差

如果采用了随机分组手段，那么研究者就能控制自己的偏见和期望所引起的误差，其余的实验误差主要有三个来源：测量工具不准确、外来变量不受控制、分组过程中的随机误差。

（一）测量工具不准确

实验法经常采用问卷或物理仪器来记录实验主体的变化，如果这些测量工具不准确，比如用测量报纸公信力的问卷来测量报纸可读性、观察人员对实验主体阅读报纸的时间的记录不准确等，都会产生测量误差。为了追求更准确的测量工具，实验法强调反复操作同一种实验设计，利用再测信度的原理来改进测量工具。

（二）外来变量不受控制

外来变量对因变量的影响，是实验法最大的困难和挑战，也是威胁实验结果内在效度的一个重要因素。为了控制外来变量，最好是在实验室里进行实验，这样可以提高内在效度，但是人工环境可能会限制结果的推广性和概括性，又会降低外在效度。所以，实验法不得不为了保证一种类型的效度而牺牲另一种类型的效度。一般来说，实验法的外在效度都比较低，所以，评价实验结果时，学术共同体往往重视内在效度甚于外在效度。

传播研究中，对实验环境的控制不如自然科学实验那样精确，外来变量难以预料，有可能在实验进行过程中层出不穷，比如，媒体报道风格突然转变、某个电视广告突然被禁播、竞争性媒体的策略发生变化、受众偏好难以控制，等等，这些外来变量都可能影响实验结果。

可以通过实验设计来降低和取消部分外来变量的影响，但是并非所有外来变量的影响都能够被研究者认识到并加以控制，比如我国政府对媒体的管理因素就难以在实验研究中得到控制。最常见的控制外来变量的手段是随机分组和配对分组，试图“制造”出相似的实验主体，但是这样做只能取消研究者偏见这个外来变量对因变量的影响，反而有可能增加实验主体成熟、损耗、刺激变量扩散、测验效果、互动效应等因素所造成的误差。因此，研究者的控制只是相对意义而言，在传播研究中并不存在绝对的控制。

（三）分组过程中的随机误差

实验法很少采用概率抽样手段获得研究对象，实验主体都是招募来的志愿者，研究样本又是小规模，因此，通过随机分组手段并不能完全取消这些实验主体本身所带有的个人特征对测量结果的影响，相反，有时候，这些个人特征也需要被测量，以估计它们所引起的误差。比如，进行报纸可读性研究，实验主体是大学生，有理由相信，他们在可读性问卷上的得分会普遍比小学生高很多，如果仅仅考察文章语言因素对可读性的影响，那么有可能夸大自变量的影响。为了控制实验主体教育程度这个外来变量，研究者就需要在一群小学生身上重复实验，比较不同教育程度的实验组和控制组之间的差别，以此来推断以教育程度来体现的阅读水平对可读性的影响到底有多大，或者把大学生和小学生混合在一起随机分组，每个实验组接受不同的实验刺激，取消阅读水平这个外来变量的影响。

【思考题】

1. 什么是实验法？它包含哪些基本要素？具有哪些特点？

2. 实验法分成哪两种？各自具备哪些特点？

3. 什么是实验法中的“控制”？怎样在实验过程里实施控制？

4. 如果一位研究者想运用实验法来了解《人民日报》读者对报纸的评价，招募了100位志愿读者参与实验。请根据自己的研究兴趣提出具体的研究问题，并设计一个所罗门四组实验设计方案。

5. 造成实验结果误差的原因有哪些？

第八章

内容分析法

当研究媒介内容时，内容分析法是一种常用方法，在研究传播效果时，也经常见到内容分析法的身影。其他社会科学，如社会学、经济学和政治学等，没有传播学这么重视内容分析法，实际上，内容分析法的发展跟大众媒体和传播技术的发展密切相关，本章就是介绍传播研究中的内容分析法，包括它的优缺点及研究设计、过程和信效度，重点是如何编制有效的编码表。

第一节　内容分析法在大众传播研究中的应用

早在18世纪，瑞典学者就已经计算赞美歌里包含的宗教象征符号的数量，以此来看赞美歌是否反对教会。19世纪末，学者们开始对报纸进行量化内容分析，比如计算纽约报纸的报道内容，发现报纸的内容从宗教、科学和文学转向休闲、体育和丑闻，同时，内容分析法还被用于分析与国家认同有关的词语出现在总统公共演讲中的频率，广告在广播节目中的类型和比重等。20世纪20年代，传播学奠基人之一拉斯韦尔使用了内容分析法来研究第一次世界大战期间各参战国所使用的宣传符号，认为“宣传是现代世界中最强大的工具之一”。第二次世界大战期间，盟军情报部门监听德国电台播放音乐节目的数量和类型，并跟欧洲德占区内电台音乐节目相比较，以此推测欧洲大陆上盟军反攻的战况。战后，学者们用内容分析法来研究新闻的遣词造句对传播效果的影响。

1952年，贝雷尔森（Bernard Berelson）出版了《传播研究中的内容分析》一书，说明这种研究方法已经得到传播学者的认可。现在，内容分析法已成为大众传播研究中运用最多的方法之一，1965—1989年，美国大众传播量化研究中，25%的研究采用了内容分析法。[①]

在传播研究中，内容分析法主要用于以下几个方面。

（一）描述某一时间段内媒介内容和媒介再现手段

这是内容分析法最基本的应用领域，它包括：

（1）描述媒介内容和再现手段的特征和趋势，比如研究广告对女性的再现方式，研究电影镜头的使用，研究小说的主题变迁等。

（2）比较不同媒体之间的内容差异，如比较党报和都市报对突发性事件的处理方式，比较中美媒体对于台湾问题的报道等。

（3）通过研究媒介内容和再现手段来体现真实世界里的社会观念和行为，即比较媒介现实和“社会真实”，如通过研究我国报纸的征婚广告来看人们的婚姻观的变迁，通过研究时尚杂

---

① 参见Wimmer，Roger D. and Dominick，Joseph R.，*Mass Media Research*：*An Introduction*（影印本），133页，北京，清华大学出版社，2003。

志的内容变迁可以体现人们的消费观念的变迁，通过研究媒介暴力内容可以探讨它跟真实暴力行为之间的关系等。

（二）推断传播者的特征和态度

（1）通过媒介内容和再现手段来描述与传播者有关的变量的特征，比如用男女记者的作品出现在报纸版面上的位置及其内容来衡量他们在媒体组织内部的地位，通过研究广告在报纸中的地位和比例来体现广告对报纸的影响等。

（2）了解媒介对某些群体（如少数民族、外国人、儿童、女性等）和某些议题（如艾滋病、农民工）的态度，以此来批判性地评价媒体在社会权力运作过程中的地位和立场，如通过研究媒体对农民工的报道可以看出它们是否推动了“公共领域”的建设，通过媒体对日本人的报道可以评价它们是否坚持了客观公正的报道准则等。

（三）跟受众调查结合在一起，估计特定媒介内容的传播效果

培养分析理论用调查法来研究受众的态度和媒体接触习惯，用内容分析法来统计电视节目暴力信息的程度和出现频率，发现看电视时间越长的受众越倾向于表现出对真实世界的担忧和恐惧，因此认为媒体对受众有着长期影响。欧洲学者詹森和罗森格林主张从“接受分析”（reception analysis）角度来研究受众，其主要特点就是研究者对媒介内容进行量化分析，同时运用质化田野研究来了解受众对媒介内容的态度，比较二者，就可以看出媒介是否达到了传播效果。①

内容分析法还可以用于查证历史文献的作者，具体操作过程就是统计待查证文献里某些字和词出现的频率，然后跟已知作者文献里相同字和词出现的频率进行对比。如果二者差不多，就有信心确定该作者就是待查证文献的作者。俄国作家肖洛霍夫因《静静的顿河》而获得1965年诺贝尔文学奖，但是有些知名作家认为这部小说抄袭了另一位作家克留科夫的作品，为了弄清楚谁是该书的真正作者，捷泽等学者对小说进行了内容分析，把《静静的顿河》四卷本小说同肖洛霍夫和克留科夫这两人的其他在作者问题上没有疑义的作品用计算机进行分析和比较。他们从《静静的顿河》中随机挑选2 000个句子，再从两位作家的各一篇小说中随机挑选500个句子，计算并比较句子的平均长度、常用词出现的频率、句子结构等。根据统计结果，捷泽等人认为，《静静的顿河》的真正作者是肖洛霍夫，还了作者一个清白。

内容分析法的应用：对《红楼梦》作者的研究

我国古典文学巨著《红楼梦》前80回和后40回是否同一人所作？对这个问题，学术界一直存在着争议。这里，我们从内容分析法的角度来看学者们的研究。

1981年，首届国际《红楼梦》研讨会在美国召开，美国威斯康星大学讲师陈炳藻宣读了《从词汇上的统计论〈红楼梦〉作者的问题》这篇论文。他从前80回里随机抽取5回，从后40回里随机抽取3回，比较5个文言虚词的出现频率，发现它们的正相关程度达到78.57%，由此认为前后作者基本是一人，即曹雪芹，对“后40回作者系高鹗”这一流行看法提出异议。

后来，我国学者陈大康采用了大致相同的方法，不过他普查了全部120回，统计8个文言虚词和24个常用动词出现的频率，发现前80回里这些词出现的频率明显高于后40回，因此认为这的确是两个人的作品，他的观点符合“红学”研究的主流。

---

① See Boyd-Barrett, Oliver and Newbold, Chris (eds.), *Approaches to Media: A Reader*, pp. 174-183.

出现这两种截然相反结论的原因在于两位研究者所选择的字（自变量）不同，即非概率抽样手段造成了误差。理论上来讲，作者的语言风格是因变量，他所使用的每个字都是一个自变量，这些自变量跟因变量之间保持着稳定的关系，即每个字在各处（可以是一位作者的不同文章）出现的频率是稳定的。对不同的作者来说，他们的语言风格各有差异，因此每个自变量和因变量之间的关系也相应地有所差异，比如曹雪芹和高鹗都使用了"的"这个虚词，但是在两人笔下，"的"出现的频率不等。如果全书出自同一作者，那么每个字在每一回里出现的频率应该基本一致，由于一本《红楼梦》里使用的字太多，研究者不可能统计所有自变量跟因变量之间的关系，只能选择那些他认为重要的字来统计（立意抽样），因此研究者也不能保证自己一定抽到了那些出现频率最高、跟因变量的关系最稳定的字，可能他们所选择的字没有准确代表曹雪芹真正的语言风格。

第二节 内容分析法的特点

一、内容分析法的定义和特征

许多学者都对内容分析法给出过明确的定义，如：

贝雷尔森认为，"内容分析是对显在（obvious）传播内容进行客观、系统和量化描述的一种研究方法"。

而柯林杰则认为，"内容分析是为了测量某些变量而以系统、客观和量化的方式来研究和分析传播过程的一种方法"①。

阿特斯兰德则认为"内容分析是一种揭示社会事实的数据调查方法，在这种方法中，通过对一个现存内容进行分析而认识它所产生的联系、发送者的意图、对接收者或社会情境的影响"②。

这些定义各有特点和缺陷：贝雷尔森和柯林杰的定义里，"系统地描述"这种说法模糊不清，没有涉及内容分析法的目的和价值，"客观性"已经在社会科学界受到普遍批评，任何时候都不会存在绝对客观的研究；阿特斯兰德的定义太烦琐，对"现存内容"语焉不详。为了克服以上缺陷，美国学者克里朋多夫给出了如下定义："内容分析是可重复地、有效地从数据推论其情境（context）的一种研究方法。"③ 这个定义简洁地包含了一些内容分析法的基本概念：数据、情境、研究目的（推论）、信度（可重复）和效度。

总的说来，内容分析法具有如下特征。

（1）研究对象不受打扰。海森堡的测不准原理告诉我们，测量行为本身会影响观察对象的活动，由此产生测量误差，调查法和实验法都不可避免地会碰到这样的问题。跟它们不同，内容分析的研究对象是已经生产出来的媒介内容，媒介内容分布广泛，研究者能够不接触媒介内容的生产者和消费者而获得研究样本，因此避免了受研究对象反应的影响。

① Kerlinger, Fred N., *Foundations of Behavioral Research*, 3rd ed., New York: Holt, Rineart & Winston, 1986.

② ［德］阿特斯兰德：《经验性社会研究方法》，187～188 页，北京，中央文献出版社，1995。

③ Krippendorf, Klaus, *Content Analysis: An Introduction to Its Methodology*, Beverly Hills, CA: Sages, 1980, p. 21.

（2）研究过程可重复。贝雷尔森的定义里的“客观”其实更多的是指研究过程可以重复：不同的研究者遵循相同的研究设计和过程，能够得到相同的研究结果。即研究者个人的偏见和喜好不能影响研究结果。抽样和测量都有明确规定的程序，每个研究样本被抽中的机会相等，编码过程高度一致，所有样本都用同一套工具来测量和分析，同一个研究者在不同时间重复这些程序，能够得到同样的结果。

（3）量化方法。内容分析中，数据收集过程就是将文字、图片、语言、舞蹈等媒介内容转化为数字，准确计算某些元素的出现次数和百分比。它是一种量化方法，分析数据时会用到统计手段。

（4）非结构化程度高。结构化指的是研究过程遵循一定的标准化程序，抽样方案和测量工具中途不可更换，问卷调查和实验法都是高度结构化的量化方法，研究过程中很少增加或减少研究对象，问卷一旦发送给研究对象，其问题和回答选项就不可改变，否则，测量就是无效的。内容分析是高度非结构化的量化方法，研究者在设计编码表的时候不能预测所有的分类类别，将媒介内容分类时才发现有些分类应该合并、删除、更替或增添，这时，研究者就可以根据需要对编码表作相应修正，然后继续编码过程。所以，内容分析的数据收集过程相对灵活，编码表具有开放性。

（5）描述媒介内容。无论研究问题和研究目的为何，内容分析都只能提供有关媒介内容的数据，它从不直接涉及有关传播者或受众的数据，只能根据媒介内容来推断有关人的态度和行为的变量。而且，对内容的描述应该准确、清楚。

二、内容分析法的优缺点

（一）优点

不打扰研究对象，使得内容分析能够避免研究对象所造成的抽样和测量误差，其结果更加准确。

内容分析的研究对象是大规模生产、公开发布的媒介内容，比起调查法和实验法，它获得研究样本的途径更多更容易，比如研究者可以跟媒体联系借出媒介内容产品，也可以自行录制电视节目、购买印刷媒体，如果错过了某期电视节目或印刷媒体，等着重播或去图书馆复印就可以收集样本。而调查法或实验法中，如果调查对象拒绝参与调查、实验主体中途退出实验，研究者就无法弥补样本缺失带来的误差。

内容分析节省人力和研究经费，编码员一般2名～6名就可以了，无须大量的调查员和观察员，而且研究样本可以跨越较长时间和较大地理空间，只需很少的几位研究者就能处理大规模数据，如研究过去20年来我国报纸广告的变迁、研究新中国成立以来我国女性期刊的封面人物等，所以，内容分析是一种“经济”的研究方法，范祖尼曾经建议女性主义媒体研究的起步阶段可以多使用内容分析来了解媒介内容对女性的贬低，简便易行。①

重复进行调查法和实验法，不但会耗费更高的研究经费，而且有些研究即使重复，也会因为研究环境改变而无法得到完全相同的结果。而重复进行内容分析，其成本和代价都很低，即使研究环境发生变化，研究对象也不会有什么变化，所以重复内容分析的结果应该很接近。所以，内容分析的研究结果具有较高的信度。

---

① See Van Zoonen，Liesbet，*Feminist Media Studies*，London：Sage，1994.

（二）缺点

内容分析只适合研究那些明确的、显在的媒介内容，在处理意识形态、观念、价值、意义这些含义精妙的概念方面比较薄弱，因为这些深层意义都要求研究者做出主观判断，无法用共同标准来衡量。比如在英语世界里，“中国”、“红色中国”、“共产主义中国”这些词语的情感含义有着微妙的差别，进行内容分析的时候研究者就需要依据上下文来判断它们的立场，由此会带来研究者偏好所引起的误差。

编码是内容分析的关键步骤，而对大量媒介内容进行分类和编码，是很烦琐的事情。假设我们有100篇样本文章需要进行编码，那么编码员就需要重复100次相似的工作，这很容易使编码员觉得沉闷乏味，有可能带来编码过程中的误差。

内容分析只能够研究那些被记录和流传下来的媒介内容，当需要获得的媒介内容超出了研究者能力范围的时候，就无法采用内容分析了。比如，我们想对某论坛过去一年的发帖进行内容分析，但是论坛可能只保存过去90天的发帖记录，因此无法研究。

内容分析的研究结果依赖于编码时的定义和分类，编码是人为的过程，有可能会产生误差。比如：对“新闻消息来源”的分类系统没有穷尽，漏掉了“非政府组织”这个消息来源，从而导致某些样本无法归类；或者对“媒体的客观性”定义不准确，编码表其实测量的是“媒体消息来源的多样性”；或者编码员由于主观粗心和客观能力所限，进行了错误的分类，而这种误差又很难被完全纠正。因此，内容分析的内在效度并不高。

在选择样本媒体时，内容分析很少会采用概率抽样。这是因为媒体总数巨大，进行概率抽样会导致被抽中的媒体多，同时每一家媒体被抽中的文章数量少，而每一家媒体刊登的新闻数都多达上百条，如果抽得过少，代表性就会降低，所以，媒体总数乘以每家媒体每天的报道数量，再乘以某个研究时间段，所得结果几乎是个天文数字，获得抽样框的代价太高。内容分析的抽样手段经常是立意抽样和个案研究，这导致被抽中的媒体数量少，同时每一家媒体被抽中的文章数量多。当通过对媒介进行内容分析来推断媒介总体的特征和媒介的态度时，有可能研究者抽取的样本并不能推广到总体中去，研究者并无十分的把握肯定样本媒体的内容特征就相似于媒介总体的特征，也无法肯定“社会真实”就等同于或相似于媒介真实。比如，对《新闻联播》节目进行内容分析就能够说明我国电视新闻节目的变迁趋势吗？对过去五年来畅销书的内容分析就能够说明社会观念的变迁吗？单一的内容分析的外在效度并不高。

当研究问题涉及传播者和传播效果时，单单采用内容分析并不能直接回答它们，只能够通过内容分析的数据来间接推断（而不是确认）对研究问题的答案，而调查法和实验法能够直接回答这些问题。因此，内容分析所能回答的问题有限，比如一份报纸的内容分析结果表明，女性消息来源出现的机会远远低于男性，那么研究者只能说“这份报纸的内容歧视女性”，却不能很有把握地断言“这份报纸的记者和编辑歧视女性”，为了验证后一个假设，研究者需要获得有关这些记者和编辑的直接数据。格伯纳等人的培养分析理论也因此而受到批评，媒介暴力信息增加跟社会暴力活动上升，哪个是原因，哪个是结果？培养分析理论认为前者是因后者是果，但是严格的实验设计只能证明媒介暴力信息导致了受众（尤其是儿童）更具有暴力倾向而已，无法证明媒介暴力信息导致了受众的行为更趋于暴力。所以，有可能是媒介仅仅反映了“社会真实”而已，那么应该指责的是社会堕落，而非媒体不负责任，所以，有人指责培养分析理论是“一个百万美元的错误”。内容分析都是对媒介内容的描述，至多能够证明变量之间的相关关系，很少能够解释因果关系，只有跟其他方法配合，内容分析才能被用于解释性研究中。

三、内容分析法的研究设计

下面列出的研究设计里，能够通过经验手段得到验证的关系或结论采用实线表示，通过推论（infer）得出的关系或结论采用虚线表示。严格说来，内容分析法只能描述媒介内容，它的研究价值通常体现在研究推论里。

（一）描述媒介内容①

1. 描述媒介内容的再现手段（见图 8—1）

“电视广告中的女性形象”课题组以 2005 年下半年中国五个城市电视台晚间黄金时间段的全部电视广告为研究样本，考察中国电视广告里的女性形象（见图 8—2）。具体抽样时间为 2005 年 8 月至 11 月每个月的 3 日和 4 日共 8 天，晚间 18 点至 20 点的全部电视广告，共 4 935 条，然后等距抽样选出 999 条广告进行内容分析。被抽中的电视台为中央台（CCTV－1）、北京台（BTV－1）、广东台（珠江频道）、广州台（广州综合频道，台标：广州）、上海新闻娱乐频道、上海台、甘肃台（文化频道）、兰州台（新闻综合频道）、辽宁台（辽宁卫视）、沈阳台（SYTV－1）。②

图 8—1　描述媒介内容的再现手段示意图

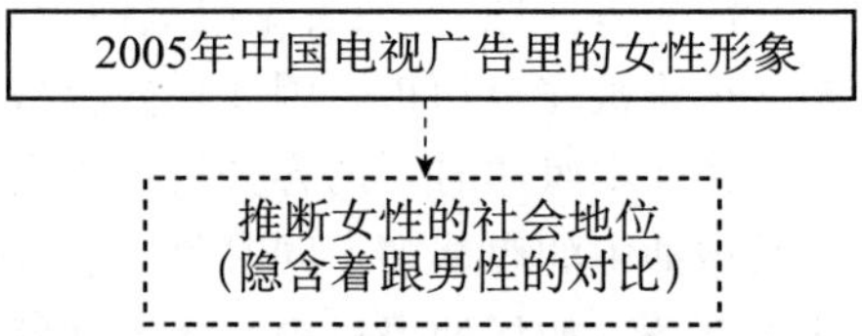

图 8—2　电视广告里女性形象研究示意图

2. 比较不同媒体之间的内容差异（见图 8—3）

通过对广州四份日报 2000 年 1 月 1 日至 2003 年 12 月 31 日（每隔 8 天抽取一份报纸）新闻版面的内容分析（见图 8—4），李艳红发现，党报和都市报关于农民工报道的角度和主角有着显著差异，然而加入了报道面积（单位：平方厘米）这一变量之后，四份报纸的报道数量上并无显著差异。③

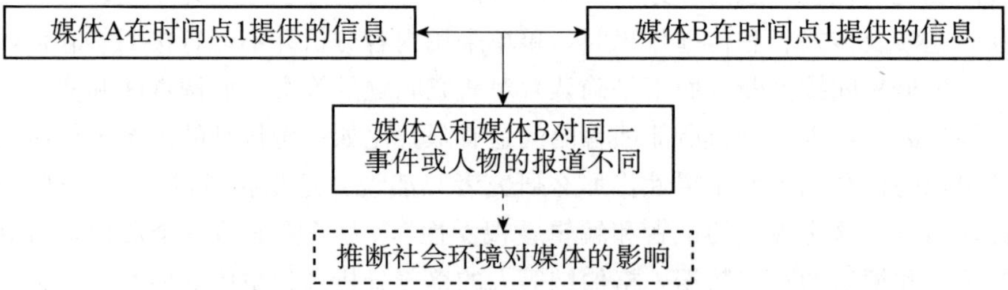

图 8—3　不同媒体内容差异研究示意图

---

① 以下研究设计只需要做内容分析，不涉及其他研究方法和研究对象。

② 参见首都女新闻工作者协会“电视广告中的女性形象”课题组的内部资料。

③ 参见李艳红：《新闻报道常规与弱势社群的公共表达——广州城市报纸（2000—2003）对“农民工”报道的量化分析》，载《中山大学学报》（社会科学版），2007（2）。

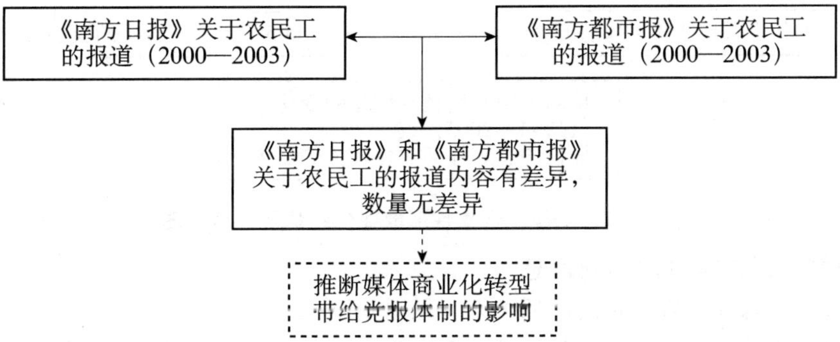

图 8—4　《南方日报》与《南方都市报》对农民工报道比较研究示意图

在热门的跨文化比较研究中，当关注点是媒介文本时，所采用的研究设计通常也是这一种，如图 8—5 所示。

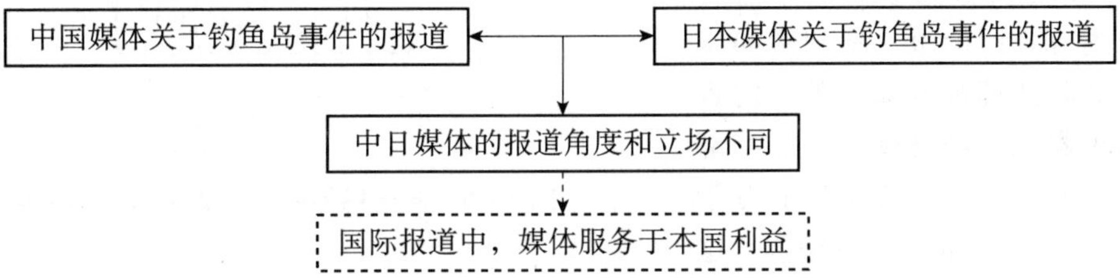

图 8—5　中日媒体钓鱼岛事件的比较研究示意图

这一类跨文化比较研究的共同问题在于，不同国家的媒体本来就应该是不同的，“一个世界，多种声音”，这应该是常识，那么，研究结论得出一个常识，又有什么意义呢？更何况有些跨文化比较研究并不能秉持中立立场，研究者因某国媒体的报道跟本国媒体不一致，而将前者称为“妖魔化报道”，以价值判断代替了学术研究。所以有研究者建议，跨文化比较研究不应该只进行国家之间的比较，也应该加入同一国家或文化内部媒体之间的比较。比如说，研究中美媒体关于伊拉克战争的报道，不应该只比较《人民日报》和《纽约时报》，也应该比较《人民日报》和《南方都市报》、《纽约时报》和《华盛顿邮报》之间的异同。

3. 分析某个媒体在长时间段里的变化趋势（见图 8—6）

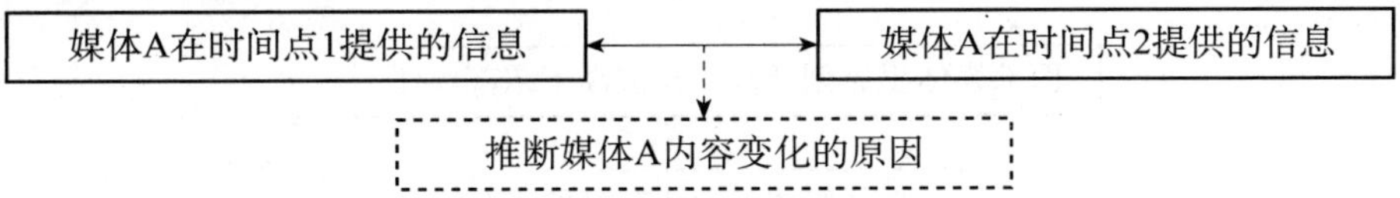

图 8—6　某媒体在长时间段里变化趋势研究示意图

1994 年 8 月至 12 月每个月 3 日和 4 日晚间 18 点至 22 点，研究者抽取了 5 个城市 10 家电视频道的所有电视广告，共 4 878 则，然后通过等距抽样抽取了 1 197 则电视广告。通过内容分析，研究者发现，性别歧视广告占全部广告的 33.7%，中性占 64.7%，性别平等广告占 1.6%。2005 年，研究者重复这一研究，选择了同样的 5 个城市的 10 家电视频道，内容分析的结果发现，电视广告里的性别歧视程度在加剧，研究者最后试图评选“十大性别公正广告”，却发现勉强只能选出 9 则广告，第 10 则广告空缺（见图 8—7）。①

---

① 参见刘伯红、卜卫：《我国电视广告中的女性形象研究报告》，载《新闻与传播研究》，1997（1）。以及首都女新闻工作者协会“电视广告中的女性形象”课题组的内部资料。

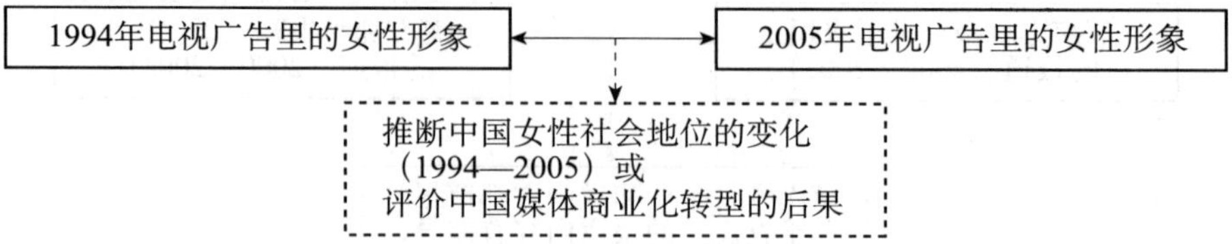

图 8—7　电视广告女性形象变化趋势研究示意图

4. 比较同一媒体提供的不同信息

（1）比较同一媒体内容变量之间的关系（见图 8—8）。

研究者选择了北京、上海、成都、兰州和广州 5 个城市的 12 家综合性日报，对它们 2009 年和 2010 年全年内容进行等距抽样，每年共抽取 14 天两个构造周。每一份入样的报纸只选择要闻版面或 A 叠上的新闻类内容，评论版、副刊和娱乐等非新闻类版面都被排除在外。内容分析的结果发现，经济更发达的东部地区的媒体的原创新闻比例反而低于经济更不发达的西部地区的媒体。这一结果出乎研究者的意料，重新考察原始数据之后，研究者发现，入样的两份成都报纸的原创新闻比例在所有 12 份报纸里最高（超过 90%的新闻属于自采原创新闻）。然而跟成都相比，北京、上海和广州的媒体市场竞争激烈程度丝毫不逊色。因此得出结论：一方面，媒体市场竞争并不会主动提升媒体的原创性；另一方面，北上广三地的新媒体发达，当地传统媒体更倾向于“报网合作”或者直接编发优秀的网络稿件。新媒体的兴起对传统媒体的原创性提出了新的挑战，该研究虽然没有涉及新媒体与传统媒体的比较研究，但是数据已经暗示了两者之间的竞争关系（见图 8—9）。①

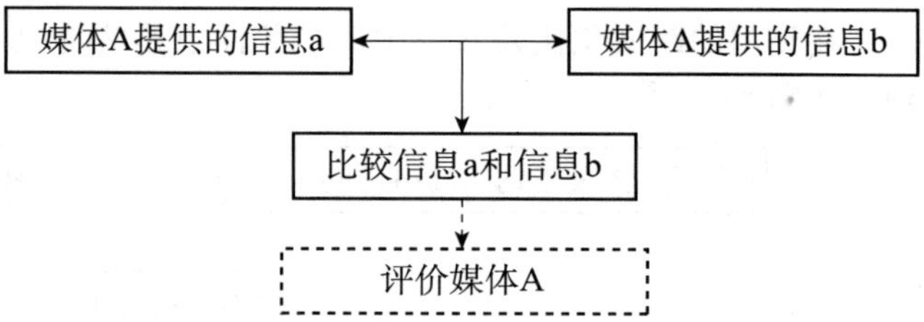

图 8—8　同一媒体内容变量关系研究示意图

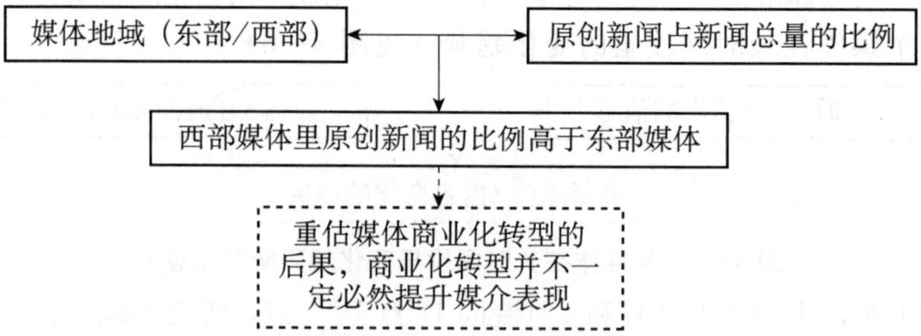

图 8—9　五城市日报原创新闻比例比较研究示意图

（2）比较同一媒体在不同情况下的报道（见图 8—10）。

研究者选择了美国《华盛顿邮报》、加拿大《环球邮报》、新加坡《海峡时报》三份报纸 2003 年 3 月 14 日至 6 月 2 日的关于中国和越南 SARS 的报道为研究样本，发现西方主导的新

① 参见陈阳：《媒体地域、媒体级别、媒体导向与专业主义媒介表现——基于全国五城市媒体的内容分析报告》，载《国际新闻界》，2012（6）。

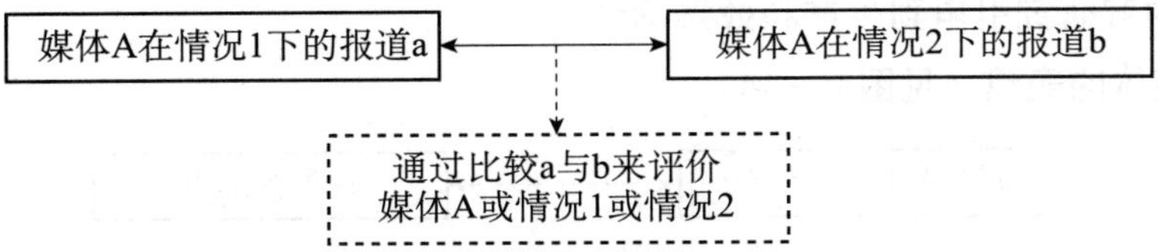

图 8—10　同一媒体不同情况下报道比较研究示意图

闻媒体对中国内地 SARS 的报道基本上是负面的，而对越南 SARS 的报道基本上是正面的。进一步分析表明，这主要与两国政府在处理 SARS 危机时采用的手法有关，而非取决于西方媒体对中越两国的刻板印象。因此，在塑造国家形象的过程中，内在因素起主导作用，内外力量互动转化，则是媒体建构他者形象的关键（见图 8—11）。[①]

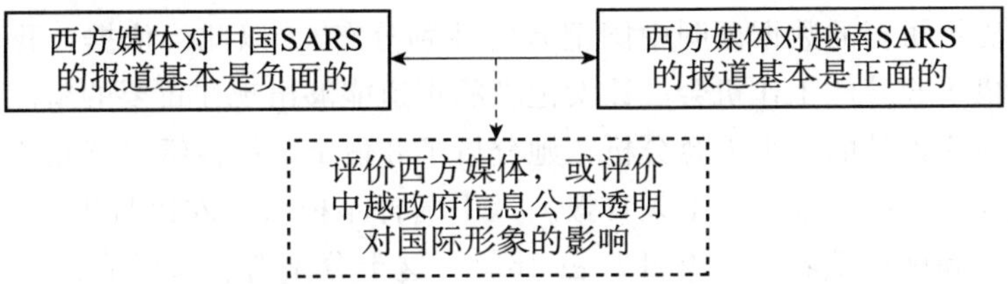

图 8—11　西方媒体对中越 SARS 的报道比较研究示意图

5. 比较针对不同受众群体的媒介信息（见图 8—12）

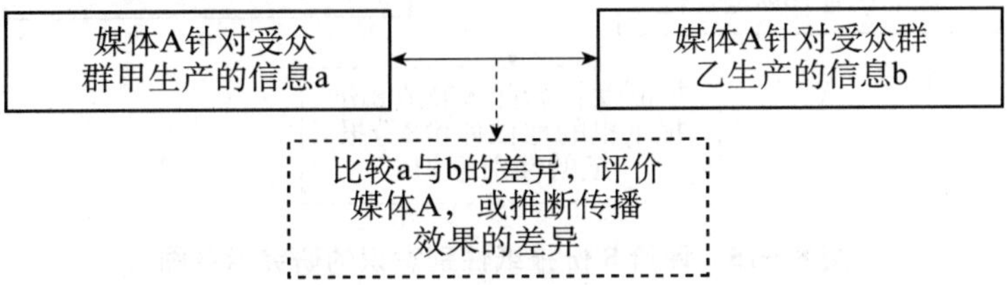

图 8—12　针对不同受众的媒体信息比较研究示意图

有时候，同一个传播者会根据目标受众的不同而生产不同的传播内容，比较这些差异性的传播内容，能够推断传播者的意图或评价传播效果的差异。比如，在同一场新闻发布会上，各国记者的提问都会围绕当下共同的热点话题，如果能够比较新闻发言人针对中外记者相似问题的回答的差异，那么就可以用来推断传播者的意图或评价传播效果的差异（见图 8—13）。

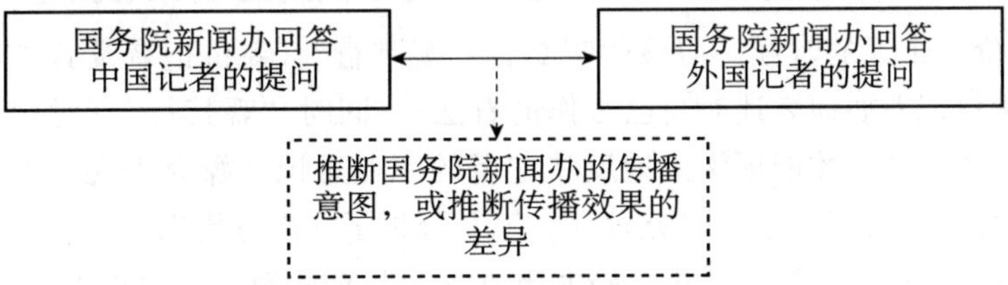

图 8—13　国务院新闻办回答中外记者提问比较研究示意图

---

① 参见黄煜、梁子微：《西方为首的新闻媒体对中国和越南“非典”报道的案例分析》，载《中国传媒报告》，2006（1）。

（二）从内容研究引申到生产和效果领域①

1. 评价媒体的表现（见图 8—14）

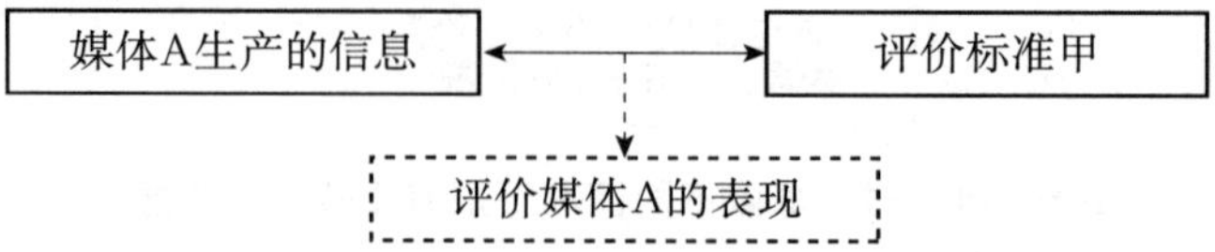

图 8—14　评价媒体表现研究示意图

如果我们能够找到一个具有一定说服力的评价标准，以此来衡量或评价媒体内容，那么就可以对媒体表现得出比较有说服力的结论。比如，根据 1995 年中国社会科学院新闻学研究所对中国女记者的调查结果，中国记者里大约 1/3 是女记者（可惜此后相关研究匮乏，20 年过去了，我们至今缺乏更可信的数据证明中国记者的性别分布）。以此为依据，我们可以评价媒体是否给女记者提供了充分的工作机会、让女记者的报道能够出现在重要的新闻版面上。冯媛曾经做过类似这个研究设计的一个内容分析，她分析了 8 份全国性报纸（《光明日报》、《经济日报》、《科技日报》、《法制日报》、《工人日报》、《中国青年报》、《农民日报》、*China Daily*）的头版，发现在所有新闻行动者里，女性只占 16%，这十分不符合女性在总人口中的比重。因此她推断，女性在媒体里普遍处于不可见（invisible）的状态（见图 8—15）。②

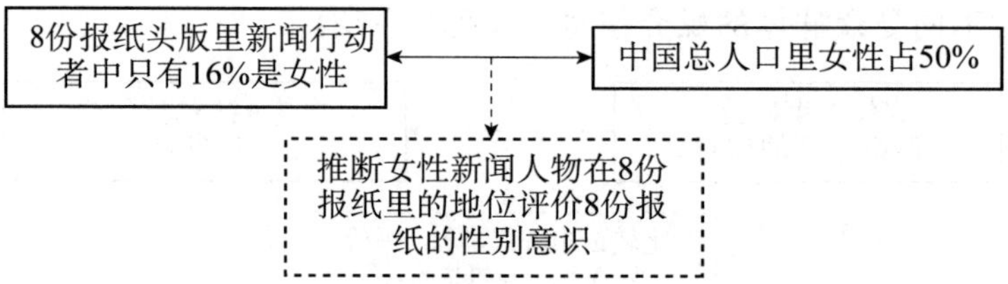

图 8—15　评价 8 份报纸性别意识的研究示意图

2. 比较记者的话语及其行为，评价记者的职业意识和媒介表现（见图 8—16）

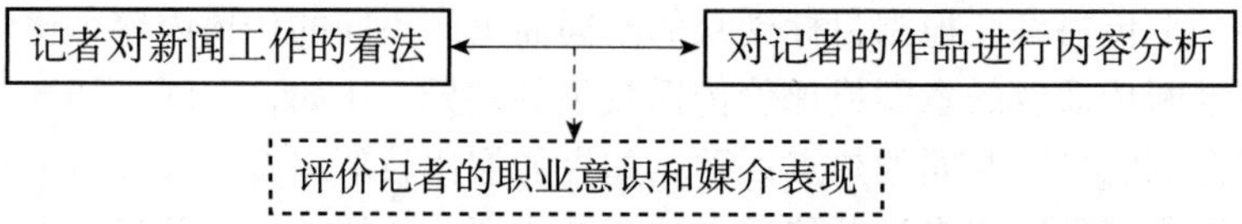

图 8—16　比较话语、行为评价记者职业意识和媒介表现的研究示意图

俗话说，评价一个人的时候，应该“听其言、观其行”。评价记者及其工作的时候，也应该“听其言”（考察记者如何表述对自己工作的看法），同时“观其行”（对记者的新闻作品进行内容分析），二者结合，才能更深刻地反映记者的职业意识和媒介表现。关于新闻生产和专业主义的多项研究，就使用了这个研究设计。笔者分析了《南方周末》1999 年 3 月至 8 月头版封面文章的时效性。总共 26 篇文章里，新闻事件发生日期距离出版日期的时间差小于 15 天之内的，仅有 5 篇文章。有 4 篇文章的时间差在 16 天至 30 天之内，时间差为 1 个月至 6 个月的封

---

① 以下研究设计要求配合使用内容分析法与其他方法，研究对象也可能不仅仅局限于媒体内容本身。

② 参见冯媛：《解析表象：关于八家主导报纸新闻版的研究报告》，见金一虹、刘伯虹主编：《世纪之交的中国妇女与发展：理论、经济、文化和健康》，273～283 页，南京，南京大学出版社，1998。

面文章共 10 篇。因此，在“那些金子一样的日子，闪亮得让人不敢相信”的《南方周末》鼎盛期，这份周报并不追求新闻的时效性，它强调“讲故事”，可读性强，文字感情充沛，重视记者的主观看法，重视新闻策划和新闻评论，这使得它的某些做法跟主流的党报传统和 20 世纪 80 年代流行的报告文学有着更多相似性（见图 8—17）。比照记者对于自己工作的公开意见和看法，我们更能体会到当代中国记者职业理念的曲折发展和时代变迁带给新闻界的影响，尽管《南方周末》的某些做法是否符合新闻专业主义的标准，有待商榷。也许，世纪之交时期，专业主义在当代中国，仍处于生长之中，远未成熟。①

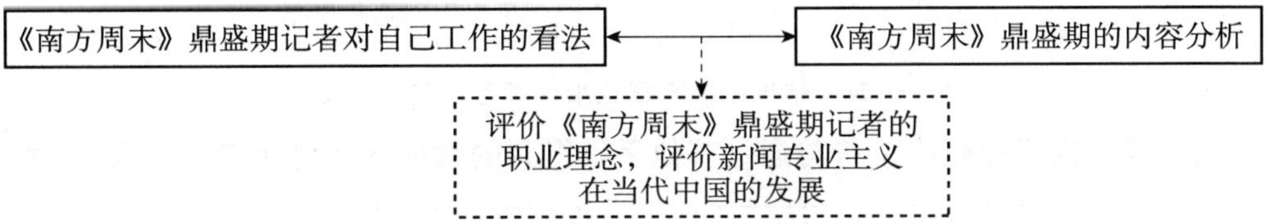

图 8—17　《南方周末》鼎盛期记者职业理念与新闻专业主义评价研究示意图

3. 比较一个信源的内容行为与另一个信源的内容行为之间的关系（见图 8—18）

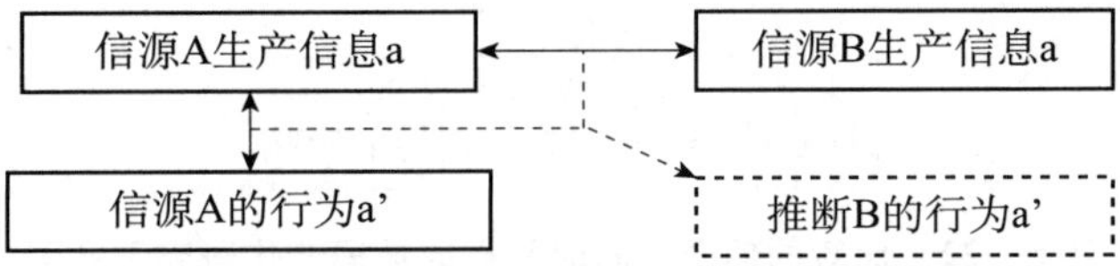

图 8—18　两个信源内容行为关系研究示意图

当两个具有可比性的信源 A 和 B 发出相同信息时，可以根据 A 的行为来推断 B 也会有相同的行为。最常见的例子，就是老布什总统抨击伊拉克、发动了海湾战争，当小布什总统也抨击伊拉克时，很多观察家相信他也会发动又一次海湾战争（见图 8—19）。

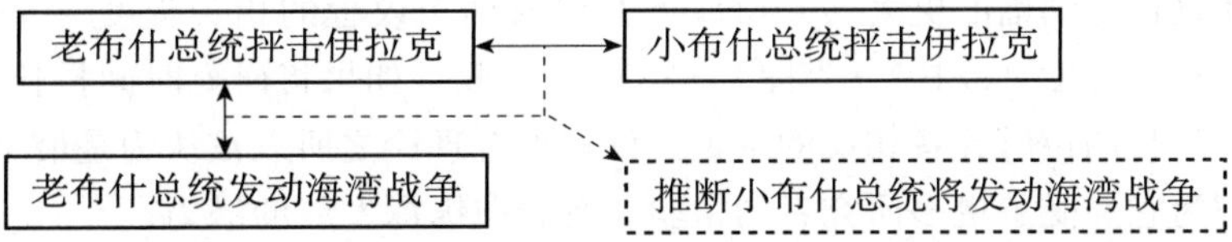

图 8—19　布什父子抨击伊拉克行为并发动海湾战争的关系图

4. 根据同一信源在某一时间点上的内容和行为，推断它在另一个时间点上的内容和行为（见图 8—20）

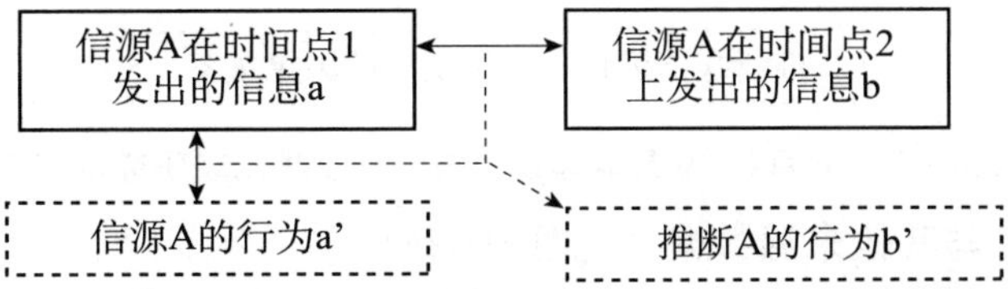

图 8—20　信源内容和行为推测研究示意图

---

① 参见陈阳：《新闻专业主义在当下中国的两种表现形态之比较——以〈南方周末〉和〈财经〉为个案》，载《国际新闻界》，2008（8）。

这个研究设计跟上一个的不同之处在于，它关注的是同一个信源发出的内容和行为应该具有一定的延续性。除非出现大的外部诱因，否则，同一个信源不应该出现较大的转折性。这也是我们做历史研究时经常使用的研究思路，下面是一个简单的例子（见图 8—21）。

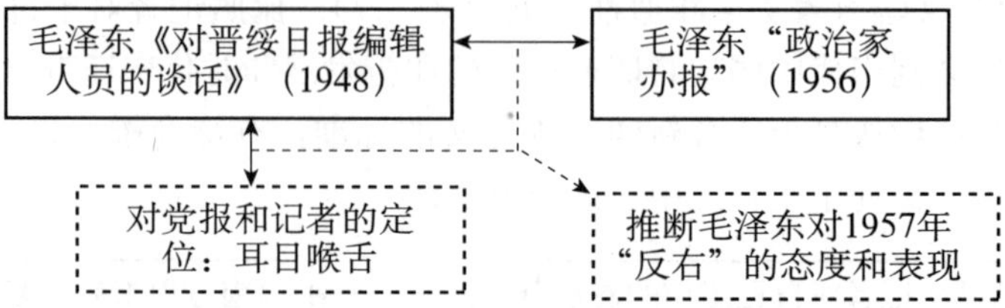

图 8—21　根据毛泽东言论推断其态度的示意图

5. 比较媒体内容变化的趋势与通过其他手段得到的数据的变化趋势（见图 8—22）

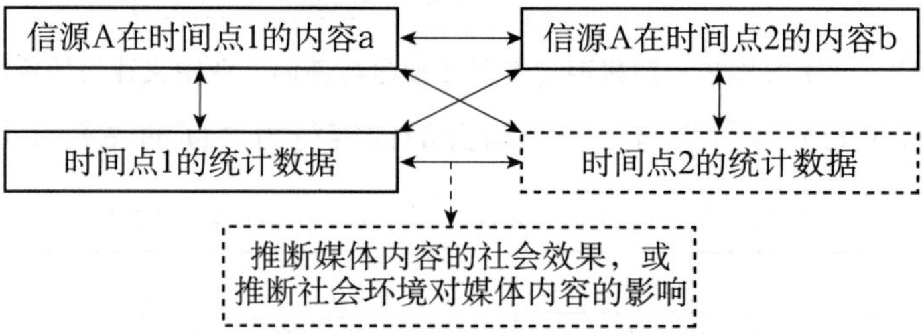

图 8—22　比较同信源不同时间点的数据变化研究示意图

为了考察媒体议程与受众（选民）议程的因果关系，唐纳德·肖等人设计了一个固定样本研究，在 6 月和 10 月分别考察两个时间点上的媒体议程和受众议程，由于中间的两个相关系数 0.51 大于 0.19，所以他们认为，更有可能是 6 月份的媒体议程影响了 10 月份的受众议程，而不是反过来。但是，仅仅就这一个研究来看，受众议程在 6 月到 10 月这段时间内变动不大（0.94），而媒体议程变动幅度更大（0.43），6 月份时两个议程的相关程度（0.46）大于 10 月份时两个议程的相关程度（0.10）（见图 8—23）。① 因此，如果将研究时间拉长到 12 个月或者数年，也许会产生与两位研究者相反的结论。议程设置理论之所以被认为是最具理论气质的传播学理论，是因为它经受了更多研究者的检验，有着向纵深发展的潜力。

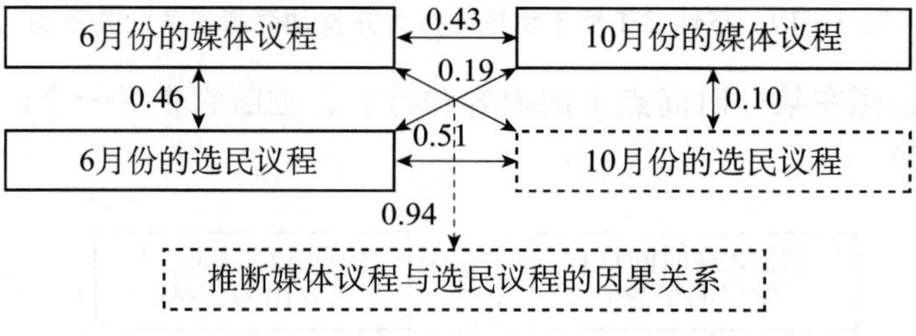

图 8—23　6 月和 10 月媒体议程与受众议程比较研究示意图

6. 比较媒体内容与其他来源数据（见图 8—24）

除了偶发的、不可预测的新闻事件，有没有某些可预测的因素决定了别国能够更频繁地出

① See Shaw, Donald L. and McCombs, Maxwell E. (eds.), *The Emergence of American Political Issues: The Agenda-Setting Function of the Press*, St. Paul, MN: West, 1977.

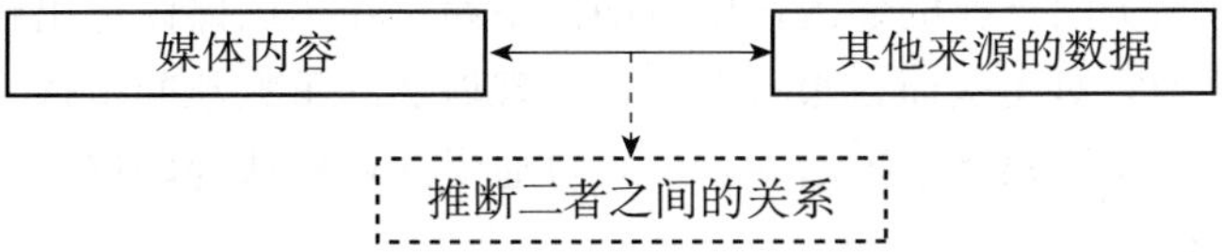

图 8—24　媒体内容与其他来源数据比较示意图

现在本国媒体上面？张瓒国考察了 38 个国家出现在美国媒体上的机会，发现贸易是国际新闻里最重要的因素，其次重要的因素是该国有无较大规模的通讯社（见图 8—25）。他的研究设计非常新颖，所寻求的自变量大多来自可靠的文献资料，研究过程规范。但是，这种研究的缺陷也很明显，总是存在着研究者没有预料或没有考虑过的自变量，这些自变量也有可能影响国际新闻，那些难以被量化测量的变量（如是否属于共同的文化圈、国民的心理距离等等）可能一开始就无法进入研究者的视野。需要提示的是，图 8—25 里，“某个外国出现在本国新闻里的频率”是因变量，GDP 等变量是自变量。[①]

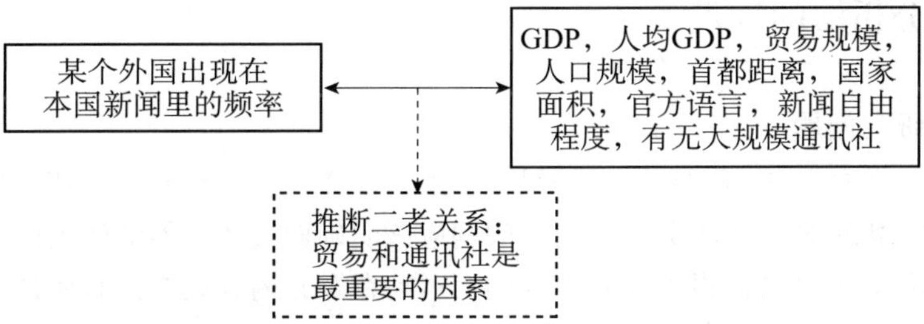

图 8—25　某国高频出现在本国新闻里的原因研究示意图

7. 跟受众调查结合在一起，评估特定媒介内容的传播效果（见图 8—26）

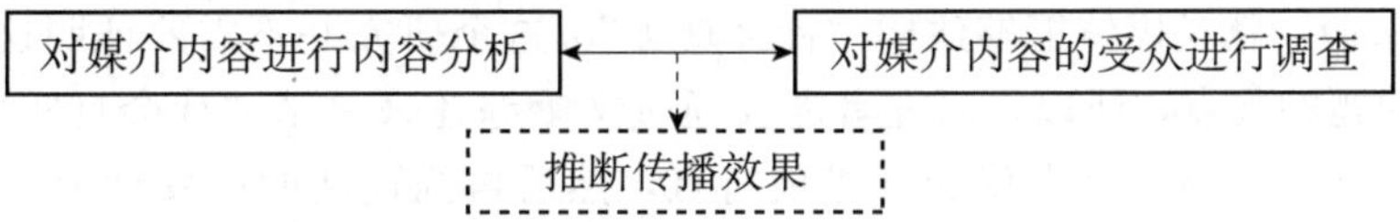

图 8—26　由媒介内容推断传播效果研究示意图

传播效果研究往往伴随着对媒介内容的分析，“内容分析＋受众调查”是很多传播效果研究的经典研究设计，比如涵化效果理论和议程设置理论。但是，对大多数研究报告而言，当使用两种研究方法的时候，内容分析经常都是可以被放弃的方法，研究的重点在于受众调查，通过简单粗略的直观印象或者用功的文献综述，研究者就可以归纳总结媒介内容，无须再亲自动手做内容分析。因此，我们需要更巧妙的研究设计，使得内容分析法与调查法两种方法在研究里保持同等重要的地位，不会被随意放弃。万塔等人一方面收集美国主流媒体里别国出现的频率，一方面调查受众认为“哪个国家对美国而言最重要”，比较两个数据，他们发现：媒体里出现频率最高的外国，受众也往往认为该国对美国而言最重要，只有涉及自身利益（如沙特阿拉伯是重要的石油出口国，石油对普通美国人而言很重要，所以即使沙特阿拉伯在美国媒体里出现的频率非常低，普通美国人依然认为它对美国而言很重要）、对美国而言具有重要的战略

① *See* Chang，T. K.，“Systemic Determinants of International News Coverage，A Comparison of 38 Countries，” *Communication Research*，25（5），1998.

地缘意义（如墨西哥是美国重要的邻国，所以即使墨西哥在美国媒体里出现的频率非常低，但是普通美国人依然认为它对美国而言很重要）或出现偶然的重大新闻事件（在研究时期内，印尼出现重大新闻事件，美国媒体报道增多，但是普通受众依然认为印尼对美国而言不重要）等特例除外（见图 8—27）。①

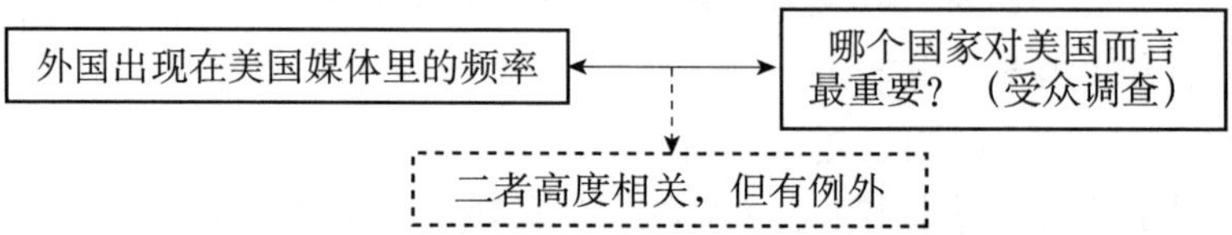

图 8—27　美媒中他国出现频率与受众认为其对美国重要程度比较研究示意图

第三节　内容分析法的过程

一、内容分析法的过程

（一）提出研究问题

内容分析法只能够用于研究被记录和保存下来的媒介内容，因此只有那些跟媒介内容直接相关的研究问题才能够使用内容分析。研究问题应该明确而具体，能够清晰地指示接下去的数据收集工作。比如，研究者假设不断发展的妇女运动在媒介内容里应该有所体现，于是提出一个研究问题：20 世纪 90 年代以来，我国妇女运动的发展是否带来了新闻中女性形象的变化？这是一个“是什么”类型的问题，由于是纵向研究，还能够回答“怎么样”，但是不能够直接回答“为什么”，这也是大多数内容分析法的研究问题的共同特点。这个研究问题背后有一个假设（assumption），就是媒体能够建构“社会真实”。这个研究并不需要证明这个假设，而是把它当作研究问题的起点，所以，研究者需要通过文献综述来总结“社会真实”，即过去十年我国妇女运动的基本脉络、重点议题和进展特点，然后再描述新闻中女性形象的变化及其趋势。将二者对比，如果相关，就说明妇女运动的确影响了新闻中的女性形象，如果不相关，那么就可以接着探讨不相关的原因。

（二）抽样

大众媒介每天生产的内容是海量的，内容分析不可能涉及每一个媒介产品，所以，研究者必须从大量媒介内容中选出最有代表性、最能够回答研究问题的样本。

抽样的前提是确定研究总体，包括所研究的主题和时间跨度，这往往直接从研究问题中就能推导出来。比如，研究总体是“我国女性新闻”，时间跨度是“20 世纪 90 年代以来”，但对“女性新闻”的定义其实不够细致。在浏览了许多关于女性新闻的研究文献之后，研究者发现至少有三种“女性新闻”定义：

（1）女性出现在其中的新闻。

（2）关于女性议题的新闻。

（3）站在女性立场进行报道的新闻。

---

① See Wanta，Wayne，Guy Golan，& Cheolhan Lee，“Agenda Setting and International News：Media Influence on Public Perception of Foreign Nations，” *Journalism and Mass Communication Quarterly*，81（2），2004.

而且，我国有几份报纸的英文名称里包含“women”和“news”，比如《中国妇女报》和《女报》，那么这些报纸上的新闻算不算“女性新闻”呢？此即出现了第四个定义：报名含有女性字眼的报纸所报道的新闻。考虑到研究问题涉及了“妇女运动”，而我国“妇女运动”是多议程、多主体、多目标的活动，研究者认为“站在女性立场进行报道的新闻”更符合自己需要的“女性新闻”定义，但是，从这个角度出发研究女性新闻的文献资料太少了，更多的研究使用了其他三个定义，而且符合第三个定义的女性新闻的数量肯定少于符合其他三个定义所搜集的新闻数量。为了跟已有的文献资料对话，也为了避免样本量过少带来的误差，研究者决定同时使用这四个定义，当然研究重点在第三个上面。“20世纪90年代以来”这种表述有点模糊，更明确的表述应该具体到年份，考虑到当时所处的研究年代，研究者将时间跨度定为“1990—2002年”。

内容分析的抽样往往是多级的。第一步，需要确定研究样本来自哪家媒体，比如“我国女性新闻”可能出现在任何一家中国媒体上，研究者要缩小范围，可以采用分层抽样手段。将媒体按照类型（报纸、广播、电视、互联网）和地理分布（全国、省、市、县）两个指标进行分层，抽出某些媒体来代表全国媒体，这种抽样手段更具有代表性；也可以采用立意抽样，研究者认为重要的全国性媒体比普通的省级或市级媒体更能体现我国媒体在“女性新闻”上的变化，这样做更节省研究时间和经费。当研究问题已经具体指出了研究总体是某一个特定媒体或节目时，比如对《人民日报》关于“万元户”报道的内容分析、对《中国妇女》杂志封面人物的内容分析、对中央电视台《新闻联播》节目的内容分析等，这一步抽样都可以省略。

第二步，对研究日期进行抽样。这一步既跟研究问题有关，也跟媒体出版时间有关，而且它跟第一步的界限并非那样清晰，往往是综合考虑的。比如研究时间跨度是“1990—2002年”，在这13年当中，我国只有《中国妇女报》一家报纸坚持连续出版，其他女性类电视节目和印刷媒体或者时断时续，或者中途才创办，如果进行纵向研究，为了保证连续性，研究者只能选择《中国妇女报》一家来收集研究样本。之所以不考虑其他非女性类媒体，第一个原因是对它们的研究不符合“女性新闻”的第四个定义。第二个原因是已经有研究证明，这些非妇女类媒体上“女性新闻”数量少，如果选择它们，就会导致最后样本量过低。

在每一年里，研究者还要抽出若干天为研究时间。如果研究问题是关于某个特定突发性事件的，如2003年SARS、2004年陈家山矿难，那么研究时间就是事件发生前后若干天。如果研究问题是常态性议题，如“女性新闻”、“国际新闻”，那么就应该运用概率抽样来抽取研究时间。比如，根据随机数表每年任意选择一个起点日期（如1990年是第39天，1991年是第218天）。当研究样本包含若干家媒体时，可以规定同一个起点日期（如2000年4月1日）；然后采用等距抽样，每隔若干天（如5天、7天或10天）抽取一天的媒介内容入样。等距抽样时，要注意媒体出版时间是否有周期性，比如周七刊不能每隔7天或7的倍数抽样，否则抽到的都是周六出版的报纸和节目，其内容肯定有很高的重合性，从而产生严重的系统误差。

内容分析法里的等距抽样经常被称作构造周抽样（the constructed - week sampling）。一家周七刊报纸，每隔 n（n 不等于7的倍数）天抽取一份，那么连续的7份样本报纸就可以囊括周一到周日这七天的出版日期，于是形成一个构造周（a constructed week）。另一种形成构造周的做法是，以周七刊日报为例，每年有52个周一、52个周二……52个周日，从52个周一中随机抽出1个周一，从52个周二中随机抽出1个周二，以此类推，随机抽出的这7天囊括了周一到周日，也形成了一个构造周。有研究证实，一个构造周的媒介内容的均值，比任意连续一周或随机抽样的均值，更接近全年总体的均值（见表 8—1）。①

表 8—1　　大众媒体抽样方法和样本规模

内容类型	抽样方法
一年日报	两个构造周
一年周报	每个月随机抽一期
一年晚间电视新闻	每个月随机抽两天
一年新闻周刊	每个月随机抽一期
五年消费类杂志	一个构造年（后一种方法，每个月随机抽一期构成一年）
五年日报	九个构造周

资料来源：Riffe，Daniel，Lacy，Stephen，& Fico，Frederik G.，*Analyzing Media Messages：Using Quantitative Content Analysis in Research*。

第三步，确定研究样本。如果内容分析的目的是研究和评价某家报纸、期刊或电视台某个时间段内的表现，比如《中国妇女报》是否报道了大量“女性新闻”、《快乐大本营》怎样营造“快乐”氛围，那么这些媒体组织在研究日期内的所有媒介内容都会入样。如果研究问题是某个特定议题或特定版面，如头版新闻、报纸上的新闻图片、矿难新闻、媒介广告等，那么被抽中的研究日期那一天的所有相关媒介内容都会入样。

表 8—2 列出了黄煜和祝建华对我国省际新闻流通进行内容分析时所采用的抽样方案。

表 8—2　　内容分析的抽样方案

研究问题：1955—1996 年间，中国内地省际新闻之间的相互流通情况是什么？

抽样阶段一：选择抽样的媒体

（1）将全国媒体按照传播渠道分成报纸、期刊、广播、电视和互联网几类，由于研究时间跨度长，1955 年我国最有影响力的媒体是报纸，所以选择报纸。

（2）将全国报纸垂直分成中央级（全国性）、省级、市级、县级四层，由于研究问题是“省际”，所以中央级报纸被排除，市级和县级报纸对省际新闻的重视不够，所以选择省级报纸。

（3）省级报纸里，既有党报，也有党报主办的其他子报，1955 年我国只有党报，因此选择省级党报。

（4）《西藏日报》1956 年创刊，《宁夏日报》1959 年创刊，《海南日报》20 世纪 80 年代后期才创刊，1955 年我国只有 27 家省级党报，1996 年我国有 30 家省级党报。为保持连贯性，当比较 1955—1996 年样本时，只选择 27 家报纸；当比较 20 世纪 70 年代和 20 世纪 90 年代样本时，选择 29 家报纸；当比较 20 世纪 90 年代样本时，选择 30 家报纸。

抽样阶段二：选择研究日期

（1）研究者按 20 世纪 50 年代、60 年代、70 年代、80 年代和 90 年代将研究时间跨度等距分期，考虑到我国 1955—1996 年之间发生的大事，为了减少“文化大革命”特殊事件对研究结果造成的误差，决定每隔 20 年从中抽出连续的两年，即 1955—1956 年（“文化大革命”前）、1975—1976 年（“文化大革命”末期）和 1995—1996 年（“文化大革命”后）。

（2）在入样的六个年份中，每年抽出 4 个星期共 28 天为研究日期，即总共包括了 4 816 期报纸。

---

① See Riffe，Daniel，Lacy，Stephen，& Fico，Frederick G.，*Analyzing Media Messages：Using Quantitative Content Analysis in Research*，p. 98.

抽样阶段三：选择研究样本

（1）本研究只关注“新闻”，因此那些表述意见的文章（如社论、评论、读者来信）、副刊、广告、天气预报等非新闻类内容被排除。

（2）“省际新闻”指的是发生地点在外省的新闻，无论本省人士是否参与。“本省”指的是报纸出版所在地，“外省”指的是“本省”以外的其他所有省份。

（3）关于中央领导人的活动，无论活动地点在本省还是外省，都不入样，否则，对于《北京日报》而言，无法判断大量中央领导人在北京的活动是“本省”还是“外省”的。而且，省级报纸报道中央领导人活动的新闻，这是信息的垂直流动并非水平流动。

资料来源：黄煜、祝建华：《中国大陆省际新闻流通之研究（1955—1996）》，载《新闻学研究》，2000（64）。

（三）编码

依据某种规则对媒介内容进行分类，且将其结果用量化数字的形式表现出来的过程，就是编码，这是内容分析的核心过程，也是最有挑战性的一步。

1. 确定分析单位

分析单位是研究者实际分类和计算的最小元素。对印刷媒体来说，分析单位可以是字、词组、句子、段落、文章、图表、图像符号等，电子媒体的分析单位可以是镜头、声音、图像等。研究者通过对分析单位的测量和编码来回答研究问题。由于中文新闻写作风格不如西方那样强调引语、消息来源和多自然段，如果研究对象是“新闻报道”，那么分析单位往往是一篇文章或某些关键词，比如对艾滋病新闻的内容分析，可以计算“艾滋病”这个关键词出现的频率，也可以计算含有“艾滋病”这个词的新闻的报道角度和主题。

观察对象是内容分析直接进行编码和记录的个体，有时候，它跟分析单位可能会不一致。比如对电视广告里的女性形象进行内容分析，分析单位是一则广告，而观察对象是其中的女性形象，我们只需要对“女性形象”进行编码就可以了。又比如对女性主义新闻（即从女性立场出发进行报道的新闻）的作者进行内容分析时，分析单位是新闻的作者，而观察对象是一篇文章，即通过对文章进行分类而推断作者的特征。

2. 制作编码表（coding sheet）

问卷是调查法的测量工具，而编码表是内容分析法的测量工具，它记录了有关分析单位的信息。在一个内容分析中，每个研究样本都对应着一份内容相同的编码表，对每个研究样本进行编码时所使用的分类是一致的，这样的测量结果才能够直接比较。编码表必须跟研究问题有关，里面的每一个测量指标都应该从不同角度来测量研究变量，那些关于研究样本的基本信息应该被准确无误地记录下来，以方便研究者能够确认这是关于哪一个研究样本的编码。

编码表将每个测量指标划分成不同的类别，可以说，一个测量指标对应着一个分类系统，每一个测量指标的某种结果都归入到某一个类别之中，这是衡量编码表质量的最重要因素。建立分类系统的原则是穷尽性和互斥性，即按照单一准则来分类，研究样本的任何一种情况都能够找到合适的类别，不会出现无法归类的现象，同时，一种情况只能归入到某一类别中去，不会出现能够同时归入两个以上类别的现象。比如对“女性新闻”进行内容分析，研究者设立了新闻主题、报道位置、新闻长度、作者、消息来源、文章类型、报道焦点这些测量指标，以

“文章类型”这个指标为例，它的分类系统包括以下十种：

（1）消息。

（2）特写。

（3）通讯。

（4）调查性报道。

（5）社论。

（6）评论。

（7）政策文件。

（8）读者来信。

（9）散文。

（10）其他。

建立分类系统可以参考前人的研究结果，也可以自行设计，无论是哪一种，由于建立分类系统是人为的过程，都可能产生误差，比如不合适的分类系统导致“其他”这一类的文章在总样本中超过了5%，那么就必须重新考虑“其他”这一类中是不是还包含某些研究者忽视的类别，然后修订分类系统。如果类别过多，就会使某些类别内的项目数量过小，缺乏统计意义。比如上述分类系统中，如果报纸上关于“政策文件”一类的文章数量很少，每年只有几篇，那么分得过细也没什么意义；如果类别过少，那么其差异对研究结果有意义的某些不同性质的项目就会被归入一类，其差异被掩盖，从而导致研究结果出现误差，比如“社论”和“评论”同属于意见性文章，但前者代表报纸的立场，而后者只体现个人立场，其重要性不能混为一谈。当难以确定类别的时候，一般的做法是“宜多不宜少”，编码的时候可以分得细一些，如果觉得太细致没有意义，那么数据分析的时候可以将若干类别合并，这比中途发现类别过少，需要增加新类别，只能从头再来要节省时间和人力。

当分析单位是一篇新闻的时候，编码表里经常包括的指标分成两大类：第一类包括报道体裁、文章长短（字数）、版面位置、编排手段、报道面积等指标，这些指标的共同特征是容易分类，只要编码员谨慎心细，出错的可能性非常小。第二类针对新闻内容而设计，主要包括新闻来源、消息源、新闻人物、主题、报道倾向等，较之第一类指标，这些指标在分类时需要编码员更多的主观判断，因而编码不一致或出错的可能性更大。

内容分析单位是特定词组

1.“中国人民（的）老朋友”

以“中国人民（的）老朋友”为关键词搜索《人民日报》图文数据库，方可成发现过去60余年，共有601人被称为“中国人民（的）老朋友”，他们来自123个国家。早年，反帝、反殖、反侵略是辨识“老朋友”的依据。而随着中国外交不断务实，“老朋友”称呼的意义也逐渐淡化（见图8—28）。

2. 时间性词组

新闻如何呈现时间性词组？研究者发现，不同主题的新闻对时间性词组的使用明显不同，突发性事件新闻（如车祸）的时间性词组呈倒金字塔分布，可预测可策划的常规新闻事件的时间性词组分布更加均匀。但是，这样的研究只列举了两个个案，其结论是否具有普遍性，仍有待检验（见表8—3）。

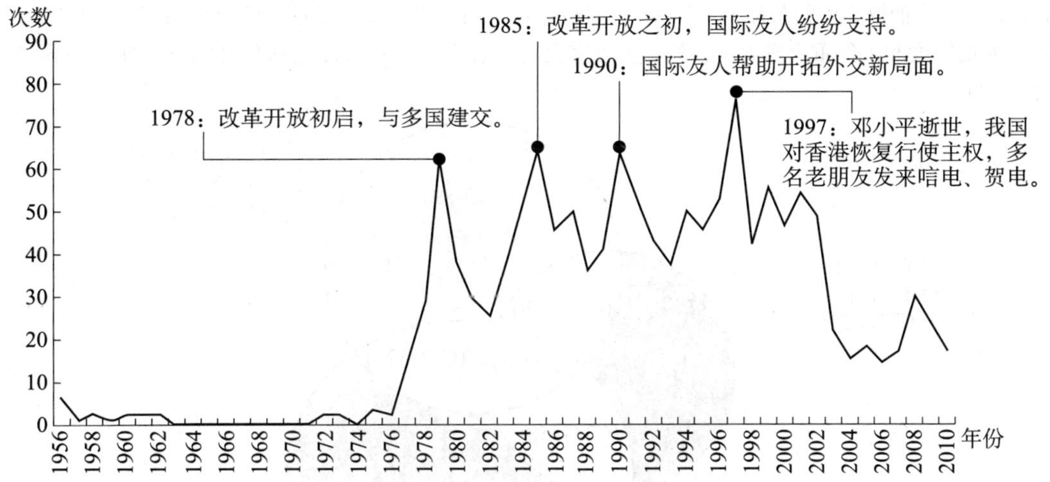

图 8—28　“中国人民老朋友”

资料来源：方可成：《谁是“中国人民老朋友”》，载《南方周末》，2011-03-03。

表 8—3　　新闻个案中的时间性词组（前三段）

	个案一（医药分业开办）	个案二（自强号撞砂石车）
第一段	(n=12) 今天（名词）、起（副词）、昨天（名词）、未（副词）、前（副词）、今天（名词）、起（副词）、暂时（副词）、直到（副词）、再（介词）、这段（形容词）、期间（名词）	(n=15) 连续假期（名词）、前夕（名词）、三日晚间（名词）、发生（动词）、时（副词）、后（副词）、中断（动词）、出现（动词）、情形（形容词）、在（介词）、夜间（名词）、十一时三十分（名词）、赶抵（动词）、并（介词）、立即（副词）
第二段	(n=9) 继（介词）、昨天凌晨（名词）、昨天下午（名词）、尚未（副词）、暂时（副词）、仍照（副词）、预期（副词）、明天（名词）、将（副词）	(n=16) 昨天（名词）、晚间（名词）、六时四十五分（名词）、左右（副词）、时（副词）、当时（副词）、在（介词）、后（副词）、正（副词）、还（副词）、来不及（副词）、立刻（副词）、前后（副词）、时间（名词）、超过（动词）、二十秒（名词）
第三段	(n=8) 已（副词）、下周一（名词）、第二次（数词）、三岁（数词）、进行（动词）、仍（副词）、届时（副词）、尚未（副词）	(n=2) 三十三岁（量词）、当场（副词）

资料来源：臧国仁、钟蔚文：《时间概念与新闻报道：新闻文本使用时间性语汇之探析》，载《新闻学研究》，1999(61)。

3．“Complex Textual Unit”（CTU）

研究者选择了三份文本：1980 年联合国教科文组织《一个世界　多种声音》报告（麦克布莱德委员会报告）；2003 年信息社会世界峰会通过的官方宣言；信息社会世界峰会市民社会分会场通过的

非官方宣言。抽取其中的关键词（CTU），通过分析它们在三份报告里各自的出现频率，发现联合国20多年的态度和工作重点发生了转移，官方宣言与非官方宣言的关注点和角度明显存在着差异（见图8—29）。

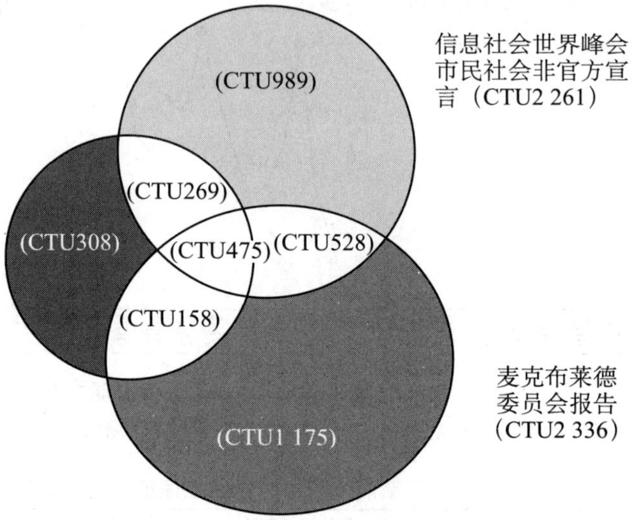

图8—29 三份文件各自的关键词分布

资料来源：Padovani，Claudia，"Debating Communication Imbalances from the MacBride Report to the World Summit on the Information Society：An Analysis of A Changing Discourse，" *Global Media and Communication*，1（3），2005。

3. 训练编码员

编码员是对研究样本进行编码的人员，往往由多人组成，其中有些人并非研究者，因此，对编码员进行训练是内容分析不可缺少的一环。训练编码员的主要目的是让他们理解研究者意图，能够以统一的方式进行编码，包括帮助他们理解每个测量指标的含义及其分类系统，明确每个类别的界定，熟悉编码流程，掌握编码技巧等。所以，研究者需要准备一份详细的说明和指导编码的培训材料，这就是编码说明（coding instruction）。编码说明应该对每一个测量指标及其类别都进行说明，减少编码员因为模糊和混淆而带来的误差（见表8—4）。为了保证每个编码员都以同样的方式进行编码，研究者可以抽出部分样本让编码员进行试编码，讨论分类结果不一致的编码，并使每个编码员之间达成一致认识，这是编码员逐渐熟悉分类系统的"暖身"过程，只有分类结果一致的编码结果占据了压倒性的比例时，才能够继续对总样本进行大规模编码，同时，这个过程也能帮助研究者发现编码表设计中的某些不合理之处，进一步改进编码表。

表8—4　　研究女性新闻的编码表和编码说明（部分）

《中国妇女报》内容分析之编码表

消息来源：

（1）政府。

（2）全国妇联。

（3）妇女非政府组织。

续前表

(4) 其他非政府组织。 (5) 其他社会团体。 (6) 商业组织。 (7) 名人。 (8) 普通人。 (9) 转载自新华社和《人民日报》。 (10) 转载自其他媒体。 (11) 其他。 (12) 未提及。 **《中国妇女报》的内容分析的编码说明** 该项只适合于新闻类文章，当一篇文章有多个消息来源时，记录三个最常提及的消息来源，包括直接引语和间接引语形式。 (1) 政府：无论是抽象概念的“政府”还是具体的领导人，都归入；包括各级党政机关、政府及其职能部门。 (2) 全国妇联：无论是抽象概念的“全国妇联”还是具体的妇联领导人，都归入；包括全国妇联的各级地方组织及其领导人；国务院妇女儿童工作委员会与全国妇联在同一栋大楼里办公，人员安排互有交错，而且，《中国妇女报》上出现妇儿工委的情况极少，归入此类。 (3) 妇女非政府组织：全国妇联和国务院妇儿工委之外的其他妇女组织。 (4) 其他非政府组织：根据联合国宪章，非政府组织指非营利性的志愿公民组织，在我国兴起于20 世纪 80 年代以后，包括民间研究机构、民间环保组织、业主委员会等。 (5) 其他社会团体：区别于非政府组织的、由国家直接指导的社会团体，如中华全国新闻工作者协会、中华全国工商业联合会等。 (6) 商业组织：如公司、企业、商业团体组织等。 (7) 名人：有一定社会影响力的名人，如明星、学者、企业家等。 (8) 普通人：无社会影响力的人，如现场目击者、过路人等。 (9) 转载自新华社和《人民日报》。 (10) 转载自其他媒体。 (11) 其他：请记录他们是什么人或机构。 (12) 未提及：文章里没有明确提到消息来源。 在最后的数据分析过程中，(4) 和 (5)、(9) 和 (10) 因数量少、跟研究问题没有直接的关系而被合并。

4. 进行编码

编码过程中，编码员用数字记录研究样本在每个测量指标上的所属类别。如果研究样本是印刷媒体，研究者就应该复印它们；如果是电子媒体，就应该录制相关内容。当编码员拿不准主意的时候，就可以多次反复阅读和收看（听）研究样本，从而获得更全面的印象。每位编码员应该独立操作，不能碰到“困难”的分类就相互商量，否则，所有分类结果都一致，还需要多位编码员做什么？为了方便数据录入和分析，编码表应该格式统一，记录方式标准化。可以采用表格的形式来记录编码结果，如表 8—5 所示。

表 8—5　　《中国妇女报》内容分析的编码结果（部分）

文章编号	出版日期	版面位置	文章类型	消息来源	文章主题	新闻行动者	报道焦点
032	19910403	1	1	1	2	1	16
033	19910403	2	1	2	3	5	5
034	19910403	2	3	6	15	6	3
…	…	…	…	…	…	…	…

（四）分析数据

编码员完成编码工作之后，就可以把数据录入计算机，使用统计软件来进行分析。一般最常用的是描述性的统计方法，如频数、百分比、均值等。如果数据是定类和定序数据，则可以用卡方检验和交互分析；如果数据是定距和定比数据，可以用 t 检验、方差分析、相关性分析等。更复杂的统计手段，如判别分析、聚类分析、因子分析等，也可以用于内容分析。

（五）报告研究结果

研究报告应该依据数据分析结果来回答研究问题，解释以数字形式呈现的内容分析结果，包括解释数字的含义及其重要性。比如，对“女性新闻”的分析表明，全国妇联在所有消息来源中占据了 50%，这意味着什么？是太低了，太高了，还是刚刚好？如果没有比较（包括跟过去年代的比较、跟其他类型新闻的比较、跟其他媒体的比较），那么仅仅列出 50%这个数据就没有什么意义。如果研究问题涉及了社会现实、传播者或者传播效果，那么内容分析的结果还应该用于推断这些与媒介内容之间的变量关系。

二、内容分析法的信度

由于单一的内容分析不擅长解释性研究，所以有人攻击它是一种“肤浅”的研究方法，针对这些攻击，辛格尔特里为内容分析辩护道：“内容分析的关键，在于清晰而深入地思考变量之间的关系。深度与清晰不是可以讲授的东西，它们来自内心。”[①] “深度”关乎研究效度，“清晰”关乎研究效度和信度。这里，需要强调的是，研究方法的运用跟研究者素质和能力有很大关系，在处理内容分析的信度和效度方面，研究者主观因素又一次体现了它的影响。

从抽样到分析数据，内容分析跟其他研究方法一样，都会面临一系列的信度问题。下面将要讨论的是内容分析所特有的编码员间信度（inter-coder reliability）问题，即不同编码员之间一致性的程度。如果不同编码员对同一个研究样本的编码高度一致，就是说编码是可重复的，那么内容分析结果的信度就高；反之，如果不同编码员的编码差异太大，就认为其信度低，研究者必须找出提高信度的方法，降低编码过程中的误差。

（一）编码过程中的误差来源

编码的误差来源有三个：

第一个是由素质、知识和经验程度等方面的差异造成的编码员差异。比如对“女性新闻”进行编码时，具有女性主义意识的编码员可能会对新闻持有更批判的态度，从而将那些对女性抱有同情心的新闻归入“非女性主义立场新闻”中去。

第二个是编码表的分类系统没有穷尽各种可能的情况，或者不具有互斥性，从而导致对编

---

① ［美］迈克尔·辛格尔特里：《大众传播研究：现代方法与应用》，294 页。

码员的指示不清晰。比如，“希望工程”这个消息来源是归入“其他非政府组织”，还是归入“其他社会团体”呢？“中华全国总工会女工部”也是官方妇女组织，它的职能跟全国妇联互不交叉，那么应该是归入“政府”、“其他社会团体”，还是把“全国妇联”改成“官方妇女组织”，然后将“中华全国总工会女工部”归入呢？

第三个是随机误差。比如编码过程乏味导致编码员疲劳而出现错误，研究者未保存研究样本而导致编码员不能细致思考某些测量指标的分类等。

为了降低编码误差，研究者可以从如下几个方面入手：

(1) 更细致地定义分类系统。如果分类系统不细致或者分类准则模糊，就会导致某些情况不能够被准确无误地迅速归类。因此分类系统应该宜多不宜少，在不影响结果的前提下，数据分析阶段可以把某些类别合并。

(2) 加强对编码员的训练和控制编码员人数。编码员人数越多，则产生不同意见的可能性越大，编码不一致的情况越有可能出现。一般来说，2 个～3 个编码员对大多数内容分析来说就足够了。如果研究样本数量巨大（比如格伯纳的培养分析研究），那么编码员数量可以增加，但最好不要超过 6 人～8 人。

(3) 进行试编码。在正式编码之前抽出部分样本进行试编码，可以帮助研究者改进编码表，帮助编码员熟悉分类系统的定义，了解研究目的和编码流程。如果某位编码员跟其他编码员就分类结果的看法分歧太大，那么研究者可以考虑更换编码员。

(二) 怎样检验编码员间的信度

当整个内容分析报告主要依靠一个编码员进行编码工作的时候，我们可以随机抽取部分样本，请第二位编码员进行编码，检验共同样本的信度。应该抽取多少样本进行二次编码呢？一般而言，样本规模越大，抽取的共同样本的比例应该越低。比如：样本规模大于 500，那么抽取 10%的样本进行二次编码即可；如果样本规模等于 200，那么抽取 20%～30%。由于被两次编码的样本是随机抽取的，所以可以根据其结果来推断总研究样本里编码员间信度。

有时候，学生在写作自己的毕业论文时，很可能找不到第二位合适的编码员。这时也可以退而求其次，第一次编码结束之后，过一段时间，等研究者/编码员对于第一次编码工作细节的记忆已经模糊之后，可以由同一位编码员再次随机抽取部分样本进行二次编码，然后检验共同编码样本的信度。这其实测量的是再测信度。

大型的内容分析研究里，需要多个编码员合作分工，此时编码员之间很可能会出现意见分歧，常用的解决途径之一就是在试编码阶段通过协商达成一致，这种做法的问题是仅仅掩盖了已经出现的分歧，并不能保证在后续编码过程中消除所有的分歧。第二种做法是寻找独立第三方对争议样本进行第三次编码，三次编码的结果，少数服从多数。第三种做法是随机分配，即无视编码员各自的意见，一旦出现分歧，就将争议类目随机进行分类。后两种做法等于更明确地承认了编码员之间存在分歧，并且不打算消除分歧。无论哪一种做法，编码员间信度都不能说明哪一位编码员的看法更准确或更正确，只能说明编码员之间达成一致的可能性高低。

(三) 编码员间信度计算公式

内容分析研究报告里必须报告编码员间信度，否则，读者就无从判断研究结果的信度有多高，就会怀疑会不会是研究者为了回答研究问题而故意增加某些类别的比例。为了更详细地说明信度计算公式，下面先给出一个编码结果做参考（见表 8—6）。

表 8—6　《中国妇女报》“消息来源”指标的内容分析结果（部分，两位编码员）

样本编号	076	077	078	079	080	081	082	083	084	085
编码员甲	1	2	5	6	2	2	1	4	4	3
编码员乙	1	2	4	6	2	3	1	4	5	3

注：“消息来源”这个指标共有 6 个类别。

1. 霍斯提（Holsti）公式

霍斯提公式是最简单的编码员间信度的计算公式，其表述如下：

$$\text{编码员间信度} = \frac{2M}{N_1 + N_2}$$

其中，M＝编码员之间完全一致的分类的数量，N_1＝第一位编码员进行分类的样本总数，N_2＝第二位编码员进行分类的样本总数。

以表 8—6 中的数据为例，两位编码员各编码了 10 个研究样本，其中 3 个不一样，其余 7 个相同，那么编码员间信度为：

$$\alpha = (2\times 7) / (10+10) = 0.7$$

霍斯提公式计算简便，但是它的缺陷在于未考虑分类系统的数量对编码结果准确性的影响，即随机因素导致的一致率。假设一个指标只有 2 个类别，那么即使编码员用完全随机的方式来进行分类，编码员间信度也会达到 50%（$0.5^2+0.5^2=0.5$）；假设有 5 个类别，那么随机编码所造成的编码员间信度只有 20%（$0.2^2\times 5=0.2$）。分类系统所含类别的数量越少，则编码员凭偶然因素达成一致的可能性越高。因此，必须剔除偶然随机因素，霍斯提公式的应用并不广泛。

2. Scott'Pi 指数

针对霍斯提公式的缺陷，史考特提出了 Pi 指数即 Scott'Pi 指数，计算公式如下：

$$\pi = \frac{\pi_o - \pi_e}{1-\pi_e}$$

其中，π_o＝观察到的一致性的百分比，π_e＝期望的一致性的百分比，即在两位编码员达成一致的项目中，每一类别的百分比的平方和。

以表 8—6 中的数据为例，根据霍斯提公式，$\pi_o=0.7$。π_e的计算比较复杂，在两个编码员达成一致的 7 个样本中，两个编码员都选择 1、4 分类项目（被选中 4 次）的概率都是 0.04（4/20×4/20），都选择分类 2（被选中 5 次）的概率是 0.0625（5/20×5/20），都选择分类 3（被选中 3 次）的概率是 0.0225（3/20×3/20），都选中分类 5 和分类 6（被选中 2 次）的概率都是 0.01（2/20×2/20），将上面各个概率数值相加，其和就是两位编码员同时选中某个分类的偶然一致率，即 π_e。

$$\pi_e = \underbrace{0.04}_{\text{分类1}} + \underbrace{0.0625}_{\text{分类2}} + \underbrace{0.0225}_{\text{分类3}} + \underbrace{0.04}_{\text{分类4}} + \underbrace{0.01}_{\text{分类5}} + \underbrace{0.01}_{\text{分类6}}$$

两个编码员同时选择的偶然一致率

$=0.185$

代入公式，得到

$$\pi = (\pi_o - \pi_e) / (1-\pi_e)$$
$$= (0.7-0.185) / (1-0.185)$$

$= 0.632$

3. Cohen's Kappa 指数

Scott's Pi 指数计算偶然一致率时，认为两位编码员选择某一分类的概率是一样的，但实际上，编码员甲选择了 3 次分类 2，乙选择了 2 次分类 2，甲选择了 1 次分类 3，乙选择了 2 次分类 3。Cohen's Kappa 指数的公式表达和思路跟 Scott's Pi 指数一样，唯一差异在于计算 π_e 时，把两位编码员各自的选择概率单独计算后相乘，然后再计算偶然概率之和。

$$\pi_e = \underbrace{0.2\times0.2}_{\text{分类 1}} + \underbrace{0.3\times0.2}_{\text{分类 2}} + \underbrace{0.1\times0.2}_{\text{分类 3}} + \underbrace{0.2\times0.2}_{\text{分类 4}} + \underbrace{0.1\times0.1}_{\text{分类 5}} + \underbrace{0.1\times0.1}_{\text{分类 6}}$$

编码员甲和编码员乙各自选择的偶然一致率

$= 0.18$

代入公式，得到

$\pi = (\pi_o - \pi_e) / (1 - \pi_e)$

$= (0.7 - 0.18) / (1 - 0.18)$

$= 0.634$

PASW/SPSS 软件可以直接计算 Cohen's Kappa 数值，因此，Cohen's Kappa 的应用比较广泛。

4. 克里朋多夫（Krippendorf）的 α 系数

Scott's Pi 指数的缺陷在于仅仅能够应用于两名编码员的情况，如果编码员多于两人，则我们可以使用克里朋多夫的 α 系数计算公式：

$$\alpha = 1 - \frac{D_o}{D_e}$$

其中，D_o = 编码员之间观察到的不一致的分类的百分比，D_e = 编码员之间期望的不一致的百分比。

D_e 的计算公式为：

$$D_e = 1 - \frac{1}{n(n-1)} \sum n_c(n_c - 1)$$

其中，n = 编码员共做了多少次分类；c = 每个分类的编号，从 1 至若干的自然数；n_c = 选择某个分类项目的次数。

以表 8—6 中的数据为例，两位编码员共对 10 个样本进行了编码，3 个不一样，那么 $D_o = 3/10 = 0.3$。两位编码员共进行了 20 次分类，其中，选择分类 1 和分类 4 的情况各有 4 次，选择分类 2 的情况有 5 次，选择分类 3 的情况有 3 次，选择分类 5 和分类 6 的情况各有 2 次。

$D_e = 1 - [1/n(n-1)] \sum n_c (n_c - 1)$

$= 1 - [1/(20\times19)] (4\times3 + 5\times4 + 3\times2 + 4\times3 + 2\times1 + 2\times1)$

$= 0.858$

$\alpha = 1 - D_o/D_e = 1 - 0.3/0.858 = 0.650$

由于避免了编码员随机编码所引起的误差，所以 Scott's Pi 指数和克里朋多夫 α 指数可能会低于霍斯提公式的结果。一般情况下，霍斯提公式得出的结果大于 0.9 时，我们才相信内容分析结果具有可接受的信度。当 Scott's Pi 指数和克里朋多夫 α 指数大于 0.75 的时候，内容分析结果就可以接受了；当结果在 0.6 和 0.75 之间时，结果勉强接受；低于 0.6 则不接受，内容分析需要重新设计编码表和进行编码。

Scott's Pi 指数和 Cohen's Kappa 指数都只能用于计算两位编码员之间的信度系数，克里朋多夫 α 系数的优势在于它可以计算多位编码员之间的信度系数，缺点在于运算麻烦。当多位编码员合作编码时，计算编码员间信度系数，可以直接采用克里朋多夫 α 系数，也可以先计算编码员之间两两相关的信度系数，然后再计算多位编码员之间的信度系数。

多位编码员之间复合信度系数的计算

四位编码员参与共同的编码工作，图 8—30 列出了他们之间在某一个指标上两两相关的信度系数。如果只有两位编码员，0.45 这个信度系数无疑太低了，但是考虑到四个人达成一致的可能性低于两个人达成一致的可能性，似乎又可以接受。此时，我们可以计算他们的复合信度系数（composite reliability coefficient）。

	甲	乙	丙	丁
甲		0.45	0.88	0.59
乙			0.67	0.55
丙				0.75
丁				

图 8—30　复合信度系数计算示例

复合信度系数

=(n×编码员间信度的均值)/[1+(n−1)×编码员间信度的均值]

以上图为例，编码员间信度的均值=(0.45+0.88+0.59+0.67+0.55+0.75)/6=0.65

复合信度系数=4×0.65/(1+3×0.65)=0.88

三、内容分析法的效度

跟其他研究方法一样，内容分析法也经常碰到效度问题。比如，“女性主义立场的新闻”该用哪些指标来测量呢？很显然，“新闻主题”这个指标并不能够断定某个新闻是否坚持了女性主义立场，因为女性主义和妇女运动的议题是多样化的，所以，仅仅用“新闻主题”来测量“女性主义立场的新闻”就会缺乏表面效度。表面效度是内容分析最常见的效度问题，格伯纳主持的培养分析研究之所以饱受批评，重要原因在于缺乏表面效度，学者们对“暴力”这个抽象概念缺乏一致的定义，恐吓是不是暴力？性骚扰是不是暴力？讲粗话是不是暴力？对“暴力”的定义不同，导致了内容分析的研究结果不同，“媒介是否具有培养分析功能”也就成了众说纷纭的研究问题。

当编码表里的多个指标测量同一个抽象概念时，还会涉及构造效度问题。比如，我们用“新闻焦点”（如果文章里提到了女性或女性议题，那么是从什么角度来报道的？）和“消息来源”这两个指标来测量“女性主义立场的新闻”，如果这两个指标以相同的方式运作，那么就具有集中效度；如果“消息来源”其实体现的是报纸受社会权力组织的影响，而非报纸的女性主义立场，那么测量就不具有判别效度和表面效度。

【思考题】

1. 什么是内容分析法？它在传播研究里主要有哪些方面的应用？

2. 内容分析法具有哪些特征使得它经常用于研究媒介内容？它的缺点在哪里？

3. 内容分析编码过程里的误差来源有哪些？怎样降低编码误差？

4. 假设你要对《人民日报》自1980年以来有关“农民工”（或者农村流动人口）的报道进行一次内容分析，完成如下各步骤：

（1）列出完整的抽样方案，并且阐述自己的理由。

（2）编制一份编码表和编码说明，进行内容分析。

（3）请你的同学提供帮助，计算编码员间信度。

（4）结合第九章的内容，尝试运用合适的统计手段对你的内容分析数据进行分析。

第九章

分析和解释量化数据

做研究的目的绝对不是得到一堆数据，而是通过对数据的解释来回答研究问题。在成文的研究报告或者学位论文里，研究者应当给读者呈现经过加工和分析之后的数据，而不是“原生态”的数据。更重要的是，研究者应当解释，某个数据代表什么意思，意味着什么，有什么理论或实际意义。正如我们在第六章里提到的笛卡图调查那样，拉扎斯菲尔德主持调查、提供数据，而卡兹分析数据、提供解释，虽然拉扎斯菲尔德是老师，但卡兹反而是《人际影响》一书的第一作者，而笛卡图调查的数据也终于在被收集、冷藏长达 10 年之后，才得以跟读者见面。如果没有卡兹深入的、细致的、开创性的解释，那么笛卡图调查的数据可能是平淡无奇的，跟其他调查数据没什么两样。同样的数据摆在面前，有人提供普普通通的解释，有人提供发人深省的解释，其中的差异，体现的是学者的研究能力。

统计是一门精深的学科，已经超出了本书所要介绍的范围。因此，在这一章里，本书将结合统计软件 PASW/SPSS 来说明如何分析和解释量化数据，不涉及统计原理和计算公式，主要目的在于告诉读者，遇到类似的研究问题时，应该使用什么统计方法，以及某个统计数值的含义是什么。由于目前 PASW/SPSS 软件的运算符号和输出结果都是英文，因此下文涉及的重要概念都将标示出英文。

第一节　整理和录入数据

一、资料的转换

不论以何种手段收集到的量化资料，只要使用电脑统计软件来进行分析，就需要将它转换成电脑能够识别的数字。研究对象的回答可能是文字，调查问卷也大多以文字和量表的形式表现，那么，为了进行数据分析，需要将它们转换为数字，这就是编码的过程。

首先，将调查问卷里的每一道问题当成一个变量，用不超过 8 位的英文字母、汉语拼音或数字来表示它的含义；其次，给每一道问题的每一个可能答案分配一个数字（见表 9—1)。

表 9—1　资料转换举例

变量名	问题	答案赋值
Q_1	请问下列哪种方式更符合您平常获取新闻的习惯？ A. 报纸　B. 网络　C. 报纸、网络并重 D. 一般不从这两大媒体获取新闻	1＝A，2＝B，3＝C，4＝D，5＝不作答

续前表

变量名	问题	答案赋值
Q_2	请问您平均每天看新闻的时间是： A. 少于 30 分钟　B. 31 分钟～60 分钟 C. 61 分钟～120 分钟　D. 121 分钟以上	1＝A，2＝B，3＝C，4＝D，5＝不作答
Q_3	请问您的性别：A. 男 B. 女	1＝A，2＝B，3＝不作答

对于多选问题，需要使用多个变量，因此，编码是一项烦琐的工作，有时看似简单的问题却需要复杂的编码（见表 9—2）。

表 9—2　多选问题的编码举例

某大学校园网从去年下学期开始全面按照流量收费，对此，请您回答下面的问题，谢谢！（可多选）

问题	限流前	限流后
您在下载文件（非 FTP 站点）的时候主要用下列哪些软件？ A. 浏览器　B. 网际快车（网络蚂蚁）　C. poco　D. maze E. bitcom　F. 迅雷　G. 电骡　H. 其他		

对于这一问题的编码，需要 16 个变量来定义：

Pre Q1＝限流前是否主要使用浏览器下载文件，该变量赋值 1 表示限流前主要使用浏览器下载文件，赋值 0 表示限流前不主要使用浏览器下载文件（即不选）；

Pre Q2＝限流前是否主要使用网际快车或网络蚂蚁下载文件，该变量赋值 1 表示限流前主要使用网际快车或网络蚂蚁下载文件，赋值 0 表示限流前不主要使用网际快车或网络蚂蚁下载文件（即不选）；

Pre Q3＝限流前是否主要使用 poco 下载文件，该变量赋值 1 表示限流前主要使用 poco 下载文件，赋值 0 表示限流前不主要使用 poco 下载文件（即不选）；

…………

Post Q7＝限流后是否主要使用电骡下载文件，该变量赋值 1 表示限流后主要使用电骡下载文件，赋值 0 表示限流后不主要使用电骡下载文件（即不选）；

Post Q8＝限流后是否使用其他软件下载文件，该变量赋值 1 表示限流后主要使用其他软件下载文件，赋值 2 表示限流后不主要使用其他软件下载文件。

二、数据的核查

由于将数据录入电脑这一过程往往是人为活动，因此可能出现数据录入误差，此时就需要对已经录入电脑软件的数据进行核查，获得更准确的运算结果。最理想的核查方式是由另一位数据录入员将数据再次录入电脑，比较前后两次录入结果，两人不一致的地方就可能是录入误差，但是这种方法太花费时间和研究经费。更常见的做法是随机抽取 25%～50%的数据进行部分核查，如果错误很少，那么就不必变更数据，如果错误太多，那么就有必要重新录入所有数据。

数据核查还包括一致性差错和逻辑差错。前者指的是变量的取值范围是否在规定的范围之内，比如“性别”这个变量只规定了 3 种可能的取值，然而结果里却出现了数字 6、7 等，那么这些超出规定范围的取值是错误的编码值。核查一致性差错时常用的方法是让电脑统计软件对变量做频数（frequency）分析，可以通过电脑查出其中错误的编码值所对应的个案编号或问卷编号，然后核对原始问卷，进行修改。

逻辑差错指的是检查数据之间是否存在逻辑上的一致性。比如问卷里有前后两个问题，第一个问题是过滤性问题是“你用过 QQ 吗”，答案为“用过”或“没有用过”。后续性问题是“你用 QQ 有多久了”，那么，前一个问题回答“没有用过”的人在后一个问题上的回答应该是空白（即为缺省值，通常用 0 或 99 表示），如果有人前一个问题回答“没有用过”，而后一个问题出现了非缺省值的数字，那么这些数据就犯了逻辑前后不一致的错误。造成这种现象的原因可能是数据录入错误，也可能是调查对象任意填答问题。为了清查逻辑错误，可以在 SPSS 软件中执行 If 命令，即在主菜单里选择 Data，选择其中的 Select Cases，然后利用 If 命令来找到那些在前一个问题中回答“没有用过”的个案，对他们进行频数分析，按照前面清查一致性差错的方法来找到发生逻辑错误的个案，对照原始问卷，修改错误。

三、数据的整理

量化研究追求一定规模的数据，录入任务可能由不同的录入员分别承担，然后将每个人的数据录入结果合并成最终的数据库。为了保证不同录入员的录入结果能够合并，在进行数据录入之前，研究者应该制作编码手册发给每个录入员，要求他们采用相同的格式进行数据录入。

SPSS 提供了方便的命令来合并不同的数据文件。打开一个数据文件，在主菜单 Data 里选择 Merge Files，然后选择 Add Cases，在弹出的页面里选择要加入的数据文件的路径，点击 Confirm，新加入的数据文件就都列在现有数据文件的下面了。反复多次操作，就可以将多位录入员的录入结果合并成供分析的最终数据库。

如果仅仅想在现有数据文件里加入若干个个案或样本，那么可以将光标放在要插入的位置，在主菜单 Data 里选择 Insert Case，就可以看到光标上侧新加入了一行空白行，供加入新样本的数据。

如果想在现有数据文件里加入新变量，那么可以将光标放在要插入的位置上，在主菜单 Data 里选择 Insert Variable，就可以看到光标左侧（在 data view 页面下）或上侧（在 variable view 页面下）已经新加入了一个变量，缺省的变量名是 var00001，只要将这个缺省的变量名改成研究者自己定义的变量名即可。

第二节　单变量统计分析

一、单变量描述统计

以概括的形式描述单个变量的基本信息，是进行其他统计运算的基础环节。

（一）频数分析

在 SPSS 软件里，进行单变量描述统计常用的命令是频数分析。

在主菜单里依次选择 Analyze—Descriptive Statistics—Frequencies，打开频数分布对话框，在左侧的源变量框里选择要描述的变量，单击向右箭头按钮，将其送入右侧 Variables 框里。

然后依次进行如下操作。

第一，默认状态下，Display Frequency Table 复选框被选中，意味着电脑将输出频数表。

第二，单击 Statistics 按钮，确定弹出的对话框里的数据是否为将要在输出结果中出现的统计量，然后选择 Continue。

第三，单击 Charts 按钮，在弹出的对话框里确定将要在输出结果中出现的统计量，然后选择 Continue。这一部分表示以何种图形描述数据的分布。

第四，单击 Format 按钮，在弹出的对话框里设置频数表的输出格式，然后选择 Continue。

第五，单击 OK，提交运行，电脑输出结果。

将光标放在输出的图表上，单击右键，在弹出的菜单里选 Copy（以表格形式复制）或 Copy Object（以图的形式复制），然后将图表复制到需要的地方（如研究报告正文里）。

表 9—3 是 SPSS 软件中可能运用到的命令及其解释。

表 9—3　　SPSS 软件中的命令及其解释

Percentile Values 框，输出百分位数： 选择 Quartiles 项，则电脑将输出四分位数，即用三个数将样本观测值分成四个部分，每个部分都包括 25%的数据，这三个数就是四分位数，分别记作第一四分位数、第二四分位数、第三四分位数。 选择 Cut Points for Equal Groups 项，则将数据等分成所设定的小组，如果输入 4，则输出 25%、50%和 75%的四分位数。 选择 Percentiles 项，则自行定义百分位数，可以选择让电脑输出 5%、10%、15%等自己需要的百分位数。
Central Tendency 中心趋势栏，反映数据的集中趋势： 选择 Mean，则电脑输出平均数，即该组数据的算术平均值。 选择 Median，则电脑输出中位数，即该组数据里最中间的数，有 50%的样本观测值比这个数小，50%的样本观测值比这个数大。 选择 Mode，则电脑输出众数，即该组数据里出现次数最多的观测值。 选择 Sum，则电脑输出该组数据的算术和。 值得注意的是，选择输出平均数、中位数，还是众数，要根据变量的测量级别来确定（见表 9—4）。
Dispersion 离差栏，反映数据的离散趋势： 选择 Std. Deviation，则输出标准差，表示观测值与平均数相距有多远。 选择 Variance，则输出方差，即标准差的平方。标准差与方差体现了观测值分布的离散程度，标准差和方差越小，则一组数据越集中。 选择 Range，即全距或极差，表述一组数据里最大值与最小值的差。 选择 Minimum，则输出一组数据里的最小值。 选择 Maximum，则输出一组数据里的最大值。 选择 S. E. Mean，即样本观测值的平均数的标准误差（standard deviation of sample means）。如果从总体中抽取若干样本，则这些样本的平均数又构成一个分布，如果总体是

正态分布，那么这个分布的平均数将无限地逼近总体的平均数，而且，这个分布也服从一个正态分布，它的标准差被称为标准误差。标准误差表示的是抽样误差，标准误差越小，则数据的可靠性越高。

Distribution 参数分布栏，表示数据分布的形状：

选择 Skewness，则输出数据分布的斜度（或偏度），同时显示斜度（或偏度）的标准误差，表示数据分布的偏斜程度和方向：如果数据分布是对称的，则此值为 0；如果数据分布向左偏，有个长长的右尾巴，则此值为正数，称为正偏；如果数据分布向右偏，有个长长的左尾巴，则此值为负数，称为负偏；如果斜度的标准值大于 1，则数据分布不呈正态分布。

选择 Kurtosis，则输出数据分布的峰度，同时显示峰度的标准误差，表示数据聚集的程度。如果此值为 0，则数据是正态分布；如果此值为正数，则观测值分布要比正态分布的峰值高，分布曲线更尖一些；如果此值为负数，则观测值分布比标准正态分布的峰值低，分布曲线更扁平一些。

Chart Type 图形类型：

选择 None，则不输出图形，这是系统的默认状态。

选择 Bar Chart，则输出条行图，其中各条高度代表变量各个类别的观测值的数目。

选择 Pie Chart，则输出饼状图，其中各块代表变量各个类别的观测值的频数。

选择 Histograms，则输出直方图，这一项仅适用于定距或定比变量。

选择 With Normal Curve，则输出的直方图中带有正态曲线。

Chart Value 确定纵轴表达的统计量（只有选了 Bar Chart 或 Pie Chart，才能选这一项）：

选择 Frequencies，则纵轴表示频数。

选择 Percentage，则纵轴表示百分比。

Order by 排序栏，选择频数表的排列顺序：

选择 Ascending Values，则变量观测值按照升序排列，这是系统默认的方式。

选择 Descending Values，则变量观测值按照降序排列。

选择 Ascending Counts，则变量按照观测值发生的频数升序排列。

选择 Descending Counts，则变量按照观测值发生的频数降序排列。

值得注意的是，如果前面选择了直方图，那么频数表将按变量观测值升序排列。

Multiple Variables 多变量栏，选择多变量频数表的输出格式：

选择 Compare Variables，则将多个变量的结果在一个图形中输出，以供比较。

选择 Organize Output by Variables，则将每一个变量的结果单独输出。

Suppress Tables with More than Categories，控制频数表输出的变量分类的数目，默认值为 10，当变量分类数目超过 10 时，多余的分类将不体现在频数表里。

表 9—4　　根据变量的测量级别来确定合适的单变量描述统计方法

变量的测量级别	单变量描述统计的方法
定类变量	众数和百分比
定序变量	众数、百分比和中位数
定距或定比变量	众数、百分比、中位数、平均数和标准差

表 9—5 和表 9—6 是一个关于报刊新闻可读性调查的频数分析，被描述的变量是“报刊新闻的可读性得分”，共 27 个样本，表 9—5 的第一列和第二列是电脑输出的结果，第三列是对这些输出的结果的简要解释，表 9—6 里最后一行中文是对这些输出结果的简要解释。

表 9—5　　频数表的输出结果（部分）①

可读性得分

N	Valid	27	有效样本数
	Missing	0	缺失样本数
Mean		54.445 2	平均数
Std. Error of Mean		2.427 04	标准误差，因为可读性得分在 0～100 之间变化，因此可以接受
Median		52.000 0	中位数
Mode		34.00 (a)	众数，注解 a 解释了有多个众数，只显示最小的一个
Std. Deviation		12.611 24	标准差，平均数 54，标准差 12，分布比较离散
Variance		159.043 47	方差
Skewness		0.351	偏度，绝对值小于 1，呈正态分布；正值，数据分布向左偏
Std. Error of Skewness		0.448	偏度的标准误差不大
Kurtosis		−0.668	峰度是负值，数据分布比标准正态分布的峰值低
Std. Error of Kurtosis		0.872	峰度的标准误差可以接受
Range		44.57	极差
Minimum		34.00	最小值
Maximum		78.57	最大值
Sum		1 470.02	所有观测值的算术总和
Percentiles	25	46.360 0	第一四分位数
	50	52.000 0	第二四分位数，也就是中位数
	75	64.330 0	第三四分位数

a. Multiple modes exist. The smallest value is shown.

① 由于 SPSS 软件输出结果为英文，为便于学习者掌握和查阅，暂不译成中文，下同。

表 9—6　　　　频数表的输出结果（部分）

可读性得分

		Frequency	Percent	Valid Percent	Cumulative Percent
Valid	34.00	1	3.7	3.7	3.7
	34.09	1	3.7	3.7	7.4
	39.67	1	3.7	3.7	11.1
	40.00	1	3.7	3.7	14.8
	41.67	1	3.7	3.7	18.5
	43.67	1	3.7	3.7	22.2
	46.36	1	3.7	3.7	25.9
	46.82	1	3.7	3.7	29.6
	48.21	1	3.7	3.7	33.3
	50.00	1	3.7	3.7	37.0
	50.36	1	3.7	3.7	40.7
	50.71	1	3.7	3.7	44.4
	51.82	1	3.7	3.7	48.1
	52.00	1	3.7	3.7	51.9
	52.08	1	3.7	3.7	55.6
	52.14	1	3.7	3.7	59.3
	52.33	1	3.7	3.7	63.0
	58.93	1	3.7	3.7	66.7
	62.86	1	3.7	3.7	70.4
	63.64	1	3.7	3.7	74.1
	64.33	1	3.7	3.7	77.8
	65.67	1	3.7	3.7	81.5
	66.33	1	3.7	3.7	85.2
	71.33	1	3.7	3.7	88.9
	76.00	1	3.7	3.7	92.6
	76.43	1	3.7	3.7	96.3
	78.57	1	3.7	3.7	100.0
	Total	27	100.0	100.0	
有效的观测值		每一个观测值出现的频数，因为每个观测值只出现了 1 次，表 9—5 里的众数也就是这些观测值的最小值	每个观测值占样本总数的百分比	有效观测值占样本总数的百分比	观测值从小到大依次排列，小于或等于每个数值的观测值的累积百分比

图 9—1 是关于“报刊新闻的可读性得分”这一变量的直方图。将临近的观测值合并，分成同等宽度的组（即每个组的数值范围相等），以每组的中位数为横轴，以该组观测值出现的频数为纵轴，描述单一变量分布的图形就是直方图。SPSS 输出直方图时，也同时输出标准差、平均数和样本总数，还可以选择画出正态分布曲线，图 9—1 很直观地显示出了这条正态分布曲线是稍稍向左偏的。

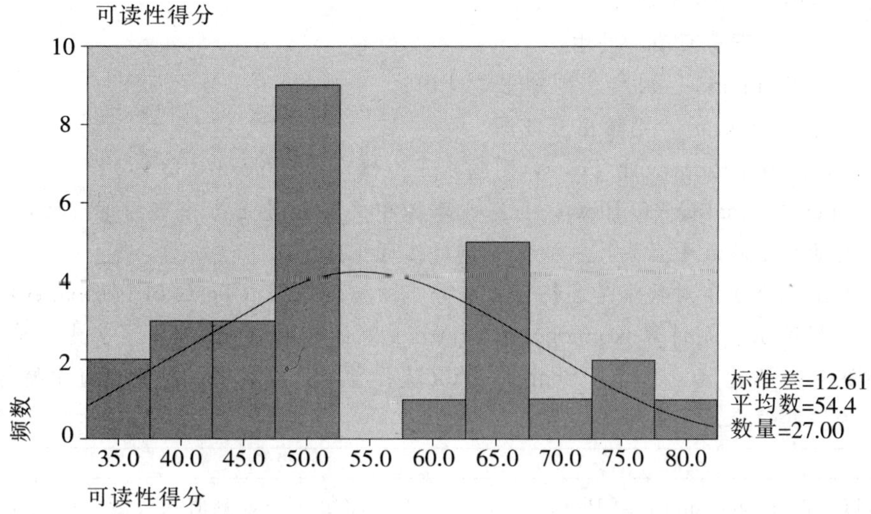

图 9—1 直方图举例（被描述变量：报刊新闻的可读性得分）

（二）数据探索

描述单一变量时，一般情况下先做频数表，如果是定类或定序变量，可以用饼状图、条形图和折线图来直观描述，这些图形在 Word 软件里依次选择“插入—图片—图表”也可以做出来；如果是定距或定比变量，可以用直方图、茎叶图和盒形图来直观描述。绘制茎叶图和盒形图要用到 SPSS 软件里的数据探索菜单。

在主菜单里依次选择 Analyze—Descriptive Statistics—Explore，打开数据探索对话框，在左侧的源变量框里选择一个或多个定距或定比变量进入 Dependent List 里，然后单击 OK 按钮即可获得默认的统计分析，包括基本的描述统计量、茎叶图（见图 9—2）和盒型图（见图 9—3）。具体见表 9—7。

表 9—7　　数据探索操作步骤

单击 Statistics 按钮，则输出描述统计量： Descriptive 栏里各项依次输出平均数、中位数、众数、5%调整平均数、标准误差、方差、标准差、最大值、最小值、极差、等距四分位数、峰度（及其标准误差）、偏度（及其标准误差）。其中 Confidence Intervals for Mean □%输出平均数的置信区间，默认值为 95%。 选择 Outliers 栏，则电脑输出 5 个最大值与 5 个最小值，在输出窗口中它们被标明为极端值。 选择 Percentiles 栏，则电脑输出 5%、10%、25%、50%、75%、90%及 95%的百分位数。 单击 Plot 按钮，则输出图形： Boxplot 栏输出盒形图，在其中： 选择 Factor Levels Together 栏，则每个进入 Dependent List 的变量都生成一个图； 选择 Dependents Together 栏，则所有进入 Dependent List 的变量生产出同一个图；

选择 None，则不显示盒形图。

Descriptive 栏下有两项，其中：

选择 Stem-and-Leaf 栏，则输出茎叶图；

选择 Histogram，则输出直方图。

选择 Normality Plots with Tests，则输出正态概率图（Normal Q—Q Plot）与离散概率图（Detrended Normal Q—Q Plot）。正态概率图中的斜线是正态分布的标准线，由图里的散点组成的曲线越趋近于直线，则数值分布越接近正态。

同时电脑还会输出对数据是否符合正态分布的检测结果（Tests of Normality）。如果观测值的数目超过 50，则计算 Kolmogotov-Simirnov 统计量中的 Liliefors 显著水平检验；如果观测值的数目不超过 50，则计算 Shapiro-Wilk 统计量。只有某个统计量通过了显著性检验，才能够认为观测值满足正态分布。

可读性得分 Stem-and-Leaf Plot

Frequency	Stem & Leaf
2.00	3.44
1.00	3.9
3.00	4.013
3.00	4.668
8.00	5.000 122 22
1.00	5.8
3.00	6.234
2.00	6.56
1.00	7.1
3.00	7.668
Stem Width:	10.00
Each Leaf:	1 case (s)

（1）将每一个观测值除最后一位数字外的其余数字当作“茎”，将最后一位数字当作“叶”。

（2）将“茎”由小到大垂直排列，写在左边；将“叶”由小到大水平排列，写在相应的“茎”的右边。“茎”跟“叶”之间用圆点分开。“茎”可以是多位数，但“叶”只能是一位数。

（3）电脑输出了每根“茎”出现的频数。

（4）茎叶图的优点在于保留了原始的观测值。从左图中可以看出，34 这一观测值出现了 2 次。

Stem Width 是茎的宽度，即分组的组距。

Each Leaf 说明每片“叶”代表 1 个观测值，当样本过多时，也可以每片“叶”代表 2 个观测值。

图 9—2　描述统计量与茎叶图举例（被描述变量：报刊新闻的可读性得分）

盒形图里的横轴没有任何意义，电脑的输出结果只在横轴处标示观测值的数目（N）。它的纵轴代表观测值的范围。

盒子中间的粗线是中位数，上边的线是第三四分位数（即四分之三的观测值比这个观测值小），下边的线是第一四分位数（即四分之一的观测值比这个观测值小），上下两条线之间共包括了 50%的观测值，因此，盒子的长度反映了观测值的分散程度。

盒子外边的上下两条线叫做触须线，如果盒子长度的 1.5 倍大于观测值里的最大值，则上触须线是最大值，如果盒子长度的 1.5 倍小于观测值里的最大值，则上触须线是前者，那些没有包含在上触须线里的极端值将被标注在盒形图上。

盒形图不擅长描述单一变量的信息，如果要比较几个变量之间的差别，那么盒形图比直方

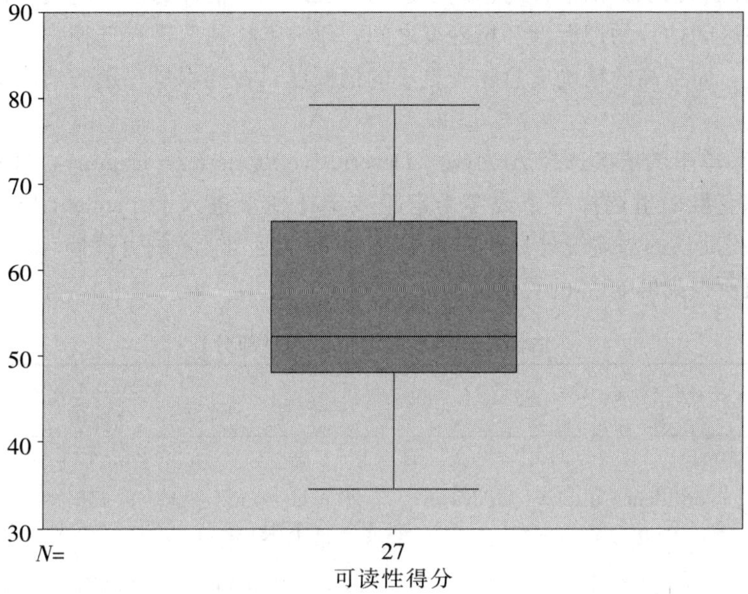

图 9—3　盒形图举例（被描述变量：报刊新闻的可读性得分）

图和茎叶图都更加直观。此时，需要在 Explore 对话框里选择分组变量（可以是定类变量），进入 Factor List 框，那么盒形图的横轴就会显示出每个盒子所代表的组。

二、单变量推论统计

我们对某些样本进行研究，其目的就是通过样本提供的信息来推断总体的特征。常用的推论统计包括两个方面：

第一，通过样本的分布来推断总体分布。

第二，通过样本来推断关于总体的假设是否成立。

（一）估计总体

由于量化研究的总体往往数量巨大，我们不可能对它进行精确的描述，常见的对总体的估计的描述形式是“在 95%置信度下，总体分布在某个区间内”，就是区间估计。置信度这个概念反映的是研究者进行区间估计时的信心或者把握度，也就是说，总体分布落在某个区间内的概率（或机会）有多大。“95%置信度”可以这样理解：当我们从总体中随机抽样 100 次，大约有 95 个样本的统计值的某个区间都会包括总体的参数值，或者说，总体的某个参数值会落在 95 个样本的统计值的某个区间内，那么就可以认为，这个区间估计的可靠性为 95%。

常用的置信度为 90%、95%和 99%，在一定置信度下估计的区间被称为置信区间。值得注意的是，95%的置信区间并不是说 95%的总体参数落在了这个区间内，而是说，进行无穷次重复抽样，我们有 95%的把握认为总体参数落在了这个区间内，如果我们根据某一个样本观测值而推断出了置信区间，那么这个置信区间有 95%的概率包含总体参数。

很显然，对于同一总体同一抽样规模来说，所估计的区间越大，则估计的把握度也越大，反之，所估计的区间越小，则估计的把握度也越小。由于所估计的区间的大小体现了估计的精确度，所估计的区间越小，则估计的精确度越高，反之，所估计的区间越大，则估计的精确度越低。因此，在区间估计的把握度和精确度之间，研究者往往要进行选择，更大的把握度意味着更低的精确度，而更高的精确度意味着更小的把握度，在样本量一定的情况下，这二者无法兼顾。

在 SPSS 主菜单里的依次选择 Analyze—Descriptive Statistics—Explore，打开数据探索对话框，在左侧的源变量框里选择一个或多个定距或定比变量进入 Dependent List 里，然后单击 OK 按钮即可获得默认的描述统计量。表 9—8 是通过“报刊文章的可读性”这一变量的观测值来估计总体均值所得到的 95%的置信区间。

表 9—8　估计总体均值的置信区间（部分）

			Statistic（统计值）	Std. Error（标准误差）
可读性得分	Mean		54.445 2	2.427 04
	95%Confidence Interval for Mean	Lower Bound（下限）	49.456 3	
		Upper Bound（上限）	59.434 0	
	Median		52.000 0	
	Variance		159.043	
	Std. Deviation		12.611 24	
	Minimum		34.00	
	Maximum		78.57	
	Range		44.57	
	Skewness		0.351	0.448
	Kurtosis		−0.668	0.872

（二）假设检验

假设检验的基本原理是小概率事件原理，即小概率事件在一次观察中不可能出现，如果在一次观察中，小概率事件出现了，那么说明原来的假设不正确，就可以拒绝它。

进行假设检验时：

第一，提出一个原假设或虚无假设，记为 H_0，提出跟原假设相对立的假设，记为 H_1。

第二，选择适当的显著性水平 α（significant level）（即小概率事件发生的概率），通常有 $\alpha=0.1$、0.05、0.01 等。

第三，在 H_0 为真的情况下，根据样本观测值计算出 H_0 的概率值 P 值。

第四，比较 P 值与 α 值，如果 P 小于等于 α，则 H_0 不成立，接受 H_1，那么在 α 的显著水平下，样本具有统计显著性，如果 P 大于 α，则接受 H_0，在 α 的显著水平下，样本不具有统计显著性。

假设检验又被称为显著性检验。

根据一个样本观测值对其总体均值大小进行显著性检验，在 SPSS 软件里可以依次选择 Analyze—Compare Mean—One Sample T Test 进行计算，在输出结果里，P 值被表示成“Sig.(2-tailed)”。这里的“2-tailed”指原假设是否有方向，如果原假设没有方向，那么就是双尾检验，直接接受 P 值；如果原假设有方向，那么就是单尾检验，将“Sig.（2-tailed）”下的数值除以 2 就是最终的 P 值。

第三节 双变量统计分析

一、交互分类（cross-tabulation）

当两个变量都是定类变量或其中一个是定类变量另一个是定序变量时，我们可以用交互表（cross table）来展现它们之间的关联。通过变量的频数和百分比，交互表能够描述数据的分布，同时展示变量之间的关系（见表 9—9）。

表 9—9　不同性别的大学生写作博客的动机（频数）

	增长知识	情感宣泄	交友	发布或交流信息	娱乐休闲	其他	行合计
男大学生	26	29	10	34	12	6	117
女大学生	11	40	6	11	4	7	79
列合计	37	69	16	45	16	13	196

从表 9—9 中可以看出，不同性别的大学生写作博客的动机存在着差异。那么，他们之间的差异到底有多大？由于参与调查的男大学生和女大学生在数量上不同，因此我们不能简单比较频数，而要用到百分比，如表 9—10 所示。

表 9—10　不同性别的大学生写作博客的动机（百分比）

	增长知识	情感宣泄	交友	发布或交流信息	娱乐休闲	其他	行合计
男大学生	26	29	10	34	12	6	117
百分比（%）	22.2	24.8	8.5	29.1	10.3	5.1	100
女大学生	11	40	6	11	4	7	79
百分比（%）	13.9	50.6	7.6	13.9	5.1	8.9	100
列合计	37	69	16	45	16	13	196
百分比（%）	18.9	35.2	8.2	23.0	8.2	6.6	100

表 9—10 显示，在所有写作博客的大学生里，发布或交流信息、情感宣泄、增长知识是最重要的写作动机；而女大学生比男大学生更重视情感宣泄动机，男生比女生更重视增长知识和发布或交流信息动机；无论是男大学生还是女大学生，出于交友目的而写作博客的动机都不明显。

在 SPSS 软件里，依次选择 Analyze—Descriptive Statistics—Crosstabs，打开交互分类对话框，将待分析变量选择进入 Row（s）（交互表里的行变量）或 Column（s）框（交互表里的列变量），就可以输出交互表。

二、卡方检验

当我们想对定类变量和定序变量之间的关系做出更准确的描述时，或者当总体分布情况未知时，往往需要卡方（χ^2）检验。卡方检验的用途之一是独立性检验，即判断样本在两个变量上的观测值是否相关，它要用到第一节里假设检验的思路。

第一，建立原假设 H_0，即两个变量之间无关系，并确定（期望的）显著性水平 α。

第二，在“原假设 H_0 为真”的情况下，计算 χ^2 值，查 χ^2 分布表得到原假设的实际概率值 P 值。

第三，比较 P 值与 α 值，如果 $P\leqslant\alpha$，则拒绝 H_0，认为两个变量之间有相关关系；如果 $P>\alpha$，则不能拒绝 H_0，差异不显著，认为两个变量之间相互独立，没有关系。

在 SPSS 软件里，依次选择 Analyze—Descriptive Statistics—Crosstabs，打开交互分类对话框：

第一，在左侧的源变量框里选择变量进入 Row（s）框，作为交互表里的行变量，选择变量进入 Column（s）框，作为列变量。

第二，根据需要选择一个控制变量进入 Layer 框，这个变量将决定频数分布的层次，比如做出三维交互表。

第三，选择 Display Clustered Bar Charts，则输出每个变量的分类条形图。

第四，选择 Suppress Tables，则不输出交互分析表，只输出统计量。

第五，单击 Statistics 按钮，在弹出的对话框里根据变量的测量级别来选择输出的统计量，卡方检验只能够说明变量之间是否存在着相关关系，而这些相关系数能够进一步说明变量之间关系的强度。

第六，单击 Cell 按钮，在弹出的对话框里选择在交互表单元格中的统计量，Counts 栏表示输出频数，Percentage 栏表示输出百分比。

第七，单击 Format 按钮，在弹出的对话框里选择交互表里样本观测值是按升序还是降序排列。

第八，单击 OK 按钮，输出结果。

我们以一个关于《中国妇女报》的内容分析为例，以检验新闻的报道版面和报道类型这两个变量之间是否有关系。报道版面是定序变量，报道类型是定类变量，我们可以降低定序变量的测量级别，将两个变量都当成定类变量看待，也可以提高定类变量的测量级别，将两个变量都当成定序变量对待（见表 9—11）。

表 9—11　《中国妇女报》内容分析结果：报道版面和报道类型之间的关系（卡方检验）

	Value	df	Asymp. Sig. (2-sided)
Pearson Chi-Square	1 193.767[a]	70	0.000
Likelihood Ratio	1 292.606	70	0.000
Linear-by-Linear Association	568.542	1	0.000
N of Valid Cases	2 336		

a. 20 cells (22.7%) have expected count less than 5. The minimum expected count is 18.

由于上表里，卡方检验的结果都具有显著性，因此这两个变量之间存在着相关关系。这种相关关系的强度到底有多大则需要借助对应的相关系数。我们选择让电脑同时输出定类变量和定序变量的相关系数，如表 9—12 所示。

表 9—12　《中国妇女报》内容分析结果：报道版面和报道类型之间的关系

			Value	Asymp. Std. Error	Approx. T	Approx. Sig.
Nominal by Nominal	Lambda	Symmetric	0.199	0.012	15.656	0.000
		报道版面 Dependent	0.154	0.011	13.390	0.000

续前表

			Value	Asymp. Std. Error	Approx. T	Approx. Sig.
		报道类型 Dependent	0.261	0.019	12.335	0.000
	Goodman and Kruskal tau	报道版面 Dependent	0.111	0.005	0.000	
		报道类型 Dependent	0.192	0.010	0.000	
	Uncertainty Coefficient	Symmetric	0.168	0.007	22.473	0.000
		报道版面 Dependent	0.157	0.007	22.473	0.000
		报道类型 Dependent	0.182	0.008	22.473	0.000
Ordinal by Ordinal	Somers'd	Symmetric	0.436	0.013	33.853	0.000
		报道版面 Dependent	0.469	0.014	33.853	0.000
		报道类型 Dependent	0.408	0.012	33.853	0.000

将两个变量当作定类变量，我们可以参考表9—12中的Lambda系数、Goodman and Kruskal tau系数和Uncertainty Coeffecient系数；将两个变量当作定序变量，我们可以参考Somers'd系数。无论是哪个系数，都具有显著性。但是表9—12中的相关系数并不算大，一般小于0.3的相关系数被认为是弱相关，大于0.6是强相关，因此，虽然我们拒绝了H_0，认为两个变量之间有关系，但它们之间的相关关系不是很强。

卡方检验对样本量大小十分敏感，如果样本量增大，那么卡方值也会增大，P值降低，从而增加拒绝原假设的概率。因此，当样本量过大的时候，需要参考列联系数C（Contingency Coefficient），如果C值也比较大，才能考虑拒绝原假设。究竟C值达到多大才可以拒绝原假设，这要参考交互表单元格的数目，也就是说，两个变量被分成的类别越多，交互表单元格数目越多，那么C值应该越大（见表9—13）。

表9—13　　《中国妇女报》内容分析结果：报道版面和报道类型之间的列联系数

		Value	Approx. Sig.
Nominal by Nominal	Contingency Coefficient	0.582	0.000
N of Valid Cases		2 336	

表9—13中的C值为0.582，但是11×8交互表中C值的理论上限为0.950，相比较之下，C值过小，可以考虑接受H_0。但是检验C值理论上限是一种非常严格的方法，很多情况下都得不到拒绝原假设这一结果。当卡方检验结果和C值结果不相符的时候，我们可以考虑合并交互表单元格的数目，重新进行计算，看能否增大C值，一般情况下，如果C值大于0.25，就可以接受卡方检验的结果。

三、相关分析

卡方检验已经涉及了相关分析，所谓相关（correlation），就是指一个变量的变化在多大程度上与另一个变量的变化有关。SPSS软件里的Crosstabs菜单可以计算各种相关系数，当考察两个定距或定比变量的简单线性相关关系时，可以依次打开 Analyze—Correlate—Bivariate 对话框来计算。表 9—14 总结了常用的根据变量测量级别而使用的相关系数，SPSS 软件都可以输出。

表 9—14　　两个变量之间相关关系的测量法

两个变量的层次	相关测量法	符号	是否对称（即两个变量的地位是否相等）
定类—定类	列联系数	C	对称
定类—定类	Cramer's V 系数	V	对称
定类—定类	Lambda 系数	λ	可以对称，也可以不对称
定类—定类	Tau-Y 系数	τ	不对称
定序—定序	Gamma 系数	G	对称
定序—定序	Somers'd 系数	D	不对称
定序—定序	Kendall's Tau 系数	Tau	对称
定序—定序	Spearman 等级相关系数	R	对称
定类—定距	相关比率 eta	E	不对称
定类—定距	点双列相关系数	r_b	不对称（且 X 是两分变量）
定距—定距	Pearson 积距相关系数	r	对称

四、回归分析

对于定距和定比变量，我们还想知道，一个变量的变化在多大程度上可以预测另一个变量的变化，也就是对变量进行回归（regression）分析。只有存在相关关系的变量才能进行回归分析，由于回归分析需要建立一个回归方程来量化地描述变量之间的变化，因此回归分析也是判断变量之间是否具备因果关系的重要方法。

两个变量之间最简单的回归分析是一元线性回归，设 X 为自变量，Y 为因变量，那么一元线性回归方程可以写成：

$$Y=a+bX$$

在平面坐标系里，这个方程表现为一条直线，a 是回归直线的截距，b 是回归直线的斜率，即回归系数。

在 SPSS 软件里，依次选择 Analyze—Regression—Linear，打开线性回归对话框，从左边的源变量框里选择合适的变量进入 Dependent（因变量）框和 Independents（自变量）框，进行运算，就可以得到回归方程（见表 9—15）。

表 9—15　　回归分析的结果：报纸新闻的可读性得分（因变量）和句子平均长度（自变量）

回归方程的系数[a]

Model		Unstandardized Coefficients		Standardized Coefficients	Sig.
		B	Std. Error	Beta	
1	（常数）	68.265	11.040		0.000
	句子平均长度	−1.105	0.862	−0.248	0.028

a. 因变量：报纸新闻的可读性得分。

根据表 9—15 的结果，可以写出回归方程如下：

新闻可读性得分＝68.265－1.105×句子平均长度（非标准化系数）

或者：

新闻可读性得分＝－0.248×句子平均长度（标准化系数）

五、t 检验和方差分析

当自变量是只有两个类别的定类或定序变量，因变量是定距或定比变量时，可以运用 t 检验。自变量将样本分成了两个子样本，因此 t 检验通常用于检验这两个子样本之间是否具有差异。方差分析（ANOVA）（也被称为 F 检验）跟 t 检验的区别在于，自变量是三个以上类别的定类或定序变量，即方差分析用于检验多个样本之间是否具有差异性。

（一）t 检验

在 SPSS 里，依次点击 Analyze—Compare Means—Independent—Sample T Test，打开主对话框，将因变量输入 Test 框里，将自变量输入 Grouping 框里，单击 Define Groups 按钮，进行分组，然后回到主对话框，单击 OK 即可输出结果（见表 9—16）。

表 9—16　t 检验结果：报纸类型（自变量）和报纸新闻的可读性得分（因变量）

		Levene's Test for Equality of Variances		t-test for Equality of Means						
		F	Sig.	t	df	Sig. (2-tailed)	Mean Difference	Std. Error Difference	95% Confidence Interval of the Difference	
									Lower	Upper
可读性得分	Equal variances assumed	0.156	0.696	0.039	25	0.969	0.195 3	5.012 49	－10.128 09	10.518 75
	Equal variances not assumed			0.039	24.859	0.969	0.195 3	5.012 12	－10.130 29	10.520 94

上表里，Levene's Test for Equality of Variances 是进行方差齐性检验，由于 Sig.＝0.696，因此方差是齐的。在可读性得分下面分别给出了方差齐和不齐的 t 检验结果，由于方差是齐的，因此只看第一行的 t 检验结果。在第一行里，t 检验的 Sig. 值为 0.969，没有显著性，接受原假设，即这两个样本之间无差异。报纸类型将报纸分成党报和都市报两类，这说明党报样本和都市报样本在可读性得分上没有差异，都市报的可读性未必如研究者所设想的那么高。在接下去进一步的研究里，可以将这两个样本合并成一个，进行下一步运算。

（二）方差分析

在 SPSS 软件里，依次点击 Analyze—Compare Means—One—way ANOVA，打开主对话框，将因变量输入 Dependent List 里，将自变量输入 Factor 里，单击 OK 按钮，即可输出结果（见表 9—17）。

表 9—17　　方差分析结果：新闻主题（自变量）和报纸新闻的可读性得分（因变量）

	Sum of Squares	df	Mean Square	F	Sig.
Between Groups	42.036	2	21.018	0.123	0.885
Within Groups	4 093.095	24	170.546		
Total	4 135.130	26			

上表里，由于F值对应的概率值为0.885，因此没有通过显著性检验，即不同主题的新闻在可读性得分上没有差异，或者说，它们可以被认为来自同一个总体，新闻主题对可读性得分的高低没有影响。

第四节　多变量统计分析

一、多元线性回归

当自变量不止一个，因变量只有一个时，如果我们想知道如何通过这些自变量的变化来预测因变量，那么可以采用多元线性回归分析。在第五章里我们提过，统计分析所涉及的变量越多，那么所需要的样本量越大。多变量分析所需要的样本量一般都比较大，多元线性回归要求样本量和自变量个数的比值不能小于5，一般为15～20，如果采用逐步回归法（stepwise），那么，这个比值至少为50。

多元线性回归方程可以写成：

$$Y=b_0+b_1X_1+b_2X_2+\cdots+b_kX_k$$

（b_0 是截距，b_1 到 b_k 是回归系数）

在SPSS软件里，依次选择Analyze—Regression—Linear，打开线性回归对话框，从左边的源变量框里选择合适的变量进入Dependent框和Independents框，进行运算，就可以得到多元线性回归方程。由于每个自变量对因变量的贡献都不等，为了寻求最合适的回归方程，可能需要进行多次运算，逐步删掉那些不重要的自变量，保留贡献最显著的自变量（见表9—18）。

表 9—18　　多元线性回归分析的结果：报刊新闻的可读性得分（因变量）

(I)

Coefficients[a]

Model		Unstandardized Coefficients		Standardized Coefficients	t	Sig.
		B	Std. Error	Beta		
1	(常数)	224.194	66.184		3.387	0.004
	总句子数	−6.333	2.127	−2.247	−2.978	0.008
	平均句长	−5.994	2.188	−1.331	−2.739	0.014
	21画以上的字的次数	−64.638	12.586	−0.975	−5.136	0.000
	11至15画的字的次数	−5.680	1.464	−4.549	−3.879	0.001
	11至15画的字占文章总字数的百分比	1 297.613	339.664	4.235	3.820	0.001

续前表

Model		Unstandardized Coefficients		Standardized Coefficients	t	Sig.
		B	Std. Error	Beta		
	6至10画的字的次数	1.931	0.490	4.635	3.944	0.001
	6至10画的字占文章总字数的百分比	−397.610	111.459	−2.137	−3.567	0.002
	三字词出现的次数	−1.758	0.558	−0.594	−3.152	0.006
	阿拉伯数字出现的次数	2.195	0.518	0.798	4.239	0.001

a. 因变量：报纸新闻的可读性得分。

(II)　回归模型总结

Model	R	R Square	Adjusted R Square	Std. Error of the Estimate	Sig. F Change
1	0.836[a]	0.700	0.541	8.649 16	0.004

a. Predictors:（Constant），阿拉伯数字出现的次数，6至10画的字的次数，11至15画的字的次数，平均句长，21画以上的字的次数，三字词的出现的次数，6至10画的字占文章总字数的百分比，总句子数，11至15画的字占文章总字数的百分比。

根据上表，我们可以写出这个回归方程：

可读性得分＝224.194−6.333×总句子数−5.994×平均句子长度−64.638×21画以上的字出现的次数−5.680×11至15画的字出现的次数＋1297.613×11至15画的字占文章总字数的百分比＋1.931×6至10画的字出现的次数−397.610×6至10画的字占文章总字数的百分比−1.758×三字词出现的次数＋2.195×阿拉伯数字出现的次数（非标准化系数）

或者：

可读性得分＝−2.247×总句子数−1.331×平均句子长度−0.975×21画以上的字出现的次数−4.549×11至15画的字出现的次数＋4.235×11至15画的字占文章总字数的百分比＋4.635×6至10画的字出现的次数−2.137×6至10画的字占文章总字数的百分比−0.594×三字词出现的次数＋0.798×阿拉伯数字出现的次数（标准化系数）

决定系数为0.700，说明这个方程能够解释70.0%的方差，而且整个方程的显著性水平为0.004，每个自变量的显著性水平都小于0.05，说明回归方程比较理想，可以用于预测。

二、多元方差分析（MANOVA）

当自变量是三个以上类别的定类或定序变量、因变量是两个以上的定距或定比变量时，为了检验根据自变量分组的各个样本之间是否存在着差异，可以采用多元方差分析。

在SPSS软件里，依次点击Analyze—General Linear Model—Multivariate，打开多元方差分析对话框，将因变量输入Dependent Variables框，自变量（分组变量）输入Fixed Factors框，单击OK按钮，就可以输出结果（见表9—19）。

表 9—19　多元方差分析的结果：报刊新闻的可读性得分（因变量）、报刊新闻的总句子数（因变量）和新闻报道主题（自变量）

(I)　**Multivariate Tests**

Effect		Value	F	Hypothesis df	Error df	Sig.
THEME	Pillai's Trace	0.109	0.689	4.000	48.000	0.603
	Wilks' Lambda	0.891	0.680 (b)	4.000	46.000	0.609
	Hotelling's Trace	0.122	0.670	4.000	44.000	0.616
	Roy's Largest Root	0.122	1.460 (c)	2.000	24.000	0.252

(II)　**Tests of Between-Subjects Effects**

Source	Dependent Variable	Type III Sum of Squares	df	Mean Square	F	Sig.
Corrected Model	可读性得分	42.036(a)	2	21.018	0.123	0.885
	总句子数	57.407(b)	2	28.704	1.449	0.255
Intercept	可读性得分	80 035.511	1	80 035.511	469.291	0.000
	总句子数	8 784.037	1	8 784.037	443.307	0.000
THEME	可读性得分	42.036	2	21.018	0.123	0.885
	总句子数	57.407	2	28.704	1.449	0.255
Error	可读性得分	4 093.095	24	170.546		
	总句子数	475.556	24	19.815		
Total	可读性得分	84 170.641	27			
	总句子数	9 317.000	27			
Corrected Total	可读性得分	4 135.130	26			
	总句子数	532.963	26			

a. R Squared ＝0.010 (Adjusted R Squared ＝－0.072).
b. R Squared ＝0.108 (Adjusted R Squared ＝0.033).

第一张表说明，由于多元方差分析结果没有显著性，因此可读性得分和总句子数这两个因变量的总体变化，不能用新闻报道的主题这一自变量来解释。第二张表考察了自变量对于每个因变量的单个影响，因为没有显著性，因此新闻报道的主题这一自变量不能解释两个因变量各自的变化。

三、因子分析（factor analysis）

因子分析的目的在于从一组变量里抽取潜在的少量因子，这些因子浓缩了原始变量的信息，同时损失的信息最少，因而可以用于解释原始变量。因子分析经常用于对量表的分析，对一份量表里的若干陈述进行检验，看它们能否有效测量出因变量，如果某些陈述的测量效果不明显，那么就可以考虑删掉，以提高量表的有效性。一份量表可能包含几十个陈述，这些陈述到底测量了什么内容，也可以通过因子分析简化量表结构而展现量表的内容。

因子分析被认为是一种简化数据的方法，在 SPSS 软件里，因子分析也是通过主菜单 Analyze—Data Reduction—Factor analysis 打开对话框来运算的。只有定距和定比变量才能够进行因子分析，而很多量表都是定序量表，为了运算的简便，我们可以将它们当成定距量表来对待（见表 9—20）。

表 9—20　　因子分析的结果：关于网络购物的一份量表的因子分析

(I)　KMO and Bartlett's Test

Kaiser-Meyer-Olkin Measure of Sampling Adequacy.		0.774
Bartlett's Test of Sphericity	Approx. Chi-Square	726.503
	df	105
	Sig.	0.000

(II)　Total Variance Explained

Component	Initial Eigenvalues			Extraction Sums of Squared Loadings			Rotation Sums of Squared Loadings		
	Total	% of Variance	Cumulative %	Total	% of Variance	Cumulative %	Total	% of Variance	Cumulative %
1	3.915	26.098	26.098	3.915	26.098	26.098	2.604	17.358	17.358
2	2.076	13.840	39.938	2.076	13.840	39.938	2.052	13.677	31.035
3	1.319	8.792	48.731	1.319	8.792	48.731	1.898	12.654	43.689
4	1.134	7.562	56.293	1.134	7.562	56.293	1.891	12.604	56.293
5	0.987	6.578	62.871						
6	0.838	5.589	68.460						
7	0.772	5.147	73.607						
8	0.671	4.472	78.079						
9	0.627	4.178	82.257						
10	0.562	3.747	86.004						
11	0.513	3.421	89.425						
12	0.454	3.027	92.452						
13	0.412	2.748	95.200						
14	0.372	2.482	97.683						
15	0.348	2.317	100.000						

Extraction Method: Principal Component Analysis.

(III)　Rotated Component Matrix

	Component			
	1	2	3	4
退还货品手续麻烦	0.751			
缺乏亲身体验	0.790			
产品信息不充分	0.598			
产品质量没有保证	0.638			
配送速度慢		0.755		
配送费用高		0.836		
售后服务差		0.557		
顾客个人信息难以保密		0.540		
费时			0.619	
种类不全				0.714
其他地方也能买到				0.759
价格比较高				0.597

续前表

	Component			
	1	2	3	4
订货不方便			0.769	
支付不方便			0.752	
交易安全性不高	−0.455			

Extraction Method：Principal Component Analysis. Rotation Method：Varimax with Kaiser Normalization.

在电脑输出的结果里，首先应该看 KMO and Barlett's Test 表，如果第一行的 MSA 结果小于 0.5 则不能接受接下去的因子分析结果，因子分析到此终止；如果这个值等于 1，说明每一个变量都可以用其他变量来解释（因子分析的前提之一就是变量之间两两相关），因子分析结果非常完美。当然 MSA 值一般为 0.5～1，越接近 1 越好。同时，Barlett 球体检验的结果具有显著性，说明原始变量之间具有相关关系，满足因子分析的前提条件。

从上表可以看出，4 个因子解释了 15 个原始变量的 56%的方差。那么，这 4 个因子分别都是什么？每个因子包含了哪些原始变量？

第三张表里的数值被称为因子负荷值（factor loading），它的平方表示原始变量的方差能够被因子所解释的比例。为了能够更清晰地看出哪个原始变量归于哪个因子，我们采用旋转后的因子负荷值矩阵，只保留每一行绝对值最大的因子负荷值。根据表 III，我们可以将这 4 个因子分别总结为：网上交易的推广性、售后服务的质量、交易的便利性、产品质量。如果因子难以命名，就说明量表本身不是一个很好的测量工具，或者根本就不应该对某些变量做因子分析，或者应该删掉因子负荷值太小的变量，重新进行因子分析。

至于提取几个因子才合适，我们可以借助碎石图（scree plot）来进行判断，碎石图显示出一条折线，在某一处突然转折向下走，那么这个点所对应的横坐标的数值可能是合适的因子个数。我们可以反复运算，比较抽取不同个数的因子时每一种方案所能够解释的方差，如果少量因子所解释的方差跟大量因子所解释的方差相差无几，那么就可以考虑抽取少量因子，以实现更简化数据的目的。

完成了因子分析之后，我们可以将同一个因子上有着高负荷值的几个变量的取值相加，得到一个新变量，用这个新变量来代替多个原始变量进行接下去的运算。如果我们在 SPSS 因子分析对话框里选择了 Scores—Save as Variables，那么就会看到在原始变量的后面产生了几个新变量，有几个因子就有几个新变量，这些新变量的取值是根据所有变量在这个因子上的负荷值算出来的，也就是某个个案在每个因子上的得分（factor score），我们也可以利用因子得分来产生新变量，因子得分的优点在于它代表了所有原始变量综合而成的新变量。

【思考题】

1. 找一份媒介研究的调查问卷，对其进行编码，注意多选问题的编码。
2. 根据变量的测量级别，可以采用哪些合适的单变量描述方法？
3. 定类和定序变量可以用哪些图形来直观描述？定距和定比变量呢？
4. 什么是置信度和置信区间？为什么从样本推断总体时，把握度和精确度是一对矛盾？
5. 两个变量之间的相关系数都有哪些？
6. 自己找几份量化媒介研究报告，试分析并评价它们所采用的统计分析方法。

第三部分

质化研究方法与大众传播研究

第十章

质化田野研究

从本章开始，我们将转入对质化研究方法的介绍。如果说量化研究方法是一门技术，可以通过学习和反复练习来提高研究者的技能，那么质化研究方法就更像一门艺术，它依赖研究者自身的素质和认识而进行实地考察，因而对研究者个人的要求非常高，比如细致深入的观察、随机应变能力、生动优美的文字等。这也是本书将量化方法安排在质化方法之前的缘故，只有对研究对象获得一定的认识、具备了研究者的基本素质之后，才能凭借经验而对研究对象产生敏感，进而展开质化研究。否则，面对现实生活里出现的研究对象，研究者可能会放弃和忽视有价值的现象（研究素材）。

当研究对象是媒介组织和受众的时候，除了调查法和实验法之外的另一种常见的经验方法，就是本章所介绍的质化田野研究（qualitative field research，也译成质化实地研究）。"田野"不一定指土地、乡村或者野外，在社会科学研究方法中，它是"实验室（或研究者的工作室）"的反义词，指的是研究者不可控制或控制很少的、社会事实所发生的自然场所。"田野研究"意味着研究者走出自己的工作室，进入社会生活的第一线来收集资料。田野是研究对象自然活动的场所，因此，研究者期待着，能够寻求更加"真实"的、不受研究环境"污染"的结果。需要指出的是，"田野研究"并非质化研究所专享，第七章里提过，实验法有时也会在田野里进行，即田野实验。这里，本章所介绍的是在事件发生和人们活动的本来环境里运用质化方法进行研究的一种方法。

第一节　质化田野研究在大众传播研究中的应用

一、质化田野研究与社会科学

质化田野研究在社会科学里有着长期的研究传统，恩格斯的《英国工人阶级状况》(1845）一书被认为是质化田野研究的佳作。19 世纪后期和 20 世纪早期，人类学大量使用质化田野研究方法，涌现了大量出色的研究成果，比如我国学者费孝通的《乡土中国》(1948）一书就是运用质化田野研究的本土化著作。20 世纪早期，美国芝加哥大学社会学系的学者们把人类学方法引入社会学，研究城市里各个亚文化群体，这些学者被称为"芝加哥学派"，比如帕克(1922）通过对移民报刊的研究，认为移民报刊能够帮助移民维护自己的文化，并且顺利融入美国生活，因此报纸发挥了社会整合功能。

但是，第二次世界大战以后，帕森斯创立的结构功能主义成为社会科学界的主流，受这一潮流的影响，学者们都开始认为，能够用数字表达的研究结果更加准确、更加"真实"、更加可信，社会科学被认为跟自然科学一样，"科学"和"客观"成为评价社会科学成果的标准。

质化方法被认为不“科学”、不“客观”，因而受到限制。直至 20 世纪 70 年代以后，这一趋势才出现了转变。

二、受众研究与质化田野研究方法

传播学在 20 世纪 50 年代才正式由施拉姆确立，因此，它不可避免地受到了当时社会科学界重视量化和精确化思潮的影响，对质化研究方法兴趣不大。直到 20 世纪 70 年代，社会科学研究范式开始转型，解释性范式开始跟实证主义范式抗衡，运用质化方法对媒体进行研究才进入了研究者视野之中。过去 30 年里，传播学经历了从忽视质化方法到结合质化与量化方法的转变，大量出色的质化研究成果推动了学科发展和理论建设，也提高了质化方法在传播学界的地位。

研究方法转变跟学科范式转型紧密结合在一起。效果研究大致经历了“魔弹论——有限效果论——中度效果论”三个时期，无论在哪个时期，学者们对于“大众媒介究竟有没有效果”这个问题的看法都存在着差异，但是，效果研究的基本假设从来没有动摇过：

第一，从方法上将受众限定为“被动的接收对象”。

第二，一定规模的受众的意见的集合被认为是有意义的，个体的意见不值得研究。

20 世纪 60 年代，文化研究开始在英国兴起，后来逐渐扩散到澳洲、美洲和亚洲。文化研究里的经典研究成果，无一例外，都采用质化方法，比如关于受众的研究成果，扭转了效果研究的基本假设，将研究焦点和研究过程置于具体的历史、社会和文化情境（context）之中，通过对个人意见的深入观察和分析来揭示出更具深度而非广度的规律。

针对受众研究，质化田野研究发展出了三个主要的研究取向（approach）：媒介的社会使用、解码、媒介与社会行动。

第一，受众阅读报纸、收看电视、上网等这些活动，用更学术化的术语来表述，就是媒介使用，不应该仅仅被看成是一个在家庭内部进行的活动，这些活动也体现出了受众所处的社会和文化情境的特征。因此，采用质化田野研究，学者们超越了“使用与满足”研究所关注的个人层面，开始关注媒介使用的社会意义。这一取向的研究偶尔也考虑公共场所和同龄人群体（peer group）里的媒介使用，但是，更多的研究关注家庭和家庭生活，因此，“媒介的社会使用”（the social use of media）一词里的“社会”不是指公共场所里出于政治、经济和文化目的的媒介使用行为，而指的是私人家庭领域。如詹姆斯·卢尔研究美国家庭如何使用电视①，戴维·莫利研究英国家庭在看电视过程中所体现的性别和代际差异等②。

第二，受众对于特定媒介文本的解释就是解码活动。解码研究的目的在于，了解受众如何生产出对媒介文本的解释，这种解释又是如何在不同个体之间流通和共享的。受众对媒介文本的解释是多重的，有可能跟媒介生产者的意图相左，也有可能重合，霍尔“编码／解码”模式简洁地总结了三种解码行为：主导式阅读、协商式阅读和抵抗式阅读。③ 在这三种解码行为中，后续的研究者们更关注抵抗式阅读，即受众是如何产生出跟文本的优先意义（preferred

---

① See Lull，James，“The Social Uses of Television，” *Human Communication Research*，1980（6）.

② See Morley，David，*Family Television*，London：Comedia，1986.

③ See Hall，Stuart，“Encoding and Decoding in the Television Discourse，” Birmingham，*Centre for Contemporary Cultural Studies*，1973.

meaning）完全不同的抵抗式意义（oppositional meaning）的，这也被看成是受众的能动性的体现。在英国，戴维·莫利（1980）发现，抵抗式阅读活动跟受众的社会地位有关，社会地位比较低的受众会进行更明显的抵抗式阅读；施莱辛格等人也发现，性别和阶级因素也会影响受众的抵抗式阅读活动。[①] 在跨文化研究中，卡兹等人发现，即使外来文化在本土受到很大欢迎，但是，本土受众依然会“抵抗”外来文化而不是全盘接受。[②]

第三，接收了媒介内容以后，受众的日常行为会发生什么样的变化？这是质化田野研究所关注的第三个研究取向。这些研究走出家庭，也不再关注受众解读是否吻合这些文本研究问题，转而将媒介视为一种日常生活里的话语资源，受众个人的活动成为考察的中心。比如，詹妮丝·拉德威研究美国罗曼小说的女性读者，发现小说里的叙述成为指导这些读者婚姻生活的指南，原本地位不高的家庭主妇会暂时抛开家务劳动，沉浸在阅读小说的快感（pleasure）之中。[③] 通过观察电视在印度两个村庄变迁过程中的作用，柯克·约翰逊发现，电视改变了村民们对于亲属关系、社会关系、风俗传统等的看法，并相应地带来了社会生活方面的变化。[④]

三、媒体组织研究与质化田野研究方法

对于大众和学者来说，媒介生产活动是一个“黑箱”，只有身处其中的新闻工作者才知道，“原材料”素材是怎么被加工成“成品”新闻公布给受众的。研究媒体组织，可以调查新闻从业人员队伍的现状，也可以通过对媒介文本的内容分析而推断媒体组织的意图和立场。但是，以日报为例，24 小时是一个出版周期，那么，这 24 小时之内发生了哪些影响媒介文本的事件？这些事件所涉及的人（包括消息来源、记者、编辑、排版人员、印刷人员、发行人员）如何解释自己的行为？记者对于“把关”活动所依据的标准的解释是什么？要想获得这些问题的答案，量化方法暴露出了局限，质化田野研究方法是更合适的选择。在研究媒体组织运作和新闻生产活动方面，它具有不可替代的优越性。

因此，目前我们所见到的、与媒体组织和新闻生产有关的杰出研究成果，一般都采用了质化田野研究方法，或者结合使用了包括质化田野研究在内的多种方法。迈克·舒得森总结了媒体组织研究的三个取向：政治经济学、社会组织和文本研究。前两个取向更多地使用了质化田野研究。[⑤]

第一，从经典马克思主义理论出发，政治经济学取向的学者们关注阶级和权力这些问题，认为大众媒体组织再生产和延续了主导阶级的利益，维系而不是挑战了现有统治秩序。陶得·吉特林对美国媒体报道 1965 年反越战学生运动的研究发现，记者个人对学生运动的解释跟政府的看法高度一致，从运动初期的尊重转向排斥，给学生们贴上负面的标签，把他们跟冷战背

---

① See Schlesinger, Philip et al., *Women Viewing Violence*, London: British Film Institute, 1992.

② See Liebes, Tamar, and Katz, Elihu , *The Export of Meaning*: *Cross-cultural Readings of Dallas*, New York: Oxford University Press, 1990.

③ See Radway, Janice, *Reading the Romance*: *Women*, *Patriarchy*, *and Popular Literature*, Chapel Hill: University of North Carolina Press, 1984.

④ 参见［美］柯克·约翰逊：《电视与乡村社会变迁——对印度两村庄的民族志调查》，北京，中国人民大学出版社，2005。

⑤ See Schudson, Michael, “News Production Revisited,” Curran, James and Gurevitch, Michael (eds.), *Mass Media and Society*, 2nd edition, London: Edward Arnold, 1991.

景下的苏联相联系。[1] 记者态度的转变，可以看成是媒体维系社会主导霸权的手段和结果。虽然学生们也试图争取媒体的支持，可是最终的结果总是政府获胜。

第二，将媒体视为一个社会组织，学者们认为，新闻生产活动有其特定的“常规”，记者们遵照这些常规来决定什么样的事件（和事实）能够成为新闻被公布出去，什么样的事件只能被扔进编辑部的废纸篓。盖·塔奇曼和马克·费舍曼研究美国记者对客观性、消息来源、新闻报道和写作常规的看法。[2][3] 他们发现，常规有时候并非是出于意识形态压力而形成的，比如电视新闻希望自己的采访对象在镜头前侃侃而谈、衣着得体，因此口吃的人、外表不雅观的人，都很少被记者采访；又比如，晨报的截稿时间是午夜 12 点，早晨 6 点送到订户手里，所以，那些发生在午夜 12 点至凌晨 6 点的本地新闻（或者是发生在这一当地时间段内的国际新闻）就不可能出现在晨报上；再比如，日报每天都要出版，因此日报最欢迎“短、平、快”的消息，调查性报道在日报上出现的不多。这些都是新闻工作自身的特性使然，并非任何外在压力施压的结果。

第三，媒介文本是记者工作的最终产品，因此，通过研究媒介内容，也可以推断媒体的立场。赫伯特·甘斯研究四家美国一流媒体的记者对于新闻的看法，他对媒介文本进行了内容分析，然后拿着自己的结论对那些写作这些新闻的记者和编辑进行访谈，印证或者修正自己的看法。[4] 他发现，美国记者的价值观念里对小城镇有一种不切实际的美化和怀念，这跟美国文化的特征是一致的。陆晔和潘忠党也通过对新闻作品、记者出版的个人作品选、记者公开发表的有关自己工作的文章进行分析，总结了新闻专业主义在当下中国的表现形态。[5]

质化田野研究关于受众的研究实例[6]

柯克·约翰逊是地道的美国人，3 岁时随家人移居印度某个小镇，16 岁时返回美国读大学。在离开 10 年以后，他重返自己度过童年的小镇，1995 年 11 月至 1996 年 7 月，他在这个小镇附近的两个村庄（离孟买大约 300 公里）进行田野研究，完成了自己的博士论文，《电视与乡村社会变迁》一书即在其博士论文的基础上修改而成。

进行田野研究的过程，就是身为“局外人”的研究者获得“局内人”的理解的过程。约翰逊在田野里度过童年，了解当地的语言、风俗、宗教和信仰，从某种程度上来说，他有时候像个“局内人”。但是，离开的 10 年时间，毕竟在他身上留下了痕迹，他对当地语言的掌握已经不那么熟练，需要依赖助手的翻译和解释，小镇及其附近地区的变化也令他吃惊，而且，即使童年时期生活在当地，但是地道的美国人身份也赋予了他跟本地人不同的经验（比如童年时期的他在当地的生活属于上流社会，对下层人群所知甚少），这一切，又使得他像一个“局外人”。进行田野研究的时候，他甚至碰到自己 16 年前弄沉的那条船

---

① See Gitlin, Todd, *The Whole World Is Watching: Mass Media in the Making & Unmaking of the New Left*, Berkeley: University of California Press, 1980.

② See Tuchman, Gaye, *Making News: A Study in the Construction of Reality*, New York: Free Press, 1978.

③ See Fishman, Mark, *Manufacturing the News*, Austin: University of Texas Press.

④ See Gans, Herbert J., *Deciding What's News: A Study of CBS News, NBC Nightly News, Newsweek, and Time*, New York: Vintage Books, 1979.

⑤ 参见陆晔和潘忠党：《成名的想象：社会转型过程中新闻从业者的专业主义话语建构》，载《新闻学研究》，2002 (71)。

⑥ 参见［美］柯克·约翰逊：《电视与乡村社会变迁——对印度两村庄的民族志调查》，2005。

的主人，讨了一顿骂。这种独特的经验使得约翰逊既能够更准确地理解当地人的观念、行为和解释，又能够注意到那些被当地人熟视无睹、习以为常的现象和意义。

1985年，约翰逊离开印度回到美国，1988年第一次返回印度。第一次“回乡”给他留下最深刻的印象，就是电视机走进平常百姓家，印度人很喜欢看电视。从大环境上说，1959年电视进入印度，1982年出现了彩色电视，20世纪90年代卫星电视发展，这是印度电视行业发展的三部曲。就他考察的那两个乡村来说，1970年，这里才通电，1985年，村子里有人买回第一台电视机，直至1995年，一个村子里104户人家共有25台（黑白和彩色）电视机，另一个村子里43户居民共有21台（黑白和彩色）电视机。但是，村里没有人能够负担得起有线电视和卫星电视费用，因此，所有的电视机都只能收到一个频道。频道少、节目单一，这并不妨碍当地人看电视的热情，凭直觉，约翰逊感觉到，电视正在印度乡村制造变化，这促使他下定决心研究电视和印度乡村社会的变迁。

田野工作（fieldwork）一共持续了8个月。前4周，约翰逊从自己童年生活的小镇出发，拜访了周围18个村庄，以便确定合适的研究对象。刚开始，为了观察电视对乡村生活的影响，他期望能够隔离城市对乡村的影响，找到几乎不受城市影响的村庄为研究对象，因此哪个村庄地理位置偏僻，他就往哪个村庄跑。但是，通过最初的考察，很快他就发现这个想法太不符合实际情况了。在当地18岁～35岁的男人中间，40%～80%的人去城市里打工，每年外出时间不等，有人甚至五六个月都不回家。因此，他无法“控制”城市对乡村生活的影响。约翰逊自己写道：“如果我想找到一个除了电视之外没有其他任何现代化因素的村庄，那么这种想法是愚蠢的、几乎不可能实现的，同时，这样的村庄也不具有代表性。”最后，约翰逊在现实情况和自己的想法之间获得了妥协，确定选择那些人口迁移（即村民去城市打工）情况中等的村庄为研究对象。约翰逊列出了其他一些条件来确定最终的研究对象：村庄的位置距离公路主干道至少3英里～7英里，交通不便利，这使得村民们跟外面的人打交道的机会降低了，从而能够更多地排除外界因素的“干扰”；村庄的规模在100户人家左右，经济地位不同的各个阶层广泛地分布在这个村庄里，村庄受到外界的政治干预越少越好，而且，电视出现的时间越长越好。于是，他确定以达瑙里村为主要田野地点，拉杰布里村为次要田野地点。这两个村庄之间的主要差别在于种姓，从种姓制度来说，拉杰布里村的村民们地位更低，这使得约翰逊能够在研究报告里考察电视对于印度古老的种姓制度的影响。

确定了田野地点之后，约翰逊正式进入达瑙里村和拉杰布里村进行参与式观察。他租了村民的房子住下来，聘请了一位当地人做助手。这位助手就是“线人”（informant），他英文流利，热情大方，性格开朗，在村子里人缘很好。线人给约翰逊介绍村庄里的情况，把他介绍给村民们认识，帮助他和村民沟通，使得他能够更好地融入当地人的生活中。最初的6个星期里，约翰逊由助手陪着，在村子里的各个角落里转悠，每天记录下自己所观察到的资料。村民们刚开始还对金发白人约翰逊感到很好奇，小孩子们跟在他的背后窃窃私语，慢慢地，他们对约翰逊的出现习以为常，有时还邀请他去自己家里坐坐。于是，正式的深度访谈开始了。

对每一位参与者（被研究者），约翰逊共访谈了3次。第一次的主要目的在于建立友好关系，只是问一些一般性的问题。研究者回去后整理了第一次的谈话记录之后，又进行第二次访谈，问一些更深入的问题。根据前两次访谈的结果，约翰逊得出一些结论，将它们反馈给参与者（被研究者），倾听他们对此的解释和回应，这是第三次访谈。每次访谈持续一个半小时至两个半小时，只有很少部分的访谈被录音，大部分访谈记录都是约翰逊凭现场笔录、自己的回忆和助手的建议而完成的。

主要的访谈问题有5个：

第一，在电视出现之前，你在村子里的生活是什么样的？

第二，在电视出现之后，你现在的生活是什么样的？

第三，在你的生活中，这一体验意味着什么？

第四，你如何看待电视里的节目？

第五，你生活的哪些方面受到了电视的影响？哪些方面没有受电视的影响？

约翰逊希望能够“控制”城市对乡村生活的影响，因此他有意识地选择了那些很少去城市的村民。在达瑙里村，他访谈和观察了5户有电视机的家庭，对每家的观察持续一个星期，也访谈和观察了那些没有电视机的家庭，包括50名女性、50名男性和50名儿童。

在田野工作的日子里，每天早晨达瑙里村村民们起床之后的一段时间是一天之中最忙碌的时间，约翰逊也要早起，出门观察人们的活动，偶尔做点摘要。等这段时间过去之后，他回到自己的住所，回忆和记录下自己的观察，有时候，他的助手会过来帮助他，对之前收集的资料进行分类和整理，反思前几天观察和访谈的不足，然后登门拜访自己的受访者。有时候，村民们忙着劳动，约翰逊就一边看着他们干活一边跟他们聊天。午饭后是村民们比较空闲的时间，很多人都睡午觉了，约翰逊此时却要忙着回忆和记录访谈资料，等村民们午觉醒来，约翰逊又出门活动了。晚上，好看的电视节目放完了，村民们也陆续休息了，而约翰逊还要在自己的住所记录田野笔记，并且规划第二天的活动。

约翰逊的研究问题是：在印度乡村的社会变迁中，电视在个人观念和社会结构上起到了什么样的影响？他结合使用了历史研究、参与式观察和深度访谈三种质化研究方法。历史研究的主要目的是搜集关于描述印度乡村生活的社会环境及其变迁的资料，观察和访谈的目的在于直接回答研究问题。

约翰逊发现，电视的确影响了印度乡村的个人观念和社会结构。印度政府发展电视的规划目标是教育性第一、知识性第二、娱乐性第三；但是，随着卫星电视的流行，村民们收看电视的行为表现出来的却是娱乐性第一、教育性最后。村民们不再按照太阳的位置，而是根据电视节目时间表来安排自己的生活，电视使得消费主义在村民中抬头，影响了人际关系，制造了新的流行语。在社会结构上，电视影响了婚姻和人口构成，促使人们从乡村流动到城市，制造出了新的信息弱势群体。与发达国家的电视导致人与人之间的冷漠不同，在印度乡村，电视建构了新的（不同年龄、种姓和性别之间的）人际关系。

这是一份质化研究报告，质化研究强调深度而非广度，这个研究具有很多优点，但同时也存在着很多缺陷：

第一，约翰逊没有“保护”研究对象。无论是田野地点，还是参与者（被研究者），他都采用了他们的实名而非匿名，虽然达瑙里村村民们以能够参与约翰逊的研究为骄傲（他们说“柯克老师会把我们达瑙里村带到美国去”），但是约翰逊没有对研究对象进行技术处理，这使得他们完全暴露在“外面的人”的注视之下，有可能会打扰他们的日常生活。

第二，约翰逊过于坚持自己先入为主的预设，即城市经验会“污染”或改变电视对乡村生活的影响，因此他在研究过程里处处希望能够减少城市经验在乡村生活里留下的痕迹。但是，正如他自己所承认的，当成年男性去城市打工已经成为一种普遍现象和新习俗的时候，研究者不应该忽视这个新的、自己未曾预料或不感兴趣的因素对自己的研究结果的影响。造成这一缺陷的原因在于，约翰逊认为，社会生活里的现象之间虽然存在着联系，但是依然可以被隔离成若干含义清晰、无交叉的变量，这样的观点遵循了量化研究方法的思路，却不是质化研究方法的思路。

第三，跟上一个缺陷相联系的另一点，就是约翰逊“控制”研究对象的想法太过于强烈，这正是田野研究的忌讳。比如，他假设受到外界政治干预少的村庄是更“纯洁”的村庄，更能够体现出电视的影响，但是他忽视了另一个背景，即这些村民们所收看的唯一一个电视频道就是印度国家电视台（以前为国营，1995 年起转为公营），而且印度政府制定的发展规划以教育性为电视的首要职能，因此，实际上，他不仅未能“控制”现实世界里的政治机构对田野地点的渗透（比如政府官员来到村庄里行使管理），也未能“控制”（和考察）电视媒体所建构的“媒介世界”里的政治性话语对乡村生活的影响。他不能回答一个问题：如果电视强化了外界政治干预，这难道不是电视对乡村生活的重大影响？

第四，约翰逊的分析不够深入，他的研究问题非常有意义，但是他对这些问题的回答仅仅是蜻蜓点水式的浅尝辄止，造成这一局面的原因在于，约翰逊不能很好地在理论概念和研究资料之间建立密切的关系。从他的行文中就可以看出，第 7 章和第 8 章是资料分析部分，他仅仅将研究资料进行分类，总结出它们之间的关系，但是理论概念几乎没有出现在这两章里，理论概念主要集中于前几章的文献综述里面，这造成了理论和资料脱节的“两张皮”之感。因此，全书没有发展出任何新的理论概念和解释，仅仅在描述现象，资料分析部分成为研究资料的“堆砌”，这是一篇博士学位论文，不是应用研究，但它的理论色彩又不够。

第二节 质化田野研究的传统

质化田野研究可以看成是多个研究传统所共同使用的研究方法，下面介绍几种主要的研究传统。但是，这里没有穷尽所有涉及的研究传统。

一、民族志

“民族志”一词英文为“ethnography”，“ethno”来自希腊文里的“ethnos”，即“people or folk”（一群人），“graphic”在英文里是“描绘某事物”的意思。因此，“ethnography”从字面

上来理解，就是“描绘人群”，我国学者有时也将其翻译成“人种志”或“民俗志”。这一概念原指人类学者收集有关特定社会及文化的资料和记录，并解释这些现象的一种方法，后来，伴随着学科之间的相互借鉴，民族志也逐渐受到其他社会科学领域的重视。一般情况下，民族志被认为是运用观察、访谈以及其他田野研究手段，深入细致地描述某一特定人群及其文化的一种方法。民族志重视一群人的活动过程，而不是仅仅描述孤立的事件，它描述同一文化群体中的人的生活方式，包括他们如何行动、互动、为自己的行为赋予意义等。因此，进行民族志研究，生产出民族志报告，既是一个过程，也是一个结果。

（一）民族志的发展

在西方殖民活动的早期历史中，西方探险家造访某些原始部落之后，记录下自己耳闻目睹的情况，形成了一些文字资料。这些记录描述了当地的自然风貌、风土人情、社会礼仪等，其作者主要是探险家、传教士、旅行者、殖民官员、商人等。这些记录可以看成是民族志的起源，它们往往是殖民者对被殖民者（地）的描述，带有明显的为殖民活动服务的色彩。

在18世纪，德国学者首先提出了“民族志”这一术语，后来英法等国家的学者也开始采用它。① 伴随着地理大发现、殖民范围的扩大，以及人类学的发展，从19世纪开始，民族志开始专业化，经过专业训练的人类学者或者自己亲身造访、实地考察，或者访问从异地归来的探险家，记录大量的民族志。

在民族志走向专业化的过程中，博厄斯②和马林诺夫斯基③是两位重要的学者。博厄斯的主要研究对象是当地人所使用的语言及其文本，他学习当地人的语言，详细记录他们之间的对话，跟当地人交谈。他在美洲和太平洋地区进行田野研究，提出文化相对论，即每个文化都有其独一无二的历史，“落后”地区的文化并非是“西方先进”文化的前世，文化是生成的而非确定的，普遍的文化发展规则值得怀疑。马林诺夫斯基开创了人类学长期田野研究的先例，他曾经在西太平洋某些岛国上跟当地土著居民共同生活两年，他认为，民族志的主要目的就是从当地人的角度来看他们自己的生活，因此，只有跟当地人生活在一起，研究者才能够真正理解当地人的生活方式。

20世纪下半叶以来，尤其是进入新世纪，全球化成为不可忽视的进程，人类学家曾经熟悉的封闭的原始的“初民社会”已经很难完全与世隔绝，因此，人类学将视野从异域转向自身，开始研究当代社会生活。与此同时，民族志也面临着理论转型。

（二）深描

20世纪70年代，美国人类学家格尔茨借用他人的概念，将“深描”（thick description，也译为深度描写、厚重描述、稠密描述等④）引入人类学，认为民族志的目的不是概括出普遍的、恒久而确定无疑的规律，因为那样就意味着研究者在提供自己所相信的“客观”解释，而

---

① 参见黄平、罗红光、许宝强主编：《当代西方社会学、人类学新词典》，吉林，吉林人民出版社，2002。

② 博厄斯（Franz Boas）（1858—1942），生于德国，获物理学博士学位，后加入美国国籍，长期执教于美国哥伦比亚大学人类学系。他发起了美国人类学会，重建《美国人类学家》杂志，培养了大量出色的学生，如克罗伯（Alfred Kroeber）、本尼迪克特（Ruth Benedict）、米德（Margaret Mead）等。

③ 马林诺夫斯基（Branislow Malinowski，1884—1942），生于波兰，后移民英国，著名人类学家。培养的学生包括利奇（Edmund Leach）、格拉克曼（Max Gluckman）、弗思（Raymond Firth）、帕森斯（Talcott Parsons）及费孝通等。

④ 参见［美］克利福德·格尔茨：《文化的解释》，上海，上海人民出版社，1999；［美］克利福德·格尔茨：《地方性知识：阐释人类学论文集》，北京，中央编译出版社，2000。

这种解释未必是当地人的看法。所以民族志的工作就是对个案进行详细和丰富的描述，即深描，一个只有五分钟的事件也许会花上好几页纸来描述。格尔茨区分了深描和浅描（thin description）。如果研究者仅仅描述现象，而没有描述现象所处的情境和背景，比如没有区分出“眨眼”和“挤眉弄眼”这两种社会表达行为所蕴含的意义，那么就是浅描。深描不是不加区别地对所有见到的现象都进行详细描写，那样的话，就是研究素材的堆砌，成了记流水账。研究者要将社会现象置于它所产生的情境和背景之中加以描述，拒绝用简单的因果关系来解释社会现象。在自己关于巴厘岛斗鸡的研究中，通过深描，格尔茨揭示了，看似赌博的斗鸡行为，其实蕴含着围绕人格、权威、信誉的斗争。

格尔茨没有给出深描明确的定义，只是在《深描：迈向文化的阐释理论》一文中用形象的比喻表达了这个概念的内涵。他认为，深描的民族志具备四个特点：第一，解释性的；第二，所解释的内容是社会话语流（the flow of social discourse）；第三，这种解释尝试着将过去社会里“所说过的”话语从即将逝去的时间里保留出来，并且用可供阅读的术语加以说明；第四，微观取向。

深描不仅是实际操作里的观察和记录方法，也包含着对民族志传统的反思。在格尔茨看来，人类学的研究对象是地方性知识（local knowledge），研究者是一个外来者，对他们而言，当地文化是“异文化”，了解“异文化”必须从当地人的眼光出发，研究者不能把自己的偏见强加于“异文化”之上。因此，为了获得“理解他人的理解”，研究者不追求“至高无上的”、“最普遍”的抽象规律，他们需要站在“异文化”的位置上来反思自己的“本文化”。“深描”打破了社会科学家们坚持寻找“最具规律性的事实”这种研究模式，转而要求研究者承认并且反思自己对参与者（被研究者）的误解。深描是相对于解释而强调的，只有具体入微的描写，才有可能获得当地人的看法，才能了解社会现象的意义，否则，解释就可能是牵强的，甚至是歪曲的。

在写作民族志的时候，研究者心里对自己的读者有一个大致的定位：他们是哪些人？因此，民族志的读者也参与到了民族志写作的过程中来，研究者跟读者之间的沟通和互动，也是民族志写作过程中需要注意的一个问题。这些读者也许并不熟悉民族志所研究的人群和他们的文化，有可能跟研究者也彼此不熟悉，他们需要同时理解参与者（被研究者）的“异文化”与研究者的“本文化”，才可能跟参与者和研究者同时对话和沟通，从而理解民族志所研究的人群和文化现象。从这个角度来说，深描改变了以往民族志过分强调研究者作用的做法，强调了参与者（被研究者）、研究者和读者三方之间的联系，民族志的目的也不再是验证某个规律或理论是否成立，而是寻找各个主体对某一社会现象的对话和理解。

二、芝加哥学派

19 世纪末，大量移民涌入工业城市芝加哥，使得它短时期内成为人口仅次于纽约的美国第二大城市。移民带来了多种文化，也引起了社会失序，芝加哥动荡不安，社会犯罪率高升，社会整合受到严重挑战。面临这种情况，芝加哥大学社会学系的学者们将研究焦点转向自己身边的城市，把芝加哥当成“社会实验室”，深入研究这所城市的各个角落。由于这些学者具有相似的研究兴趣、共同的研究方法，因而被称为社会学里的“芝加哥学派”，研究成果不断涌现，直至 20 世纪 30 年代中期，一直是美国社会学的主流。

在考虑采用何种研究方法的时候，芝加哥学派的学术领袖帕克在《城市社会学》一书中写道："从方法论来看，人类学家博厄斯和罗维（Lowei）考察北美印第安人生活方式时所使用的细致方法，若应用于现代人的研究定会更有成果。"① 从此，质化田野研究方法成为芝加哥学派的学者们普遍采用的研究方法。帕克指导自己的学生走出教室（被称为"走出扶手椅"），进入田野，跟普通市民进行交谈，观察他们的言行并且记录，甚至住在某个社区里，跟普通市民共同生活，收集跟参与者（被研究者）有关的实物、传说故事、信件、新闻报道等。1921—1931 年之间，帕克指导自己的博士生进行了 15 项有关城市日常生活的研究，其研究主题包括黑帮、吸毒、青少年犯罪、流浪汉、贫民窟、自杀、舞女等。芝加哥学派的另一位巨匠托马斯（William Thomas）于 1918—1920 年间出版了五卷本巨著《欧洲和美国的波兰农民》，通过对波兰移民家庭往来书信和日常生活的研究，描述了波兰移民在社会态度和社会行为上的变化，被称为"美国经验社会学第一部伟大的经典著作"②。

三、象征互动论

芝加哥学派的主要研究领域有两个：城市社会学和社会心理学。帕克是城市社会学的奠基人；米德则是社会心理学的重要学者，他开创了象征互动论（symbolic interactionism，也译为符号互动论）。虽然被认为是芝加哥学派的学者，但是，米德在芝加哥大学哲学系任教，这使得他的文章显得更加抽象和艰深。米德生前上课的讲义经过学生整理，于他逝世后出版，这就是象征互动论的奠基之作《心灵、自我与社会》(1934)。米德认为，心灵、自我与社会不是分离的结构，而是通过象征符号的互动过程发展出来的，个人依据与他人的互动而发展出自我。因此，研究个体的时候，应该重视社会互动，以及这一过程中所涉及的语言、象征符号、行为和情境，离开互动谈个体和自我，是毫无意义的。

象征互动论开启了微观社会学里关于人际互动的研究。首先，关于人际互动的研究素材只能够到它所产生的自然情境（即田野）中去收集，而不能在实验室里被制作出来，比如戈夫曼（Erving Goffman）在英国一个海岛上进行了两年的民族志考察，完成了《日常生活里的自我呈现》(1959) 一书，运用戏剧的概念来解释人际互动。其次，研究者一旦进入田野，就无法对具体的人际互动过程施加太多的"控制"，比如，研究者不能够规定参与者（被研究者）与他人互动时应该穿什么衣服、以哪种口吻跟对方谈话、谈话时怎样停顿、做什么手势和体态语、什么时候保持沉默等。再次，田野里的人际互动充满了变化，比如，关于某一个特定事件的看法，两个城市学生的讨论跟两个乡村学生的讨论可能会有很大差异，象征互动论的学者因此偏爱个案研究。

象征互动论的研究把事物置于它所产生的本来环境中加以考察，通过质化田野研究来描述和解释不停变化的片段式的人际互动，而不是在人工环境中研究静止的变量关系，更不会收集大规模的量化数据，那样的话，就会使研究素材脱离它所产生的具体背景。米德的学生布鲁默声称："通向经验有效性的道路并不在于卖弄方法，而在于对经验世界的考察。要做到这一点……不能靠设计精巧的模式，不能靠追随自然科学的先进程序，不能靠采用最新的数学或统计手段，也不能靠发

---

① ［美］罗伯特·E·帕克等：《城市社会学》，北京，华夏出版社，1987。

② 转引自［美］E. M. 罗杰斯：《传播学史：一种传记式的方法》，160 页，上海，上海译文出版社，2002。

展复杂的量化技术或坚持某种调查统计的规则。”[①] 他认为，象征互动论的研究过程应该包括两个阶段：考察阶段和检验阶段。在考察阶段，研究者在自然情境中收集所需要的资料，主要是参与者（被研究者）的语言和非语言符号；在检验阶段，研究者注意并记录自然情境里那些影响人际互动的要素，如社会背景、时代特征、周围环境、身边人的活动等。

四、现象学社会学

现象学社会学为质化田野研究提供理论资源。现象学是由胡塞尔（Edmund Husserl）等人于 20 世纪创立的一支哲学流派，它关注人的意识的结构和本质。胡塞尔主张“回到实事本身”（back to things themselves），哲学家放下身段，将自己所有的“预设概念”（如理论、权威、传统、假设等）悬置起来（bracketing），存而不论，直接了解所面对的经验事物，从而使得在哲学家的意识和直观逼视中，经验事物的本质被呈现出来。现象学包括各种支流，如诠释学现象学、心理学现象学、反思现象学等，下面主要介绍跟媒介研究关系更紧密的社会学现象学。

舒茨（Alfred Schutz）在《社会世界现象学》（1932）一书中将现象学引入社会学研究。他认为，社会学研究的中心任务就是日常生活世界里的社会行动，阐述日常生活经验的意义。在我们出生之前，日常生活世界就已经存在，这是个人的行动背景，被视为理所当然的常识，隐而不现，以“类型化”（typification）的方式而存在，在日常生活世界里，个人不停地学习分类，也不停地在进行分类，人是“从事分类的存在”（a typing being），因此，研究者应该确认这些被类型化的常识以及人的分类行为，才能够阐释日常生活世界。

另一方面，舒茨也很关心：日常生活世界里，我们如何认识他人？按照现象学的解释，自我无法完全了解他人，否则就意味着我成为他人。参与者（被研究者）的经验是连贯的，研究者贸然闯入，只能够掌握其中的部分片段，而且研究者的经验和参与者（被研究者）的经验交错在一起，所以，研究者赋予参与者（被研究者）的意义，跟参与者诠释自己的经验时所提供的意义，一定会有出入。这样一来，研究者对参与者（被研究者）的理解，既不是纯粹的参与者（被研究者）所提供的解释，也不是纯粹的从研究者立场出发的解释（不触及他人主体经验的理解根本算不上理解），而是介于二者之间的理解，也就是说，研究者提供的是主体间性（intersubjectivity）的理解。实现主体间性的理解，要求研究者重视参与者（被研究者）的社会态度和行为的意图，舒茨认为，只有发现他人的意图，才能达到真正的主体间性的理解。

在实际操作中，研究者明明知道纯粹的参与者（被研究者）角度的解释无法达到，但还是要争取更多地把握他们赋予自己行为的意义，否则研究无法深入下去。舒茨论述的“主体间性的理解”这个概念，提醒我们，研究者的“反思”对于研究的重要性。如果研究者认识到了自己对参与者（被研究者）的解释受到了自己经验的影响，那么在实际研究过程中，就会不断地反思自己经验对于研究过程的影响，并且尽可能地将自己经验的影响剔除出去，反思不能够获得纯粹的参与者（被研究者）的主观意义，但却一定能够提高研究者对参与者（被研究者）的理解程度。

---

① Blumer, Herbert, *Symbolic Interactionism*, Englewood Cliffs, New Jersey: Prentier Hall, 1969, p. 64.

作为舒茨理论的继承者，伯格和勒克曼将讨论对象从个体扩展到社会结构和制度层面上，认为个人的社会行为建构了社会制度，因此，对自我的考察，必须关注社会过程里的情境和意义。[①] 他们发展了社会科学里的建构主义（constructionism）传统。

另外一个在媒介研究里经常被用到的由舒茨提供的概念是“多重真实”（multiple realities）。舒茨认为日常生活世界是由多重真实所构成的互为主体性的世界，这些真实包括日常真实、梦的世界、幻想世界、自然态度的存而不论等。1984 年，阿多尼和曼恩将这个概念引入媒介研究中，首次区分了社会真实、媒介真实（媒介对于社会真实的再现）和主观真实（受众接触媒介信息以后所形成的对于社会真实的观点）这三个层面，认为大众媒体的作用在于建构媒介真实、影响受众的主观真实。[②] 后续研究遵循这个分类，试图通过比较这三个真实是否吻合来评价媒介的表现。但是，阿多尼和曼恩预设了关于同一个新闻事件的“多重真实”可以相互比较，存在着一个最优越最“真”的真实，可以用这个最“真”的真实来作为评价其他真实的标准，研究者可以超越自己对“社会真实”的理解而“客观”地比较这三个真实，这些都是出于经验研究的目的而对舒茨的观点的庸俗化理解，违背了舒茨对于“真实”的看法。

按照现象学的解释，所谓的社会真实、媒介真实和主观真实，都是个人感知的结果。如果受众无法感知媒介内容，那么对于他而言，“媒介真实”根本不存在。假设在某个社会里，我们只能够通过视觉获得信息，不能够通过听觉、触觉、嗅觉、味觉等途径获得信息，那么，在这样的社会里，一个盲人就无法感知“媒介真实”。对于盲人而言，电视镜头里出现大量的红色意味着什么？他只能通过声音和自己的经验来理解电视镜头的含义，却不能说出自己所理解的“红色”是否就是研究者所看到的那种“红色”。古印度故事“盲人摸象”深刻地揭示了这一道理，只有当我们是视力正常的健全人时，才会嘲笑盲人错了，那么，如果我们也是盲人呢？

如同历史研究无法探究历史的真相一样，媒介研究也只能比较不同媒介对新闻事件的再现方式的差异，却不能认为，某一种再现方式比另一种再现方式更加逼近那个最“真”的真实，也不能认为，研究媒介是为了揭示新闻事件的“客观”真相。这也正是建构主义认为“新闻是被记者建构出来的”这一论断的理论来源，在建构主义看来，多重真实是个人的社会行为的背景和结果，研究焦点应该放在具体的个人活动上面，而不能把新闻当成一个跟主观活动分离的客观现象来研究，从建构主义角度对媒介再现进行讨论的研究，往往在“社会真实”一词上加上引号，表示这个“社会真实”不是客观存在的，而是个人主观认识和理解的一种真实。

在方法论上，现象学社会学提供了对于研究者角色的反思。在进行民族志考察的时候，研究者应该明白，自己关于“异文化”的“预设”有可能是一种偏见和误解，为了获得对“异文化”的本质解释，应该抛弃自己的所有“预设”，才能够掌握“异文化”的本来面貌。

现象学社会学强调解释，而不是预测和控制，将人放到考察的中心位置上来，肯定人的实践能力，这些特征使得它更接近第二章里提到的解释性范式，从现象学社会学（包括建构主义）出发进行的媒介研究，一般都关注微观层面的人的社会行为，大多采取质化田野研究方法

---

① See Berger, Peter L. and Luckmann, Thomas, *The Social Construction of Reality: A Treatise of in the Sociology of Knowledge*, New York: Anchor, 1967.

② See Adoni, H. and Mane, S., "Media and the Social Construction of Reality: Toward an Integration of Theory and Research," *Communication Research*, 1984, pp. 323 - 340.

收集资料，而对数理统计手段兴趣不大。

五、常人方法学

现象学社会学的另一代表人物是加芬克尔（Harold Garfinkel），1967 年，他出版《常人方法学研究》① 一书，从舒茨的理论发展出一种经验研究方法，即常人方法学（ethnomethodology，也译成本土方法论、民俗方法论、俗民方法学、民族学方法论等）。按照加芬克尔的说法，这个词应该拆成“ethno-method-ology”，即“the study of everyone's method”，从字面意思来理解，常人方法学是“对普通人所使用的方法的研究”，这种方法关注个人在日常生活世界里做出社会行为时所采用的那一套隐含的、看似自然的、个人不加反思的、理所当然的行动规则，以及个人在推理和解释社会行为时所采用的那一套规则。加芬克尔提出，常人方法学“把实际活动、实际环境和实际社会推理行为作为经验研究的主题，关注日常生活里最普通的（the most commonplace）活动里的极端现象，从它们的本来面貌出发来理解这些现象”，所以，常人方法学也就是“对常识的研究”，即“the study of commonsense knowledge”。

也许在“常人”看来，日常生活里的许多行为和现象都是不言自明的，这套不言自明的规则使得两个原本不认识的陌生人也能够很好地互动，这正是常人方法学所关注的研究对象。规则维持了社会运作，因此，常人方法学研究的是社会秩序如何被维系。在实际操作中，常人方法学最重要的步骤被称为“违规实验”（breaching experiments），研究者故意干扰常规活动和打断常规秩序，然后观察“常人”采取什么行为来修补受损的常规，以此得出“常人”本来要遵循哪种规则，将日常现象转化成为“自然的”生活常识。

加芬克尔举了一个日常生活中的例子。甲乙两个熟人偶遇后进行了一段对话：

甲：（打招呼）嘿，你好！

乙（研究者）：好？什么叫“好”？你指哪个方面？你是说我的心情好、身体好、学习成绩好，还是其他方面的好？

甲：（不知所措，停顿，发怒）你看，我只不过是打个招呼罢了。你好不好，不关我的事！

（对话中止）

通过大量违规实验，加芬克尔发现，即使是最平常的人际互动也建立在一套被视为“常识”的规则的基础之上，破坏日常生活规则会引起焦虑、尴尬和恼怒，正常的生活被中断，同时每个人都接受的潜在规则也显现出来，比如上面这个对话的例子，直到最后，人们才会意识到有时候“你好”只不过是打招呼的一种手段，“好”并没有对应于“坏”，发出“你好”这个信息的个人，期望的不是得到“对方是否真的好或者不好”的回应，而是期望对方能够友好地将对话进行下去。

“方法”也好，“方法论”也好，本来都被认为是经过专业训练的研究者才能掌握的一种技巧，而加芬克尔将它们跟“常人”（everyone）联系起来，意味着他不再将研究者视为日常生活世界之外的观察者，相反，研究者跟参与者（被研究者）一样，都处于日常世界之中，也属于“常人”。研究也是一种日常世界里面的活动，跟参与者（被研究者）吃饭、睡觉、聊天这些活

① See Garfinkel, Harold, *Studies in Ethnomethodology*, Englewood Cliffs, New Jersey: Prentice-Hall, 1967.

动处于平等的地位。从这个角度来看，常人方法学批评包括民族志在内的研究传统将研究者从日常生活世界里剥离出去，提高了研究者的地位，它令研究者真正放低身段，不再有任何优越感。

既然研究者跟参与者（被研究者）都是“常人”，那么他们就有可能共享一套潜在的互动规则，使得研究过程能够继续下去。这样一来，胡塞尔认为研究者只有“悬置”自己的预设才能认识现象的本质，这种看法在加芬克尔的常人方法学这里得到了经验上验证的可能。因此，常人方法学不仅是一种研究方法，也是一种社会理论。

六、对话分析

加芬克尔认为，在揭示潜在的互动规则时，语言是最重要的因素，因此他本人及所指导的研究都大量地观察人际交往中的对话。受到加芬克尔的影响，萨克斯（Harvey Sacks，1946—1975）发展了对话分析（conversation analysis，也译成谈话分析），将常人方法学转向对日常生活里语言使用的研究上来。

戈夫曼是萨克斯博士论文的导师。受到自己老师的影响，萨克斯关注微观世界里人们如何通过语言来“控制”留给他人的印象，他的研究从自己身边做起，随身带着录音机到处去录日常生活里的谈话。在大学课堂上，他要求自己的学生去警察局观察人们怎么打报案电话，去聚会上观察陌生男女怎么搭腔等。萨克斯生前没有单独发表过论文，去世后，他的同事整理了他的讲义，于 1992 年结集出版[①]，从此，他的理论才为更多人所知。

在萨克斯看来，对话的规律无处不在，最简单的对话也需要依赖一些互动的基本规则，一旦违反这些规则，对话者就会受到惩罚。因此，每个人在对话的过程中都小心翼翼地避免“越界”，我们对这套规则太熟悉了，以至于意识不到它的存在，对话分析就是要找出这些潜在规则。跟加芬克尔不同，萨克斯没有采用违规实验手段来故意干扰日常生活世界里的对话，而是发展出成员分类机制（membership categorization device，MCD）来分析潜在规则。

萨克斯认为，对话的潜在规则就是将对话者归到某一个社会类别里面去，归属于哪个社会类别，有赖于对话的具体情境。比如在医院里，我们听到某个人说话时有气无力，那么他很可能是病人；在某个工作场所，我们听到某个人说话时语气斩钉截铁、语速很快，那么他很可能是工作方面的能手；在警察局，我们听到某个人话不成句、边哭边诉说，那么他很可能是受害人。只要错开时间和空间，同一个人就可以扮演这三种身份，每一个身份都对应着一个社会类别里的成员资格。由于一个人身上承担着多重身份，因此研究对话时需要分类，将不同的身份剥离出来，并归入到相应的社会类别中去。

每个分类也对应着一套相应的成员规范和行为规则。在对话中，一旦我们确定了对方属于哪个社会类别，我们也就期待着他做出符合这一类别的举动来，如果他的举动不合乎规范，那么就不会被我们接受。比如病人和受害者可以表现出虚弱的一面，但是工作狂只能以坚强的形象示人，如果工作狂说话时词不达意、语句不连贯，我们就会怀疑他到底能否胜任自己的工作。

对话就像是“交锋”，高手拆招，一来一往，其中的潜在规则不是一成不变的。萨克斯认

---

① See Sacks，Harvey，*Lectures on Conversation*，Vol. 2，Oxford：Blackwell，1992.

为，在对话者那里，所有的社会类别都有等级高低之分，对话者总是试图使自己被归类于高的社会类别里面，一旦被归类于低的社会类别，对话者就会用各种手段来推翻强加在低社会类别的成员规范之上的"标签"，强调自己合乎低的社会类别的成员规范是合理的、可以接受的，不能被轻视。这样一来，对话者就修正了原先的潜在规则。比如下面就是警察与男同性恋者之间的一段对话，警察在街头抓住了一个男同性恋者J：

警察：你知道你在干什么吗？

J：不知道。

警察：你知不知道，你这叫做同性恋！

J：谢谢你告诉我，以前我真不知道。

警察：你知不知道，同性恋是不容许的？

J：不知道。①

当发现对方是警察以后，J首先想到的是"这下栽了"，他想走，可是又不敢，只好忍受令人不快的对话。在当时的环境下，警察代表着权威，同性恋被认为是伤风败俗的不可接受的人物。警察一直试图使J明白，他这样做是错误的，但是J不肯当面承认自己错了，又不敢直接顶嘴和反抗，于是连用三个"不知道"，消极曲折地表达自己对于既定社会规范的不满。这样一来，J以间接的方式消解了附加在同性恋这个身份之上的既定规则。

在上面这段对话里，我们也不可以想象会出现J一直发问而警察回答"不知道"的情况。警察这个成员资格已经确定了，他才是发问的主体，而同性恋者是被动应答的个体。换句话说，如果我们调转了对话双方的成员资格，那么这段对话在现实生活里根本不会出现。

萨克斯总结的日常对话规则②

以"婴儿哭了，妈妈抱起他"这个陈述③为例，各条规则分别如下：

(1) 经济性规则（economic rule）——在一个对话场景中，对话者只会选择一个社会分类系统。比如，"家庭角色"和"职业角色"是两个社会分类系统，上例只采用了"家庭角色"这个分类系统，并且区分了"婴儿"和"妈妈"两个社会类别。如果这句话改成"婴儿哭了，老板抱起他"，那么就涉及两个分类系统，在现实生活里非常少见。

(2) 一致性规则（consistency rule）——在一个对话场景中，一旦对话者确定了自己属于哪个分类系统、扮演哪个成员角色，那么这个社会类别会一直伴随着对话者，直至对话结束。"婴儿哭了，张三抱起他"，这种陈述之所以少见，也是因为它违背了一致性规则，如果我们事先知道张三是这个婴儿的妈妈，那么这里用"张三"，反而是遵循了一致性原则。

(3) 一致性规则推论（consistency rule corollary rule）——在一个对话场景中，一旦对

---

① 转引自李银河和王小波：《他们的世界——中国男同性恋群落透视》，202～203页，太原，山西人民出版社，1992。这里的警察其实是一个伪装成警察敲诈同性恋者的人，但是在进行这段对话的时候，J还没有发现这一点，把他当成一个真正的警察来对话。

② See Silverman, David, *Harvey Sacks: Social Science and Conversational Analysis*, New York: Oxford University Press, 1998.

③ 这个陈述可以看成是一个婴儿与一位母亲之间的对话。

婴儿：我哭了。

妈妈：我来抱你。

这里用它的陈述形式是为了行文方便。

话者确定了自己属于哪个分类系统，那么也就确定了对方也属于这个分类系统。如“婴儿哭了，____抱起他”这个陈述，我们一般都会不自觉地给其中空白处填上“妈妈”这个词，而不是填上“老师”、“上司”等其他成员资格。

（4）双重组织规则（duplicative organization rule）——在一个对话场景中，对话者之间的成员资格是一一对应的，如果一位对话者说了一句话，那么他就期望着对方能够回应，因此，一段对话不会只涉及一个成员资格，而至少涉及两个以上成员资格，如上例里面同时涉及了“婴儿”和“妈妈”两个成员资格。

（5）听者将双重组织最大化规则（hearer's maxim for duplicative organization rule）——在一个对话场景中，听到对方说出的话之后，听者会将自己的成员资格跟对方的成员资格之间的联系最大化，寻求最紧密的联系。如上例中“妈妈”是这个哭了的婴儿的妈妈，而不是其他人的妈妈。

（6）节目相关性规则（programmatic relevance）——一个对话场景里的语言和行为之间存在着关联性，不会有无缘无故的奇谈怪论和动作。比如，“婴儿哭了”的相应的行为就是“妈妈抱起他”，我们不会做出“婴儿哭了，妈妈打开窗户”这种陈述，因为前后两个行为没有关联性。

（7）K 集合规则（collection K rule）——如果一个对话场景里出现了违背我们已经习以为常的成员规范和行为规则的现象，那么有时候，我们会调整自己，接受新的规范，但是，如果这个新规范与我们可接受的范围相差太大，我们会抛弃它。比如“妈妈哭了，婴儿抱起她”这个陈述离我们已有的经验差别太大（婴儿的力气不足以抱起自己的母亲），那么我们就不会相信这个陈述的真实性。

（8）类别限定行为规则（category-bound activity rule）——每一个成员资格都对应着一套行为规范，不可混淆，对话者只有做出符合这套行为规范的动作，对话才能继续。比如“妈妈哭了，婴儿抱起她”这个陈述之所以不可信，还在于“哭”是与婴儿相联系的行为规范，成年人毫无理由地哭，被认为是很奇怪的事情，而婴儿哭了，我们首先想到的是婴儿受委屈了（饿了或要求换尿布），而不会责怪婴儿的行为有违常理。上文里警察和同性恋的对话也是同样原理，“发问”是属于警察的行为，“回答”是属于“罪犯”的行为。

（9）地位类别规则（positioned categories rule）——一个社会分类系统内部的若干类别之间，存在着地位高低之别。例如，与“婴儿”相比，“妈妈”身体更强壮、掌握技能更多、知识储存量更大、经济收入更高，因此，“妈妈”的社会地位比“婴儿”高。

（10）观察者最大化规则（viewer's maxim rule）——一个对话场景中的观察者会倾向于采用最符合社会规范的观点来解释对话。比如观察者通常都会在“婴儿哭了，____抱起他”这里填上“妈妈”，而不是“爸爸”，因为“常识”认为母亲——而不是父亲——应该更多地承担抚养孩子的责任，所以，孩子哭了，就应该找妈妈，而不是找爸爸。

（11）第二观察者最大化规则（the second viewer maxim rule）——如果一个对话场景涉及了两个以上的对话者，那么第三方的语言和行为都会延续前两个人所营造的对话氛围，他会属于同一个社会分类系统，也会发出符合常规的动作。比如“婴儿哭了，妈妈抱起他”这个陈述，接下去第三方肯定是跟“婴儿”和“妈妈”属于同一个社会分类系统的某位家庭成员，如“爸爸”、“保姆”等，而且这个第三方的动作能够回应前两个人的动作，如“爸爸递来奶瓶"、"保姆拿来尿布"等。因此，第三方也应该遵循前面10条规则。

萨克斯所总结的规则不仅是日常生活里的对话所遵循的规则，也是研究日常对话时所依据的准则。他发展出的对话分析理论浅显易懂，提醒我们注意，日常生活世界中，看似毫不起眼的角落里也能够揭示人类社会世界的最普遍最基本的规律。

七、扎根理论（grounded theory）

1967年，格拉斯和斯特劳斯出版《发现扎根理论》一书，此后又出版了一系列著作阐述这种研究方法。[①] 与"从理论到假设，经过经验而验证理论"的演绎研究思路相反，扎根理论强调"从经验到理论"这种归纳逻辑，在研究开始之前，研究者往往没有任何理论假设，而是直接进入田野，采用各种手段收集资料，找出资料之间的联系，进行概括，提炼概念，然后产生命题、假设和理论。所谓"扎根"，就是指理论应该"扎根"于田野研究所收集的资料中，"扎根理论"不是理论，而是一种研究方法，强调研究者视角向下，从现实世界里产生自己的研究问题。

扎根理论大致遵循如下研究过程：

第一，确定研究领域和研究方向。

第二，研究者不带有任何理论，进入田野，收集能够得到的一切资料。

第三，研究者对资料进行分类和编码、提炼出概念，将最初的研究领域聚焦为具体的研究问题。

第四，以初步得出的分类和概念为指导，再次进入田野，收集跟初步分类相联系的特定资料；重复第3步和第4步，直至资料达到饱和。

第五，进行文献综述，将前人的研究成果、自己收集的资料，以及自己提炼出的类别和概念之间相互比较，发展出更具解释力的、更抽象的理论。

第六，重复第3步至第5步，直至理论能够完全吻合资料。

第七，写作研究报告，研究报告里要详细介绍资料、类别、概念之间的关系如何被一步步地发展出来。

扎根理论是一种独具特色的方法。

第一，扎根理论强调从经验事实中发展假设和命题，建立理论，而不是通过概念推导来验证或推翻理论。在研究开始阶段，研究者不带有任何理论，而是从某个研究领域和研究方向出发，将与此有关的研究现象呈现出来，这样做的好处是研究者不会受到既有理论框架的约束，能够以灵活的、立足于现实资料的方式发展出概念和理论，而且这些概念和理论与社会现象资料更加吻合，能够具有更高的现实解释力。"理论来源于现实生活"，这句话，在扎根理论这里得到了很好的体现。而且，在扎根理论这里，提出研究问题和进行文献综述这两个步骤，都被推迟到了进入田野收集资料这一步骤之后，这也是它的特点之一。

第二，扎根理论强调，不论是在研究设计阶段，收集资料阶段，还是在分析资料阶段，研

① See Glaser，Barney and Strauss，Anselm，*The Discovery of Grounded Theory*：*Strategies for Qualitative Research*，New York：Aldine de Gruyter，1967.

究者都应该对已有的理论和资料里呈现出的理论保持敏感，随时注意建构新理论的线索。这一点，使得扎根理论跟其他质化田野研究的传统区分开来。根据格尔茨的观点，民族志的目的在于描述而非解释，常人方法学和对话分析的兴趣在于发现人类社会运行的潜在规则，它们对建构具有一定抽象程度的理论不是抱有特别强烈的兴趣。而扎根理论的出现，“填平了理论研究与经验研究之间尴尬的鸿沟”。

第三，不停地比较，可以看成是扎根理论对资料进行分析时所遵循的思路。它强调在资料和资料之间、理论和理论之间、资料和理论之间不停地进行比较，然后进行分类，提炼出有关类别（category）及其特征。分析资料的第一步是编码，并将它归属到尽可能多的类别下面，达到分类饱和，然后比较每个类别，看资料归属于哪个类别最合适。然后，研究者带着这些初步的类别再次进入田野，以这些类别作为下一步收集资料的指导标准，比较这些类别跟自己新收集到的资料，以及初步资料和新资料之间是否有感兴趣的新类别出现，并且完善初步类别。当研究者得到初步的理论之后，就需要将理论跟自己的原始资料进行对比，看两者是否吻合，如果发现了不吻合的地方，就需要修正理论，使它更完善。

第四，扎根理论强调从资料中发现类别，通过不停的比较从这些类别里发展概念、命题和理论，因此，在资料分析阶段，扎根理论的特点之一就是研究者能够提炼出丰富的类别和概念。资料分析的几个步骤就像是一个“漏斗”，最初的大量类别，到了最后，只剩下几个核心类别发展成为概念，许多表面化的、联系不紧密的类别都被过滤。这也是扎根理论跟其他质化田野研究的传统的区别之一，如果说民族志强调深描，那么扎根理论就是强调密集的概念（dense conceptualization），而现象学社会学和象征互动论的研究在资料分析阶段，不会出现大量的类别和概念，往往是几个核心概念自始至终贯穿整个研究过程。

在质化田野研究的各个传统中，扎根理论最具特色的贡献是它在资料分析阶段时所使用的多次编码和比较的思路，我们将在第十二章里介绍。

第三节　质化田野研究的过程和特征

什么是质化田野研究？一般来说，它是除了量化研究之外的一种实证研究方法。这一研究方法的理论资源多元，很难把它归结为某个学科或某个研究传统所专享的研究方法，不同的学者试着从不同的角度来给出定义。各种定义都强调了质化田野研究的共同特征：

第一，研究者个人作为研究工具；

第二，研究是一个不断变化的过程，即研究本身不是静态的，而是动态的；

第三，强调对意义（meaning）的解释性理解（interpretive understanding），而不是寻找变量之间的因果关系；

第四，采用归纳法而非演绎法；

第五，研究环境是事件和人类活动的自然情境，而非研究者为中心的或者被制作出来的人工环境；

第六，重视研究者对自己的反思，以及研究者与参与者（被研究者）之间的关系；

第七，主要以文字而不是数字的形式发表研究结果。

质化田野研究重视意义的理解而非预测，由于意义产生和存在于社会互动之中，而且事件和人类行为的意义随着时间、地点、主体的改变而变化，因此研究者对研究过程和参与者（被研究者）的“控制”也就相应减少，甚至不存在。在实施过程中，研究者很少依赖某个单一的研究方法，而是将各种方法结合在一起，有时也会使用量化方法收集资料。当使用量化方法时，质化田野研究的目的是描述和理解社会现象，而不是对数据本身进行分析。

一、质化田野研究的过程

从质化田野研究的特征可以看出，当研究者关注与研究对象有关的意义、过程和情境的时候，当研究者希望获得深入的理解而非适用范围广的结论时，采用田野研究可能是比较合适的做法。研究被视为一个动态的过程，因此其中充满变数，质化田野研究没有固定的标准化的研究步骤，只有大致的基本的研究步骤，经常会出现研究者为了适应现实生活而更改研究步骤甚至研究问题的情况。

（一）进入田野之前的准备

出色的研究成果离不开详细的研究计划，在进入田野之前，研究者最重要的任务就是确定自己的研究兴趣是什么，可能的话，还要提出具体的研究问题。研究兴趣主要有两个来源：一是他人或机构提供的机会；二是研究者自己的经历和兴趣。比如，潘忠党曾经谈到自己研究我国新闻生产过程的原因①，北京某媒体的记者偶然听了潘忠党的课，知道他曾经在美国读书和教书，于是请他来自己报社谈谈美国报纸的商业化运作经验，包括报纸怎样进行读者调查、怎样提高报社的经营水平、怎样增加广告额、怎样进行改版才能增加发行量等。报社的目的非常实际，同时，潘本人也很想进入媒体组织内部，了解记者和编辑究竟如何看待自己的工作，他有学术研究的想法。由于带着明确的目标而来，研究者不仅满足了报社的愿望，也让报社答应了自己的要求——跟记者们聊天、旁听报社大会、观察记者们的活动。外部和内部条件共同作用，终于使研究者实现了自己的研究兴趣。

文献综述是使得研究者明确自己的研究目标的重要手段。跟量化研究方法一样，田野研究也需要做文献综述（但是扎根理论将这一步放到了收集资料之后）。通过阅读他人的研究成果，研究者能够获得有用的概念和指导，明确自己研究的意义，知道田野研究过程里存在着哪些困难需要被克服，熟悉自己将要进入的田野的过去经历和风俗习惯，做好理论、方法、心理和体能上的准备。

进入田野之前，研究者的兴趣可能是比较宽泛的，借用物理学的概念，这是一个“散焦”（defocusing）的过程，在田野里初步收集资料之后，研究者才能将注意力聚焦到某个具体的特定现象上面。文献综述也有助于聚焦，他人的研究成果能够告诉我们，哪些现象和领域还未曾被注意过，哪些概念值得进一步推敲，哪些技巧可以帮助研究者收集更丰富的资料。研究者还可以换位思考，假设自己是一个等待被考察的对象，那么自己的言行举止有什么特殊之处能够引起研究者的注意？田野研究的过程，就是身为“局外人”的研究者获得“局内人”的理解的过程，因此，多从参与者（被研究者）的角度来思考问题，能够令研究者注意到自己也许忽视的角落，制定出更完善的研究设计。

（二）选择田野地点

如果一位大学生决定以实习生的身份进入某家新闻单位来研究“我国记者的新闻价值观”，

---

① 参见潘忠党：《大陆新闻改革过程中象征资源之替换形态》，载《新闻学研究》（台北），1997（54）。

那么，我国有上万家新闻媒体单位，选择哪一家进行田野研究呢？此时，研究者可以从以下几个角度来考虑。

第一，选择那些能够提供更丰富的、更具代表性的资料的田野地点。不同新闻单位里的记者、同一家新闻单位里的记者，对新闻的判断标准注定是不一样的，考虑到自己的研究兴趣，研究者认为，《人民日报》和《河北日报》评价新闻时所采用的标准差不多，而《人民日报》是我国规格最高的党报。因此，比起选择《河北日报》，选择《人民日报》可能获得更丰富的资料。

第二，选择那些研究者更容易获准进入的田野地点。这是客观条件对研究者的限制。比如，《人民日报》管理严格，实习生需要获得部门以上领导的批准，统一办手续，才能出入报社大院，实习生也许很难说服报社领导接受自己的实习请求。与此相比，许多都市报招聘大量打工记者，人员流动现象普遍，只要普通记者愿意指导，实习生就能够名正言顺地进入报社。因此，从说服把关人的难易程度来考虑，这位大学生也许不得不放弃自己最初的考虑，转而投向那些更容易进入的都市报。此时，报社领导或普通记者成为研究者所面临的“把关人”，他们决定了是否允许研究者进入田野地点，潘忠党正是获得了报社领导的肯定和允许，才能够接近相对封闭的媒体组织。

有时候，“把关人”会决定研究者进入田野以后能够获得的资料的丰富性。比如研究者想观察只有报社中层领导才有资格参与的编前会，那么他必须获得总编或社长的批准，而一般的实习生即使进入报社，也很难获得这样的机会，就是因为总编级“把关人”把实习生拦在了外面。

获得“把关人”认可，并不一定意味着研究者的田野工作就会一帆风顺。当参与者（被研究者）跟把关人的关系不佳的时候，比如把关人是监狱长、参与者（被研究者）是囚犯的，参与者（被研究者）反而会对研究者很不客气。如果总编这个“把关人”不得人心，记者们对他意见很大，那么记者们就倾向于认为研究者是“总编的人”，是“总编派来监视我们工作的”，不愿意跟研究者接触，甚至会故意刁难研究者。为了避免这种现象的出现，进入田野之前，研究者先要做好外围工作，尽量选择那些参与者（被研究者）认可的“把关人”。

第三，通常的做法，选择那些研究者不是很熟悉的田野地点。如果这位大学生出身电视新闻世家。父母都是某电视台的职工，自己跟父母也住在电视台提供的宿舍里，那么，一般来说，研究者应该放弃这样的田野地点，转而寻找那些自己不熟悉的田野地点，如报社、杂志社、广播电台等。这样做，是因为研究者对田野地点太熟悉，往往就会失去对研究现象的敏感性，将某些现象视为理所当然，造成资料丢失，反而是那些不熟悉的田野地点，作为“陌生人”进入，研究者能够观察到更多、令自己感兴趣的现象。对初学者尤其强调这一点，但是，熟练的研究者也会选择自己熟悉的田野地点，比如阎云翔选择自己曾经生活过7年的黑龙江某村庄为研究地点。① 他这样做的理由，是自己上大学离开这个村庄11年之后再次回到这里，却发现自己跟村里人形同路人，而且在此后持续11年的田野研究过程中，这种陌生感一再被强化，陌生感正是田野研究所需要的。

选择田野地点，也是一个抽样的过程，很显然，质化田野研究都是通过立意抽样对个案进

① 参见阎云翔：《私人生活的变革：一个中国村庄里的爱情、家庭与亲密关系，1949—1999》，上海，上海书店出版社，2006。

行研究，属于第五章里提到的非概率抽样。在量化研究里，抽样是一个很关键的问题，因为这直接影响到研究结果的推广性，也就是评价研究结果是否有效；而在质化研究里，抽样一般不会影响研究结果的深入，因此不是一个关键的问题。选择田野地点的时候，也可以遵循“从散焦到聚焦”的过程，开始的时候多选几个地点，进行初步观察和考察，然后再从中选择最合适的地点进行密集的详细考察。

（三）进入田野

从某种程度上来说，记者进行调查性报道时所用的手段类似于质化田野研究。研究者跟记者一样，在进入田野时，都需要解决几个关键问题。

第一，是隐蔽还是公开自己的身份？进行某些负面报道时，为了获得第一手资料，记者往往进行“暗访”，比如充当普通消费者来揭露服务场所的官僚作风、充当普通人来揭示犯罪团伙的罪恶等。这就是隐蔽式进入，记者这样做的原因，在于如果他暴露了自己的真实身份和意图，那么就采访不到有用的新闻素材了。研究者选择隐蔽式进入的原因也是一样的。如果研究者知道，公开了自己的身份会受到“把关人”的拒绝，或者使得自己的研究范围受到限制，那么隐蔽自己的真实身份是一个比较好的选择。比如研究报纸发行，发行量是一个关键的数据，在激烈的市场竞争面前，发行量被认为是高度的商业机密，外人很难获得准确的数据。那么，研究者就可以以实习生的身份进入报社发行部门，通过自己的观察来获得大致的发行量数据，如果能够进入报社的印刷部门，知道一定时期内报社消耗了多少吨纸，再计算一下每份报纸需要多少纸，就可以获得更准确的发行量数据。

隐蔽式进入还是公开式进入，是一个程度的问题，很少有完全的隐蔽式进入，大部分研究者都在两极之间选择。但是很少有研究者一进入田野，就完全暴露自己的真实意图。在刚刚进入田野的初级阶段，研究者的研究设计也面临着被修正的可能性，研究者的兴趣和意图会随着田野工作的逐步展开而发生变化，而且，研究计划往往是从理论层面上制定的，包含着抽象的概念和理论术语，参与者（被研究者）也许对理论并不熟悉，研究者一开始就和盘托出自己的研究计划，可能会令他们不知所措。因此，研究者进入现场，往往是一个阶梯式进入的过程，首先获得准许进入现场，等到参与者（被研究者）对自己熟悉了以后，再暴露自己的身份和经历，解释自己的研究目的，请求他们的支持。莫利当时研究英国家庭收看电视的行为，他很感兴趣家庭里谁控制电视机，因为这说明了家庭内部的权力结构，但是在每个家庭，他解释时说自己想研究家庭“沟通”的方式，因为比起“控制”和“权力结构”，“沟通”一词显得不那么敏感，更容易获得参与者（被研究者）的认可。

第二，怎样展现自己？进行调查性报道时，记者的采访风格是咄咄逼人还是绵里藏针，会影响他能够获得多少素材。同样，田野研究里的研究者的自我表现，也会影响参与者（被研究者）对他的判断和看法，从而影响参与者参与研究的积极性。研究者应该衣着朴素，还是时髦？应该热情大方，还是冷静中立？这些表现都应该结合具体的田野情境来决定，一个基本原则就是，研究者展现自己的时候，应该既尊重自己，也尊重参与者（被研究者）。如果参与者（被研究者）不能接受某些服装、语言、饮食、手势等，那么研究者就不应该展现这些。

澳大利亚学者杰华在研究当代中国的女性农民工时，就面临着展现自己的问题。① 她是来自发达国家的白人女性，拥有博士学位，是大学里的高级研究员、北京大学的访问学者，而她

---

① 参见［澳］杰华：《都市里的农家女：性别、流动与社会变迁》，南京，江苏人民出版社，2006。

的参与者（被研究者）是一群来自发展中国家经济落后地区的黄色人种女性，她们没有进过大学，在城市里往往从事低收入工作。为了让参与者（被研究者）更加接受自己，杰华选择了跟自己年龄更接近的30岁以上已婚女性为自己的研究对象，这些女性都有孩子，杰华带着自己的儿子进入田野，当参与者（被研究者）的孩子跟杰华的孩子一起玩耍、杰华和自己的儿子衣着非常朴素的时候，这些女性就更加乐意跟杰华交谈。而且，这些女性的普通话里带有各自家乡地方方言的口音，在城市的环境之中，有口音的普通话通常会受到歧视，但是，杰华的普通话带有外国人的口音，有些表达不知如何说出口，这使得女性农民工在杰华面前更加有自信，拉近了她们在身份地位上的差距。

第三，在进行调查性报道，尤其是负面报道时，记者往往会遭受采访对象的拒绝和封锁消息，与此类似，研究者也会碰到被参与者（被研究者）拒绝的情况。有些被拒绝是研究者自身的因素造成的，比如杰华发现，如果她穿着漂亮的衣服、以权威的口吻来说话，那么参与者（被研究者）往往不愿意多讲话，这意味着她们“抵制”研究者的这种行为。有些被拒绝跟研究者的行为没有关系，比如参与者（被研究者）出差了、休假了、调离工作岗位了、心情不好等，此时研究者要区别对待。如果参与者（被研究者）出于压力而拒绝交谈，那么研究者可以等一段时间之后再提出要求；如果参与者（被研究者）对研究设计抱有误解，那么研究者要努力消除这种误解；如果参与者（被研究者）长时间地离开工作岗位或者无论研究者怎样努力都不肯交谈，那么研究者可以考虑换一位相似的研究对象；等等。可见，有时候，田野研究者的策略跟记者采访非常相似。

（四）田野里的关系

田野工作可以看成是一个建立并维持关系的过程，这其中，最主要的是研究者对自身的反思和研究者与参与者（被研究者）之间的关系。

1. 研究者对自身的反思

本章全部内容，凡涉及研究对象，都用“参与者”取代了“被研究者”这一说法，其意图，就是反对将他们视为“被动的研究者”，而认为他们是“（主动的）参与者”。重视研究对象的地位，也就意味着研究者对自身“权力”的反思。研究者不能居高临下地看待参与者（被研究者），以自己的知识结构、教育背景和文化传统来评价参与者（被研究者）的行为，比如研究新闻生产的研究者认为，媒体过滤了某些信息，是“失职”，“没有承担媒体的社会责任”。在田野里，研究者不是万能的专家，而是虚心的学习者，他学习理解自己不能解释的现象，也学习获得“局内人”的观点。

研究者的个人身份和经验会影响田野研究，比如从事女性主义研究的以女性学者居多、出身弱势群体的学者会更关注权力的不平等这类现象等，当研究者的个人角色意识和看问题的视角变化，那么研究过程和结果也会相应变化。因此，研究者应当反思自己的经验是否“误解”了参与者（被研究者），自己是否以“异文化”视角来理解“本土文化”的意义。从观念上，我们都很容易接受“研究者和参与者（被研究者）的地位是平等的”这种说法，但是在实际操作中，往往会出现研究者“滥用权力”先入为主地对参与者（被研究者）做出解释这一现象。比如美国汉学界在第二次世界大战以后长期采用费正清和列文森发展的“西方冲击—中国回应”模式来解释近代中国社会的变迁，认为近代中国历史的发展是应对西方冲击的结果，否定了中国社会内在变迁的动力。这样的研究结论，不仅中国人不服气，就是西方学者今日看来，也颇多批评。20世纪80年代以后，这种模式被批评为根据西方人的想象而非中国人的经验来重构中国近代历史，将中西文化交流假设为单向的，是西方中心论的研究。因此，研究者应该反思自己，而不是指责参与者（被研究者）的某些行为不适当。在田野研究里，反思是一个持续的过程，虽然一个研究总是存在着各种缺陷，但是反思无疑能够提高研究的信度和效度。

2. 研究者与参与者（被研究者）之间的关系

人类学家萨林斯曾经说过：一个事件（event）不仅仅是一个事件（happening），它是某些事件和既定象征系统之间的关系。[①] 他用“岛屿”来比喻事件之间的关系，浮出水面的岛屿是一个个不连贯的事件，但是在水面之下，这些岛屿相互关联。这句话提醒我们，田野研究里，研究者与参与者（被研究者）之间的互动不能被仅仅理解成为社会行为，而应该从他们之间的关系来讨论这些行为的意义。

第一，信任。

对于参与者（被研究者）来说，研究者是进入自己生活范围的陌生人，能否获得参与者（被研究者）的信任，对田野研究是否成功至关重要。只有获得信任，研究者才能够接近那些平时不对陌生人开放的领域，获得更为核心的一手资料。比如研究“我国记者的新闻价值观”，比起平时跟记者的谈话，旁听编前会（尤其是日报总编室主持的决定版面编排的编前会）能够更密集地收集资料，直接获得新闻管理部门的指导意见，如果身为实习生的研究者能够体现出自己的业务水平高，是“有用”的实习生（等于研究者给予被研究者某些“恩惠”），那么，就会获得编辑和领导的更多信任，从而获得参加编前会的资格。

就像研究者暴露自己身份是一个阶梯式渐入的过程一样，获得信任，也是一个逐渐增多的过程。获得信任，跟研究者如何展现自己有关，也跟研究主题是否敏感、参与者（被研究者）戒备心是否强烈等因素有关。就研究者而言，应该表现出坦诚，培养与参与者（被研究者）的共同话题，参与某些事务和活动，减少对参与者（被研究者）的日常活动的打扰。作为一个外国人，杰华研究北京“打工妹之家”这个 NGO，经常性地参与她们的集体活动，跟她们一起唱歌和做游戏，表现出对于打工妹的兴趣，消除了打工妹对她的戒备之心。后来她发现，打工妹更乐意跟她而不是这个 NGO 的创办人和组织者（城市职业女性）谈话，因为她“不说教”，“不指手画脚”，“愿意听我们说”。

第二，“崩溃”。

有时候，参与者（被研究者）的经验跟研究者所能够理解的经验出现较大差距，从而使研究者迷惑不解，研究者觉得自己“无知得像个傻瓜”，有一种“崩溃”的感觉。这种感觉对于田野研究十分重要，因为“崩溃”时刻意味着研究者的经验不符合田野里的实际情况，研究者以为“人人都知道”的那些潜在规则、期望和假设都浮出水面。常人方法学的违规实验故意在田野关系里制造尴尬气氛，期待从中发现人际互动和社会行为的潜在规则，这是研究者故意制造的“崩溃”时刻。“崩溃”不是说研究者压力过大难以承受，而是推动着研究者去寻找新的、更符合实际的、更深入的解释，当研究者解决了“崩溃”时刻的困惑时，会有一种醍醐灌顶的感觉。

我在关于“中国女性新闻的生产”的田野研究里曾经碰到过不期然的“崩溃”时刻。在一次访谈接近尾声的时候，一位接受访问的记者随手拿起当天的报纸对我说：“你看不懂我们的

① 参见［美］马歇尔·萨林斯：《历史之岛》，1页，上海，上海人民出版社，2003。

报纸。”我先是很惊讶：我是一所大学里的博士候选人，从本科阶段就接受新闻学教育，她的报纸是面向普通读者的，我怎么会“看不懂”？她指着头版对我说道：“我一看就知道，这个头条是我们（报社）经济部的，这个二条是社会部的，这个是科技部的，这个是法制部的。”她把报纸翻到第二版，接着说：“（二版的）这个头条是科技部的，因为头版头条是经济部的，所以二版头条不会还是它们的了，经济部的稿子只能放在这里（即版面的下半部分）。”在过去十几年的学习和研究过程中，我在自己心目中建立起了一座关于媒体的大厦，“什么是新闻”是这所大厦的最基础的那块砖头，可是，当这位记者随口说出那段话的时候，刹那之间，我关于“什么是新闻”的看法被摧毁，我听见心里的大厦在倒塌。关于新闻的定义，我可以说出十几个学术界的定义，但是，没有一个定义能够回应这位记者的看法。于是，从另一个角度，我明白了，“新闻是编辑部内部权力斗争的结果”，编辑部门内部的权力平衡和劳动分工影响了新闻的面貌，这一点，虽然没有引起学术界的足够重视，但却是每天持续进行的新闻生产活动里最常见的现象之一。

第三，“局内人”和“局外人”。

田野研究的目的是解释，如果研究者能够深入地理解参与者（被研究者）的思维习惯、生活方式和行为意义，那么就能够获得更为深入的“局内人”的解释。但是，跟参与者（被研究者）距离过近又可能导致研究者对某些现象太过熟悉而失去敏感性，这正如唐诗“不识庐山真面目，只缘身在此山中”的含义。如果跳出参与者（被研究者）的角色，即保持“局外人”的身份，那么研究者能够更容易地看到事件的整体结构和发展脉络，有时还能获得更多的“优待”，比如身为外国人，杰华可以毫无顾忌地问出在那些在女性农民工看来“很愚蠢”的问题，那些以汉语为母语的中国学者绝对不会想到的问题，女性农民工对这些问题的解释有助于杰华理解她们的经验。但是，如果研究者保持“局外人”身份，有可能面临一个危险，就是“误解”参与者（被研究者）的经验。比如“宣传”（propaganda）一词在中文里是中性的含义，但是在英文里却是个负面的词汇。在我进行田野研究的时候，记者们表述自己工作时大量使用“宣传”这个词汇，很多情况下，这个词的意思就是“把消息公布出去”，如果是西方学者，听见记者们“宣传长宣传短”的，有可能会以为中国记者在谈“被操纵的新闻报道活动”。我国政府的许多讲话里，只是在“公开消息”这个意思上谈到“宣传”，但是翻译成英文，往往被译成负面意义上的“propaganda”，这就是“局外人”对于“局内人”的误解。

在实际操作中，绝对的“局内人”或绝对的“局外人”都很少见，大量的研究者是以“局外人”的身份来获得“局内人”的看法，即移情（从对方的立场来思考、获得对方的观点），或者说，在“局内人”和“局外人”这两极之间摇摆，获得一个身份。这决定了研究者跟参与者（被研究者）之间保持多远的心理距离。过于疏远，则参与者（被研究者）可能不信任研究者；过于熟悉，参与者（被研究者）将研究者当成朋友，则可能出于面子而不愿意说出某些信息。1997 年，《北京青年报》开辟“口述实录”栏目，在现实生活里，很多人不愿意向身边的人倾诉自己的隐秘情感经历，如婚外恋、同性恋、离婚等，却愿意向陌生的记者倾诉，甚至不顾忌自己的故事被公开在报纸上。这个故事启示研究者，跟参与者（被研究者）心理距离过近，反而有可能妨碍自己的研究。

（五）收集和解释资料

质化田野研究以研究者个人为研究工具，凡是研究者在田野里所见、所闻、所听、所感觉到的、所接触到的，都可以成为研究资料。在质化研究里，收集资料和解释资料这两个过程往往是结合在一起的，因为质化研究强调在具体的情境下解释资料，只有把资料放到它所产生的环境中去，它的意义才能浮现出来，所以，解释资料的步骤在田野现场里就能够进行。

1. 看、听和问

收集和解释资料的主要渠道是研究者用眼睛看、用耳朵听、用嘴巴问。研究者进入田野以后，要用开放的心态来对待自己的研究对象，观察他们活动的方方面面。观察应该是细致入微、面面俱到的，观察的过程往往同时包括看、听和问，依据不同的研究目的，研究者所侧重的手段也不一样。比如，如果研究者想知道记者怎样评价“什么是有价值的新闻”，那么就应该重视访谈；如果研究者想知道“电脑应用对新闻工作的影响”，那么看、听和问可以并重；如果研究者想知道“新闻工作的流程是什么”，那么以看和听为主就可以收集资料了。

观察的地点需要随着参与者（被研究者）的活动而转换，餐桌上、购物场所里、交通工具里、家庭内部、办公室里，都能够提供可供观察的地点。比如，研究某个新闻单位的记者和编辑如何充当“把关人”，如果仅仅在办公室里观察他们的工作，就可能遗漏许多非常重要的资料，因为办公室内部的工作往往压力很大，记者忙着赶稿件，没空答理研究者，研究者只能看到热火朝天的工作场面。如果换一个比较轻松的场景，如吃饭的时候和下班搭车回家的时候，研究者再跟记者谈话，效果可能会更好。

潘忠党在《大陆新闻改革过程中象征资源之替换形态》一文中，观察到了某报社某部门每周例会时，记者们的语言和小动作：

（背景：部门主任正在传达报社领导的宣传指示和布置本周的报道重点）

部主任：“第二，必须关注农村……”

记者 A：“我要下乡了……”（惨痛表情）

部主任：“农村是很大的市场，要脚踏八荒……”

记者 B：“听清楚了，要迈开双脚，吧嗒吧嗒……”（双手作双脚走路状）

部主任：“走下农村，记者一定要下乡。”

众记者：“有农村的约稿！……读书读不上，还听戏？……农村文化生活落后，写给谁看？……我明天就下乡，去 T 县，行不行？”①

这段对话配上表情（惨痛）和戏谑的动作（双手作双脚走路状），很形象地描写出了记者们对于部门主任所分配的采访任务的不满。记者的每个动作和语言都同时包括多重意义，这些意义往往是交叉的，当记者说“有农村的约稿”的时候，他可能是回应部门主任的讲话：“以后我会多约一些关于农村的稿件。”也可能是试探部门主任的口气：“我这里有一篇关于农村的约来的稿件，你要不要开完会以后看看？”还可能是拒绝部门主任的指示：“我向其他记者都说了，需要关于农村的稿件，可是你看看大家的表现，谁是像能给我提供稿件的样子！”这种多重意义的交叉，体现了新闻从业人员熟练驾驭话语的能力，正是当下进行的新闻转型过程的一个突出特征，也就是潘忠党题目里的“替换”之含义。

每个领域都有自己约定俗成、不成文的规矩，俗称“行规”，研究者不明了这套“行规”，

---

① 参见潘忠党：《大陆新闻改革过程中象征资源之替换形态》，载《新闻学研究》（台北），1997（54）。T 县是离田野地点 A 市最近的郊区县，从 A 市城区到 T 县，有直达的公共汽车。6 年后，T 县撤县设区，成为 A 市的一个区。

但是参与者（被研究者）往往依照这套“行规”行事。在潘忠党的田野研究里，他跟某报社总编辑坦诚地谈道，自己的目的在于了解记者们在“体制转轨”时期如何从事他们的日常业务，没想到，总编辑打断了他：“谁说有体制转轨？我们这里不存在！”这说明，虽然“体制转轨”这一术语广泛地存在于社会生活里，但是它的含义随着具体情境而不断变化，研究者跟参与者（被研究者）在不同的层面上使用它，至少在总编辑所在的媒体单位里，这个术语很敏感，他们不愿意提起来，而研究者只是随便地用了这个术语，却没想到这破坏了田野里的“行规”。对于研究者而言，身为“外来者”，了解田野里的“行规”，是非常重要的，这不仅使得研究者能够更好地理解某些语言、表情、动作的本来含义，而且，“行规”往往跟研究者的既有经验不相符，初次接触“行规”的经验，也往往是研究者破坏“行规”，无意制造紧张气氛的时刻，跟常人方法学里的违规实验类似，当“行规”被破坏时，既有的预设、前提和规则都浮出水面，能够令研究者对田野现象的理解更加深入。

研究者在田野里所收集的资料，可能会改变他的某些看法，并进而修正最初的研究问题和计划，因此，在田野里多看、多听、多问，非常重要。一位学生本来打算研究“一个新闻素材怎么变成一则公开报道的新闻”这个问题，这是一个比较宽泛的研究问题，当她访问了某位报社记者以后，发现新闻生产流程跟来自各方面的压力有关，在记者陈述里面，最令她感兴趣的是进行批判性报道的时候，记者承受压力而完成报道，于是她将自己的研究问题改成“在从新闻素材到新闻报道这个过程里，都有哪些影响因素？它们怎么运作？”，并且将研究焦点从普通记者集中到从事批判性报道的记者身上。①

2. 田野笔记

田野研究所收集的资料，往往以两种形式表现出来：田野笔记和实物。

按照记录的时间先后顺序，田野笔记可以分成若干类别。第一类，当田野里的人和事都依照自己原有的轨迹活动时，研究者不可能找到大段的整块时间和不受干扰的空间进行记录，因此可以做一些摘要，记录下一些简短的、有助于自己回想起整个事件的字词、符号或代码。第二类，当研究者暂时离开田野休息的时候（如每天晚上），一定要抽出时间回忆自己在田野里的见闻，尽量如实记录下来，包括细节、对话、场景、动作等。第三类，当研究者记录下来自己的见闻时，也应该记录下来自己的感想、看法和分析，这一类笔记可以跟第二类笔记记在同一张纸上，将笔记本的每一页分成两栏，左边一栏是记录，右边一栏是分析。第四类，田野研究进行一段时间后，研究者需要总结一下自己的收获和缺陷，调整研究计划，确定今后田野研究的重点，并且记录下对于已经收集的资料的初步分析性意见，这也是一种田野笔记。

当场景很重要的时候，研究者还可以画图，比如办公室里桌椅的位置、参与者（被研究者）之间的社会关系等。无论是哪种类型的田野笔记，都应该尽量记录得准确、具体、详细、清楚、有条理，语言朴素不花哨，不卖弄文字技巧。记录田野笔记是一项很辛苦的工作，因为字数非常多，比如郭建斌在云南独乡地区的田野研究历时 6 个月，记录的田野笔记超过 40 万字，最后成文的博士论文不超过 20 万字。② 为了便于日后查找，研究者要给田野笔记详细编号和排序（见表 10—1）。

① 参见关雪菁：《一篇调查性报道的生产过程》，中国人民大学新闻学院本科学位论文，2006。
② 参见郭建斌：《独乡电视：现代传媒与少数民族乡村日常生活》，济南，山东人民出版社，2005。

表 10—1　　田野笔记实例（对某新闻单位生产女性新闻的观察）（部分）

现场摘要	观察笔记	分析笔记	总结笔记
歧视，没有？怒	7 月 24 日，上午 10 点，报社 A，主编 Z 的办公室。 ………… （Z 跟我谈起了自己 20 年前的采访经历）Z 很动容，眼睛开始红红的，好几次要闭上眼睛仰面朝上，中间停顿几次，看得出来她在努力控制自己的眼泪。Z 的眼泪始终没有掉下来，她也没有用手抹眼睛。 Z："我就跟那些女人一起抱头痛哭，怎么会有这么悲惨的事，又是我们女人来承担！"…… 我："这些事情已经过去好多年了……现在我们的生活中还有性别歧视现象吗？" Z：（有点愤怒）"性别歧视随处可见，你怎么能说没有！"	在整个访谈过程中，这是唯一一次 Z 毫不客气地反驳我，她平时是个温和的人。 1. 报道女性新闻 20 年，她对性别歧视比一般人要敏感得多 （1）当她说"又是我们女人来承担"的时候，就已经表露了她对于女性受歧视这一现状的不满，而且她不止一次地见到女性被歧视的新闻事件。 （2）她说"我们女人"，说明她将"男人"和"女人"的差异划分得很清楚，她并不认同"男女都一样"这种说法。 2. Z 反驳我 （1）我随口说出那句话的时候，没有什么特别的想法，更没有想过要去"刺探"她。而 Z 刚刚从自己刻骨铭心的经历中回忆过来，我的话对她来说是个刺激，于是她反驳我。 （2）我比她小了 20 多岁，Z 是在反驳"我"这样的年轻人吗？访谈里其他地方，她表露出了对更年轻的女性主义者的不满，认为她们反对"母性"、"母亲的天职"这些说法是不对的。她会不会以为"我"这样的年轻女性主义者跟"她"这样的年长的女性主义者之间存在着鸿沟？如果是的话，她真的像一位"母亲"那样，对自己不成器的"孩子"痛心疾首。	1. 新闻从业人员能够从自己的日常工作里产生性别意识。 2. 年龄差异（以及由此带来的经历差异）造成了女性主义者内部的分化。

3. 收集实物

田野研究里的实物包括官方的正规资料、组织的内部规章制度的影印件、在大众媒介上公开发表的作品、研究者征得同意后对田野人物和事件的录音录像、个人提供的资料（日记和信件），以及其他学者就相关现象发表的研究报告等。实物往往能够提供更直接、更准确的一手信息，可以跟从其他渠道获得的资料相互印证。比如报社将关于记者和编辑发稿奖惩机制的文件公布在报社的布告栏，那么研究者就可以抄下或者复印这份文件，然后与记者访谈，看他们的收入水平是否真的如这份文件所规定的那样进行衡量，这样就可以了解到报社究竟采取什么标准来衡量"好记者"、"好编辑"。

值得注意的是，收集实物不仅要获得原主人的同意，也要合法。研究者不是"侦探"或"间谍"，获取机密材料不是研究者的职责。比如研究者想到，如果能够得到报社过去三年内陆续公布的发稿奖惩机制文件，看出其中的变化，那么就可以更加深入地了解市场化对新闻从业人员收入的影响。但是从报社的角度来讲，新文件公布，旧文件作废，说明旧的做法不合理，就像个人都不愿意承认自己的做法不合理一样，报社也不愿意追究自己过去不合理的做法，因此报社一般不愿意提供这些文件。那么研究者就应该中止自己的行为，转而与记者和编辑进行访谈，引导他们回忆自己过去三年来收入的变化，从中得出自己的结论。

（六）离开田野和完成研究报告

当资料收集达到“饱和”状态时，研究者继续留在田野只会增加重复的资料，不会创造太多的有效资料，这时研究者就可以考虑离开田野了。资料达到“饱和”状态，说明研究者对田野里的新刺激失去敏感，成为“局内人”，或者研究者对研究过程开始感到厌倦和疲惫，已经不适合继续留在田野里了。比如，我自己在研究“中国女性新闻的生产”问题时，访谈了3所城市里25位记者和编辑，访谈里有些一成不变的问题，如“什么是女性新闻？你们喜欢报道哪一类女性新闻？为什么？”当这些问题被问了25遍的时候，身为研究者，我已经不想张口再问同一个问题了，因为我将这些回答进行了分类，归纳出了几种模式，继续访谈只会得到跟这些模式差不多的回答，所以，我决定中止访谈。

当研究者隐蔽式地进入田野，进行完全隐蔽式的观察时，如果要离开田野，就要考虑到参与者（被研究者）的承受能力，避免给他们造成不适应感。比如以实习生的身份在媒体里实习，那么离开的时候可以公布自己的真实研究目的，也可以继续隐瞒，借口“我家里有事”或“我想休息一段时间”，离开现场。后一种情况，是媒体组织的常态，实习生要么是转成正式的工作人员，要么是离开，媒体每年都会有很多实习生，对于一个实习生的离开，不会给予过多的关注。但是前一种情况，当跟实习生共处一段时间的同事发现自己成了“研究对象”，被实习生观察和记录，心里可能会不太满意，觉得实习生欺骗了自己，此时，研究者应该运用一些技巧来降低参与者（被研究者）心理和感情上的不适应感，争取留个好印象。

离开田野之后，研究者可以继续整理和分析自己在田野里收集的资料，并且写作研究报告，将研究结果公开发表。从研究资料到研究报告，是一个提炼和集中的过程，研究者从无所不包、浩如烟海的资料中挑出自己需要的内容，并且在这些内容和研究问题之间建立联系，需要缜密的思考和熟练运用文字的能力。

二、质化田野研究的特点

质化田野研究最突出的特点，就是它在人物和事件产生的自然环境下进行研究，因而能够得到丰富、系统、详细、具体的资料。从资料的数量上而言，质化田野研究往往超过了量化研究方法，借此，研究者不受限制地收集一切能够得到的资料，大量的资料往往使研究者获得意外收获，更容易产生新的更符合实际情况的概念、假设和理论，也就是说，研究的内在效度比较高。

质化田野研究的报告经常描写具体的生活世界，出色的报告寥寥数笔就能够生动再现真实情境，写作体例上也可以不遵守固定的格式，形式多样，故事动听，这使得田野研究报告跟量化研究报告区别开来。阅读出色的田野研究报告是一种享受，其中的细节描写、对话描写、场景描写令人印象深刻。

研究一些不容易接近的、较封闭的群体，如同性恋和流动人口，适合用田野研究方法。封闭人群往往会在自己和其他人群之间划出深深的界限，容易拒绝外来者，如果采用其他方法，研究者还未获得准入就已经被拒绝了，而田野研究让研究者长期在田野里跟参与者（被研究者）一起生活，即使参与者（被研究者）抵触研究或无法参与研究，研究者也能够更容易地获得“局内人”的观点。

田野研究也有缺点。一般来说，它要求研究者花费一定的时间生活在田野里，或对田野进行持续的观察，研究时间短则数月，长则数年甚至十几年，这样长时期的研究不仅要求研究经费和配套措施的支持，对研究者的体力和兴趣也是一个很大的挑战。

研究者在田野里长期活动，直接跟观察对象打交道，他们的行为会影响田野事件的发生和观察对象的行为，严重的话，还可能造成冲突。由于以研究者为研究工具，因此质化研究结果高度依赖研究者个人的素质和能力。研究者一个人的能力有限，总会遗漏某些资料，他的观察不可能是面面俱到的。如果研究者训练不到位或者水平不够，研究者的偏见、喜好和先入为主的观念就会影响研究结果的质量，而这种情况不容易被其他同行察觉。因此，田野研究的信度比较低。

研究者往往从理论、研究目的、研究兴趣的角度选择个案进行研究，由于研究样本量少，因此田野研究的成果不能推断总体。从一个村庄、一家媒体单位、一所学校里得出的研究结论，能否推广到其他村庄、其他媒体单位、其他学校？田野研究往往不能回答这个问题，因此，它的外在效度比较低。可见，内在效度和外在效度是一对矛盾，当一个研究选择了某一个，就会失去另一个。

三、质化田野研究的信度和效度

研究报告的读者依靠研究者的描述而理解田野现象，研究者又依靠参与者（被研究者）的活动和陈述而理解他们，因此，人为因素（包括研究者、被研究者和读者）使得质化田野研究无法做到稳定性、同质性和等价性。田野研究多数是个案研究，重视情境和意义，研究对象和研究过程不可复制，因而不存在研究结果是否可以重复的问题。与量化研究的信度（见第四章）相比，质化研究的信度具有另外的要求，一般来说，它指的是研究的一致性（consistency），包括内部一致性（internal consistency）和外部一致性（external consistency）两种。

内部一致性指的是个体（包括研究者或被研究者）在不同时空条件下的活动是否具有一致性。如果研究者面对不同参与者（被研究者）时都能够采用一致的手段来收集资料（比如采用同一个问题访问被研究者），或者在不同环境下对自己收集的资料进行分类时都保持一致，如果参与者（被研究者）被研究者观察并记录的活动在另一个情境中也存在（比如被研究者今天表示出来的观点，第二天他也坚持这个观点），那么就认为，田野研究具有较高的内部一致性。外部一致性指的是研究资料与其他来源的资料相比较是否一致。如果研究者收集的资料能够跟其他渠道的资料（如统计数据、文献资料、其他研究者的资料、大众媒体的报道等）相互印证，那么就认为田野研究具有较高的外部一致性。

提高田野研究的信度，可以通过两种手段。[①]

（1）田野笔记越详细越好，不仅包括田野情境和研究者观察访谈所获得的资料，也应该包括参与者（被研究者）对研究者的看法、研究者自己的行为和反应，以及反思研究者与参与者

① See Silverman, David, *Doing Qualitative Research: A Practical Handbook*, London: Sage, 2000. 值得注意的是，跟一般人的看法不一样，席夫曼所提供的提高信度的两种手段不包含“参与者（被研究者）检验法”。他认为，如果研究者带着自己的初步分析结果重返田野，期望获得参与者（被研究者）的认可，那么就等于假定了参与者（被研究者）的认识比研究者的推论更加逼近“真实/真相”，质化田野研究的结果是主体间性的解释，而不是获得“最真实”的解释，因此，即使参与者（被研究者）否定了研究结果，也不能认为研究结果不具有信度。同时，席夫曼也承认，如果研究者不把自己的研究结果带回田野，参考参与者（被研究者）的反应，那么有可能引起研究伦理的争议（研究者不尊重被研究者）。考虑到有时候参与者（被研究者）出于面子、压力、利益等动机而改变自己的初衷或歪曲自己的意见，席夫曼的建议是有道理的。

（被研究者）之间的关系等，这就是格尔茨所谓“深描”的含义。

（2）对研究资料的分析，尽可能多地获得更多人的认可。如果研究者是一个团队的话，那么对资料的分类和解释应该获得全队人的同意才可以接受，为此，在资料分析的初级阶段，几位研究者可以“背靠背”地独立分析所有资料，然后将每个人的分析结果相互对照，取得共识。

比起信度，田野研究更加重视研究的效度，即研究结论是否准确再现了田野里的社会现象，换言之，研究结论与实际现象之间是否相符。提高田野研究的效度，可以通过以下几种手段。①

（1）如果研究者的假设被研究资料所反驳（类似于波普尔的“证伪”概念），那么，研究结果的效度就被提高了，因此，研究者应该注重寻找那些违背自己最初的假设和研究设计的资料，从中发现自己的不足，通过完善自己的研究设计来提出更有效的研究假设和问题。

（2）研究者应该坚持在资料之间、资料和理论概念之间不停地进行比较，有比较就有鉴别，能够从中发现差异，发展出更多的分类和更深入的分析。

（3）研究者应该评估自己的行为对田野造成的影响，只有这样，才能够区分自己所收集的资料是否符合“自然情境”下的田野现象，因此，在整个研究过程中，研究者应该对自己的角色和活动持续反思，减少自己的“偏见”和“误解”。

（4）在研究报告中，研究者应该详细交代研究对象的背景材料和自己展开研究的过程，这样可以获得对研究现象更为深入的理解，这也是把研究者的假设和行为暴露给读者（或其他研究者），等待他们批评和指正的一个过程。如果读者看出了研究者所忽视的地方，提出了新的分析和解释，那么研究者应该虚心接受批评，提高自己以后的研究结果的效度。

（5）如果身为“完全的局外人”的读者（或其他研究者）认可研究报告，理解研究者所描述的现象，并且从中获得更多“局内人”的观点，那么田野研究的效度就更加得到了保证。

第四节　访谈与观察

访谈和观察，是质化田野研究中最经常使用的资料收集手段。量化研究方法也会用到这两种手段，比如入户调查时调查员对被调查对象进行访问，实验者观察并记录实验对象对各种刺激所做出的反应等。在英文里，社会科学研究方法里的“访问”和“访谈”都是同一个单词 interview（这个词也表示“记者采访”），考虑到汉语的意思和不同类型的访问，本书将量化方法里的使用称为“访问”，而在质化方法里称之为“访谈”。

一、访谈

（一）访谈的特点

质化田野研究里的访谈是研究者与受访者之间的对话，跟日常生活里的谈话相比存在着很大的不同：第一，这种对话有其特定主题，是“被（研究者）指导”的对话；第二，访谈目的在于获得受访者对特定研究问题的深入理解，帮助研究者熟悉田野环境，或者建立良好的人际关系以继续后

① 这里需要指出的是，由于质化研究不认为存在着一个“最真”的真实/真相等着研究者去发现，研究目的也不在于发现这个“真实/真相”，因此，跟量化研究不同，不存在一个“客观”标准来评价质化研究的效度，下列内容只能够帮助提高田野研究的效度，却不能说帮助实现了（或满足了）田野研究的效度。

面的研究；第三，访谈不仅包括研究者与受访者之间的问答，还包括尽量完整地记录下谈话内容，往往结合着研究者对访谈环境和受访者的观察。以上三个特征，在记者的采访活动中也有所体现，可见，有时候，记者就像研究者，记者报道新闻，也就像研究者报告研究结果一样。

访谈可以看成是研究者与受访者之间合作的产物，受访者积极参与这一互动过程，而不是仅仅被动地回应研究者，有时候，受访者也会反问研究者，成为提问者，打断谈话。访谈也可以看成是经验共享的过程，受访者只有理解了研究者的背景，才能够建立信任，愿意跟一个陌生人交流，同样，研究者的目的在于理解那些自己没有亲身经历过的受访者所提供的经验。而且，从规模上来讲，田野研究里的访谈一般样本量不大，访谈时间较长，访谈结果依赖于研究者的素质和能力。这些特征使得质化研究里的访谈跟量化研究里的访问（见第六章）区分开来。

访谈的长处在于进入受访者的内心世界，能够提供更丰富的资料来探究他们的心理活动和思想观念，受访者具有更多时间来阐述自己的故事，从而使得研究者能够了解受访者行为的隐含意义。访谈具有灵活性，研究者和受访者可以讨论一些敏感话题，可以按照访谈情境来讨论更符合实际情况、更有价值的问题。但是，访谈对研究者的能力提出了很高的要求，如果研究者个人能力不够，或者研究者忽视了自己对访谈过程的影响（比如研究者试图引导受访者讨论自己所设计的主题，却忽视了受访者本人的想法），那么往往造成访谈的失败。

（二）访谈的类型

就研究者对访谈过程的控制程度大小而言，访谈可以分成三种：封闭式（或结构式）、半开放式（半结构式）、开放式（非结构式）。在调查法中，进行访问时，研究者在事先编制的问卷中列出了所有需要回答的问题，按照顺序依次提出问题，而且把受访者的回答归入事先确定了的分类之中，不同受访者的回答都被以相同的方式记录下来，因此，研究者是访问过程的主导者，而受访者相当被动，这就是封闭式访谈（访问）。如果研究者只有一个大致的访谈主题，没有事先固定的问题和提问顺序，而是让受访者畅所欲言，那么就是开放式访谈。介于二者之间的是半开放式访谈，研究者准备了一个访谈提纲，同时也允许受访者自己提出认为重要的问题，约翰逊对印度乡村的研究就采用了半开放式访谈。这三种访谈类型之间的界线，不是那么固定和清晰的，尤其是半开放式和开放式访谈，往往依靠研究者根据具体访谈情境的需要而进行选择，这都是田野研究常用的访谈手段。

封闭式访谈具有固定的程序和问题，研究者个人对访谈过程的影响被极大地缩小，因此访谈结果的标准化程度高，在实际操作中，当研究大规模样本或者需要对访谈结果进行统计处理时，往往选择封闭式访谈。封闭式访谈的缺陷在于只能够获得表面化的材料，灵活性不够，压制了受访者的积极性，这些正是开放式和半开放式访谈的长处，因此，后者也经常被称为深度访谈（in-depth interview）（见表10—2）。

表10—2　　封闭式访谈和开放式访谈的比较

封闭式访谈	开放式访谈
具有明确的开始和结束	开始和结束可以不明显
问题顺序固定，面向所有受访者提问	问题和顺序可以根据受访者而改变
研究者提问，受访者回答	受访者可以反问，提出新问题
研究者控制访谈进度和方向	研究者和受访者一起控制访谈进度和方向
封闭式问题为主	开放式问题为主
控制访谈情境的影响	访谈情境对于理解访谈内容十分重要

（三）访谈的过程

1. 准备阶段

访谈开始之前的准备工作包括：确定访谈的时间和地点、确定受访者、设计访谈提纲、确定记录方式等等。

访谈的时间和地点应该以受访者感觉舒适为主。研究者希望能够在受访者活动的“自然情境”下进行访谈，这有利于自己观察受访者的日常行为和活动的场景，但是，受访者有时候不愿意在办公室谈论自己的工作和同事，或者不愿意自己的家庭隐私被曝光，因此，办公室和家庭未必是合适的访谈地点，安静的公共场所（如咖啡馆和单位的会客室）可以充当访谈地点。

访谈时间长短因具体的访谈问题而定，一般为一至两个小时，过短则收集不到详细的资料，过长则研究者和受访者都会疲倦。田野研究中，研究者可以对同一位受访者进行多次访谈，每次访谈的目的有所差异，第一次访谈可以谈一般性问题，后续访谈里深入谈论更具体的主题。

确定受访者，就是访谈过程里的抽样。为了找到合适的受访者，研究者可以从自己的研究设计出发，选择那些最极端的个人（如最优秀的记者、成绩最差的学生），或者选择最典型的个人（如《人民日报》记者、收看电视时间中等程度的观众），或者选择最关键的个人（如报社总编、家庭里的权威），或者选择彼此之间差异最大的人群（如广告收入最高和最低的两家媒体组织、收看电视时间最多和最少的观众），或者选择一组同质性较高的人群（如体育记者、一个村庄里的村民），等等。确定了受访者的特征之后，研究者可以采用多种抽样手段来接触受访者，包括立意抽样（研究者直接登门拜访受访者）、偶遇抽样（研究者碰到第一个合适的受访者进行访谈）、滚雪球抽样（如研究者在访谈了一位受访者之后，提出“能不能把我介绍给你的同行认识?”）等，这些都是非概率抽样手段。

开放式访谈允许受访者自由发挥，看似漫不经心，却总会带着研究者的特定主题和研究目的，因此，访谈之前，研究者可以列出一个概括性的访谈提纲。比如上文里约翰逊在印度乡村做访谈时，事先列出了一个包含5个核心问题的提纲，实际访谈过程中，当受访者“跑题”的时候，他会将受访者的焦点重新拉回到谈话主题上来，当受访者提出跟谈话主题有关而研究者事先没有考虑过的新问题的时候，研究者可以趁机展开新的谈话线索。因此，访谈既是开放的、灵活的，也是有主线的。

关于访谈资料的记录方式，最好的做法是用录音设备在现场录音，研究者回到自己的住所之后再整理成文字，同时记录访谈过程中的语气和停顿。但是，很多情况下，受访者存在着各种顾忌，或者觉得录音“太正式了”，往往会拒绝录音方式，这样一来，只能靠研究者在现场的笔录。比如约翰逊发现，当他一掏出录音机时，受访的印度村民可能从来没见过这个玩意，不知所措，连说话的语调都变了，因此除了访谈少数在地方政府任职的公务员之外，他的大部分访谈靠的都是自己在现场的速记和简写的记录、自己的记忆，以及助手的补充。每天中午和晚上，他都会整理当天的现场笔录，把自己头脑里保存的最新鲜、最完整的记忆整理进访谈记录里。

2. 实施阶段

开放式和半开放式访谈往往没有明确的开始和结束标志。在访谈现场，研究者说的第一句话往往是打招呼的问候语、自我介绍，或者聊天式的闲谈，目的是制造友好气氛，使受访者愿意交谈。研究者还需要拉近自己跟受访者之间的心理距离，比如，表示出尊重和歉意："打扰你工作了，很抱歉"；或者表示出虚心请教："我听说，你是这方面的行家"；或者赞赏受访者："你今天看起来气色很不错啊"；或者拉关系："你也喜欢看世界杯啊"，等等。

访谈是一门艺术。一般情况下，访谈里的问题按照从一般到具体、从无关到相关、由浅入深、由表及里的顺序被提出，好像是层层剥笋，研究者最后得到想要的资料。在这个过程里，研究者对访谈过程施加某种程度的"控制"。当受访者的观点不那么清晰时，研究者可以要求对方重复："你的意思是说?"；当受访者的观点很有意义的时候，研究者需要进行追问："你刚才说到了……这个事情到底是怎么样的?"；当研究者试图获得更深入的解释时，可以要求比较："关于这个事情，你是这样看的，可是我还听到另一种说法……你怎么看?"。总之，研究者应该给受访者留下足够发言的空间，引导他们做出自己的陈述和解释，而不是诱导他们做出跟研究假设相符的陈述。那些跟研究假设不相符的陈述，恰恰是研究者应该格外注意和给予解释的资料。

在一对一的访谈中，研究者及时回应，能够鼓励受访者坦诚地发表自己的看法，使访谈继续下去。研究者的回应可以是手势和表情，如微笑着点头表示"我同意你的话"，迷惑不解的表情表示"我不明白你的话"；也可以是直接表达自己看法的语言，如"很好"、"对"表示同意；也可以是以自己的经验来回应受访者，如"我也是这么想的"、"我也碰到过这种事"；还可以用沉默不语来表示自己不赞同受访者，观察他在这种气氛下如何进一步解释自己的立场。回应的方式可以多种多样，但一个基本原则是，研究者应该避免在现场对受访者的陈述和行为做出价值判断，因为这样做，有可能会使受访者产生不愉快感，认为研究者高人一等，从而中止谈话。

当受访者不能就研究问题给出更多更深入的解释，或者访谈时间进行到了双方都开始疲倦的时候，访谈就应该结束了。研究者可以关上录音机，合上笔记本，表示"我的问题问完了，你还有什么想说的吗?"，"我回去再想想，要是我还有问题，下次再找你，可以吗?"，或者跟受访者聊一些与研究无关的话题，让访谈自然地结束，当然，研究者离开之前，不能忘记要对受访者付出时间和精力跟自己谈话表示由衷的谢意。

（四）焦点群体访谈

从参与人数上来区分，访谈可以分成一对一的个别访谈和一对多的群体访谈两种形式，后者也被称为焦点群体访谈（focus group interview，也译为焦点小组访谈），即一名研究者（主持人）引导和组织多名受访者就特定话题进行自由讨论。焦点群体访谈是一种质化方法，但却是由社会学里以量化方法而出名的学者们于 20 世纪 40 年代研究宣传效果时最先开始使用的，如默顿和拉扎斯菲尔德。在后来一段漫长的时间内，它都被认为是一种商业应用研究而非学术理论研究的方法，直至 20 世纪 70 年代以后，焦点群体访谈重新获得社会科学研究者的注意，更多的媒介研究者重新使用它来研究受众，如莫利研究英国观众对电视节目的看法、加姆森研究美国人对政治议题的看法、杰克逊等人研究英国读者对男性杂志的看法，等等。①

1. 准备和实施

进行焦点群体访谈之前，研究者公开招募不同身份和社会地位的志愿者参与研究，然后将

---

① See Morley , David , *The Nationwide Audience*, London: British Film Institute, 1980. Gamson, William A. , *Talking Politics*, New York: Cambridge University Press, 1992. Jackson, Peter, Stevenson, Nick, & Brooks, Kate, *Making Sense of Men's Magazines*, Cambridge, UK: Polity, 2001.

志愿者们分组。根据研究目的和志愿者人数，可以使社会地位接近的志愿者都分到一个组里，也可以使社会地位差异非常大的志愿者分到一个组里；每个组里的志愿者可以互相不认识，也可以是熟人。每组人数以 4 人～10 人为宜，人数过多则可能有部分志愿者得不到发言的机会，人数过少则讨论的效果受到影响。一项研究需要多少个焦点群体？这个问题没有固定的答案，莫利组织了 29 个焦点群体，加姆森和同事组织了 50 多个焦点群体，杰克逊等人组织了 20 个焦点群体，研究者应该根据自己的研究目的、经费和实际招募的志愿者人数来确定焦点群体的数目。

访谈的地点可以是研究者的办公室、会议室，也可以是某一位志愿者的家里，或者公共场合等。无论是什么样的地点，研究者和志愿者都应该尽量坐成一个圆圈，使得彼此之间都能够看到对方的脸，暗示彼此之间是平等的，这也有利于志愿者之间深化讨论主题。访谈时间以 1 个半小时至两个半小时为宜，过长则研究者和参与者都容易疲倦，如果研究者对访谈资料有把握，那么访谈时间短一些也可以接受，比如莫利的焦点群体讨论一般只持续一个小时左右就结束。

实施焦点群体访谈的过程中，研究者首先要降低志愿者的陌生感，让每个人介绍自己是个不错的做法，这能够加深志愿者彼此之间的了解，增强讨论效果，如果研究者在其中加入一些轻松的话题和笑话，那么就能使得志愿者更加放松。进行受众研究时，常见的过程是研究者放一段影片，或者让志愿者看一篇新闻报道和图片，然后让他们展开讨论："你觉得这个节目怎么样？你认为，用那个字描绘新闻人物合适吗？"研究者也可以直接提问："你看过男性杂志吗？喜欢看吗？"

焦点群体访谈里，研究者是主持人，他的角色会依照具体的研究目的而不同。有时候，研究者的主导作用更强烈一些，他事先拟定好一个访谈提纲，上面的问题被假定为重要的，因而都需要被讨论到；有时候，研究者仅仅发挥缓和剂的功能，放任志愿者自由讨论他们认为重要的话题，只是当讨论走到一个极端或者发生严重争吵的时候，或者仅有少数几位志愿者进行讨论而其他人都不发言的时候，才出面缓和气氛，调节讨论的进度。

焦点群体访谈应该尽可能被录像，每个人的发言和表情都被记录，等待结束之后整理成文字，方便日后的资料分析。当访谈进行时，研究者应该做访谈笔记，记录下给自己留下深刻印象的发言和表情、自己在现场的感受等。访谈结束之前，有时候，研究者会给每位志愿者提供纸笔，让他们写下意犹未尽的话和对研究问题的看法。这些文字资料日后可以相互印证，提供新的讨论线索。

2. 优点和缺点

焦点群体访谈使得研究者在集体讨论的背景下收集资料，不仅研究者和志愿者之间存在着互动，而且志愿者彼此之间也存在着交流，焦点群体里充满了相互启发和补充，"模拟"了真实的讨论情境，因此，它获得的资料往往比个别访谈更深入和全面。焦点群体不仅适合探索型研究，也适合解释型研究。

由于参与人数比较多，所以焦点群体访谈比个别访谈的灵活性更高。比起"控制"一位受访者，"控制"多位志愿者更加困难，焦点群体的研究者只起到引导和缓和的作用，参与者往往会提出研究者事先没有料想到的重要谈话主题，他们发言的自由度更大，发言的时间更长，也拥有更多余地来从容地解释自己的观点。

焦点群体同时访谈多位志愿者，节约了人力、时间和经费。因此，它是应用研究里最经常使用的一种质化研究方法，当生产商想改进旧产品推出新产品的时候，当广告商想考察新产品广告的传播效果的时候，往往都使用焦点群体访谈来研究消费者。

焦点群体访谈也存在着缺陷。一个最普遍的现象是，一个群体里总是有人滔滔不绝、有人寡言少语，当一些人发表观点占用了过多时间时，其他人的看法可能没有机会发表，而且，群体压力造成志愿者的从众现象，从而使得某些志愿者隐瞒自己的真实想法，转而发表符合群体主流规范的看法。当出现这种现象的时候，研究者应该进行“干预”，鼓励沉默寡言者说出自己的看法，或者故意提供跟焦点群体主流不相符的看法：“关于这个问题，我听说了另外一种看法……你们是怎样看的?”如果有必要，还可以在焦点群体结束之后进行个别访谈，将参与者在两个场合下的谈话进行对照。

二、观察

田野研究中，观察经常与访谈结合在一起使用，进行访谈时，研究者不可避免地会留意受访者的表情、手势、语气，以及访谈环境，这些都会影响访谈的效果，也会帮助研究者加深对谈话资料的理解。很多情况下，田野观察往往先于访谈而进行，这是由于观察带给田野的“干扰”相对较少，研究者作为陌生人进入田野的时候，需要一个适应过程，也需要留出时间让参与者（被研究者）接受自己，因此，在田野研究过程中，研究者所用到的第一个收集资料手段就是观察。

（一）观察的概念

在日常生活里，我们每个人都时刻在进行着观察：只有观察到路口红绿灯的情况，行人才能安全地过马路；只有观察到周围的建筑物，学生才能顺利找到上课的教室；只有观察到成年人的发音，儿童才能学会说话；等等。作为科学研究手段的观察与此不同，它是带着特定目的，通过研究者的感觉器官和科学仪器去感知和描述自然及社会现象的一种活动，是科学研究的基本方法之一。

观察的目的在于获得“自然情境”下关于研究对象的行为的资料，不需要依靠研究对象的回答，也能够理解他们的行为。在媒介研究里，观察无处不在，优秀的研究者时时刻刻在观察和思考，提出研究问题这一举动本身，就已经体现了研究者对媒介现状的观察结果。如果研究者观察到中国媒体正在转型，那么他就会研究动态的媒体转型而不是静态的媒介现象；如果研究者观察到中国媒体对待受众的态度发生了转变，那么他就会研究受众观的变迁轨迹。那些运用其他方法难以研究的问题（如新闻的日常生产），那些相对封闭的研究对象（如新闻单位），当背景和场景对研究对象造成重大影响时（如家庭对收看电视的影响），都可以运用观察来了解研究对象。

（二）观察的类型

根据研究者（观察者）是参与还是不参与研究对象的活动，戈德将观察分成四种类型。[①]

第一种，研究者充当完全的参与者，隐瞒真实目的，参与研究对象的活动，不让他们知道自己正在被观察，比如研究者以实习生的名义进行参与式观察，不公开自己的研究目的。由于研究对象不知道自己正在被观察，因此研究者对研究过程的影响被极大地降低了，有可能获得

---

① See Gold, Raymond L., “Roles in Sociological Field Observations,” *Social Forces*, 1958 (36).

更符合“自然情境”的资料。但是，完全的参与者可能会带来一些问题。如果研究者在田野里承担一定的职责，那么他不可能离开自己的工作岗位而任意走动，观察的视野和范围受到限制；研究者在田野里活动时间越长，那么他越可能获得“局内人”的立场而不能做到中立和冷静。完全的参与者这一类观察，面临的最大挑战在于研究伦理的争议，研究者“欺骗”研究对象，被认为是研究者优越感的体现。因此，戈德认为，这一类观察持续时间不能过长，否则，研究者的内心冲突会越来越强。

第二种，研究者作为观察者的参与者（participant as observer），参与研究对象的活动，并且在研究开始阶段或者伴随着研究的进行，而公布自己的真实目的。比如研究者先以实习生的名义进入媒体单位，然后逐渐向同事公布自己的研究目的，获得他们的支持和理解。这种观察方式的好处在于，研究者既能够获得“局内人”的看法，又避免了学术伦理的指责。但是，当研究对象得知自己正在被观察和研究的时候，他们的行为有可能发生改变，即研究活动本身造成了内在效度下降。

20 世纪 90 年代末期，应星以北京大学在读博士生的身份，获得了下乡挂职锻炼担任西部某县副县长一年的机会，这个县成为他田野研究的地点。副县长的身份使得他能够便利地出入县档案馆和接近各方人士，但是他也不得不履行副县长的职责。对此，应星的策略是“弱介入”，即他是否参与并不影响田野里任何事件的进行，比如县委常委会议上，应星总是附和多数派，他赞同哪一派并不影响县委的集体决议。①

第三种，研究者作为参与者的观察者（observer as participant），主要进行观察，偶尔也参与研究对象的活动，比如研究者作为学者参加媒体主持的改版和审片座谈会，跟与会的新闻工作者进行交流，充实自己关于新闻生产活动的研究资料。这种角色的研究者，往往在田野里处于边缘地位，既没有完全参与，也没有完全不接触研究对象，他们无法获得只有参与者才能亲身得到的第一手资料。但是，由于他们很少干预研究对象的活动，因此，研究者对研究结果的影响被降低了。

第四种，作为完全的观察者，研究者跟研究对象之间没有任何形式的接触和交流，比如通过新闻工作者公开发表的作品和采访手记来观察新闻专业主义的生长情况。研究者跟研究对象保持距离，使得他能够从“局外人”的立场发表更中立的看法，但是，研究者对研究对象的解释可能是不准确的，有可能“误解”研究对象的真实想法。

可见，无论是哪一种类型的观察，都同时带来优点和缺点，研究者需要根据具体的研究目的和问题来决定采用何种观察手段。在具体的研究里，研究者可能会在不同的研究阶段扮演不同的角色，比如刚开始作为完全的观察者收集资料，随着研究的深入而程度不同地参与研究对象的活动。

（三）观察的准备和实施

1. 准备阶段

观察是一种有目的、有计划的行为，因此研究者需要制定一份提纲来指导自己的观察，包括观察对象是什么、观察的时间有多长、采用哪种观察手段，等等。其中，最重要的是确定关于研究对象的哪些资料应该被观察和记录。

值得注意的是，在质化田野研究里，观察往往只依靠研究者的感觉器官来进行，研究者的

① 参见应星：《从“讨个说法”到“摆平理顺”：大河移民上访的故事》，北京，三联书店，2001。

主观认识和立场必然影响观察结果，因此，研究者需要不断反思自己作为观察者的角色。研究者的偏见和错误判断可能引起观察结果的误差，比如用自己的解释取代了研究对象的解释，为了防止这种情况，研究者事先需要制定详细的观察提纲。观察提纲越细致，研究者对田野里出现的各种情况准备得越充分，则研究者的偏见越不可能影响观察结果。此外，细致的观察提纲也要求研究者知道应该观察什么、不应该观察什么，不是田野里的任何现象都值得研究者花费精力去注意它们，研究者对自己的目的越清楚，则越有可能进行清晰的观察。表 10—3 为对中国新闻生产活动的观察提纲的节选。

表 10—3　　中国新闻生产活动的观察提纲（节选）

观察对象	观察手段	观察时间
1. 媒体组织 （1）与上级平级下级单位之间的关系 （2）人事结构 （3）财政收入状况，广告收入和经营性收入 （4）发行部门的活动 （5）工作人员队伍构成及工资收入状况 （6）总编和社长的公开讲话，年度报告和总结陈词 （7）自我宣传的标语和形象广告 （8）媒介产品的特征 （9）当地媒介产业的基本状况、媒体竞争的状况 （10）受众的反馈和评价	完全的观察者	2002 年 1 月至 2003 年 12 月
2. 媒体组织 （1）成文和不成文的内部规章制度 （2）领导分工 （3）文献资料	完全的观察者： 以实习生名义进行实习，不公开研究目的	2003 年 3 月至 7 月
3. 个体新闻工作者 （1）他们对自己的角色和定位 （2）有特点的活动和语言（不限于采编活动） （3）活动发生的时间和具体环境（不限于采编活动），工作时间和流程的安排 （4）对自己观点和活动的解释和评价（不限于采编活动） （5）彼此之间的关系、与上级的关系、对同行的评价 （6）与采访对象的关系 （7）不认可的观点、行为和现象（不限于采编活动）	作为观察者的参与者： 以实习生名义进行实习，逐步公开研究目的 观察＋访谈	2003 年 3 月至 7 月

2. 实施阶段

实际的观察过程中，研究者既要注意场景和背景，也要注意个人的活动和反应；既要观察整个事件、整个组织，也要观察具体事件、具体个人的行为；既要观察个人行为的主要方面，也要观察次要方面。开阔的视野和集中的视野应该交织在一起，点面结合，动静结合，才能够提供丰富的资料。观察得越全面、具体，研究者的反思活动越多，则研究者的理解越深入。

观察的内容主要包括：

（1）参与者（被研究者）。一般情况下，那些田野里的“关键人物”更能引起研究者的注意，比如担任管理职能的人、消息灵通人士、爱发表意见说话无所顾忌的人、工作时间比较长的老同事等。这些人的看法更权威、更新鲜、更全面，他们的行为也更具有代表性，因此，研究者需要发现和接近这些关键人物，才能获得更有效的资料，包括他们的外表、表情、动作和谈话（如高矮胖瘦、穿什么衣服、吃什么食品、发表什么意见、以什么口吻说话、做出什么肢体语言等）等。而且，培养起跟关键人物的友好关系，他们可能向研究者提供意想不到的帮助。

（2）活动或事件。参与者（被研究者）做出了什么样的活动（如开会、仪式、工作、劳动等）？参与者（被研究者）的活动怎样引起研究者注意？参与者（被研究者）怎样跟别人互动？互动的规则是什么？

（3）活动的时间和地点。参与者（被研究者）的活动什么时候进行？频率多高？持续多长时间？在哪里进行？地点有什么特征（如办公室有多大、几个人一间办公室、办公室内部的摆设和装修情况等）？

（4）活动的原因。参与者（被研究者）为什么做出某些行为？对于这个活动或事件，人们有不同的看法，都是什么？参与者（被研究者）的解释是什么？研究者的解释是什么？哪些动机和态度是隐藏的，哪些是明确表露的？

当研究者实施参与式观察时，会干预田野里的现象和活动。根据研究目的，研究者可以故意制造一些场景，使得研究对象做出某些回应，如故意激怒他们、故意违反规定、故意提一些看似很愚蠢的问题等，以此观察研究对象在这些场合下的反应。比如作为实习生的研究者想知道记者对同行的评价，那么可以在适当时机，指着同行的媒介产品，询问记者对他们的看法，这并不是在自然情境下发生的活动，但是研究对象也不会觉得很突兀，而且研究者可以借机进行观察。

【思考题】

1. 质化田野研究在传播研究里主要有哪些应用领域？
2. 什么是民族志？什么是深描？
3. 如何理解现象学社会学者所提出的“主体间性的理解”和“多重真实”这两个概念？
4. 记录下日常生活里的一段对话，试着用萨克斯的对话分析方法对它进行分析。
5. 在质化田野研究里，选择田野地点的时候一般依据哪些原则？
6. 结合本章的要点，谈谈怎样应用质化田野研究法来研究我国媒体单位的新闻生产过程。如果是校园媒体呢？

第十一章

文本分析法

跟量化的内容分析法相对应，研究媒介内容的另一种常见方法是文本分析法，这是一种质化研究方法，其中包含若干研究传统。本章将介绍在媒介研究里比较常见的四种：符号学、精神分析、话语分析和框架分析。

第一节　文本分析法在大众传播研究中的应用

施拉姆所列举的四位传播学奠基人都很少使用文本分析法，这使得美国的大众传播研究从一开始就忽视了对小规模的、个案式的媒介内容的解读，缺少数字式和统计值表达方式的文本分析结论因被视为“不客观”、“不科学”而受到批评，只有对大样本量进行计算的量化的内容分析结论才能够被接受。

描述媒介内容，不仅是理论研究里不可缺少的部分，也是日常生活中常见的现象。在日常生活里，我们经常会评价“某部电影人物形象丰满、故事情节生动，是一部好电影”。这样的说法暗示，我们已经对媒介内容进行了自己的分析，得出一个结论。有时候，我们把这种个人对媒介内容的总结称为“文本分析”，但是，这样的分析流于表面化，没有太多的论证和解释，缺乏说服力。这也正是美国的大众传播研究很少进行文本分析的原因之一，这个词在日常生活里的内涵过于宽泛，失掉了学术研究应有的深度和清晰。

文本分析的理论资源来自阐释学和人文主义。早在文艺复兴时期，欧洲学者就已经开始进行文学批评，后来逐渐发展到电影批评领域，其研究目的在于发现文学作品和电影的价值，使得其他人也能够欣赏和理解文学作品和电影的内容。目前，在大学体制内，文学院和电影学院被视为人文学科，它们所依赖的研究方法主要还是文本分析。施拉姆所创立的传播学是一门社会科学，因此，可以理解，起初传播学对于来自人文学科的研究方法抱有犹豫和怀疑的态度。

其实，文学作品和电影都可以被看成是一种大众媒介，也属于传播学的研究对象，但是，直到20世纪60年代结构主义思潮兴起，质化的文本分析法才进入大众传播研究的视野。法国学者罗兰·巴尔特最早使用结构主义符号学方法分析大众文化，他称自己的研究为“神话（myth）分析”，即使用符号学方法来揭示大众媒体所塑造的“神话”。

20世纪70年代，欧美女性运动蓬勃展开，女性主义者们运用精神分析理论和符号学方法研究媒介内容，批判媒介内容贬低女性、不重视女性、歪曲女性形象，《银幕》（*Screen*）杂志曾经刊登了大量从女性主义角度出发的电影研究文章。与此同时，其他批判学派也使用马克思主义理论分析新闻文本所潜藏的意识形态要素，比如马特拉夫妇从政治经济学角度解读米老鼠卡通形象背后如何包藏着帝国主义的侵略野心，吉特林运用霸权理论和框架分析研究美国媒体如何使得反越战学生运动被纳入政府的框架之中等。进入20世纪80年代，文本分析法的研究对象从电视新闻、照片、期刊等扩展到了流行文化领域，流行音乐、畅销书、肥皂剧、综艺节目、脱口秀、真人秀等大众文化的各种形式，都是文本分析的研究对象。

第八章第一节提到的内容分析法的三个研究领域，文本分析法也都适用。但是，也许由于跟文学批评的关系太过紧密，文本分析法经常用于解释媒介内容和推断传播者意图，跟传播效果和受众研究的直接联系相对而言比较少。

第二节　文本分析法的特点

文本分析法是研究媒体内容的多种方法的总称，它包含多个理论流派和思想资源，并无统一的操作程序。一般来说，它是研究者用来描述和解释媒介讯息的一种研究方法，侧重于描述文本的内容、结构和功能，解释深层的潜在意义，一般很少使用数字和统计手段来呈现研究结果。用文本分析法研究媒介内容，也经常被称为“解读”媒介内容。

一、文本分析法的特点

作为跟内容分析法并列的两种主要的研究媒介内容的方法，文本分析法的优势和缺陷都正好跟内容分析法形成对应。两种方法各有所长，研究者应该根据具体情况来斟酌使用何种方法（见表 11—1、表 11—2）。文本分析法采用个案研究，样本量少，代表性低，不能从个案推断总体，也不能统计特定意义在某个时期内所出现的频率和变化趋势，跟能够处理大样本的内容分析法相比较，其研究结果的外在效度（推广性）不高，而外在效度相对较高正是内容分析法的优势之一。如果研究者只能获得很少的研究样本或者研究对象的总体规模较小，比如研究张艺谋电影、金庸武侠小说、黄霑音乐作品等，那么文本分析法可能比内容分析法更加合适。

文本分析法强调对媒介内容的深入理解，它的优势在于获得深入的隐含的意义，而内容分析法可以采用概率抽样和统计手段，只能获得表面的外在的意义。因此，如果研究目的在于理解和解释媒介内容，而不在于推断这种现象是否在另一个时空条件下也会出现，即重视内在效度而非外在效度，那么文本分析法也更加合适，比如研究张艺谋电影里的“中国”形象、金庸小说的情爱观、从黄霑作品看香港流行乐坛的变迁等。

表 11—1　　**内容分析法与文本分析法的比较**

	内容分析法	文本分析法
样本规模	大	小，大多是个案研究
抽样手段	非概率抽样和概率抽样均可	非概率抽样
资料分析手段	数理统计	解读
研究目的	从样本推断总体	理解媒介内容
研究对象	媒介内容的表面意义	媒介内容的潜在（深层）意义
内在效度	低至中等	中等至高
外在效度	中等至高	低

表 11—2　　各种研究方法之间的比较

	结构化	情境敏感度	打扰性	外在效度	内在效度
调查法	高	高	高	高	低
实验法	高	低	高	低	高
质化田野研究	低	高	低	低	高
内容分析	高	高	低	高	低
文本分析	低	高	低	低	高

二、文本分析里的研究者

文本分析大都是个案研究，虽然它包含多个研究传统，但共同的特点之一在于选择特定的媒介内容进行深入解读，研究结果高度依赖研究者的能力、素养、判断和解释。

一方面，研究者就是它的研究工具，这对研究者提出了很高的要求，比如文字驾驭和表达能力强、感受力领悟力强、思辨能力突出、认识深刻，等等。另一方面，研究者自身的素质和能力极大地影响了分析结果。"一千个读者心中有一千个哈姆雷特"，研究者对文本的解读跟某位受众对文本的理解一样，都是这"一千个"理解中的一种。文本意义本身是多重的、变动的，而研究者有可能忽视了某些内容，因此，文本分析法饱受任意性和主观性过强的批评。一位研究者曾经举过一个例子，在一次面向某高校大学生的公开讲座里，这位研究者以田震的《野花》[①] 为例，批评这首歌对女性的贬低和歧视。两位女大学生站起来，当场表示反驳："我们喜欢田震，也喜欢这首歌，不觉得这是歧视。"研究者试图说服她们，未果，两位学生离场，表示抗议和不满。这一事件体现出，不同受众对同一首流行歌曲的看法不一样，两位学生并未接受研究者的看法。研究者不能解释的是，如果一位男歌手唱《野花》这首歌曲，那么还会体现出对女性的歧视吗？研究者的分析是否完全建立在歌手生理性别的基础上呢？

当采用文本分析来研究媒介内容时，研究者如果不重视受众意见，而以自己的解读取代甚至"压制"受众的看法，那么会招致"歧视受众"、"视受众（audience）为（被动的被启蒙的）大众（mass）"、"忽视了受众的力量"等批评。在文学界和艺术界，这种批评在某种程度上没有受到重视，因为只有"高雅"文学作品和艺术作品才值得分析，只有受到良好教育训练的文化精英才能够欣赏它们，而且源自人文学科的文学和艺术批评在研究传统上不重视受众。然而，伴随着流行文化的兴起，大众媒介研究者已经越来越不能忽视受众解读跟自己解读之间的差异，更不能用"精英—大众"这种简单的二元划分来区分自己跟普通受众，否则，学术研究成为小圈子里的自说自话，跟现实生活不发生联系，这不是社会科学的研究传统。所以，研究者需要反思自己的角色，放下身段，将自己摆到跟普通受众平等的地位来进行自己的解读。在这种情况下，面对受众解读对自己的挑战，研究者的回击相当无力。为了赢得受众发自内心的认可，文本分析法的研究者只能够强调解读的深入、清晰和发人深省，自己对现实情况的把握准确，以及自己的解读与现实社会背景之间的联系紧密，却不能从根本上赋予自己的解读以更优越的地位。

---

① 《野花》部分歌词如下（作词：徐天、乐树）：山上的野花为谁开又为谁败 / 静静地等待是否能有人采摘 / 我就像那花一样在等他到来 / 拍拍我的肩我就会听你的安排 / 摇摇摆摆的花呀 / 她也需要你的抚慰 / 别让她在等待中老去枯萎 / 我想问问他知道吗我的心怀 / 不要让我在不安中试探徘徊 / 我要为你改变多少才能让你留下来 / 我在希望中焦急等待你就没有看出来 / 不要让我在不安中试探徘徊 / 如果这欲望她真的存在你就别再等待 / 因为那团火在我心中烧得我实在难耐 / 让我渴望的坚强的你呀经常出现在夜里 / 我无法抗拒我无法将你挥去。

三、文本分析的基本概念

（一）文本

“文本”的英文“text”一词来源于拉丁文里的“textum”，这个词同时包含两层含义：一是编织而成的衣服或纺织品；二是说话和写作。[①] 这两个含义彼此之间有联系，说话和写作这一过程就是把单词当成素材，通过单词的结合（编织）而表达意思（制作成品）。

一般地，我们可以从三个层面上来区分“文本”这一概念。[②] 首先，传统的文学批评将文本视为被写出来的语言（written language），比如一首诗、一篇小说、一本书里的一个章节等。其次，更宽泛的定义认为，文本是被写出来的或者被说出来的语言，比如，一段对话里的单词（或者它们的文字形式）构成了一个文本。最后，在文化研究里，文本不一定是语言性的，任何文化现实（artefact），如一张图片、一所建筑物、一段音乐，都可以被当成文本。这种观点认为，既然人类对自然世界和社会世界的理解都需要通过语言来表示，那么，文本就不再是一个装满了要传递给他人意义的容器，而是一个表意系统（a system of signification），其中包含着在特定文化背景下生产出来的意义。

这三层概念的外延依次增大，凡不做特殊说明，本章将使用第三个层面的文本概念，也就是说，媒介文本指的是大众媒介的产品，包括语言、图形、声音以及其他形式，以集合而非原子式个体的形式来表示特定意义。

（二）再现（represent or representation，也译成表征或表象）

在英文里，作为动词的“再现”（represent）的本意是“再次呈现（某个事物）”，作为名词的“再现”（representation）指“再次呈现出来的事物”。在汉语里，“再现”一词既是动词也是名词。“再现”一词起源于文学研究领域。生活是文学作品的源泉，一切文学作品再现的都是对现实的模仿和复制。这个概念经常跟符号（sign）和意义（meaning）联系在一起。在媒介研究里，它指的是把各种符号组合在一起，提供可供理解的意义的一个过程（作为动词的再现），也指这一过程的结果（作为名词的再现）。媒介再现的对象无所不包，可以是个别人物和社会群体，可以是家庭、组织和国家，可以是情感和观念（如喜爱和仇恨），可以是客观事物和现象（如灾害和自然世界），还可以是抽象概念（如阶级、性别和集体主义）。

霍尔将再现定义为“表意实践”（signifying practice），它不仅传递既有的意义，也建构新的意义，从这个角度来说，再现具有意识形态性。[③] 媒介的主要活动就是进行再现，为受众提供关于新闻事件的意义的解释。在冲突性议题的新闻报道中，我们总能看到对立双方对新闻事件的解释不一样，但是媒介会屈从于主流意识形态的压力而进行再现。媒介再现是一个选择、排除、转述、呈现的过程，它再现的内容跟“客观现实”之间存在着差距。因此，在后现代主义理论看来，没有一种媒介再现能够完全呈现“客观真实”，也没有一种媒介再现会比其他的

---

① See Larsen, Peter, “Mediated Fiction,” Jensen, Kalus Bruhn (ed.), *A Handbook of Media and Communication Research*: *Qualitative and Quantitative Methodologies*, London: Routledge, 2002, pp. 117 - 136.

② See Fairclough, Norman, *Critical Discourse Analysis*: *The Critical Study of Language*, *London*: Longman, 1995, pp. 4 - 5.

③ See Hall, Stuart (ed.), *Representation*: *Cultural Representations and Signifying Practices*, London: Sage, 1997.

再现更加逼近“客观真实”，媒介再现只能够展示权力关系如何在媒介里被组织起来和呈现出来。霍尔“表意实践”的说法提醒我们，媒介再现不能被当成静止的、“客观的”对象来研究，它是涉及社会和文化因素的一种实践，要放在媒介所处的历史的、文化的、社会的背景之中来考察。

（三）刻板印象（stereotype）

“stereotype”一词原指印刷行业里所使用的铅版，在《舆论学》（1922）一书里，李普曼首次将这个词引入媒介研究领域，认为刻板印象是“我们脑海里的画面”，决定了我们对社会现象的认识，而大众媒介（在李普曼那个时期，主要是报刊）的功能就在于形成和维护一个社会的刻板印象。在李普曼那里，刻板印象是人们对另一群体成员的简单化、固定化看法，而且伴随着道德评价和喜恶情绪，但是，这种看法和评价也许跟真实情况不完全相符。他本人认为刻板印象具备积极和消极功能，是一个中性词。

认知心理学将刻板印象看成是个人进行信息加工时所采用的一套观念系统和认知结构且关注刻板印象如何产生。从积极的方面来说，社会生活非常复杂，瞬息万变，刻板印象有助于人们快速认识世界和形成判断，从而简化自己的生活。比如我们头脑里对德国人的刻板印象是“严谨”，当我们碰到一个德国人时，就会迅速地反应“这是个严谨的人”，进而采取相应行为与之交往。从消极的方面来说，简化意味着取舍，忽视了多样性。刻板印象是不全面的认识，如果既有的刻板印象过于稳定和根深蒂固，那么反而会阻碍对新事物的接受。比如男权社会对女性的刻板印象是“温柔、内向、柔弱、富于牺牲精神”，如果有女性反抗这些特征，就会被认为“激进”，很难获得社会大众的普遍理解和支持。

在大量的媒介研究里，刻板印象是贬义词，成了偏见或歧视的代言，有时也被译成“刻板成见”。1977 年，英国、联邦德国、匈牙利和加拿大四国学者进行青少年对电视里的外国人形象的比较研究。① 他们发现，四国青少年对外国人的印象充满了刻板印象，比如加拿大儿童认为美国气候温暖、墨西哥人很懒惰、中国人爱好打仗，电视媒体是塑造这些刻板印象的主要渠道。

第三节　符号学

20 世纪初，索绪尔（Ferdinand de Saussure，1857—1913）在瑞士、皮尔士（Charles Saunders Peirce，1839—1914）在美国，分别创立了现代符号学。20 世纪 60 年代，伴随结构主义思潮的兴起和盛行，许多杰出的思想家和哲学家开始关注符号。直至 20 世纪 70 年代，符号学成为最流行的文本分析方法。符号学的理论传统跟结构主义密不可分。作为一种研究方法，它的起落也同步于结构主义的盛衰，虽然结构主义思潮已经被后现代主义思潮挑战和超越，但是，对于理解媒介文本的意义，符号学研究方法仍然有它的独特之处。

一、符号、符号学和大众传播研究

符号就是代表某种事物或思想的记号或标志。它具有三个要素：符号的形式、被符号所指涉的对象，以及人们提供的对符号意义的解释。大众传播的过程不可避免地要涉及符号，印刷

---

① 参见卜卫：《媒介与性别》，22～23 页，南京，江苏人民出版社，2001。

媒体中的文字与图画，电子媒体中的人物语言、动作、表情和画面，网络媒体中的电子报纸、在线聊天，从根本上说，都是一种符号。因此，有人认为大众传播就是“有关符号的选择、制造和传送的过程，目的在于帮助接受者理解传播者心中相似的意义”①。费斯克也把大众传播研究分成两大派别：一派认为传播是信息的传递，影响了他人的心理活动和社会行为，是为过程学派；另一派将符号置于研究中心，关注符号如何与人们互动并产生意义，是为符号学派。②

符号学是研究符号的学科。各种形式的符号都是它的研究对象，如文字、图像、交通信号、花朵、音乐、医疗符号等。在英文里，“semiology”和“semiotics”都表示符号学，意思相同，唯一的差别在于，前者由语言学家索绪尔创造，后者由哲学家皮尔士首先使用。皮尔士将符号区分为三种：肖像（icon）、指标（index）和象征（symbol）（见表 11—3）。跟肖像和指标相比，符号学研究更加关注象征符号，这种符号携带了更多的历史和社会含义，人们需要学习才能够理解它的意义。

表 11—3　　皮尔士划分的三种符号

	肖像	指标	象征
表达方法	相似	因果关系	传统和惯例
举例	照片	烟与火	十字架
过程	能够看到	能够想象	必须学习

资料来源：Berger，Arthur Asa，*Media and Communication Research Methods*：*An Introduction to Qualitative and Quantitative Approaches*，London：Sage，2000，p. 39.

二、基本概念

在《普通语言学教程》（1915）里，索绪尔提出了许多经典命题和概念，分析了符号意义所产生的机制。他认为，符号自身没有任何意义，其意义取决于它与整体符号结构的关系。

（一）符号＝能指＋所指

索绪尔认为，符号由两部分组成：一个是物理层面可以感受到的声音和图像，即能指（signifier）；另一个是这种声音和图像带来的心理层面所感受到的概念，即所指（signified）。就像一张纸的正反面一样，能指和所指密不可分，构成了符号。③

我们可以用足球比赛来说明能指和所指之间的关系。首先，它们之间的关系是任意的，假设对阵的某一方的某位队员临时生病缺席比赛，那么球队可以从候补队员里挑一个人来补上缺席队员的位置，这种替补不会影响球赛的进行。这就好比各种语言之间的差异，如“树”这个物体，汉语用“树”这个汉字来表示，而英文用“tree”这个符号来表示。

其次，能指和所指之间的关系由约定俗成的习惯来决定，个人需要经过学习才能了解这种关系。在足球比赛里，何种动作犯规要受罚、哪个位置上的队员的职责是什么，都遵循一套事先确定的规则，不管替补队员是谁，都要遵循这套规则。就好比在汉语里，“树”的发音是

---

① 转引自张锦华：《批判传播研究与符意学分析》，见《传播研究新视角·第 1 号》，台北，风云论坛出版社，1993。

② 参见约翰·费斯克：《传播符号学理论》，台北，远流出版事业股份有限公司，1995。

③ 参见［瑞士］费尔迪南·德·索绪尔：《普通语言学教程》，北京，商务印书馆，1980。

“shu（四声）”，我们不可能用“tree”这个发音来表示“树”（所指）。

最后，能指和所指之间的关系是历史地、文化地、社会地构成的，因此可以变化。足球比赛的规则不断演变，30 年前，背后铲球是常见现象，而今天，背后铲球是违规动作。很多情况下，古代汉语里的“木”就是现代汉语里的“树”的意思，可见，在不同的时空条件下，能指和所指之间的关系可以改变。

因此，分析媒介文本里的符号，目的不在于描述符号本身，而在于发现每个符号的能指和所指之间的关系。表 11—4 列举了几种常见的摄像机镜头的符号学分析。

表 11—4　　电视媒体里摄像机镜头的符号学分析

能指	定义	所指
仰拍	摄像机从下往上拍	权力、威严
俯拍	摄像机从上往下拍	渺小、微弱
溶入（移）	摄像机镜头移近	注意、集中
淡入（拉）	影像逐渐出现在屏幕上	开始
淡出（推）	影像逐渐从屏幕上消失	结束
切换	从一个画面跳到另一个画面	即时、兴奋
消失	影像突然从屏幕上消失	强行中止

资料来源：Arthur Asa Berger：《媒介分析方法》，37 页，台北，远流出版事业股份有限公司，1994。

（二）直轴组合和横轴组合

索绪尔认为，不同的符号可以通过直轴和横轴两种方式组合起来。直轴组合就是从一组有着相似性的符号之间进行选择，横轴组合是将若干符号按照某种规则组织起来。以一个人穿衣服为例，他可以在皮外套、毛外套、棉外套之间选择一件，这种组合方式就是直轴组合；他要把帽子、外套、内衣、裤子、袜子、鞋子等物件组合在一起，才能完成穿衣服这一动作，这种组合方式就是横轴组合。

当我们看到一种符号组合的时候，我们只能够看到横轴组合，却看不到直轴组合，也就是说，我们能够看到一个人从头到脚穿了哪些衣服，却不知道他从哪些外套里选择了现在穿的那件外套，我们需要调动自己的联想，才能发现这个人选择外套的种类。直轴组合是藏而不露的，分析文本的直轴组合，就是从中找出隐藏的对立模式，也就是二元对立模式，包括使用了哪些符号，没有使用哪些符号。

俄罗斯学者卜罗普（Prop，1928）曾经研究俄罗斯民间传说，发现每个民间传说里至多包括 33 个情节单元，这 33 个情节单元组织在一起，构成了一个故事，这种组合方式就是横轴组合（见表 11—5）。

表 11—5　　卜罗普总结的俄罗斯民间传说的情节单元

α	起初情况——介绍家庭成员或英雄
β	失踪——家里有人消失
γ	禁令——英雄被禁
δ	违规——英雄破坏禁令
ε	侦察——坏人展开侦察活动
η	传递——坏人得知受害者的情况
ζ	诡计——坏人欺骗受害者

续前表

θ	共谋——受害者不知情，帮助坏人陷害自己
A	恶行——坏人伤害家人
a	匮乏——家里缺少某物或需要某物
B	调解——不幸降临，英雄被赋予任务
C	抵抗行动——搜寻者（seeker）同意采取抵抗的行动
↑	出发——英雄离家
D	贵人的第一个情节——英雄被试探，得到他人的帮助
E	英雄的反应——对未来贵人的行动做出反应
F	接受有魔法的人的帮助——英雄向有魔法的人求助
G	空间转移——经过指点，英雄找到需要的某物
H	战斗——英雄与坏人作战
J	标记——英雄被标记
I	胜利——坏人被打败
K	净化——起初的不幸或匮乏已经清除
↓	归来——英雄踏上归程
Pr	追击——英雄被追逐
Rs	解救——英雄从追逐中脱险
O	悄然返家——英雄回家或到达另一个国家，未被认出来
L	无理取闹——假英雄无理取闹
M	难题——英雄面临难题
N	解决——英雄解决难题
Q	认可——英雄的地位被认可
Ex	揭发——揭穿假英雄和坏人的真面目
T	新貌——英雄英姿焕发
U	惩罚——坏人受罚
W	结婚——英雄结婚，登上王位

资料来源：Berger，Arthur Asa，*Media and Communication Research Methods：An Introduction to Qualitative and Quantitative Approaches*，pp. 46 - 47.

（三）隐喻和转喻

符号的隐含义经常通过隐喻和转喻两种手法表现。隐喻（metaphor）是利用两个符号之间的相似性，以一个类比另一个的手段，比如“姑娘美得好像花一样”就是用“花”这个符号来代表“美丽的姑娘”。媒介研究里最常见的运用隐喻的领域是广告界，如舒肤佳香皂隐喻了卫生除菌。

转喻（metonymy）是以联想为基础在两个符号之间建立关系的一种手段，比如以路易威登来代表富人、地摊货代表穷人。转喻通常以部分代表全体，比如以五星红旗代表中国、白宫代表美国政府。

三、明示义、隐含义和神话分析

法国学者罗兰·巴尔特将索绪尔的符号概念放入文化之中来考察，认为符号有两个层面的意义，即明示义（denotation，又译成外显意义）和隐含义（connotation，又译成潜在意义）。前者是符号外在的明显意义，后者是符号在其所依托的社会文化背景之中的引申意义。比如麦当劳的明示义是一家快餐连锁店，它的隐含义是美国价值观（强调速度、清洁、一致、简单）；玫瑰花的明示义是某种植物，它的隐含义是罗曼蒂克和爱情。符号的明示义是容易理解的、看似价值中立和客观的，而它的隐含义是潜在的、带有价值判断、沉浸在特定的文化意义之中的，因此，符号学分析的目的就是找出使得某种文化意义显得自然化的隐含义。

巴尔特称明示义和隐含义是表意顺序（orders of signification）的第一层面，神话（myth）是第二层面。神话的原意是关于古代人类生活的、被神化的故事，巴尔特为这个词赋予了新意，认为神话由一组相关的概念构成，这些概念组合的意义未曾言明，特定文化的成员用它来理解某个现象。[①] 巴尔特主张，“神话学……是 40 年前索绪尔以符号学为名所主张的广大符号科学中的一部分”[②]，他开创了使用神话分析研究当代资本主义社会里的大众文化之先河。

神话的运作是无意识的、自然化的，“给予历史意图一种自然化、正当化的任务，并且使偶然性显得不朽”[③]。神话将自己社会和文化层面的意图隐藏起来，神话分析正是要揭示这种被隐藏的意义。巴尔特的神话概念带有意识形态色彩，他所进行的神话分析其实就是揭露了当代大众文化所隐藏的资本主义意识形态。更进一步，费斯克和哈特利区分了“意识形态”和“神话”这两个概念，认为比起意识形态，神话是更外显的意义，他们因此建议将明示义视为表意顺序的第一层面，隐含义和神话是第二层面，而意识形态是第三层面。他们总结的表意（signification）过程如图 11—1 所示。

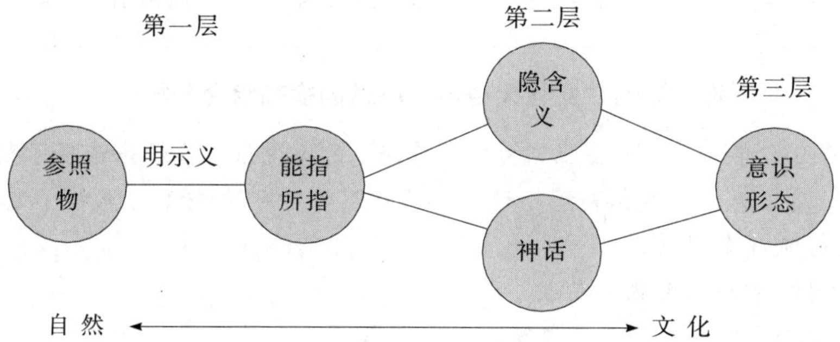

图 11—1 表意过程

资料来源：O'Sullivan，Tim，Hartley，John，Saunders，Danny，Montgomery，Martin，& Fiske，John，*Key Concepts in Communication and Cultural Studies*，2nd ed.，p. 288。

我们以某食用油广告为例来简单说明这三个层面的符号意义：

---

① See O'Sullivan，Tim，Hartley，John，Saunders，Danny，Montgomery，Martin，& Fiske，John，*Key Concepts in Communication and Cultural Studies*，2nd ed.，London：Routledge，1994，pp. 192 - 193.

② ［法］罗兰·巴尔特：《神话——大众文化诠释》，169 页，上海，上海人民出版社，1999。

③ 同上书，202 页。

参照物：食用油、厨房、女性、家庭用具。

明示义：（画面）一位女性在厨房里做饭，很快乐。

（旁白）某某食用油，有益于老公健康。

隐含义/神话：女性的活动领域应该在家庭而不是社会；女性所获得的成就来自满足了男性的需要、获得了男性的肯定。

意识形态：男性主导的社会现实；父权制。

四、符号学方法的分析步骤

进行符号学分析时，研究者可以遵循如下步骤：

第一，文本里都出现了哪些符号？尽可能多地列举它们。

（1）每个符号的能指和所指是什么？

（2）哪些符号是重要符号？哪些符号多次反复出现？

（3）这些重要符号体现了哪些隐含义/神话和意识形态？

第二，文本里的符号如何组合在一起？

（1）重要符号隐含了哪些二元对立模式？即重要符号没有被说出来的那些对立面是什么？（直轴组合）

（2）这些缺席的对立面有哪些社会的、历史的、文化的含义？

（3）各种符号以什么样的顺序被组合在一起？当考察多个文本时，这些组合顺序是否存在着相对固定的模式（或情节结构）？（横轴组合）

第三，文本里的符号采用了哪些手法而被联系在一起？

（1）重要符号是否采用了隐喻手法？这些隐喻手法揭示了什么样的隐含义？

（2）重要符号是否采用了转喻手法？这些转喻手法揭示了什么样的隐含义？

许子东对“文化大革命”小说的横轴组合分析①

从1978—1996年间发表的关于“文化大革命”的小说里，许子东选择了获奖较多或影响力较大的50篇短篇、中篇和长篇小说，参照普洛普的研究框架，总结了它们共同的29个情节单元，分成4个部分。

I. 初始情景：灾难之起因与前兆

（1）灾难之前，女主人公善良美貌，生活幸福。

（2）灾难之前，女主人公的感情生活不无缺憾。

（3）男主人公在灾难之前有某种缺点或缺陷。

（4）男主人公在灾难之前被认为犯有过失。

（5）男主人公在灾难之前犯错而不自知。

II. 情景急转：灾难降临的不同方式

（6）主人公注意到“旁人奇怪的目光”。

① 参见许子东：《为了忘却的集体记忆：解读50篇文革小说》，北京，三联书店，2000。

(7) 主人公在大字报上看到自己的名字。
(8) 主人公为好友所背叛。
(9) 主人公参加某种会议。
(10) 女主人公和领导的关系受到怀疑。
(11) 主人公被抄家。
(12) 主人公获得某种罪名，受到某种惩罚。
(13) 主人公为家人儿女所背叛。
(14) 主人公下乡、劳改。
(15) 主人公受伤。
(16) 主人公自杀。
III. 情景急转以后的意外发现：难中获救
(17) 男主人公忍受身体苦难，为民间女子所救。
(18) 男主人公忍受精神苦难，为知识女性所救。
(19) 女主人公在灾难中为知识男性所救，获得爱情。
(20) 男主人公在灾难中获智慧长者指引。
(21) 主人公在灾难中获亲人救援。
(22) 主人公在灾难中获上级救援。
(23) 主人公在灾难结束前病故或死于意外。
IV. 结局：灾难之后的反思与忏悔
(24) 灾难之后，女主人公原先的情感缺憾得到弥补，生活更加幸福。
(25) 灾难之后，女主人公的敌人受到惩罚（有人对灾难负责）。
(26) 灾难之后，男主人公获更高官职，地位上升。
(27) 灾难之后，男主人公重游故地，感谢苦难。
(28) 灾难之后，男主人公反思灾难中的是非恩怨，找不到具体的敌人。
(29) 灾难之后，主人公反省自己在“文化大革命”中的错误，但拒绝忏悔。

以上29个情节单元不一定共存于一部“文化大革命”小说之中。根据这29个情节单元，许子东概括出了“文化大革命”小说的4种叙事模式。

第一，契合大众审美趣味与宣泄需求的“灾难故事”。

第二，体现“知识分子—干部”忧国情怀的“历史反省”。

第三，先锋派文学对“文化大革命”的“荒诞叙述”。

第四，“红卫兵—知青”视角的“‘文化大革命’记忆”。

第四节　精神分析

精神分析（psychoanalysis）由奥地利精神病学家西格蒙德·弗洛伊德于19世纪末20世纪初创立，它是一种理论，一种研究方法，也是一种心理治疗技术，重要学者还包括荣格和拉康等人。在《传播学史》一书中，罗杰斯认为，弗洛伊德是19世纪三个最伟大的社会理论家之一（另两位是马克思和达尔文）。精神分析直接影响了传播学奠基人拉斯韦尔、霍夫兰和法兰克福学派。

一、弗洛伊德和荣格的精神分析理论

（一）潜意识（unconscious）

弗洛伊德不是第一个提出潜意识概念的人，但他却使得潜意识成为精神分析理论最基础的概念之一。弗洛伊德将人的心灵分成三个部分：意识、前意识（preconscious）和潜意识。人的心灵活动就像漂浮在水里的冰山一样，露出水面的部分就是意识；而水面下的大部分看不到，但它的确存在，就是潜意识；介于海平面上下部分随着波浪起伏而时隐时现的是前意识，它不在意识之中，但是能够经过自己集中注意力或他人提醒而进入意识。

潜意识被压抑，它能够影响和控制意识，研究大众媒介的精神分析学者认为，媒介产品不仅仅传递信息，它也是生产者和接收者在潜意识层面的交流，它体现了生产者头脑里的潜意识，同时又被接收者头脑里的潜意识所理解。研究媒介文本的意义，就需要了解它的隐藏的、内在的意义（潜意识），而不是了解它的明显外在的意义（意识）。要了解文本体现了哪些潜意识，只能通过文本分析，而不能通过数量计算和统计手段。因此，运用精神分析理论研究媒介文本，都是解释性的质化研究，不可能出现量化研究。

在弗洛伊德看来，在潜意识里被压抑的人的各种本能中，最重要的就是性冲动（libido，音译为“力比多”），它不仅仅限于肉体性欲，而指获得各种感官满足的本能。在儿童成长时期，由于性冲动，男孩对母亲产生依恋和爱慕（即俄狄浦斯情结[①]）；女孩对男孩的阳具产生崇拜之情[②]，从而爱上自己的父亲。如果男孩女孩不能控制自己的性冲动，那么就会出现精神障碍症状，控制性冲动也是在潜意识层面运作的。比如张楚在《姐姐》这首歌里唱道：“我的爹他总在喝酒是个混球 / 在死之前他不会再伤心不再动拳头 / 他坐在楼梯上也已经苍老 / 已不是对手……/ 姐姐我看见你眼里的泪水 / 你想忘掉那侮辱你的男人到底是谁 / 他们告诉我女人很温柔很爱流泪 / 说这很美 / 噢姐姐 / 我想回家 / 牵着我的手 / 我有些困了 / 噢姐姐 / 带我回家 / 牵着我的手 / 你不要害怕。”这首歌被认为体现了俄狄浦斯情结，只不过歌手的爱慕对象换成了姐姐，但是“弑父”情结依然未变。

（二）本我（id）、自我（ego）和超我（superego）

弗洛伊德将人格结构分成三个部分：本我、自我和超我。本我是原始的自己，以快乐为原则行事，包含生存所需要的欲望和冲动。超我是遵守道德规范的“我”，它按照道德规范和价值观念来约束、监督和惩罚本我。用形象的话来说，本我说“我想要做什么事情”，超我说“你不能这样做”，二者经常“打架”，自我于是来劝架。自我是社会现实里所体现出的“我”，它在本我和超我之间调和，满足“本我”的要求（使自己快乐），同时遵守“超我”所要求的规范（使自己没有负罪感）。如果自我调节不当，本我和超我中的任何一方占了上风，那么个人便会表现出各种精神障碍。从这个角度来讲，自我是内心欲望和社会文明之间协调的产物。

（三）集体无意识（nonconscious）和原型（archetype）

荣格不同意弗洛伊德关于潜意识是毫无理性的性冲动本能的观点，他将人格结构分成三个

---

① 俄狄浦斯（Oedipus）是古希腊神话故事里的人物，在不知情的情况下，弑父娶母，后双目失明被放逐。俄狄浦斯情结（恋母情结）是弗洛伊德最著名的命题之一，也是最受批评的命题之一。

② 阳具崇拜观点受到女性主义者的批评，这一观点假设男性由于具有阳具而比女性优越，是对女性赤裸裸的歧视。

部分：意识、个人无意识和集体无意识。作为人格的最外层，意识就是我们所能够察觉到的思维、情绪和记忆等。个人无意识相当于弗洛伊德所说的前意识，包括被自我遗忘的记忆、不被自我承认的经验和个人无法意识到的其他心理活动，荣格把弗洛伊德所说的恋母情结放入这一层。集体无意识是荣格最独特的概念之一，它是通过遗传而塑造的心灵经验，反映了人类在进化过程中的集体经验，从个人出生那天开始，集体无意识的内容已经存在于我们的头脑之中，跟个人无意识不同，集体无意识不能够通过后天学习而获得，它是我们生来就具备的心灵特征。

跟集体无意识概念相联系的，是荣格的另一个概念——原型。梦、神话传说和文学作品总是充满了一些普遍主题，这些普遍主题是集体无意识的内容，荣格称之为原型。原型具有概括力，每个原型的细节也许不同，但它的核心意义基本相同。比如，无论哪个民族的神话传说故事里都包含英雄和魔鬼这些原型，英雄帮助普通人解决问题，而魔鬼给普通人带来痛苦。在日常生活里，个人也许意识不到原型的存在，但是他们能够学习英雄解决问题的手段、处理魔鬼带来的麻烦，这就是原型从集体无意识进入意识层面的过程。

荣格后半生投入了大量精力研究原型，他认为，文艺作品的创作并不完全受作者个人自觉意识控制，也受到作者个人所携带的集体无意识的影响，因此文艺作品不是幻想，它的叙事结构和人物形象反映了积淀于特定社会和文化之中的原型。1934 年，博德金首先把荣格的原型概念运用到诗歌研究之中，发表《诗歌中的原型模式》，从此，原型概念对文学批评和艺术研究开始产生巨大影响。接受了荣格理论的精神分析评论家认为，文艺作品的魅力是表现原型，而文艺研究的目的就是揭示原型。

在精神分析理论看来，文艺作品的读者在潜意识（或集体无意识）层面理解文艺作品的意义，而不仅仅是在意识层面获得理解。因此，在媒介研究领域，精神分析理论的贡献在于帮助我们了解媒介文本的深层意义。这种深层意义，在弗洛伊德看来，就是体现了非理性的潜意识的幻想，而在荣格看来，就是体现了集体无意识的原型。将二人的观点简单结合在一起，可以说，媒介内容就是白日梦，它也许是幻想的，也许是理性的，无论如何，受众（和研究者、批评家）都在意识层面的背后试图理解媒介内容，而这些深层意义不同于日常生活里的体验和意识。

二、拉康的精神分析理论和媒介研究

如果说，荣格的原型理论启发了文学批评学者，那么拉康的镜像理论则直接影响了第二次世界大战后的电影批评。拉康提出，婴儿在 6 至 18 个月这段时间内，经历了一个镜像阶段，之后才进入弗洛伊德所说的俄狄浦斯阶段。刚开始，婴儿认为镜子里的是他人，后来才认识到镜子里的就是自己。在这个阶段，婴儿首次充分认识到自我，而在此之前，婴儿还没有确立“自我”意识。从镜像阶段开始，婴儿就确立了“自我”与“他人”之间的对立，换句话说，婴儿只有通过镜子认识到了“他人是谁”，才能够意识到“自己是谁”。“他人”的目光也是婴儿认识“自我”的一面镜子，“他人”不断地向“自我”发出约束信号。比如母亲鼓励婴儿确认镜子里的影像就是自己，于是，在“他人”的目光之中，婴儿将镜像内化为“自我”。

镜像理论有两点特别引起了电影研究的重视。第一，眼睛成为婴儿获得自我意识的来源，通过眼睛，儿童能够看到镜子里的影像和“他人”注视自己的目光，因此，通过“看”这个动作，我们（成年人和儿童）才能获得自我意识和身份认同。第二，镜子里的影像始终只是一个影像而已，不是儿童自身，当“他人”的目光充当了镜子以后，儿童所获得的，也只是他人对自己的期望和看法而已，因此，“自我”的确立，是一个获得“误解”的过程。①

1970年，让-路易·博德里首次将电影银幕比喻成一面“镜子”，观众通过这面镜子（即通过观看电影的情节和人物活动）而获得自我意识。这个比喻看上去不那么准确，电影银幕就是粗糙的普通白布，我们走到面前，一个人影也照不出来，还不如光滑的电视机屏幕，能够大致反射出晃动的人影。其实，拉康的镜像阶段从婴儿照镜子出发，将一切混淆了现实与想象的情境都称为镜像体验。在观看电影的过程中，观众既看到了电影里的人物和情节（影像），又要调动和联系自己的实际经验（现实）来理解这些内容，影像与现实、在场与缺席交织，观众从中获得对于自我的认识。

从弗洛伊德到拉康，都在谈论一个主题，即“主体”（subject）如何形成。在电影研究领域，这个主题就是：观影主体如何形成？女性主义者提出，电影致力于塑造一个“男性主体”，而压抑了女性的经验和自我意识，女性要么被塑造成色情化的、被男性主体观看的对象，要么内化了男性主体的要求而不自知。以“梦幻工厂”好莱坞电影为对象，劳拉·穆尔维在《视觉快感和叙事性电影》② 一文中认为，电影以无意识的方式构成了观众观看时的视觉快感。电影包括三个层面上的凝视（gaze）：

（1）摄影机记录电影故事，行为主体是男性导演。

（2）观众观看电影，行为主体是男性观众。

（3）银幕里，电影人物之间相互的凝视，行为主体是男性演员。

叙事性电影否定了前两种，使它们都从属于第三种，这样一来，作为镜像的电影就获得了现实感和真实感。无论哪种凝视方式，其主体都是男性。

更进一步，穆尔维提出，观众观看电影所获得的快感结构包括两个方面。第一个方面是主动的观看癖，通过眼睛获得弗洛伊德所说的性冲动本能，从而享受快感，对男性主体来说，观看本身就是快感的源泉，而被压抑的女性则只能享受被观看的快感，也就是“主动／男性／观看者”和“被动／女性／被观看者”；第二个方面是自我对所看到的银幕形象产生认同，通过分享银幕形象的经验而获得满足，好莱坞电影只提供男性观众认同男性电影人物所获得的快感，而压抑了女性观众认同女性电影人物所获得的快感。

穆尔维精辟地分析了在好莱坞电影中，为什么（包括女性在内的）观众别无选择，只能够认同男性主体的活动和观点。由于现有的观影快感都是男性主体的经验，没有女性的位置，因此，她说，“快感的毁灭是一种激进的武器”，建议女性从观影过程中享受主动的观看快感和（相对被动的）认同快感，超越现有的快感结构，从而消解女性在男权社会里的被压抑状态。这篇文章影响深远，后来许多学者在穆尔维的基础上，分析和解构电影的叙事、镜头、剪辑等编码手段如何体现了男权意识形态，以否定和拒绝来破坏电影所提供的男性主体和男性快感。解构的文字又成为一个新文本，给观众提供另一种快感，女性主义电影批评往往文字深刻尖锐、入木三分、发人深省，充满战斗力。但是，女性主义电影批评也面临着挑战，批评者认为它先有结果再论证，研究结果单一，而且只关注媒介内容，往往忽视了媒介生产机制和受众（比如穆尔维过于绝对地假设了单一的女性观影经验，不经过解构，女性就无法获得“真正的”快感，而且她无法解释同性恋或双性恋人群观影时的快感体验），而这些都是未来的研究应该发展的。

---

① 参见［美］查尔斯·F·阿尔特曼：《精神分析与电影：想象的表述》，见李恒基、杨远婴主编：《外国电影理论文选》，463～481页，上海，上海文艺出版社，1995。

② 参见上书，562～576页。

精神分析理论所受的主要批评在于它不可被证伪，它属于超经验范畴的理论，因而经验层面的分析无法验证该理论正确或错误。有研究者就指出，除了俄狄浦斯的故事，弗洛伊德生前也提到了古希腊神话里厄勒克特拉（Electra）的故事，但是未及展开。阿伽门农被妻子及其情人谋害致死，他的女儿厄勒克特拉鼓动自己的兄弟欧瑞斯提兹（Orestes）即阿伽门农的儿子杀死了他们的母亲及其情人。这个故事里，厄勒克特拉有着明显的恋父情结，但是欧瑞斯提兹却弑母替父报仇，并不吻合弗洛伊德关于俄狄浦斯情结的论述。而且，所有文化都视俄狄浦斯情结为乱伦，严格禁止，那么，精神分析的观点，到底是对是错，又该怎么判断呢？

总体而言，精神分析理论是解释性的理论，以个案研究为主，这使得媒介研究里的精神分析通常采用质化文本分析方法。精神分析主要应用于文学批评、电影研究、电视研究、广告研究等领域，很少分析平面媒体的内容，这主要是因为，比起单纯用文字再现的媒介内容，多种渠道（画面、声音、文字等）再现的媒介内容会提供更多的资料供精神分析揭示其深层意义。

戴锦华对美国电影《沉默的羔羊》的分析①

美国影片《沉默的羔羊》获1992年奥斯卡最佳影片、最佳导演、最佳改编剧本、最佳男女主角5项大奖。该片讲述了女警官克拉丽斯·斯塔林为了追捕连环杀手“野牛比尔”，向已经入狱的变态杀手、精神分析专家林克特·汉尼拔寻求指点，并在汉尼拔的指点下，成功击毙“野牛比尔”。

表面看来，影片突破了好莱坞电影的模式化情节，塑造了女英雄克拉丽斯·斯塔林的形象，她不是温柔多情的女子，不是女巫和恶魔，更不是被侮辱被损害的女子，她独立而坚强。但是，戴锦华对这部电影的分析表明，这部影片维护了男权意识形态，斯塔林依然是一个弱势女性。

片名《沉默的羔羊》来自斯塔林童年时期的一段经历。斯塔林童年丧失双亲，在被送往孤儿院的那天早上，她抱走农场里待宰的一只羔羊，绝望地狂奔，试图帮羔羊逃离被屠宰的命运，但是她和羔羊很快就被捉到了，她被送进了孤儿院，羔羊被送进了屠宰场。这一创伤情境在斯塔林的潜意识中，遮蔽了一个更为惨痛的创伤时刻，那便是父亲的死，待宰的羔羊正是她自己的形象。当她介入“野牛比尔”案件中，那些被杀手残害的无辜少女成了待宰的羔羊，童年记忆被唤起，只有抓住杀手，斯塔林才能永远地治愈自己的心灵创伤。汉尼拔医生对于斯塔林的重要性，在于他对斯塔林进行精神分析，将斯塔林行为的潜意识动机彰显为意识，将她引向杀手的巢穴，也就是治愈自己心灵创伤的道路。

因此，《沉默的羔羊》把一个女警官捉拿杀手的故事呈现为一个心灵遭受创伤的女性获得治愈的故事。在精神分析话语中，童年丧父的女孩无法通过女性的俄狄浦斯阶段，因而无法在心理上健康地长大成人。斯塔林寻凶的过程被呈现为寻父的过程，电影为斯塔林设置了三个父亲的形象。第一个是她的生父（曾是一名警官），生父在影片里仅仅出现两次，每次都是斯塔林在办案时感到恐惧和迷惘的时刻。这说明，尽管父亲早已离去，但是斯塔林仍会本能地呼吁父亲的庇护与依托，这将她再现为一个心理年龄上尚未长大成人的小姑娘。第二个是汉尼拔医生，他共与斯塔林会面四次，每一次会面也是对斯塔林进行精神分析的过程，

① 参见戴锦华：《镜与世俗神话——影片精读18例》，239～260页，北京，中国人民大学出版社，2004。

通过诱导斯塔林的感情，汉尼拔医生将斯塔林对父亲的依恋与情感转移到自己身上，使得两人建立一种类父女关系。他不再是具有现实威胁的罪犯，而是拯救者，帮助女儿治愈心灵创伤。第三位是斯塔林的上司克劳弗警官，他使斯塔林得以参与这个案件，从而能够开始治愈自己的心灵创伤，他像一个父亲那样鼓励和肯定斯塔林的成功，是威严和权威的化身。这样一来，斯塔林依然遵循了好莱坞电影的传统意义：她是父亲的女儿，男权意识形态的印证者，在父亲们的庇护和指点下行动。

影片里的重要场景基本上都将斯塔林呈现为下降动作：她总是在走下一级级楼梯，却从未呈现她拾级而上。场面调度里的下降动作，将斯塔林引向某种洞穴式的空间：狭小、幽暗、封闭、危险。随着斯塔林步步揭开连环杀手的面纱，她也一步步接近被意识遮蔽的心灵“黑洞”——潜意识里的创伤情境。与下降动作和洞穴空间相匹配的，是每一次斯塔林隔着栏杆造访被关押的汉尼拔时，摄像机的机位大部分选择在汉尼拔一侧，画面上的斯塔林总是在栏杆的后面，如笼中困兽一般，她也被呈现为被监禁者：一个黑暗记忆和创伤情境的心灵被囚者。

杀手“野牛比尔”是一个同性恋者，正在施行变性手术，他残害年轻女性、剥去她们的皮肤，是为了满足自己潜意识里对女性身体的欲望，他在受害者的口中和脑子里放上蝶蛹，寄托自己羽化变蝶的渴望。在影片末尾，他基本完成了变性手术，脱去丑陋的外壳，成为美丽的蝴蝶。此时，他已不再是男人，而是一个被阉割了的男人，一个准女人。因此，斯塔林成功地杀死了“野牛比尔”，救出最后一名受害者，也只是战胜了一个女人而已。

凭借着男权意识形态和精神分析话语，《沉默的羔羊》讲述了一个看似有新意的故事，然而，故事里的女人依然不会危及男权意识形态，相反，当“病态”的女人重新变得“正常”，她将成为巩固男权意识形态大厦的一块砖头。

第五节　框架分析

一、框架和框架分析

“框架”原本是一个很平常的英文单词，1974 年，社会学家戈夫曼出版《框架分析》一书，使得“框架”作为一个理论概念而进入社会科学领域。戈夫曼将框架定义为人们用来认识和解释社会生活经验的一种认知结构，它“能够使它的使用者定位、感知、确定和标签那些看似无穷多的具体事实（occurrences）”①。在他看来，框架并非有意被制作出来的，而是无意识地贯穿于个人的社会经验之中，换言之，框架是个体认识世界的一种方式。

身为象征互动论的学者，戈夫曼提出框架概念，其目的在于说明个人如何依据一套规则来管理自己的社会生活经验。社会事件混乱无序，个人总是寻求确定性，将混乱变得有序，将复杂变得简单，而个人能力和认识都极其有限，我们总是依靠过去经验形成的那套主观认知框架来组织自己的社会生活，调整行动，赋予行为意义，因此，框架是个人将社会生活经验转变为

---

① Goffman，Erving，*Framing Analysis*：*An Essay on the Organization of Experience*，New York：Harper & Row，1974，p. 21.

主观认知的重要依据。在认知心理学看来，框架就是个人用来处理外部世界信息的模板（template)。在这个意义上，戈夫曼的“框架”概念近似于认知心理学常用的“解释图式”（schemata of interpretation）或“脚本”（script）概念。

戈夫曼提出，框架源自过去的经验，同时其形成又受到社会和文化的影响，日常生活中，总是有着多种框架在相互竞争，争取成为对社会经验的最高最合理的解释，框架并非是静止的，而是处于永不停止的变动之中。这个观点包含着建构论（constructivism）的立场。吉特林发展了戈夫曼的概念，提出了更明确的定义：框架就是“关于存在着什么、发生了什么和有什么意义这些问题上进行选择、强调和表现时所使用的准则”。同戈夫曼相比，吉特林的定义更加明确了个人在形成框架的过程中的活动和作用。跟戈夫曼不同的是，吉特林并不认为框架是难以被测量的抽象之物。①

潘和科斯克总结了框架分析的两个研究角度：社会学和心理学角度。② 造成这一现象的原因在于，戈夫曼《框架分析》一书同时包含这两种研究角度。“框架”概念的特色之一，在于戈夫曼在结构和能动性这一对矛盾关系之间维持了动态的张力。一方面，个体体验的事件和经历同已有的框架发生关联，从而被理解，这些已有的框架是固定的、隐含的，研究者可以通过测量构成框架的具体认知要素来认识它，心理学取向的框架分析采用量化的实验法和调查法。另一方面，作为积极的能动者，个体给自己的体验赋予意义，框架又是个人行为的结果，社会学取向的研究大多视框架为影响个体诠释事件意义的一套观念系统。也就是说，心理学研究角度认为框架是“心灵的内在结构”，而社会学研究角度认为框架是“建构话语所使用的策略”。

今天，框架概念主要在三个社会科学领域内被使用：管理和组织研究、社会运动研究，以及大众媒体研究。2002 年，长期从事组织研究的心理学家丹尼尔·卡尼曼（Daniel Kahneman）获得诺贝尔经济学奖，他的贡献在于研究在不确定状态下人们如何根据自己的认知框架来做出经济决策。在社会运动研究领域内，研究者将框架视为一种文化现象，关注社会运动里的象征符号及其含义，发展出资源动员理论（resources mobilization theory）。组织研究偏重于框架概念的心理学含义，社会运动研究偏重于社会学含义，在媒体研究领域内，这两个含义都有所体现，框架概念通常在两个意义上被使用，“一个是存在于头脑之中、处理信息的新闻框架，另一个是作为新闻文本特征的新闻框架”③。

二、框架分析和传播内容研究

1993 年，埃特曼总结传播学视野之下的框架是一个“分散的概念”，框架研究是一个“破碎的范式”。④ 邵弗勒将框架研究分成相关联的四个领域。⑤

---

① See Gitlin, Todd, *The Whole World Is Watching: Mass Media in the Making and (Un) making of the New Left*, Berkeley: University of California Press, 1980, p. 6.

② See Pan, Zhongdang and Kosicki, Gerald M., "Framing Analysis: An Approach to News Discourse," *Political Communication Research*, 1993, 10.

③ Entman, Robert M., "Framing US Coverage of International News: Contrasts in Narratives of the KAL and Iran Air Incidents." *Journal of Communication*, 1991, 41 (4).

④ See Entman, Robert M., "Framing: Towards Clarification of A Fractured Paradigm," *Journal of Communication*, 1993, 41 (4).

⑤ See Scheufele, Dietram A., "Framing as A Theory of Media Effects," *Journal of Communication*, 1999, 49 (1).

第一，框架建立（frame building），即在各种社会压力之下，媒体框架如何被建构。

第二，框架设置（frame setting），即媒体框架如何影响了受众框架。

第三，个人层面的框选效果（individual-level effects of framing），即受众框架如何影响了受众的态度和行为。

第四，将记者视为受众中的一员（journalist as audience），他们的态度和行为又怎样影响了建立框架时所使用的策略。

简单说来，当前传播学视野之下的框架分析（或框架研究）早已超出了戈夫曼最初讨论的范围，至少有三个研究领域都涉及了框架分析，即：

第一，从新闻生产的角度来看媒体的内容框架如何被设置。

第二，从内容研究的角度来看大众媒体的内容框架是什么，即媒体框架。

第三，从效果研究的角度来看受众如何接收和处理媒介信息，即受众框架。

前两个领域偏向框架概念的社会学含义，而第三个领域则使用了它的心理学含义（此时，往往使用框架一词的动名词形式“framing”，可以译成“框选”），本节仅仅介绍20世纪70年代以后，传播内容研究领域里经常用到的框架分析方法。

实际上，戈夫曼本人并没有过多关注过新闻框架的问题，也不关心媒体框架跟社会权力机构之间的关系。但是他提出的框架概念启发媒体研究者，不仅可以通过访谈和观察来了解媒体框架的建构过程，也可以通过内容研究来分析媒体框架的结构以及媒体框架的传播效果。可以说，新闻文本位于框架分析的中心位置，连接了新闻生产和消费两个阶段，联系了新闻生产者和消费者两个群体，是我们理解媒体框架时不可绕过的一个重要环节。

（一）媒体框架及其策略

在传播内容研究领域，框架分析被发展成为一种研究方法，用来分析新闻文本。框架是新闻报道的“中心思想，为新闻事件赋予意义”①，媒体框架以前后一致的方式来对新闻事件做出选择、强调和排除，使得对事件的某些理解在文本里更加突出，并且成为记者和受众感知到的社会真实。比如对某个社会问题的特定定义，对某个新闻事件的因果解释，对某些人物和事件做出道德评价，以及对某些新闻议题的解决态度等。社会事实是多方面的、多因素的，如果媒体框架仅仅强调其中的某些方面而忽略其他方面，那么就会妨碍人们对社会事实的全面思考，容易形成刻板印象或偏见。

由于媒体框架隐含于新闻文本之中，因此需要通过细致的文本解读来分析框架的建构策略和构成要素。媒体如何建构新闻框架？研究者们对此的解释是，选择和重组是最重要的建构策略。加姆森等人认为，“媒体框架”这一概念包含两部分内容。② 首先，框架意味着“边界”(boundary)，即对社会事件的意义范围的限制，媒体框架好像探照灯射出的光束一样，落在光束之外的现象就是被排斥的意义和解释，它们不会进入新闻报道，也不会引起公众的注意，只有落在光束之内的意义，才有可能被公众理解。因此，各种社会群体都力图使符合自己利益的意义和解释进入媒体框架之中。其次，框架还是人们解释社会现象时使用的一套内在结构(frame as a latent structure)，即人们的解释总是有着内在联系，并且与其他社会意义相联系，

---

① Gamson, William A. and Modigliani, A., “The Changing Culture of Affirmative Action,” R. D. Braungart (ed.), *Research in Political Sociology*, Vol. 3, 1987, pp. 137 - 177.

② See Gamson, William A., Croteau, David, Hoynes, William, & Sasson, Theodore, “Media Images and the Social Construction of Reality,” *Annual Review of Sociology*, 1992, 18.

框架意味着一种解释世界的角度。

作为边界的框架使用了选择策略，而作为内在结构的框架则使用了重组策略。选择策略包括强调和排除两个相互联系的方面，由于媒体版面或播出时间有限，强调某一方面的内容必然会导致忽视或排除其他内容，在冲突性议题上，这一策略体现得更为明显。以媒体对伊拉克战争的报道为例，英美主流媒体选择有关萨达姆的残暴统治和伊拉克人民的痛苦生活的事件，排除了关于美军在伊拉克当地的恶行和全球反战运动的事件，从而塑造了"正义之战"这一框架；而我国媒体则强调后一方面，塑造"非正义之战"这一新闻框架。重组（restructuring）策略指的是重新排列新闻素材的报道顺序以及赋予它新的含义，比如什么样的主题放在头版上，什么样的信息放进标题里，用什么样的词来描述和相容新闻人物等。[①] 以美国主流媒体对1995年在北京召开的第四次世界妇女大会的报道为例，媒体报道往往以大会的举办地——北京和中国——开头，接着谈一下北京最近出现了什么变化以及这些变化对中美两国近来冷淡的外交关系有何影响，然后找一些大会上出现的人物和事件来印证对中美关系的判断，最后才会对大会活动做一些实质性的报道。这样一来，对妇女大会的报道被放进"中美关系"这个框架里，相比中美关系，大会本身的成就和与会者的看法是不重要的，这个框架说明了美国媒体对中国一贯坚持的意识形态偏见。

（二）媒体框架的宏观、中观和微观层面

无论是选择策略还是重组策略，媒体都是通过对象征符号和表意元素的使用来建构新闻框架，这些象征符号和表意元素就是框架的构成要素（framing devices）。它可以是隐喻、举例、标语、叙述、视觉图像等象征符号[②]，也可以是句法结构、情节结构、主题结构和修辞结构[③]。臧国仁从三个层面上区分了框架的内在结构。[④]

第一，媒体框架在宏观结构层面上主要回答"这是什么"，即有关新闻主题的问题。

第二，中级结构层面包括主要新闻事件的内容、整个新闻事件的进程、新闻事件的结果和影响、对新闻事件的评价和态度等。

第三，在微观结构层面上，研究者关注的是新闻报道的语言和修辞，包括用什么字眼来描述人物、用什么语气来叙述事件的过程。

在吉特林的研究里，当媒体将学生运动定义为"一次极端分子组织的社会运动"时（宏观层面），就会选择"为了方便进行抗议活动，学生主张在校内建立警戒区"、"学生运动参与者喊出了马克思主义的口号"、"学生打出了越南共产党的党旗"这些事件来强化学生运动的极端主义形象（中观层面），将学生描绘成为一群"危险的"、"缺少理智的"、"无头脑的"、"狂热的"人，他们的活动也相应地被报道成为"缺乏有效组织的"、"惹麻烦的"、"不爱国的"和"主张暴力的"（微观层面）。[⑤]

媒体框架的宏观、中观和微观三个层面相互关联，选择和重组策略在每个层面上都有运

① 参见臧国仁：《新闻媒体与消息来源——媒介框架与真实建构之论述》，台北，三民书局，1999。

② See Gamson，William A. and Modigliani，A.，"Media Discourse and Public Opinion on the Nuclear Power：A Constructionist Approach，" *American Journal of Sociology*，1989，95.

③ See Pan，Zhongdang and Kosicki，Gerald M.，"Framing Analysis：An Approach to News Discourse，" *Political Communication Research*，1993，10.

④ 参见臧国仁：《新闻媒体与消息来源——媒介框架与真实建构之论述》，6～18页。

⑤ See Gitlin，Todd，*The Whole World Is Watching：Mass Media in the Making and（Un）making of the New Left*，p. 6.

作，可以预料，有什么样的宏观层面，就有什么样的中观和微观层面。其中，最关键的是框架的宏观层面，因为这一层面以最简单的方式“包装”了新闻事件，受众总是乐意得到简单的、总结式的媒体报道，而不愿意花费过多时间来反思媒体报道字里行间的隐含意义。记忆简化的媒体框架的宏观内容，比记忆丰富的新闻事件过程和众多新闻人物无疑要容易得多。所以研究者发现，经过一段时间后，让受众回忆某个新闻事件，他们更容易回忆出新闻的主题，而不是细节。也就是说，重要的不是媒体报道的内容，而是“媒体如何报道新闻议题”以及“媒体如何建构框架”。因此，分析媒体框架，就是要从新闻文本里抽离它的象征符号和表意元素，理解新闻事件的过程和场景、新闻人物的活动和角色，以及新闻产生的时空背景，同时概括出相对抽象的新闻主题。

（三）框架分析一定是质化研究方法吗

戈夫曼出身芝加哥学派，这一派学者以质化方法见长，自从框架概念进入媒体研究领域内，最早采用框架分析的学者也都坚持将它作为一种质化文本分析方法。比如，加姆森等人通过新闻文本使用的隐喻和视觉图像来分析框架时，不必要也不可能计算每种类别出现的次数和频率。但是，近年来，也有学者采用量化的内容分析法研究媒体框架，如欧洲电视台对欧元议题的报道、新闻期刊对女性运动的报道等。

目前，我国学术界关于框架分析最容易混淆的地方，就是它跟内容分析法的区别，即可否运用量化方法来研究媒体框架。英文世界的学者们对此有分歧，但也有一致看法。

邵弗勒《作为媒介效果理论的框选》一文在英文世界里的被引用率近 2 000 次，他认为框架指的是以两种不同的表达方式表述完全相同的文本信息，比如美国堕胎政策讨论里“主张选择”和“反对生命”两种表述方式其实说的是一回事，再如总统试图加强枪支管制时会使用“枪支控制”和“枪支安全”两种本质相同、表述不同的措辞等等。在邵弗勒那里，框架分析被看成是进一步进行效果研究的必要研究材料，研究的重点依然是媒介效果研究，只不过出于寻找自变量的需要，研究者不得不先确定媒体框架是什么。邵弗勒并没有明确反对用内容分析方法寻找媒体框架，但是他定义之下的媒体框架并不容易寻找，也不适合用内容分析这种量化方法来寻找。

埃特曼和加姆森等人的框架分析关注媒体报道新闻事件时强调某方面的信息（message）而忽视其他信息。如媒体报道政治人物时，是强调他的人格维度（善良和智慧），还是强调他的政治能力和经验，抑或是强调他的政党立场？这些学者与邵弗勒的区别在于，他们的研究对象其实是多条文本信息。由于文本信息的内容不同，很容易推导出这些不同的内容（即媒体框架）会产生不同的传播效果。

无论以上学者们的分歧是什么，关于作为一种内容研究手段的框架分析，他们也有共同看法。首先，英文世界的学者们在选择框架分析的题目时，往往倾向于选择那些蕴含冲突性或对抗性的研究主题，如社会运动、政治对抗、不同社会群体之间的对立等等，他们的研究时间也往往由新闻事件的发生时间而定，一般很少选择“四平八稳”的研究主题（如新世纪以来媒体里女性形象的框架是什么、今年媒体里“90 后”形象的框架是什么等等），而后一类研究主题在中文世界里非常常见。其次，研究者最后要用简洁的语言总结出一个或多个媒体框架，即研究者应该回答“媒体框架是什么”这个问题。总结意味着信息的缺失、遗漏和忽略，而内容分析法并不需要归纳式地得出一个简洁的结论。既然框架分析和内容分析这两个概念的起源和内涵不同，那么学者要试图用量化的内容分析来研究媒体框架，就需要回应一个质疑：这样做，框架分析与内容分析的区别是什么？如果没有区别，那么就当成内容分析好了，为什么还要冠一个新头衔？这是思维的懒惰还是投机？

在所有文本分析方法里，框架分析的样本量最大，比如研究《人民日报》有关艾滋病的报道，从 1985 年第一篇报道算起，30 年间已经有上百篇了，面对这样大的样本量，其他文本分析法都难以驾驭，框架分析最合适。此时，研究者需要考虑文本的语言措辞、修辞手法、情节安排，需要计算关键词出现的频率和每个框架包含的文章的数量、每一篇文章具体归属于哪一个框架等等。当样本规模达到四位数的时候，单个研究者很难有效地完成这些工作，因此框架分析的样本量往往不能达到内容分析那样大的规模。

中文研究者混淆框架分析与内容分析的另一个原因，可能跟中文语义的模糊性相关。跟英文相比，中文词汇量少，情感表达含蓄，经常需要深入文本才能正确理解其含义，因此，擅长分析文本表面意义的内容分析法，在分析中文文本时，经常有力不从心之感。“中国队大胜美国队”和“中国队大败美国队”是同一个意思，然而内容分析法怎么区分它们呢？当研究者寻求框架分析法的帮助时，需要从框架分析的基本概念出发，不能想当然地任意使用这种方法。

（四）如何进行框架分析

在进行框架分析时，研究者首先要确定样本文章，数量不能太多（上千篇以上），也不宜太少（个位数）。然后确定样本文章里反复出现的比喻、举例、标语口号、叙述、描写等，分析它们的主题、语言和修辞手段、新闻事件的过程等。最后用简洁的语言总结媒体框架。为了表述清晰，研究者可以用表格形式来总结自己主要的研究结果。李希光等人在《妖魔化中国的背后》中就使用了框架分析来研究美国主流媒体对中国的报道，总结出“妖魔化”这个框架。

陈阳关于《人民日报》上雷锋形象的框架分析①

陈阳以“雷锋”为关键词搜索 1948—2005 年《人民日报》图文数据库，发现共有 1 141篇（新闻和非新闻）文章的标题里提到了“雷锋”这个名字。她从中选择了报道量最多的 8 年（即 1990 年、1993 年、1977 年、1991 年、2003 年、1963 年、1981 年、1992 年），由于 1990—1993 年这四年是雷锋报道的高峰，而且这四年时间接近，报道角度出现大幅度变化的可能性并不大，因此从样本里去掉相隔的 1991 年和 1992 年，最终入样的 6 个年份里，标题里出现“雷锋”词语的文章共 529 篇，体裁包括消息、通讯、社论和评论等等，这些文章成为进行框架分析的样本文章。

采用加姆森等人发展出的框架分析方法，研究者总结了 5 个意识形态包裹：毛主席的好战士、被“四人帮”压制的先进人物、社会主义精神文明建设的先锋、忠于党忠于社会主义的模范、社会主义物质文明的建设者。它们跟不同时期思想政治工作的目标相呼应，在长达 40 年的时间里，交织着构成《人民日报》所建构的雷锋形象（见表 11—6）。

---

① 参见陈阳：《青年典型人物的建构与嬗变：人民日报塑造的雷锋形象（1963—2003）》，载《国际新闻界》，2008（3）。

表 11—6　《人民日报》标题里出现“雷锋”词语的文章的框架分析结果（1963—2003）

意识形态包裹	毛主席的好战士	被“四人帮”压制的先进人物	社会主义精神文明建设的先锋	忠于党忠于社会主义的模范	社会主义物质文明的建设者
结构框架	永远忠于毛主席的无产阶级革命战士	狠批“四人帮”反党集团破坏学雷锋活动的罪行	学雷锋做好事，树立文明礼貌新风	对党忠诚和政治合格的革命事业接班人，反对资产阶级自由化	围绕经济建设，使雷锋精神渗透在平凡的工作和劳动实践中
隐喻	对待个人主义要像秋风扫落叶一样，对待敌人要像严冬一样	把“四人帮”的污泥浊水扫除干净，乌云遮不住太阳	保持青春的自然美，雷锋精神如绵绵春雨、和煦春风重返中华大地	资产阶级自由化严重地毒化了社会主义中国的空气	像一颗螺丝钉，紧紧拧在工作岗位上
警句	爱憎分明的阶级立场，坚定的无产阶级立场	抓住阶级斗争这个纲领、深揭狠批“四人帮”	走到哪里就把好事做到哪里	听党的话，党叫干啥就干啥	立足本职岗位学雷锋，使学雷锋活动学出效益
口号	共产主义事业接班人	光辉题词抹不掉，雷锋精神永发光	全心全意为人民服务	共产主义人生观和世界观	岗位学雷锋，行业树新风
描述	活学活用毛泽东思想，毛泽东思想是雷锋的英雄行为和高贵品德的无尽源泉	高举毛主席的伟大旗帜，一切听华主席指挥，积极投入对“四人帮”的斗争，将无产阶级革命事业进行到底	加强思想政治工作，树新风讲文明，促进党风社会风气的根本好转	像雷锋那样发扬爱国主义精神，树立集体主义思想，坚定社会主义信念，从防止“和平演变”、确保国家与社会稳定的高度，加深对学雷锋意义的认识	把学雷锋活动与做好本职工作结合起来，与社会主义市场经济建设结合起来，加强职业道德建设
诉求对象	青少年、解放军、农民、工人	解放军、农民、工人、青年、少年儿童	学生、青年、工农商各条战线、解放军	解放军官兵、青年学生	产业工人、科研人员
报道时间和数量	1963（63 篇），1977（6 篇）	1977（75 篇）	1977（3 篇），1981（58 篇），1990（107 篇），1993（67 篇），2003（34 篇）	1981（1 篇），1990（56 篇），1993（12 篇），2003（27 篇）	1993（19 篇），2003（4 篇）

第六节　话语分析

话语分析（discourse analysis）可以追溯到 2 000 多年前的修辞学，无论是古希腊的亚里士多德，还是中国的鬼谷子，都重视语言修辞在日常交往中的作用。但是，直到 20 世纪 60 年代中期以后，作为一个交叉学科，话语分析才发展起来，跟其他学科——如语言学、诗学、符号学、语用学、社会学等——保持着密切联系。

一、话语概念

“话语”（discourse，也译成“论述”）一词来自拉丁文 discurrere，本意是“来回往复地跑”，它的名词形式是 discursus，意思是“当快要沉浸于某事物的时候，转身跑掉”，也就是“天马行空的讨论”。中古时期的拉丁文里，discursus 也有“轨道”和“交通”的意思。托马斯·阿奎那是第一个在哲学里使用这个词的学者，在他眼中，这个词表示跟简单直觉相对应的、通过概念和对概念的思考来进行的“推理”。康德也曾经说过，人的思想基本上是推理性的（discursive）。[①] 自从 20 世纪 70 年代以来，话语和话语分析成为社会科学里最经常使用的重要概念之一，造成这一现象的原因跟福柯有关。福柯在《关于语言的话语和知识的系谱学》（1972）一书里提出，话语既是知识，也是一种实践，是受到特定规则制约的一种活动。

目前，“话语”的概念相当复杂，在媒介研究领域内，最初它被看成是跟书写的文本相对应的、被说出来的语言，后来有人认为它是说出来和写出来的语言，有人认为它是作者与文本之间、读者与文本之间所发生的互动等。在最基本的意义上，话语就是说话、对话和讨论。自福柯之后，各种关于话语的定义都强调：第一，话语是处于特定情境之中的一个文本，能够从经验上被描述出来；第二，话语是一种实践和一种活动，话语生产和消费过程里存在着某些固定规则，这些固定规则体现了社会关系和结构，即话语具有物质性；第三，话语能够传播信息，使得不同主体之间能够交流。简而言之，被使用的（说出来的和写出来的）语言（language in use in speech and writing）就是话语，对语言及其存在情境的考察就是话语分析的目标。话语分析既是理论，也是方法，它往往与“权力”发生联系，其研究立场是批判性的。

二、范戴克的话语分析

荷兰学者范戴克（Teun A. van Dijk）是一位语言学教授，从 20 世纪 80 年代起，他运用话语理论研究新闻媒体报道，成就斐然。范戴克认为，在社会交往过程中，有权有势的人控制和把持了话语，他们能够确定话语的主题、文体和表达方式，因此，话语体现了社会权力结构。新闻报道是特定社会情境（context）下的产物，是日常生活里最常见的、公开的话语，影响力大，流行性强，关注新闻话语，其目的在于不仅描述新闻文本的内容结构，也要揭示新闻话语与社会情境和社会结构之间的联系。

范戴克的话语分析带有很强的社会语言学和心理学色彩。[②] 他建议对新闻话语的分析不要关注新闻文本的音位和词形，而应该更多关注它的句法和语义，前者指哪些词汇以怎样的组合方式构成了句子，后者指词汇和句子的意义是什么。在语法层面之外，话语分析还要进行语用学分析，即在特定情境中我们使用语言时所进行的社会行为，如承诺、祝贺、谴责等，这些言语行为揭示了特定语境的文化和政治规则。这样一来，话语分析分成了三个层面：第一，分析单个句子的句法学，研究对象是词汇和句型；第二，分析句子意义的语义学，研究对象可以包

---

① See Titscher，Stefan Meyer，Michael，Wodak，Ruth，& Vetter，Eva，*Methods of Text and Discourse Analysis*，London：Sage，2000，p. 25.

② 范戴克的著作被译成中文的有两本，人名译法不同：［荷］冯·戴伊克：《话语 心理 社会》，北京，中华书局，1993；［荷］托伊恩·A·梵·迪克：《作为话语的新闻》，北京，华夏出版社，2003。本节内容参考了这两本书。

括书面语言的整个段落甚至整个章节；第三，分析语言使用的言语行为，概括出话语的整体组织方式，如开始、结尾、背景、标题等。

范戴克概括出了新闻话语的图式结构，如图 11—2 所示，其中，有些新闻也许缺失了某些要素。他建议分析每一个要素的时候都需要注意它的语言风格和修辞手段，这也体现了新闻话语的立场和态度，比如是使用主动还是被动句法，是使用“恐怖分子”还是使用“激进分子”来表示本·拉登领导的“基地”组织等。

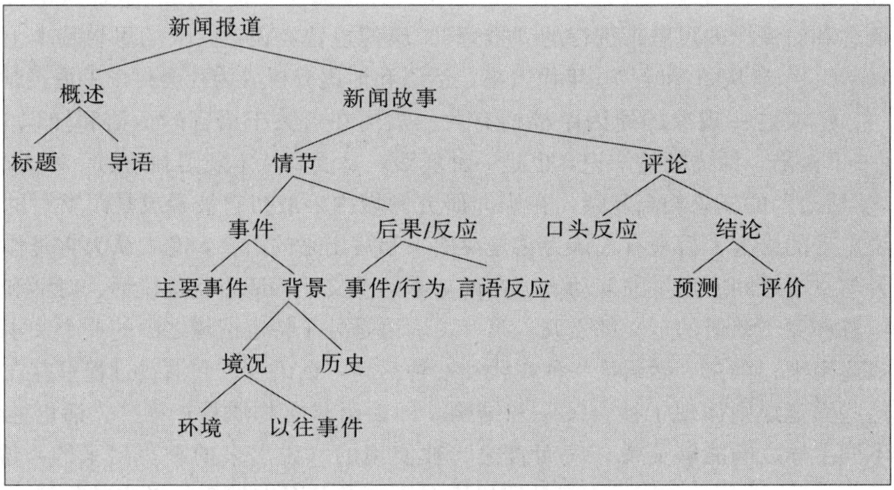

图 11—2　范戴克的新闻图式结构

资料来源：［荷］冯·戴伊克：《话语　心理　社会》，81 页，北京，中华书局，1993。

范戴克认为，要对话语进行全面研究，就必须把新闻工作者生产话语和受众接收话语的活动都包括进来。他从社会认知的角度来考虑新闻话语的生产和消费，通过比较通讯社稿件、不同版本的新闻报道和公开见报的报道，他发现，记者对新闻事件的选择、分析和解释受到一些认知因素的影响，包括记者对消息来源和通讯社稿件的认知模式、记者对新闻事件的认知模式、制作新闻的生产情境的认知模式、记者所假设的读者的认知模式等。由于这些认知因素的共同作用，在报道冲突性事件时，记者通常采用极端化的新闻话语，强调“自己人和外部人”、“我们和他们”、“正面和负面”等这些区分。因此，那些没有表达出来的意思更能体现话语所蕴涵的意识形态。

范戴克也使用量化实验法来研究受众对于新闻内容的接受和理解，发现受众能够很容易地回忆出新闻的标题、导语和主要事件，却较难回忆起新闻事件的原因、后果和细节；受众能够容易地回忆出新闻人物，而不是新闻发生的时间和地点；一段时间以后，受众也许能够回忆出新闻话语的言语行为（宏观结构），却无法回忆出它的句法（微观结构）。总体来说，受众的回忆结果并不那么令人满意，每天，媒体提供大量信息，但是只有很少一部分能够进入读者的认知模式里，更多的信息被读者渐渐遗忘，很多情况下，读者阅读报纸只是为了进行日常谈话，而不是为了更新自己的知识结构。

三、费尔克拉夫的批判性话语分析（critical discourse analysis）

如果说范戴克提倡的是“文本取向的话语分析”，那么英国语言学家费尔克拉夫（Norman Fairclough）提倡的就是“社会取向的话语分析”。他的视野更加宽阔一些，自从20世纪90年代以来，他所提倡的“批判性话语分析”将新闻话语与社会结构联系起来，重视社会权力如何在特定的社会情境中通过话语得到再现、掩盖、认可和修改。如他自己所说：“我的目的不在于研究真相（truth）的问题，而在于研究说出真相的人（truth-teller）以及作为一种行为的讲述真相的活动（truth-telling as an activity）。”[①]

（一）批判性话语分析

费尔克拉夫将话语分析分成批判性和非批判性两种。[②] 两者的不同在于，批判性话语分析不仅描绘话语实践，还要揭示权力与意识形态如何联系在一起而构成了话语，以及话语又如何建构社会关系和社会结构。他宣称自己进行的是“批判性话语分析”，批评福柯对于语言文本的忽视，吸收了葛兰西的霸权理论。

在费尔克拉夫看来，话语和霸权相互联系。一方面，霸权通过话语实践体现出来，使得主导阶级的意识形态成为自然化的、习惯化的现象，同时，作为常识的话语实践又维持了霸权。另一方面，话语本身就是霸权的运作领域，主导阶级霸权只有拥有形成话语实践的能力，才能够存在，霸权也包括了一个主导式的意义从不同的语言意义中“脱颖而出”的过程。因此，话语是权力斗争的领域，在阶级社会里，围绕着话语实践产生了控制与反控制、争夺与反争夺，而主导阶级的目的在于控制话语实践，从而实现主导式霸权。

费尔克拉夫的批判性话语分析框架包括三个部分：第一，文本，即被说出来或写出来的语言；第二，话语实践，即话语生产、传播和消费的过程；第三，社会文化实践，即制造和传递话语的社会文化环境、社会体制和社会结构。话语分析方法包括描述文本的语言学特征、阐释（生产和消费）话语过程与文本之间的关系，以及解释话语过程与社会过程之间的关系。尤其关注：文本和社会文化实践之间的关系如何通过话语实践而被建立起来；文本生产的话语实践如何影响了文本，留下表面意义和言外之意；文本解释的话语实践如何理解这些表面意义和言外之意等等。

身为语言学家，费尔克拉夫的研究对象基本上都是新闻文本，通过分析新闻文本而揭示出其中蕴涵的社会文化实践，因此他在图11—3里区分了“阐释”（interpretation）和“解释”（explanation）。阐释是详细深入地说明某些要素之间的联系，不仅理解语法和词汇，还要理解作者和接收者赋予文本的修辞目的、文本的内在一致性、文本所蕴涵的普遍观点等，而解释只能够根据既有资料来推断某些结论。无论是阐释还是解释，都依赖于对文本进行细致的描述，包括文本用了哪些字词、标点符号、隐喻、语法、连接词、暗示、非语言特征等。

语言使用同时包含着社会身份、社会关系，以及知识和观念系统。以1985年英国首相撒切尔夫人的一段电台访问为例，撒切尔夫人的讲话交替使用了“我们”和“你”这样的说法，

---

① Fairclough, Norman, *Critical Discourse Analysis: The Critical Study of* Language, London: Longman, 1995, p.19. 以下内容多参考本书。

② 参见［英］诺曼·费尔克拉夫：《话语与社会变迁》，14页，北京，华夏出版社，2003。

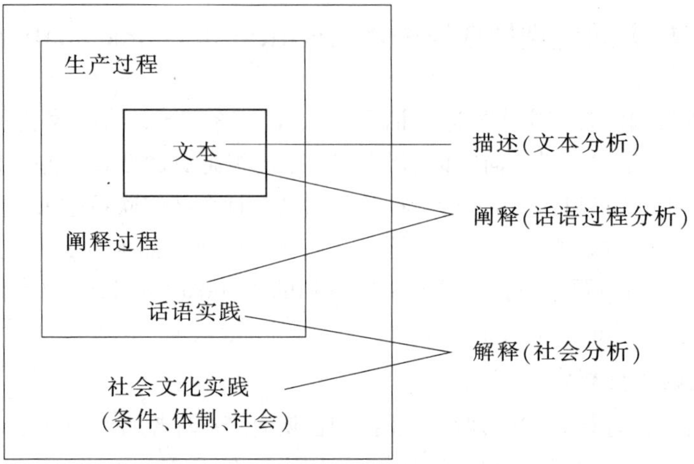

图 11—3　费尔克拉夫的话语分析维度

资料来源：Fairclough，Norman，*Critical Discourse Analysis*：*The Critical Study of Language*，1995，p. 98.

而没有使用“我”和“你们”这样的说法。“我们”有时候包括政党和人民，强调不同群体之间的团结和立场一致，有时候“我们”仅仅指保守党，强调保守党和撒切尔夫人本人的权威，更多的时候，撒切尔夫人故意模糊“我们”一词的内涵，这样就赋予了自己为人民代言这一行为的正当性和合法性。“你”和“你们”在英文里是同一个词，但是撒切尔夫人往往只使用它的单数形式，指单个的人民，使她的听众感觉更亲切，感觉自己的首相在跟自己对话，而不是跟一个抽象的群体对话，这好像是日常生活里的对话，而不是一场政治领导人对广大人民的讲话，因此听众更乐意接受撒切尔夫人的观点。这样一来，费尔克拉夫发现，撒切尔夫人的访问混合了政治话语（权威和团结）和日常生活话语（“你”和“我们大家”），她控制了话语实践，将自己建构成为一个公民信赖的政治领导人形象。①

（二）互文性

费尔克拉夫的一个特点是发展了媒介研究对于“互文性”（intertexuality）的重视。俄国学者巴赫金早在 20 世纪 20 年代就提出，所有的语言表达都指向说话者（或书写者）以前的某个语言表达，同时预期性地指向说话者（或书写者）以后的某个语言表达。这种现象被称为互文性，即一个文本包含着其他文本的片段，这些片段可以被明确地区分开来或者融合到一起，文本也可以对这些片段进行创造性转化，或者直接吸收它们，或者以讽刺矛盾的方式吸收它们。在日常生活里，互文现象到处可见。比如当一个人出门前说“今天下雨了”，那么他肯定是见过下雨这个场面，知道下雨是怎么一回事，说这句话之前，在以前“下雨”的时候，他所发生的动作就构成了之前的文本。当他说出这句话的时候，总是期待着他人或自己有所回应，即使这个人自言自语，那么他也会进行人内传播，接着去找雨具，或者更改出门的时间，这些动作又构成了之后的文本。

20 世纪 60 年代，针对当时主流观点将文本视为自足的封闭实体这一看法，法籍保加利亚裔学者茱利娅·克里斯蒂娃（Julia Kristeva）将互文性引入文学批评之中，提出“将历史插入到文本之中，将文本插入到历史之中”，把文学批评的目光从文本转移到文本之外的历史和社

① See Fairclough，Norman，*Language and Power*，London：Longman，1989，pp. 170 - 175.

会条件上去。克里斯蒂娃认为所有的文本都是对其他文本的吸收和变形，无论是作者写作文本，还是读者阅读文本，都需要参照其他文本才能够进行，她从根本上解构了文本的确定性，成为后结构主义文学批评的代表人物。

费尔克拉夫没有走到后结构主义那么“远”，而是坚持在批判的立场上理解互文性。[①] 他认为，在生产过程里，之前的文本被改变和重建，然后创造出新文本，这一过程是霸权运作和施加影响的过程，霸权使得生产出的新文本成为可以接受的文本，新文本维持和延续了霸权。因此，互文性过程就是话语范围内霸权斗争的过程，它既影响了霸权，也被霸权所影响。在费尔克拉夫看来，进行话语分析就是要研究互文性：不同的文本如何被吸收和转化？又如何被重新组织成为新文本？这个新文本服务于何种社会利益和哪个社会阶层？

费尔克拉夫区分了两种互文性：明确的（manifest）互文性和建构的（constitutive）互文性。前者近似于克里斯蒂娃“水平维度的互文性”这一概念，指其他文本片段被公开地利用到同一类型（genre）的文本之中，并且被或明或暗地标示出来，比如斯内普教授（Professor Snipe）这个人物形象出现在6部哈利·波特系列小说里；后者近似于克里斯蒂娃“垂直的互文性”这一概念，指不同类型的文本之间所扩展的互文性，如哈利·波特系列小说、系列电影和哈利·波特迷自己创作的小说形成了三个文本，而斯内普教授的形象在这三个文本里有着显著差异。费尔克拉夫更看重建构的互文性，认为在各种类型的文本之间进行转换和再创作，更能揭示出霸权和意识形态运作的痕迹。

从另一个角度来看，建构的互文性更能够体现出受众具备抵抗式和协商式解读能力。以斯内普教授的形象为例，在小说里，作者为他赋予了很多负面性格——刻薄、狠毒、自私、虚荣；然而在电影里，扮演斯内普教授的演员将他塑造成冷漠、骄傲、孤独却又不失善良的人物；在哈利·伯特迷自己创作的小说里，往往将教授当成正面人物来描写，勇敢、坚定、优雅、富于牺牲精神。由此可见，在各个文本的缝隙和断裂之处，受众解读出了新的、与作者截然不同的意义，抵抗式和协商式阅读与互文性如影随形。

（三）小结

费尔克拉夫的话语分析提示我们，可以结合其他研究方法，综合性地研究新闻话语在整个媒介生产、传播和消费过程中的转变。“认为话语是社会实践，这句话意味着，在特定话语事件和塑造它的情境、体制和社会结构之间，存在着一种辩证关系。也就是说，话语是社会地生成的（constituted），同时又受社会条件的影响——它生成了情境、知识客体、个人和群体的社会身份及其之间的联系等。它是生成性的，既是说它维持和复制社会现状，也是说它促成了社会现状的转变。”[②]

【思考题】

1. 为什么文本分析法没有首先出现在美国传播学研究里？
2. 文本分析法都有哪些特点？它与内容分析法存在着哪些差异？
3. 什么是符号？什么是文本？什么是话语？

---

① 参见［英］诺曼·费尔克拉夫：《话语与社会变迁》，78～98页。

② Wodak, Ruth, *Disorders of Discourse*, London: Longman, 1996, p. 16.

4. 找一则广告，试着对它进行符号学分析。

5. 什么是拉康的镜像理论？试着用它来分析一部电影。

6. 戈夫曼所发展的“框架”概念是什么？它包含哪些研究角度？当前哪些媒介研究领域使用到了框架分析？

第十二章

整理和分析质化研究资料

质化研究里，收集资料和分析资料往往结合在一起进行，很难把它们绝对地分开，研究者一边收集资料一边就在研究现场对它进行分析，这一点跟量化研究有所不同，量化研究里收集资料的人和分析资料的人可以是不同的研究者。而且，量化研究遵循规范化和标准化的程序，通过数理统计来呈现研究结果；但是质化研究分析资料的过程往往是主观的顿悟和直觉，在某一个瞬间，研究者领悟和理解了自己的研究对象，其中的思考过程只可意会，不可言传，这增加了准确描述质化研究资料分析过程的难度。质化研究像艺术一样，不可能被复制，也没有严格的研究程序，因此，本章只介绍一般的质化研究都会经历的大致研究阶段，而不是提供每个质化研究都遵循的机械式的模板。

第一节　质化研究资料的分析思路和特点

一、质化研究分析资料的思路

从研究思路上来看，整个质化研究资料分析是一个循环往复、各部分有机联系的互动模式，如图 12—1 所示（注意：其中有些箭头是单向的，有些是双向的）。资料分析包括了四个相互重叠的部分，其中每个部分都能够成为分析质化资料的起点，并且与其他部分相互联系。

收集到的资料是可供分析的原始资料，只有经过资料浓缩（data reduction）和展示（data display）才能够得出研究结论。在资料收集阶段，当研究者确定研究问题、研究样本、研究现场，以及收集哪些资料时，也需要考虑这些收集到的资料在下一步如何被浓缩、展示和使用，不能够出现资料跟研究问题和结论无关的情况。在一定的研究精力限制下，资料越多越好、越饱和越好。

收集到的资料往往是多类型、多领域的，既有研究者的观察日记，也有研究者的评论日记，还包括实物资料和其他背景资料。因此，整理资料、进行提炼、从中发现研究结论的线索，就显得十分基础和必要，这就是资料浓缩，这是资料分析过程中最重要的一环。在资料浓缩阶段，研究者的主要活动就是通过比较来提炼各种资料的共同主题，对这些主题进行编码，将具有相似性的资料合并和归类，并且选择最关键、最具代表性的资料，准备写入研究报告里。

资料浓缩阶段发现的资料之间的不同主题有何联系？各个资料所描述的故事之间有何联

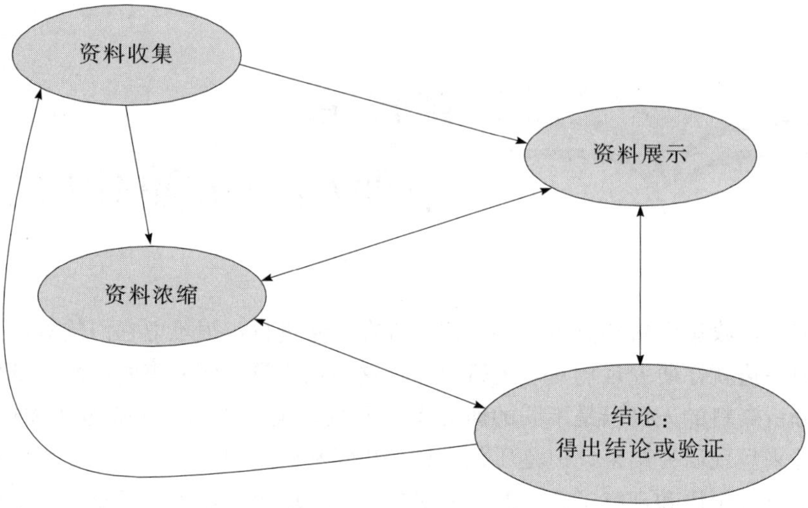

图 12—1　质化研究资料分析的互动模式

资料来源：陈向明：《质的研究方法与社会科学研究》，276 页，北京，教育科学出版社，2000。

系？各个主题又怎样连接在一起，形成共同的意义和更抽象的研究结论？资料展示正是要揭示资料之间的联系。这一阶段可以在收集资料之后立即进行，也可以在资料浓缩之后进行，或者跟资料浓缩同步进行。

在资料浓缩和展示的基础上，研究者能够得出初步的研究结论。之后，研究者要带着自己的初步结论回到收集到的原始资料，以及经过浓缩和展示的资料那里，相互观照，看自己的初步结论是否具备解释力、能否以更简洁和清晰的方式表述出自己的结论、能否提高自己结论的深度和概括性，这也是研究者深化思考的一个过程。未经提炼的原始资料是脚，研究结论是鞋子，只有鞋子适合脚的尺寸，才能够接受这样的鞋子，研究者不能干“削足适履”的事情。如果研究结论跟原始资料不吻合，那么就要重新考虑研究结论是否成立，而不能“修改”资料以使其吻合自己的研究结论。浓缩和展示的资料跟原始资料不同，它们已经经过了研究者的人为“加工”，如果初步结论（或研究者试图验证的前人的研究结论）跟它们不相符，那么研究者可以考虑是否是自己“加工”资料的过程出了问题，是否忽视了更重要的主题和联系，是否对资料进行了不恰当的抽象和提炼。当然，研究者也可以考虑自己的结论是否不合适。这就是在图 12—1 里连接结论和资料收集两个部分的是一个单向箭头，而连接资料浓缩、资料展示和结论部分的是双向箭头的原因。

二、分析质化资料过程的特点

跟量化研究相比，分析质化资料过程具备以下几个特点。

（一）整理和分析资料同步进行

从图 12—1 中就可以看出，整理和分析资料相互交叉着进行。资料浓缩和资料展示，既是整理，也是分析，并且相互联系，因此它们之间是一个双向箭头。研究者可以对浓缩的资料进行展示，也可以从展示中发现不足，再对资料进行提炼。在文学批评和电影研究里，这两个阶段基本上是一体的，研究者一边阅读文学作品和收看电影，一边对其归类和提炼，同时也在脑海里形成了对文本的分析。

（二）整理和分析资料在研究现场时就已经开始

由于研究现场的情况超出研究者控制和预料，为了应付突如其来的事件，收集更多更有用的资料，研究者需要对已经收集好的资料进行整理和分析，然后根据从中获得的解释来指导自己下一步的资料整理和分析过程，这是一个螺旋式过程。研究者在收集资料、整理资料和分析资料之间不停地来回往复，根据自己已有的资料、结论和解释来考虑下一步的活动。当研究者收集资料非常多时，比如半年田野研究产生了 40 万字的观察笔记，那么，研究者应该一边继续记录自己的观察，一边通过对观察笔记的分析产生初步结论，并带着这些结论回到研究现场。当研究者离开研究现场以后，由于资料多，可以回到自己的工作室继续整理和分析资料，此时的缺陷在于，如果研究者发现有些资料和结论不吻合，恐怕难以返回现场获得更准确的证据。因此，在研究现场收集资料的过程，也伴随着整理和分析资料的过程。

（三）整理和分析资料的研究者人数少，而且跟收集资料者是同一群（位）研究者

质化研究以研究者为工具，研究结论高度依赖研究者的素质和能力，而且质化研究强调深度而非广度，因此参与一个研究的研究者人数不多，很少会出现十几个研究者进入同一个田野收集资料的现象，只要有少数几位或一位训练有素的研究者就足够了，文本分析往往只需要一位研究者来解读文本的意义。由于收集、整理和分析资料结合在一起进行，因此，实施这些过程的研究者只能是同一群（个）人。

（四）整理和分析的目的在于解释，而不是寻求变量之间的因果关系

在第三章里，我们介绍了变量之间因果关系需要满足的四个条件，这只适合于量化研究。质化研究重视历史、社会和文化背景对研究对象的影响，而这些在现实生活里难以被严格控制。质化研究不用数字而是文字来展示自己的研究结论，即使各种现象之间具有因果关系，也只能从大致和模糊的角度来阐述这些因果关系，而不是以统计量表示它们。因此，质化研究的目的不在于寻求变量之间的因果关系，而是提供深入、清晰和简洁的解释，以此来体现研究深度。

第二节 整理质化研究资料

一、阅读和整理资料

质化研究资料的种类多种多样，包括田野笔记、录音资料、访问记录、研究日记、文件、实物等。研究者往往在收集到这些资料以后，就立即着手进行整理。在整理原始资料的过程中，研究者要搁置自己的立场和判断，把自己的观点先放到一边，让资料发出自己的声音，尝试着“移情”式地理解参与者（被研究者）对自己生活和行为的解释，不要越俎代庖，更不要将自己的观点强加到资料上。

阅读和整理资料的行为主体是研究者，这一过程也是研究者跟原始资料之间“对话”的过程。除了不要埋没参与者（被研究者）的声音之外，研究者还应该反思自己在阅读过程中产生的体验、感觉和想法，这些往往是研究者进行研究时所采用的假设，在跟资料的碰撞中，会更加突出地表现出来，这也可以看成是研究者跟参与者（被研究者）对话的一个过程。我在研究中国妇女新闻时，在整理采访录音时，发现自己并不认同和接受很多采访对象所说的话。一个采访对象说“女同志的家庭压力太大了”，我自己不会说出这样的话，原因在于我跟这位采访对象在年龄和经历上的差异。她生于20世纪50年代，经历了下乡、“文化大革命”、参军、上大学，父母重视哥哥超过了她，她因为生了女儿而受到婆家歧视；而我生于20世纪70年代，“文化大革命”结束，改革开放进行，我按部就班地接受正规学校教育，又是独生子女，在我成长的时期，父母不会拿我跟哥哥或弟弟比较。因此，我们两代人对于性别差异的感受是不同的。她感受到的性别歧视的主要表现是“女人回家”，女性既要忙工作还要做家务，而女性离开工作岗位回家当家庭主妇，在她看来是不可接受的。在她成长的年代，外表美不受重视。对于我来说，感受到的性别歧视是商业化对女性外表的重视，女人要漂亮，不漂亮的女人很吃亏。而越来越多的人主动选择当家庭主妇，家庭主妇已经被看成是有钱人才能做到的事情。这样一来，身为20世纪70年代人，当我跟采访对象沟通时，我总会用自己的标准跟他们的标准来对比，我提醒自己不能对采访对象做出道德判断，也不能肯定或否定他们的陈述，我要做的，是从这种对比中，看出每种陈述所产生的原因。

二、资料录入

在进行田野研究时，研究者的田野笔记和批注补白往往是手写的，可以用到速记符号或自己编制的符号，一些档案文件不允许带走，只能复印、拍照或手抄。在整理资料时，研究者一般都用电脑来处理原始研究资料，将手写的田野笔记输入电脑，直接在电脑上记录研究日记，将录音资料转成文字，对实物资料拍照，照片也保存在电脑里。电脑保存的资料不仅保留时间更长、易于辨认，而且查找原始资料或编码都更加方便。需要注意的是，将原始资料录入到电脑里，要保证一模一样地复制，不能删减某些资料，比如将录音整理成文字的时候，不仅访谈时说的每一个字都要被记录下来，而且说话者的语气停顿、声调和重音也要被记录，这样做的原因，是为了方便以后分析资料。

三、编码和归类

与量化研究相比，编码和归类是质化资料分析过程中的一个关键环节。编码就是从原始资料中提炼出主题或概念的过程，往往以符号或数字来表示。归类就是把研究资料归入到各种编码里的过程。比如，在观看《沉默的羔羊》这部电影时，研究者发现女主角斯塔林警官在主要场景里总是被呈现为下降动作：走下一级级台阶，而不是拾级而上。那么就可以设立一个“下降”编码来表示这类镜头，为了方便记录，研究者还可以用符号“XJ”来表示“下降动作”，用“1XJ”来表示“女主角斯塔林的下降动作”，用“2XJ”表示“男主角汉尼拔的下降动作”。同理，研究者可以用“BUTTERFLY”表示破案线索“蝴蝶”，用“MUSEUM”表示地点“博物馆”。这样，在资料记录的空白处，斯塔林去博物馆寻找破案线索这一幕可以被编码为“MUSEUM、BUTTERFLY、1XJ”。资料记录往往被分成两栏，左栏占据空间少，留给编码，右栏占据空间大，留给完整的资料记录。

编码和归类的好处是简化资料，使得研究者能够迅速找到自己需要的那部分资料，而且相同的编码可以进行比较。目前，英语世界已经开发出了适合对质化资料进行整理和分析的软件，这些软件可以减轻编码和归类的烦琐程度，但是还没有出现专门的汉化软件。

编码和归类越详细越好，一般包括以下几个方面。

第一，场景或场面：活动进行或事件发生的场景、人物活动的社会背景，等等。

第二，组织：田野里碰到的组织或团体、组织结构、组织目标，等等。

第三，意义：宏大概念、中层概念、成文规则、不成文规范、行动者赋予自己活动的解释、行动者对人和事的看法，等等。

第四，活动：社会实践、文化实践、话语实践、仪式、标志性事件、后果和影响，等等。

第五，特征：人物特征、事件特征、场景特征，等等。

第六，关系：人际关系、人际交往，等等。

第七，角色：个人角色、职业角色、心理角色、角色规范，等等。

第八，研究者：使用的方法、研究者的角色和影响、研究者的看法，等等。

在扎根理论看来，为了要发展出大量的编码，不停地比较是一个好办法，包括比较不同类别的编码（能否发展出更多类别）、比较同一类别下的不同编码（能否制作出更多编码）、比较不同类别的编码之间的联系（各种编码之间是否形成某种模式）等。斯特劳斯等人将扎根理论的编码分成三个步骤（见表 12—1）。

第一，开放式编码（open coding），对收集来的资料进行密集的、仔细的编码，直至编码达到饱和。

第二，主轴式编码（axial coding），在开放式编码所形成的编码之间建立联系，并提出更加抽象的概念，如因果联系、差异联系、干预联系等。

第三，选择式编码（selective coding），在上一步发展出的概念之间，找出最主要的核心概念，确定概念之间的故事线（story line），让这个核心概念尽可能多地统领研究资料。

因此，编码的过程，也是资料简化并逐步抽象的过程。

表 12—1　　扎根理论的编码过程（以新闻生产研究为例，2003 年）

开放式编码	主轴式编码	选择式编码
大腕、牛人、大记者、名记者……	优秀记者	商业化对记者角色的影响
先知先觉、上头有人、独家消息来源……	政治敏感度	
采访深入、提问尖锐、文字好、辛苦、熬夜、发样……	业务素质	
软文、红包、被请客……	新闻腐败	
独家新闻、漏报、内部考评、工作量、新角度、实习生、发行量……	竞争压力	
同事交流、争版、对领导的不满、办公室……	组织内部关系	
宣传部、新闻出版署、记协……	组织外部关系	

第三节　分析质化研究资料

在分析质化研究资料的过程中，研究者应该养成一边编码归类、一边写分析备忘录的习惯，这样可以使得自己思考清晰而且逐步深入。编码和归类也是研究者深入思考、发现资料之间的联系的过程，研究者应该随时记载自己所想到的解释、所思考的结论，将自己的解释跟原始资料所呈现的参与者（被研究者）的解释相比较，将自己的结论跟同行的结论相比较，寻找资料背后更深层的意义。

质化研究也试图寻找原始资料内容之间的因果关系，但是，由于质化研究不强调数字式测量和标准化分析程序，因此，质化研究里的因果关系跟量化研究有着很大差异。具体表现在：质化研究里的因果关系重视事件发生的前后顺序，只要研究者依靠自己的主观判断能够描述出事件之间的联系和顺序，就可以推导出因果关系，而某个特定情境下的因果关系也许在另一个情境下不成立；量化研究里的因果关系需要满足四个条件（见第三章），通过对变量的准确测量，研究者可以用数字表示变量之间的因果关系在多大程度上成立，并进而推断这种因果关系的适用范围。

一、概念和命名

根据被编码和归类的资料，研究者需要从中提炼出具备一定抽象程度的概念，也就是为研究资料赋予抽象的名称，这一点跟量化研究不同，量化研究只有在将概念转化成为可操作的指标之后，才能进行资料收集和分析，而质化研究要在收集资料之后才提炼概念。

值得注意的是，人们的行为总是同时具备表面外显的意义和内在隐藏的意义，分析质化研究资料，就是要从资料的隐含义（而非外显义）之中提炼抽象概念，这样的概念更加深入和抽象，被认为能够反映“更真实”的情况。比如，研究者发现，在每周部门会议上，有一些记者总是缺席，然而这些人却被同事尊称为“大记者”，不遵守组织规则的人却受到尊重，怎么解释这种落差呢？研究者同时发现，从完成的工作量来考核，这些“大记者”总是居于部门前列，因此，这一称谓反映了对记者的评价标准已经从政治合格（“听话”）转向业务能力突出（“能干”）。根据“大记者”这一称谓及其所揭示的现象，研究者发展出“市场模式的专业记者”这个概念。

提炼概念的时候，研究者需要特别注意参与者（被研究者）反复提到的本土概念，即参与者（被研究者）所使用的解释某些现象的概念，如上文里的“大记者”。本土概念往往是日常生活里的常用词，如“大报”、“小报”、“党报”、“都市报”、“主流报纸”、“精英报纸”等。本土概念之所以重要，在于它揭示了参与者（被研究者）的看法、意图和解释。但是本土概念一般很少直接成为研究报告里的结论，其原因在于，质化研究以深入见长，研究结论需要抽象、简洁和清晰，而日常生活里的常用词显得口语化和表面化，研究者需要将它们发展成为更具理论色彩的核心概念来统领整个研究报告。

研究者需要注意资料里反复出现的现象，比较同一个现象在不同资料里的含义差别，按照参与者（被研究者）的看法来分析这些现象的内在要素和外部结构，从而发展出能够解释这些现象的抽象概念。生活世界里的各个现象有机地联系在一起，不会有无缘无故的、孤立的事件存在。美国学者斯科特研究东南亚农村时发现，公开的有组织的反抗，在农民的日常生活里并不常见，而农民几乎每天都要跟地主、官府、地方势力打交道，当受到欺负时，农民会有一些小动作，比如装糊涂、偷懒、假装顺从、消极怠工、开小差、逃税、偷盗、逃跑、纵火等。这些小动作无处不在，它们不需要事先安排，行动双方彼此心照不宣，这是农民为了维护自己利益而进行的一种反抗形式。斯科特将这些行为命名为“弱者的武器”。跟大规模的有组织的反抗不同，“弱者的武器”依赖非正式的人际网络而存在，没有正式组织和领导者，也没有超越个体自身的利益诉求，避免直接对抗权威力量。进一步的问题是：农民使用“弱者的武器”来表达自己的利益诉求，跟他们使用主流话语认可的方式来与主导阶级打交道时，这两种行为有什么样的意识形态特征？斯科特将前者命名为“隐藏文本”（hidden transcript），后者命名为“公开文本”（public transcript）。他的分析指出，在“主导—从属”这套权力关系里，公开文本是主导者所确认的实践活动，然而身为从属者的农民可能仅仅是出于自身安全的考虑才“伪装”接受公开文本，这样一来，公开文本就成为一种表面化的仪式，却不能完整体现权力关系的运作。隐藏文本就好比是发生在社会生活“后台”里的实践活动，它避开了主导者的监视，在某种程度上改变公开文本的内容。比如，农民向税务官员行贿，以减轻自己的税额，在公开文本里，这是违法行为，要受到惩罚，但是在隐藏文本里，农民和代表权威的基层税务官员达成妥协，对双方来说都是合算的买卖。从这个角度来看，隐藏文本是缓解社会矛盾的解压阀，也是对公开文本的批评和反抗。斯科特的研究兴趣在于长期以来被忽视的非正式反抗和底层政治活动，他的研究提示我们，在日常生活中看似不起眼的角落里，在那些看似微小的现象里，也能发现生活世界的运作规律。从农民的小动作到弱者的武器再到隐藏文本，斯科特对底层政治活动的概括也越来越抽象和深入。①

二、分类和讲故事

分析质化研究资料所使用到的两种主要手段就是分类和讲故事，分类使得研究者思路清晰，方便研究者调用资料完成研究报告，讲故事使得对现象的分析更贴近当事人（被研究者）的解释，更容易展现事件进展的过程。在对资料进行编码时，我们已经进行了归类，要进一步分析资料，就需要将各种类别合并成大的类别，并确定这些类别之间的联系（因果关系、时间顺序、平行关系、逻辑关系等）。郭建斌在对云南独龙族的电视接触行为进行研究时，按照“电视机从哪里来”、“看电视的时间和地点”、“谁来看电视”、“看什么”等几个部分将资料分类，这几个类别也是正式研究报告里每章的主题。

讲故事指的是将资料放回到事件发生的本来场景里面去，按照事件发生顺序来描述和分析资料。资料是零散的偶然的碎片，研究者好像在做拼图游戏，把社会生活的碎片恢复成为一幅完整的画面。研究者要讲出一个完整的故事，包括其中的人际关系、冲突、背景、场景和细节等。这样的故事往往给人印象深刻，因此，优秀的质化研究报告一定包括生动的故事，其中的人物栩栩如生、性格鲜明，对话精彩。

流心对当代中国人的自我结构的田野研究②

下面是某省计委T处长和某私营企业老板H之间的一段节选对话，发生于1998年夏

① See Scott，James C.，*Weapons of the Weak：Everyday Forms of Peasant Resistance*，New York：Yale University Press，1985. Scott，James C.，*Domination and the Arts of Resistance：Hidden Transcript*，New York：Yale University Press，1990. 参见［美］詹姆斯·C·斯科特：《农民的道义经济学：东南亚的反叛与生存》，南京，译林出版社，2001。

② 参见流心：《自我的他性——当代中国的自我系谱》，59～63页，上海，上海人民出版社，2005。

天。这段对话的背景是：H的公司前一年曾经获批，允许进口28万美元的国外产品，实际进口量只有26万美元。按规定，该指标仅限用一次，但是H想用剩下的额度进口其他东西，被海关拦截，需要再次到计委审批。

“T处长，我想麻烦您点事。”过了一会儿，H说道。

“哦，别客气。咱俩谁跟谁呀？老朋友嘛。”T处长回答道。

“去年您批给我们一个进口指标，现在还没完……”H开始解释。

“不是用过了吗？怎么又没用啊？”T说。

“是用了。”

“可你又说没用。”

“我不是这么说的。”H被搞糊涂了。

“那你的意思是说你们没用完。”T步步紧逼。

“对，没用完，不是没用，我们只用过一部分，想用剩下的再进些东西。”H歇了一口气，努力跟进对方的思路。

“怎么不用完呢？”

“还没完。”

“就是说没用。那你刚才怎么不承认啊？”T又开始绕话了。

“不是——好吧，是——不管怎么说吧，我们没用，还留下点余额。”H有些哭笑不得。

“那你用完不就行了吗，为什么还要来找我？”

“海关通不过，说是已经用了。”

“你刚才不是说没用吗？”T微笑着，他把H问晕了。

“是，我说没用，可他们说用了。”

“谁？”

“海关。”

“既然如此，你干吗说没用呢？”

“因为确实没完。”

“那为什么他们偏说用了？”T快要咧开嘴笑了。

“他们说就算没用完，还是用完了，因为指标只能用一次。”

“那你们呢？”

“我们只用了26万美元，还剩2万。”

“那就用呗。”T说道。

“可他们非说没剩下。”

“那可怎么用啊？”

“所以我来找您二位，想再申请个许可证，我们投产还得再进点货。”

“原来的没用完，干吗还要新的？”T开始慎重起来。

“我懒得跟那帮人较劲，宁肯再要一个。”H面露不快。

“没用就用呗，用不着再要；要用了就啥都不剩了，必须另行审批。”

“T处长，您的意思呢？”

"和你一样。"

"哪一样?"

"要是没用还可以再用。"

"可他们说了，怎么办呢?" H尽量保持镇定，又递给T一支烟。

"你不是跟他们说没用吗，我想你该找他们好好谈谈。"

"T处长，咱这么办行吗?我都已经来这儿了，您就给我批一下吧，这对您来说是小事一桩，要不然我还得再去跟他们磨。" H最后说道。

T这种迷魂阵式的官话令人瞠目。这时，一直不动声色的N处长开口了："我们倒是可以帮这个忙，然后去B市放松一下"。他又饮了口茶，接着翻看一本女性杂志，似乎置身事外。过后我才明白，"去放松一下"是说由H资助到B市度周末，除休息、美餐之外还涉及一系列娱乐项目，包括唱卡拉OK和享受年轻女子"看不见的手"的按摩。N处长亮明态度后，T略微客气一些，答应第二天上午办理此事，当晚两个官员便尽享其乐。

【思考题】

1. 质化资料的基本分析思路是什么?
2. 分析质化资料的过程有哪些特点?
3. 什么是分析质化研究资料时的编码和归类?扎根理论将编码分成了哪几个步骤?

第四部分

大众传播研究的其他问题

第十三章

现存资料分析

除了前面第六章至第十一章里所介绍的各种研究方法之外，还有一些常用的研究方法，其优点在于不打扰被研究者而获取研究资料（当然，内容分析法和文本分析法也不干扰研究现场），节省研究经费，而且研究者往往收集和分析现存的第二手资料来进行分析，很难将其单纯归类于量化或质化研究方法。本章介绍其中常见的三种：文献资料研究、二手资料分析、历史研究。这些方法的共同缺陷在于研究资料和数据的质量难以保证，因此需要研究者仔细辨认和选择。

第一节 文献资料研究

文献资料研究不同于文献综述（见第三章），它是通过对现有文献资料进行分析，从而回答研究问题得出研究结论的一种研究方法。

一、文献的种类

在第三章里，我们将文献分成一手和二手文献资料，前者包括学术期刊、以书籍形式发布的研究成果、会议论文及学位论文等，后者包括教科书、统计年鉴、大众媒体等。而文献资料研究所常用的资料来源与文献综述的资料来源稍有不同，大致可以分成三类：统计资料和年鉴、官方文件和报告，以及私人信件和文件。

（一）统计资料和年鉴

统计资料和年鉴往往由具备一定资格和规模的专业部门固定发布，具有不可替代的权威性，是我们概括了解某个行业或某个地区基本情况时的重要资料，比如，我国每10年发布一次的《全国人口普查报告》是了解我国人口现状的基本资料。

当我们想了解中国新闻界的基本现状时，可以参考每年定期发布的《中国新闻年鉴》，从中了解新闻界变革的基本趋势。比如《中国新闻年鉴》记录了我国主要报刊的发行量，根据1988—2005年的记录，我们可以看出主要报刊发行量的变化趋势。纵向来看，自20世纪80年代中期以来，全国性报纸的发行量逐年下滑，最严重的是《工人日报》，发行量下跌80%；同一时期，地方性报纸（尤其是晚报和都市报）的发行量逐渐上升。而总体来看，我国报纸的发行总量一直在上升，这说明，全国性报纸的影响力在下降，而地方性报纸的影响力在上升，“贴近读者”已经成为影响我国报纸不可忽视的一个原则。这一趋势，跟改革开放以来理论界重提“人民性”、记者编辑开始重视“读者需求”、广告商更愿意在地方性媒体上投放广告这些现象一起，都说明了同一个道理。

《中国新闻年鉴》告诉我们的，绝不止报纸发行量这一简单的表面现象。当《中国妇女报》在过去 20 年里发行量下跌 70%的时候，我们有必要考虑：弱势女性群体的声音在哪里体现？新闻改革的缺陷在哪里？当《光明日报》发行量下跌 70%的时候，我们也有必要提问：为什么知识分子不再看《光明日报》？如果报纸不受掌握一定文化资本的知识分子的青睐，那么它们还能受普通大众的喜爱吗？在全国性报纸里，《中国青年报》发行量的跌幅是最小的，那么，为什么《中国青年报》能够一枝独秀？

（二）官方文件和报告

一些统计资料和年鉴由政府发布，除此之外，政府定期或不定期地发布一些政策法规、蓝皮书、规划和发展纲要等，这些也能够成为文献资料研究的对象。人民出版社不定期地出版由国家新闻出版署政策法规司编辑的《中华人民共和国现行新闻出版法规汇编》一书，这是关于我国新闻体制和监管方面最权威最全面的资料汇编，其中涉及很多只在新闻出版署系统内部流通的官方文件，根据对这些官方文件的分析，我们可以看出新闻监管部门的思路。比如，所有涉及“妇女”或“女性”字眼的官方文件都只限于反色情、反淫秽方面，没有一个政府文件单独谈如何监管妇女媒体，而针对其他社会群体的媒体，如儿童媒体和少数民族媒体，政府都会制定相应的政策进行监管。

（三）私人信件和文件

前两类文献资料都是公开资料，收藏于图书馆或刊登在大众媒体上，任何人都能够获得。跟它们相比，另一类文献资料则需要研究者经过自己的努力去获得，这包括私人信件、日记、照片等，具有一定程度的不公开性。这些都是私人所有的物品，而研究结果将公之于众，因此，在获得这些私人档案时，研究者需获得原来所有者的同意，如果有必要，发表时还需要对其中所涉及的人物做匿名处理。

1993 年，深圳致丽玩具厂发生大火，80 多名打工妹遇难，40 多人重病，有人从灾后废墟里收集了 109 封信件，包括收信人是玩具厂女工和女工写完未来得及发出的信。以这些信件和当地流传的 11 个不同版本的“打工之歌”为研究资料，谭深从性别（gender）研究角度分析了打工妹的社会交往、工作流动、家庭、感情和婚姻等。她发现，打工妹的社会交往对象同质性极强，基本都是在其他工厂打工的同乡女性，因此她们的社会资本和流动机会都受到限制；打工妹经常每周 7 天、每天 12 小时工作，如此高强度的加班早就违反了《劳动法》，但是打工妹没有任何讨价还价的余地；打工妹寄给家里的钱，大多资助自己的兄弟上学，然而却没有兄弟外出打工供姐妹上学的例子，家庭性别分工的背后，反映了两性不平等的发展权利；打工妹对恋爱婚姻终身大事持传统的谨慎态度，而她们的父母很少对婚事横加干涉，自从 1949 年《婚姻法》颁布以来，婚姻自主已经基本上成为中国社会的共识。①

二、文献资料研究的步骤

（一）选择和整理文献资料

文献资料研究中，研究者首先要针对自己的研究问题来选择合适的资料。比如，我们想研

① 参见谭深：《打工妹的内部话题——对深圳原致丽玩具厂百余封书信的分析》，载《社会学研究》，1998（6）。

究受众对某电视剧的看法，那么选择什么样的文献资料最合适呢？在诸如《广播电视报》、网络论坛、电视台组织和播出的观众见面会上，我们都能够找到体现受众反馈的资料，但是，这些资料的共同缺陷在于，它们可能没有包含研究者感兴趣的内容。我们也可以做访谈或调查，直接跟受众面对面，得到第一手资料，但是，访谈和调查都花费太多时间和精力。有没有更节省研究经费、更有效的文献资料？

在研究美国肥皂剧《达拉斯》（*Dallas*）的荷兰受众时，身为一所大学的博士候选人，洪美恩没有很多研究经费来支持自己的研究，于是她在荷兰的一本女性期刊 *Viva* 上刊登了一则小广告："我喜欢看《达拉斯》，但是会受到别人奇怪的反应。有没有人愿意写信告诉我，你为什么喜欢（或者不喜欢）它？我把这些反馈会收入我的学位论文里。请写信至……"她总共收到了 42 封信，短则数行，长则 10 页。其中只有一封信是匿名寄来，根据名字判断，其余 41 封信里只有 3 封是男性写的。在自己的广告里，洪美恩明确提出了自己的研究兴趣：你为什么（不）喜欢看《达拉斯》？她收到的信都是围绕这一问题而展开的，观众们阐述自己的看法，因此洪美恩能够收集到更集中、更有效的资料。①

（二）考虑文献资料的信度和效度

文献资料研究的信度在于资料本身的信度，如果资料不准确或者不完整，也就是资料质量不高，那么就会严重影响研究结果。因此，研究者不能道听途说，要做多方求证，提高文献资料的信度。《中国新闻年鉴》里对报刊发行量的某些记载并不十分可信，比如《中国妇女报》1991—1993 年发行量基本一致，都是 39 万份左右，2001—2002 年发行量一致，都是 10.6 万份。根据我们的经验，报纸发行量应该随市场需求而变化，而我国没有独立第三方来核准报纸发行量，报纸发行量被视为商业秘密，很难有准确的数字。因此，在使用这些数字时，研究者要格外小心。

通过多方验证，我们也能够保证文献资料的效度。比如把《中国新闻年鉴》里的记载跟报社内部记录、报社发行部门的统计数据、报社财务部门每年的纸张支出总额做对比，求得更有效、更具说服力的资料，而多方验证，无疑加大了研究的强度和难度。

（三）完成研究报告

分析文献资料之后，研究者就要完成正式的研究报告。以 42 封信为研究资料，洪美恩完成了《收看达拉斯》一书，英文版共五章，包含注释在内共 148 页，被认为是 20 世纪 80 年代以来受众研究的代表性成果之一。在这本书里，洪美恩最重要的贡献是将愉悦（pleasure）与意识形态分离，她认为，受众从收看肥皂剧中得到的愉悦不能用传统马克思主义的意识形态概念来解释。在传统马克思主义看来，肥皂剧和其他媒介产品都渗透了资本主义意识形态，因此，受众所得到的愉悦是"虚假的"，背离了他们"真正的"阶级需求，从属于资产阶级利益。然而洪美恩的研究发现，对于主流意识形态，受众有着清醒的认识，他们不是文化傻瓜，他们会保护自己（洪美恩只发现了话语层面的自我保护和抵抗），愉悦成为他们抵抗主流意识形态批评的武器，受众是积极主动的。洪美恩提出的愉悦问题，成为自 20 世纪 80 年代以来受众研究的一条路径，"从意识形态到愉悦"的转变，也可以看成是文化研究对于受众研究的贡献之一。可见，研究报告是否出色，跟研究资料的数量多少和来源没有关系，跟研究者是否辛苦收集资料也没有直接关系，它依赖于研究者的素质和能力，只要研究者头脑清晰、分析深刻，文

---

① See Ang, Ien, *Watching Dallas: Soap Opera and the Melodramatic Imagination*, London: Routledge, 1985.

献资料研究依然能写出优秀的研究报告。

第二节　二手资料分析

与文献资料研究不同，二手资料分析（secondary analysis）是对别人获得的研究资料进行自己的分析，其研究资料来自他人研究中所收集到的数据，也就是说，在二手资料分析里，同一套资料或者被用于回答不同的研究问题，或者被采用不同的方法来分析。随着调查法和计算机技术的普及，越来越多的调查机构提供经过处理的原始数据库供研究者使用。有些数据需要付费购买，如美国芝加哥大学全国舆论研究中心自1972年开始，每年或每两年进行一次综合社会调查（General Social Survey），其数据主要供社会科学研究者使用；有些数据无须付费就可以获得，比如中国互联网中心自1997年10月起每半年进行一次《中国互联网络发展状况统计报告》，其研究报告公开发表，研究者可以免费使用其中的数据完成自己的研究。

二手资料分析节省研究经费和时间，这是它的长处之一。但是，由于二手资料分析所用到的数据最初并非是为了二手分析而收集的，因此，研究资料的适用性不强，经常会出现研究者想研究的问题却没有出现在原始资料里这种现象，此时，尤其需要研究者寻找更合适的资料，对资料进行再利用。

由于趋势研究和比较研究需要跨越一定时间和空间的大量数据，其研究对象往往是动态发展的过程，而单次研究的对象往往是静态的，研究结果也大多是描述型的。因此，综合他人的多个研究成果并形成自己结论的二手资料分析，反而常用于趋势研究和比较研究之中。金兼斌利用中国互联网中心发布的《中国互联网发展状况统计报告》、国家统计局发布的《中国统计年鉴》以及《中国人口年鉴》等上面的有关数据，采用回归方程，发现自1997年以来，互联网在我国各省和直辖市的扩散速率都呈S形曲线。然而受到各地经济和文化发展水平的影响，互联网的扩散速率在各省和直辖市并不相同，经济发达的北京、天津、上海、江苏、浙江、福建、广东等省市的互联网扩散速率明显更快，其余省市更慢。因此，我国的数字鸿沟，体现在地区之间就是互联网扩散过程进度上的差异。①

第三节　历史研究

由于研究对象都是过去的人和事，历史研究一般都只能是对文献资料和二手资料进行分析，大都是质化研究，有时候也会使用统计手段进行量化研究（如制度变迁理论和事件史研究）。总体来看，历史研究不是一种独立的方法，更像是多种方法的综合运用，除了对文献资料进行分析之外，还包括前面提到的调查法、内容分析、文本分析、田野研究等。

一、历史研究的资料来源

历史研究的资料无所不包，既包括官方文件、政策公文、领导人讲话记录等，也包括统计

---

① 参见金兼斌：《互联网在我国的扩散研究》，见 http：//www. cctv. com/tvguide/tvcomment/tyzj/zjwz/8025－7. shtml。

资料和资料汇编，还包括个人信件、回忆录、文集等。有些资料由图书馆保存，比如我国早期的《邸报》和《京报》；有些资料散落民间，需要研究者自己细心收集。一切能够找到的、跟所研究的历史时期相关的文献资料都可以成为历史研究的资料。值得注意的是，大众媒体的文字报道和图片、小说及文学作品、电影等媒介产品，往往被认为体现了时代特征，因而也常常作为历史研究的资料。李欧玑研究 20 世纪 30 年代上海都市文化与现代性问题时，其中一章“印刷文化与现代性”大量使用了当时上海所出版的杂志、教科书、画报、印刷广告、月份牌为资料，来论证上海印刷文化所体现的现代性特征。[①]

一切历史都是当代史。研究者对历史事件和人物所做出的解释，不可避免地带有自己的主观看法，为了避免主观性对研究结论的伤害，研究者应该多方验证，争取提高历史资料的可靠性和准确性，不能偏听偏信，依赖于某个单一资料来源，做出不具说服力的解释。

我国史学家陈寅恪曾经主张，历史研究的态度是“同情之理解”，他反对“不同情的理解”，也反对“不理解的同情”。他的意思是说，历史研究不强调客观性，也不存在客观结论等着历史学家去发现，学者应该将历史事件和人物放入他们本身活动的场景之中，设身处地地为他们着想，而不是事后做一个看似公允的评价，用现世标准去评价历史事件和人物。

最后需要强调的是，历史研究的资料浩如烟海，出色的历史学家应该练就一双慧眼，从中发现有价值的资料。历史研究绝对不是资料的堆积，像搬砖头一样，把资料从一个地方转移到另一个地方，准确记录下某时某地发生了某事，那样的工作虽然有价值，但是还不足够，出色的历史研究应该提供深入的解释，为什么会在某时某地发生某事？它的意义何在？历史研究应该以思想性见长，而不是以资料多著称。

二、口述史（oral history）

在质化田野调查里，口述史经常跟访谈和观察结合在一起使用，它是利用录音录像技术收集当事人或知情人对过去事件（历史）的回忆的一种研究方法，将记录、发掘和认识历史结合在一起，并且将口头资料与文字档案进行核实，整理为文字稿。1948 年，美国哥伦比亚大学成立口述史研究室，经过半个多世纪的发展，目前口述史已经成为历史研究里的一种重要方法。[②] 20 世纪五六十年代，我国学者曾经记录过太平天国亲历者、义和团亲历者、辛亥革命亲历者的口述资料，并整理成书。改革开放以来，随着中外学术交流的普遍和科技手段的进步，我国史学界关于口述史的研究进入一个新阶段，影响比较大的项目有李小江主持的“20 世纪妇女口述史”（1992 年开始，已经由三联出版社整理出版）和上海市社科院主持的“上海口述历史项目研究”（1999 年开始）。[③]

（一）口述史与历史

口述史之所以在历史研究里独树一帜，在于它打破了历史学家和官方资料为历史代言的传统，将历史从“宏大叙事”中拉回到日常生活，通过普通个人对历史的回忆性叙述，来探究历史的意义。顾名思义，口述史是通过口述完成的，但是仅仅引用口述资料并不简单等同于口述

① 参见李欧玑：《上海摩登：一种新都市文化在中国，1930—1945》，北京，北京大学出版社，2001。

② 关于口述史的发展，参见［英］保罗·汤普森：《过去的声音：口述历史》，沈阳，辽宁教育出版社，2001。

③ 关于口述史在中国的发展，参见杨祥银：《与历史对话：口述史学的理论与实践》，228～255 页，北京，中国社会科学出版社，2004。

史。在口述史研究里，历史学家应该“消失”或者“退隐”，让历史事件的参与者本人直接进入历史舞台活动，参与者本人是历史的主体，他们所口述的历史事实应该被放在重要的位置上。由于口述史资料基本上是参与者对自己亲身经历的回忆，因此在鉴别和选择口述史资料的时候，研究者应该参考其他文献资料，才能准确理解参与者的意思。

口述史与新闻采访有相似，但也有差异。主要的区别在于：第一，新闻采访的目的在于发掘新材料新事物，只采访有新闻价值的对象，而口述史针对过去的事物，通常没有新闻价值。第二，新闻采访通常只进行一次，而口述史研究可以针对同一位口述者重复多次进行。第三，新闻采访的结果被呈现为面向大众公开发表的新闻作品，新闻作品的写作强调事实和文采，由于版面空间有限，文章长度也有限，而口述史资料则被整理成文字稿，强调对口述者回忆的全面记录，有时这些记录像是流水账，并非处处引人入胜，文字稿往往长达十几万字。

口述史研究与田野访谈也有区别，主要在于田野访谈往往是片断式的、零碎的、即时性的对事件的局部再现，强调原始访谈资料的真实性，避免其他因素对访谈资料的“污染”；而口述史研究强调通过口述者的回忆整理出事件之间、人物之间、事件与社会环境之间的关系，研究者的介入和对访谈资料的影响不可避免。

（二）口述史研究的实施

口述史研究的第一步是研究者确定研究课题和口述者。什么是有价值的研究课题，需要研究者自己判断。一般选择重大历史事件或者被主流忽略的历史人物，同时也要考虑寻找合适的口述者的难度，口述者要有代表性和典型性，并非每个普通人的叙述都值得研究者花时间和精力来记录。

口述史研究的关键一步是进行访谈，挖掘出事实和关键事件。进行访谈之前，研究者应该阅读和收集相应文献资料，深入了解口述者将要回忆的那一段历史背景，列出一个详细的访谈提纲，准备越充分，则访谈过程里研究者越能提出更有价值的问题。开始访谈时，研究者需要区别个人隐私和有价值的研究资料，并非口述者所讲的每一个字都值得保留，为了保护口述者的个人隐私，研究者可以做一些技术性的处理。

访谈时的口述资料往往被录音录像，访谈结束之后，研究者应该将音像资料转录为文字资料，也就是整理口述史资料。整理资料的基本原则是尽量保持原貌，不要做主观修改，如果有不同看法，研究者可以加注释来表明自己的态度，最大限度地尊重口述者，留下更开放的解释空间。

【思考题】

1. 什么是现存资料分析法？都包含哪些具体的研究方法？各自有什么特点？
2. 文献资料研究和文献综述的区别是什么？
3. 什么是二次分析？使用二次分析法时，主要存在着哪些问题？
4. 什么是口述史？它跟普通的历史研究有什么区别？
5. 如果要对新中国成立前的新闻记者和党的宣传干部做口述史，应该怎么设计访问提纲？

第十四章

研究报告的写作

对于研究者而言，研究报告呈现了自己的研究结果和发现，是他们与同行和公众交流的工具，它的好坏将直接影响到对研究成果的评价及其应用；对于学生而言，自己的学位论文就是一篇研究报告，直接关系到能否顺利毕业。因此，撰写高质量的研究报告，是整个研究过程里最后一个重要环节。当同学们申请进一步深造或者研究者申请研究经费时，都需要撰写研究计划书（research proposal，有时也称为研究项目申请书），因此，本章也将介绍研究计划书的写作。

第一节　研究报告

一、研究报告的内容

每一份研究报告在结构上都可能存在着差异，但是，总体来看，研究报告的结构遵循着一个“宽—窄—宽”的形式，具备相对固定的格式。也就是说，在内容上，研究报告从宽泛的导言开始，聚焦到某个具体的研究领域和问题，得出研究结果，然后再发掘研究结果的普遍意义，将研究结果上升到更抽象、更复杂的层面进行讨论。

质化研究因为不强调标准化和客观化，其研究设计和操作方式形式灵活，研究报告的写作形式也多样化，没有定规。但是基本的部分应该包括：提出研究问题、研究目的和意义、研究的背景、研究的方法、研究的结果和讨论。一般来说，质化研究报告都很重视“深描”，试图展现出身临其境的氛围和研究情境，研究者的主观色彩比较浓厚，研究者的行为和心理活动往往直接出现在研究报告里。

量化研究报告的格式比较标准化，包括标题、作者、摘要、关键词、正文、注解、参考文献、附录几大部分。其中占据篇幅最多也是最重要的正文部分又包括导言、文献综述、研究设计和方法、研究结果、讨论等几个部分。

（一）标题

标题是研究报告的眼睛，简洁而清晰地向读者提示研究报告的主题，激发阅读兴趣。学术性色彩的研究报告不强调吸引人，却要求包含最重要的关键词，能够使读者明白研究报告的基本内容是什么。简单的标题可以用一句话表示，如“2005 年中国互联网调查报告”、“中国报刊发行制度演进的经验与探讨”、“中文报纸可读性之初探研究”等。复杂的标题可以采用两段式标题，第一部分列出关键词，第二部分介绍研究内容，中间以冒号或破折号连接，如“文化资本的非均匀分布：中国城市居民的阅读情况”、“一个‘差异人群’的群体素描与社会身份建构：当代城市报纸对‘农民工’新闻报道的叙事分析”、“我国新闻生产的影响机制之研究：以妇女新闻为个案”等。

（二）作者

紧接着标题的是作者名。作者的单位和通信地址有时候被放在脚注里，有时候直接用括号标注在作者名下面，没有统一的格式要求。

（三）摘要

摘要通常为200字～300字，以简洁的文字总结研究报告的主要内容和研究结果，读者看了摘要以后就能够决定对这份研究报告是否感兴趣，是否需要继续看下去。很多电子文献数据库只免费开放标题、作者、摘要、关键词和文章出处，如果读者需要文章正文，就需要支付额外费用，因此，摘要的写作不能够被忽视。

（四）关键词

关键词是研究报告里着力论证的核心词语，对于读者检索和理解研究报告内容起着提示的作用。一般来说，一篇研究报告里的关键词不超过5个，太多则说明研究报告失去了中心，文章显得“散”。

（五）正文

正文是研究报告的主体，从篇幅上来说最长，分成若干部分。写作正文时，语言应该简单、平实、谨慎，不说大话空话。研究报告不是写小说，不能为了文采而丢掉准确性，不要故意用长句和难理解的语法结构，陈述事实应准确完整，语气力求冷静，尽量用第三人称，避免歧视性语言（比如将农民工称为“盲流”），每段只有一个中心论点，多分段，减轻阅读负担。而且还要考虑到读者的需求，面向学者同行和一般大众所撰写的研究报告应该在文字上有所不同，前者可以文字艰深、多用专业化术语，后者则需要通俗易懂。

1. 导言

为了给读者一个过渡时间和心理准备，导言可以用具体的实例开头，如“进入1990年，在《人民日报》上出现的第一次要求政治权利的群体是女性”；也可以从某种现象入手，如“联合国于1995年、2000年和2005年组织了三次全球媒体监测活动（The Global Media Monitoring Project），这三次监测活动的结果都表明，女性在大众媒体里受到歧视和不公正待遇，已经是全球的普遍现象”；或者从某个理论家的观点入手（在学术期刊论文里更常见），如“尼古拉斯·加汉姆（Nicholas Garnham）曾经提醒我们不要犯‘左派幼稚病’错误，即将一切草根行动视为抵抗。在当代中国社会研究领域里，‘左派幼稚病’并不少见，学者们过于夸大了草根行动的意义，却无视它们自身固有的缺陷”。

导言需要介绍研究动机和背景，即研究者为什么想研究某个现象或问题，研究者站在一个什么样的背景下来考虑这个现象或问题。在导言部分，研究者还需要介绍研究目的和意义，并且提出自己的研究问题。比如，女性在大众媒体里受到歧视，是一个全球普遍现象（研究背景），那么这一现象在中国的表现如何呢（研究动机）？研究者试图通过自己的研究来改变女性在大众媒体里的弱势地位（研究目的），从实用角度来说，这可以促进改善女性生活环境、提高女性社会地位，从理论角度来说，大众媒体一向被认为受到主导力量的控制，弱势群体接近和使用媒体的机会受到压制，那么，弱势群体如何利用媒体来提升自己的社会地位（研究意义）？更进一步，研究者发展出了自己的研究问题：中国女性运动改变了既有媒体的哪些方面？它们的策略是什么？局限在哪里？为什么一个理想化的公平的媒体环境是不可得的？

2. 文献综述

在第三章“研究的过程”里，我们曾经提过文献综述的重要性。任何研究都被视为在前人研究成果的基础上进行更深入的探索，因此，研究报告里应该对其他学者关于这个研究领域或研究问题的研究成果进行评价。

文献综述重在“评价”而非“引用”，无须大段引用和复述前人的研究成果，也不需要将跟研究领域或研究问题相关的所有成果都包括进来。比如一篇比较博客和传统媒体的研究报告就无须从“博客的定义”、“博客的发展历史”这些过于基础的概念开始进行文献综述。

在文献综述部分，研究者应该只选择跟自己的研究联系最紧密的相关重要研究，对它们的成果做出简要概括和评价，同时对自己将要用到的关键概念和理论进行阐述和评价，尤其是它们在哪方面启发了自己的研究，在哪方面存在着不足，自己的研究又将怎样改进这些不足。下面是某个文献综述的其中一部分，作者将海外研究者关于中国媒体转型的研究成果分成两大类，在概括了每一类各自的观点之后，指出它们的共同缺陷，而这一点，正是作者在自己的研究中所试图超越和重新思考的。通过文献综述，作者阐述和建立了自己将要使用的理论框架。

> 海外研究者对改革开放以来中国的国家与媒体关系大致持两种态度。一种观点认为，正在进行的媒体转型意义重大，无论是中国新闻界的实践还是体制层面，都出现了缓慢而又明显的演变过程。这些研究者们乐观地认为，市场经济的发展一定会减少主流力量的调控，一个不受国家控制的公共领域正在出现（Chan，1993；Huang，1994；Hao，Huang and Zhang，1998；He，2000）。跟这种观点相对比，另一种观点则坚持认为，威权政体没有发生根本性的变化。正在出现的商业化被认为是现有体制自我调适和同化各种挑战的结果，旧体制吸纳、适应了市场力量的新挑战。在新形势下，媒介既不能批评主流力量，也不能批评商业利益和新出现的经济巨头（Zhao，1998；Lee，2001；Pan，1997）。
>
> 这两种观点共同的缺陷在于，它们将遵从市场逻辑的目标和满足主流力量需要的目标视为内在冲突的，因而没有考虑过这两个目标的内在一致性。市场导向的媒体转型并不一定会自动将女性权利和性别平等包含在自己的议程之中，因为当下中国正在出现的市场改革依然是男性主导的。对中国女性来说，一个男性主导的商业化媒体和一个男性主导的现存新闻界之间的差距并不如理论家所想象的那么大。例如，在市场改革中，媒体数量极大地增加，冠以“妇女”或“女性”名称的报纸也首次出现并且增多，但是它们的发行量在整个 90 年代逐年下降（《中国新闻年鉴》，1983—2003）。女性从媒介转型中得到的解放潜力有限，不仅仅因为主流力量的忽视，还因为市场是由男性主导的这一本质。

3. 研究设计和方法

本书只介绍实证研究方法，因此研究报告应该包括：这个研究是怎样实地操作的、研究者怎样收集和分析资料、整个研究过程里存在着哪些不如意的缺陷等。只有详细交代了研究设计和方法，读者才能够自行判断这个研究的信度和效度是否足够高、研究成果是否具有价值。

> 以“中国女性新闻的现状”这一研究主题为例，研究设计和研究方法可以包括如下内容：
>
> （1）采用何种研究方法？

量化的内容分析法结合质化的半结构化访谈法。

(2) 对研究里所使用的基本概念和变量给出可操作性定义。

女性新闻的定义是什么?

编辑和记者的定义是什么?(是否包括没有记者证和被纳入职称系统的体制外记者?)

(3) 研究的总体和样本是什么? 抽样方法是什么?

研究时间：1990—2002 年 (为什么从 1990 年开始?)

研究样本：《中国妇女报》(为什么不选择其他综合性全国日报，如《人民日报》?)

访谈对象：在媒体组织里曾经或正在从事女性新闻采写工作的编辑或记者，男女不限，工作地点限于北京和广州两所城市。

研究进行的时间：2003 年 3—6 月进行内容分析，7—9 月进行访谈。

(4) 研究过程。

内容分析的操作过程：《中国妇女报》的抽样手段、编码表、编码员间信度。

访谈的操作过程：时间、地点 (是否在办公室里进行)、过程 (有无录音)、访谈提纲。

(5) 资料分析方法。

内容分析的资料分析：频数表、卡方分析。

访谈的资料分析：录音整理、三级编码、分类。

4. 研究结果

在收集研究资料之后，研究者需要明确给出自己的研究问题的答案，并且提出支持自己结论的证据，这些就是研究结果部分应该包括的内容。当研究问题不止一个时，研究者还要分别回答每个研究问题，此时，经常会出现这种情况：某个研究问题的回答是肯定的（研究假设成立），而其他研究问题的回答是否定的（研究假设不成立，或者研究者所期待的结果并没有出现）。这种情况是正常的，研究者不必为了没有得到自己期待的结果而沮丧，面对知识，老老实实的态度才是正道。

如果读者在阅读了标题和摘要之后，决定继续读正文，那么为了节省时间，他们会跳到研究结果部分，直接了解研究报告的结论，而不是按部就班地从导言读起。有时候，研究者用图形和表格来总结自己的研究结果。图表比文字更加吸引读者的注意力，也更加简练，一旦研究报告里出现了图表，那么这些图表应该总结了最关键、最重要的研究结果，读者通过阅读这些表格就能够大致掌握整份研究报告的主要结论，阅读文字只是为了使主要结论更充实，在运用统计手段的量化研究报告里，以表格形式呈现的统计结果基本上回答了所有研究问题。因此，研究报告里的图表宜精不宜多，不能随便给出一个无关宏旨的图表误导读者。

5. 讨论

有些研究报告将研究结果和讨论放在一起，有些将二者分开，无论采取哪种形式，讨论部分的主要任务就是将研究结果升华和推广，提出更具抽象性的理论意义，将研究结果跟前面导言和文献综述里提到的研究成果进行比较，同时提出本研究的局限和不足，期望后来的研究者能够改进研究设计，得出更具说服力的结果。

有时候，研究者也在研究报告的末尾提出对未来情况的预测和展望。对于实证研究而言，未曾发生的未来事件不能成为研究资料，实证研究者不是预言家，不能靠预测和空发议论而进行研究，因此，关于未来的预测内容在研究报告里要严格限制篇幅，如果没有，不写也可以。

（六）注解

在写作研究报告时，有些内容与正文和主题没有直接关系，但是考虑到读者的阅读习惯和行文的流畅，研究者觉得有必要解释一下，就可以做出注解。比如中文语境使用“毛泽东思想”这一表述，而英文使用“Maoism”（直译为“毛泽东主义”或“毛主义”）这一表述，当研究报告里转述某些英文资料时，如果研究者坚持忠实于原文，可能造成读者阅读的不快，如果按照中文习惯表述，就可能曲解了原义，此时，作者可以考虑加注解。

注解可以采用脚注（当页注）或尾注（文后注）两种形式中的一种，正文里，在需要注解之处右上角用①②③等表示，然后在该页最下端或者文章正文与参考文献之间用小一号的字体说明。当然也有整篇研究报告没有一个注解的情况，所以，要不要加注解，要看有没有必要。

（七）参考文献

初次学习实证研究方法的学生往往忽视参考文献，实际上，参考文献是研究报告里不可或缺的一部分。它告诉读者研究者都参考了哪些前人的研究成果和资料文献，感兴趣的读者，可以按照参考文献的指引，找来上面的资料进行细细研读。对研究者而言，自己的研究成果被他人多次引用和参考，说明了自己研究成果的价值和重要性，许多学术期刊都计算自己刊登文章的被引用率，以此证明自己的学术地位。

参考文献放在文章正文之后，可按照文中引用的先后顺序，或者按著作者姓名音序和其他次序排列，不必用数字标序。

（八）附录

跟注解一样，附录也不是每一份研究报告里所必须包括的内容。调查法里所使用的问卷、实验法里所使用的量表、内容分析法里使用的编码表、访谈法里使用的访谈提纲等，如果有必要，可以放在附录里，以便加深读者对研究结果的理解。

二、引用和剽窃

一份研究报告总是会用到他人的观点、概念、资料等。凡是引用，一定要注明出处来源，如果引用他人观点却没有注明，或者编辑他人的文字当成是自己的观点，都是剽窃。在学术研究里，剽窃是很严重的错误，如同学生考试时剽窃会受到惩罚一样，研究者剽窃也会损害自己的公信力和权威性。

引用分成两种。第一种是直接引用，即用引号将他人的观点和文字引起来，然后再注释出处。研究者可以引用他人的核心概念，如“因为性别概念只是破碎地形成，所以毛泽东时期的妇女解放被认为是‘推后的革命’（revolution postponed）（Wolf，1985）或者‘未完成的解放’（unfinished liberation）（Andors，1983）”。也可以引用一句完整的话，如“本研究使用‘后毛（泽东时期的）女性主义’这一术语来指称后毛泽东时期出现的草根女性运动。它的目的在于‘从女性的立场出发为女性说话，在男性为中心的社会里寻求性别平等’（李小江，2000）”。

第二种是间接引用，即不用引号，用自己的话来复述他人的观点，然后再注释出处。如“本研究采取大多数女性主义者都采用的两个共同假设来定义中国女性主义：第一，女人们受到压迫；第二，必须寻求改变（Steeves and Wasko，2002）”。也可以同时引用多位研究者的观点，然后将出处统一注释，如“过去 20 多年来，中国媒体里最突出的特点是国家领导和市场导向媒体改革之间的紧张关系。随着市场经济的出现，中国媒体的商业化开始逐渐影响既定新闻事业的结构和内容，包括日常新闻制作过程、编辑自主权、专业主义、媒体法律和政策、体制变迁，以及创造出积极主动和碎片化的受众。由商业化引发的新闻界多样化的原因在于媒体对国家经济依赖程度的降低，在某种程度上，这意味着相对而言，在新闻采集和编辑活动以及招聘安排工作人员中，媒体得以享有更多的自主权（Lee，1990，1994 & 2000；Pan，1996，1997a & 1997b；He，2000a & 2000b；Ma，2000；陆晔和潘忠党，2001；陈怀林，1999）”。

三、注释的格式

在我国，注释分为夹注、脚注和尾注三种，每一份研究报告只选择一种注释格式。

夹注指的是在正文里的相应位置用括号将注释的出处标明，常见的有下面两种形式：文后注释和行文中注释。本章前面所有引文都采取了正文夹注和文后注释结合的形式。

1. 正文里夹注，参考文献里包括所引用资料的出处

> 正文里：关于八家全国性非妇女类报纸新闻版面的一次内容分析发现，关于女性议题的新闻只占到整个样本的0.9%，所有新闻行动者里也只有16%是女性，这十分不符合女性在人口中所占的比例（冯媛，1998）。
>
> 参考文献里：冯媛．解析表象：关于八家主导报纸新闻版的研究报告．见金一虹和刘伯虹．世纪之交的中国妇女与发展：理论、经济、文化和健康．南京：南京大学出版社，273～238页，1998。

2. 正文里夹注，直接注明出处

> 正文里：1988年，在上海出现了关于媒体中女性形象的最早的公开讨论，当时，《上海文论》、上海电视二台和上海妇女沙龙共同组织了“大众媒体中的妇女形象论坛”[《上海文论》，1989（2），66～68页]。

脚注指的是在正文相应位置的右上角用①②③等标明，然后在该页下端说明引文的出处。尾注在正文里的表示跟脚注一样，只不过把所有注释都转移到了文章末尾，按照在文章里出现的先后顺序依次排列，并且所有注释都放在“注释”这一部分之下，其具体位置在正文之后，取代了参考文献。

关于参考文献和注释的格式，我国有明确的国家标准，参见《中华人民共和国国家标准文后参考文献著录规则（GB7714—87）》。

> **中华人民共和国国家标准**
>
> **文后参考文献著录规则（GB7714—87）（部分）**
>
> 连续出版物
>
> [序号] 主要责任者．文献题名．刊名，出版年份，卷号（期号）：起止页码
>
> [1] 卜卫和刘晓红．关于中国妇女电视节目的研究报告．新闻与传播研究，2000：7（3），2～14

专著

[序号] 主要责任者．文献题名．版本．出版地：出版者，出版年：页码

[2] 成美和童兵．新闻理论教程．北京：中国人民大学出版社，1993：98

版本用阿拉伯数字表示，第1版不用列出。

会议论文集

[序号] 析出责任者．析出题名．见（英文用 In)：主编．论文集名．(供选择项：会议名，会址，开会年）出版地：出版者，出版年：起止页码

[3] 陈阳．我国女性期刊中的女性形象．见：张国良、黄芝晓．全球信息化时代的华人传播研究：力量汇聚与学术创新．2003 中国传播学论坛，上海，2004. 上海：复旦大学出版社，2004：210～239

专著中析出的文献

[序号] 析出责任者．析出题名．见（英文用 In)：专著责任者．书名．出版地：出版者，出版年：起止页码

[4] 陈怀林和黄煜．论大陆报业的商业化与非均衡发展．见：陈韬文，朱立，潘忠党．大众传播与市场经济．香港：炉峰学社，1997：251～266

学位论文

[序号] 主要责任者．文献题名．保存地：保存单位，年份

[5] 王均敏．从“授权”到“权能互授”：当前中国国家与社会关系中的法团结构．北京：清华大学，2000

报告

[序号] 主要责任者．文献题名．报告地：报告会主办单位，年份

[6] 曹晋．时尚杂志与都市女性生活方式．上海：复旦大学历史系与美国密西根大学妇女研究中心“中国近代女权主义思潮研究”国际学术研讨会，2004

专利文献

[序号] 专利所有者．专利题名．专利国别：专利号，发布日期

[7] 姜锡洲．一种温热外敷药制备方案．中国专利：881056078，1983-08-12

国际、国家标准

[序号] 标准代号．标准名称．出版地：出版者，出版年

[8] GB/T 16159-1996. 汉语拼音正词法基本规则．北京：中国标准出版社，1996

报纸文章

[序号] 主要责任者．文献题名．报纸名，出版年，月（日)：版次

[9] 郭艳秋．意义何在．中国妇女报，1997，12（4）：3

电子文献

[序号] 主要责任者．电子文献题名．电子文献的出版或可获得地址（电子文献地址用文字表述），发表或更新日期/引用日期（任选）

[10] 首都女记者协会．报道家庭暴力的专业准则．妇女传媒监测网络，2003－04－01

英文世界里，学术期刊上最常见的注释格式是正文夹注结合文后注释，脚注和尾注比较少见。美国心理学会（APA）关于引文的注释格式是学术期刊里采用最广泛的，关于它的部分内容，可以参考下文，注意它跟我国规定有着很大不同，比如人名一律只有姓才能够全拼，名只取第一个字母，书名或期刊名下面加横线，出版或发表时间紧挨着作者名等。目前，我国新闻传播学界多本学术期刊的注释格式已经转为APA格式。

美国心理学会引文格式（部分）①

书籍

Baranovitch，N. (2003). China's new voices：Popular music，ethnicity，gender and politics，1978—1997. Berkeley：University of California Press

论文集中的文章

Barlow，T. E. (1994a). Theorizing woman：Funv，guojia，jiating [Chinese woman，Chinese state，Chinese family]，in Zito，A. & Barlow，T. E. （Eds.），Body，subject and power in China. Chicago：University of Chicago Press. pp. 253－289

学位论文

Chen，Y. (2004). Negotiating fragmented women's news：State，market，and feminism in China since the 1990s. Doctoral dissertation. The Chinese University of Hong Kong

期刊文章

Barker-Plummer，B. (1995). News as a political resource：Media strategies and political identity in the U. S. women's movement. Critical Studies in Mass Communication，12：306－324

第二节　研究计划书

任何研究都需要有经费资助，理论研究的经费往往来自各种基金项目（比如国家社科基金和民间基金会），实用研究的经费直接来自委托人。有时候，某些机构提出一些研究课题向社会公开招标，希望资助合适的研究者来完成这些课题，前来投标的研究者或研究团队可能不止

① See American Psychological Association，*Publication Manual of the American Psychological Association*，4th ed.，Washington，DC：Author，1994.

一个，他们之间存在着竞争，每个研究者都需要提交研究计划书。还有一种情况也需要研究计划书，那就是申请国外大学研究生的入学机会。研究计划书就好像是“标书”，帮助“赞助商”决定应该把经费投向哪个研究者、研究团队或者最具潜力的未来研究者。

一、研究计划书的特征

研究计划书的目的在于向有关人员或其他机构组织论证研究的合理性、可行性和重要性，即研究是值得花费时间和金钱进行的，因此，对研究意义的论证是最关键的部分，只有重要的研究才值得资助。

通过研究计划书，研究者说服对方给予经费资助。它的读者对象一般是特定的基金会、评审委员会、录取委员会等，他们可能是这个领域内的非专业人士，所以研究计划书的语言不能有太多外行人看不懂的专业术语。它往往采用论证式语言，努力说服读者认同自己的看法，而不仅仅是平和地说清楚一项研究的基本内容。

对于大学来说，申请入学的学生在递交的研究计划书里要明确无误地表明自己的研究兴趣、研究方向、研究潜力，大学据此来判断这些学生是否具有培养潜力、他们的研究兴趣跟自己的学科重点是否吻合、自己的学校是否具备培养他的能力（能否提供学生从事研究时所需要的配套设施）等。研究计划书是国外大学录取研究型学生的重要依据，也是申请材料里的关键环节。

二、研究计划书的内容

有些研究项目并没有列出具体的研究计划书的详细内容，有些研究项目则要求申请者从哪几个方面对研究课题进行论证，无论是哪种情况，研究计划书大致都包括如下内容：

1. 题目和研究者

一份研究计划书应该写出完整的研究项目的题目，而不是以“研究计划书”作为题目。有些研究项目需要团队合作，那么每位研究者的姓名和工作单位都应该列在研究计划书上面。

2. 正文

正文是研究计划书里最重要的部分，越详细越好。在准备研究计划书之前，研究者应该了解资助机构对研究课题的要求、对研究方向的偏好、对研究成果呈现方式的要求等。

（1）导言。导言的目的在于向评审委员会和录取委员会介绍自己研究的领域和主题是什么，文字应该简短清晰，直入主题。

（2）研究目的和意义。这是研究计划书最核心的部分，也是研究者最应该着力论证的部分。研究意义越重大，则整份研究计划书的说服力越强。

（3）文献综述。这一部分主要介绍关于这个研究课题，别的研究者都进行了哪些工作、获得了哪些成果，自己将在他们的基础上继续前进，以显示自己对该研究领域的熟悉和准备充分。同时，如果有可能，研究者也可以在其他研究成果的基础上，提出具体而又有意义的研究问题，研究问题越具体就显得研究者准备越充分，不能太空泛也不能太不切实际。

（4）研究方法。因为研究还没有展开，所以研究方法部分只需要指出自己打算用哪些方法来收集和分析研究资料、选择哪些研究对象（怎么接触研究对象、怎么抽样）和研究地点，以及采取某种研究方法的可行性和合理性等。

（5）经费预算和时间安排。为了更充分地显示研究的可行性和自己的实力，研究者还需要做出具体的时间安排、确定研究的时间进度，并且规划研究经费的使用。

（6）参考文献。有文献综述就有参考文献。在写作任何文章时，凡是引用了他人观点，都需要注明出处，这是身为研究者最基本的训练和素质。

3. 附录

有些研究计划书写完正文部分就可以结束了，而有些研究计划书还需要附上别人的推荐信和研究者的个人简历来证明研究者能够胜任这项研究（见表 14—1）。附录部分不是必要的。

表 14—1　研究计划书：以“中国女性新闻的变迁”为例（2001）

1. 题目	中国女性新闻的变迁
2. 研究者	陈阳（中国人民大学）
3. 正文 （1）导论	女性在媒介里的弱势地位十分明显。中国也是如此，但是中国的表现和原因跟西方不同，在于中国特殊的社会性质和历史发展。
（2）研究目的和意义	研究目的在于女性新闻的变迁及其原因。 研究女性新闻的变迁，不仅可以了解女性社会地位的变迁以及产生变迁的原因，还能帮助我们理解当代中国新闻业的转型。 新闻和民主的关系。 为什么女性主义和女性运动在当代中国是重要的一股社会力量？
（3）文献综述	关于女性与媒体的研究成果（国外的跟中国的）。 关于中国新闻转型的研究成果。 关于中国女性运动的综述。
（4）研究方法	研究对象：新闻文本；制作女性新闻的工作者。 研究方法：为什么要结合使用内容分析和访谈？ 研究地点：北京和广东。 收集资料：第一，新闻文本，从 1990 年开始至今，每年抽取有代表性的报纸进行内容分析，这涉及如何进行概率抽样及如何得到报纸。第二，对新闻工作者进行访谈，了解女性新闻是怎么被生产出来的，这涉及如何找到访谈对象。
（5）时间安排	2002 年 10 月，完成理论框架； 2003 年 1—6 月，完成内容分析； 2003 年 7—9 月，进行访谈； 2003 年 12 月，完成论文初稿。
（6）参考文献	…………

【思考题】

1. 量化研究报告都包括哪些内容？写作中应该遵循什么样的写作风格？
2. 找一些发表在正规刊物上的媒介研究论文，总结它们的内容结构。
3. 什么是研究计划书？它有什么特征？包括哪些内容？

关联课程教材推荐

书号	书名	作者	定价	出书时间
978-7-300-27214-6	新媒体概论（第三版）	匡文波	49.80 元	2019-08
978-7-300-24588-1	网络传播概论（第四版）	彭 兰	45.00 元	2017-07
978-7-300-28094-3	网络传播导论（第三版）	钟 瑛	49.80 元	2020-05
978-7-300-21417-7	社会化媒体	彭 兰	45.00 元	2015-07
978-7-300-26519-3	数据新闻概论（第二版）	方 洁	49.80 元	2019-02
978-7-300-18923-9	精确新闻报道：记者应掌握的社会科学研究方法（第四版）	［美］菲利普·迈耶	45.00 元	2015-01
978-7-300-15139-7	媒介内容分析法	彭增军	25.00 元	2012-03
978-7-300-30054-2	新媒体研究方法	王锡苓 刘 昊	49.80 元	2022-01
978-7-300-29409-4	传播研究方法与论文写作	邓树明	69.80 元	2021-06

配套教学资源支持

尊敬的老师：

衷心感谢您选择使用人大版教材！

相关的配套教学资源，请到人大出版社网站（www.crup.com.cn）下载，或是随时与我们联系，我们将向您免费提供。

欢迎您随时反馈教材使用过程中的疑问、修订建议并提供您个人制作的课件。您的课件一经采用，我们将署名并付费。让我们与教材共成长！

联系人信息：

地址：北京海淀区中关村大街 31 号 206 室　　龚洪训 收　　邮编：100080

电子邮件：gonghx@crup.com.cn　　电话：010-62515637　　QQ：6130616

如有相关教材的选题计划，也欢迎您与我们联系，我们将竭诚为您服务！

选题联系人：	电子邮件：	电话：
翟江虹	zhaijh@crup.com.cn	010-62515636

俯仰天地　心系人文

人大社网站　www.crup.com.cn

专业教师 QQ 群：

259226416（全国新闻教师群）

欢迎您登录人大社网站浏览，了解图书信息，共享教学资源

期待您加入专业教师 QQ 群，开展学术讨论，交流教学心得

图书在版编目（CIP）数据

大众传播学研究方法导论/陈阳著．—2版．—北京：中国人民大学出版社，2015.8（2025.7重印）
新编21世纪新闻传播学系列教材·传播学系列
ISBN 978-7-300-21789-5

Ⅰ.①大… Ⅱ.①陈… Ⅲ.①大众传播-研究方法-高等学校-教材 Ⅳ.①G206.3-3

中国版本图书馆CIP数据核字（2015）第184782号

新编21世纪新闻传播学系列教材·传播学系列
大众传播学研究方法导论
第二版
陈　阳　著

出版发行	中国人民大学出版社		
社　　址	北京中关村大街31号	**邮政编码**	100080
电　　话	010－62511242（总编室）		010－62511770（质管部）
	010－82501766（邮购部）		010－62514148（门市部）
	010－62511173（发行公司）		010－62515275（盗版举报）
网　　址	http://www.crup.com.cn		
经　　销	新华书店		
印　　刷	唐山玺诚印务有限公司	**版　　次**	2007年9月第1版
开　　本	787 mm×1092 mm　1/16		2015年9月第2版
印　　张	19	**印　　次**	2025年7月第19次印刷
字　　数	464 000	**定　　价**	48.00元